글로벌 기업전략

GLOBAL BUSINESS STRATEGY

글로벌 기업전략

이 덕 훈

GLOBAL BUSINESS STRATEGY

비앤엠북스

머리말

'세계적으로 생각하되 지역적으로 행동하라!'는 말이 경영학에서는 유행되었으나 '생각은 지역적으로 행동은 글로벌적으로'라는 역행의 경향을 지적한 존 네이스비트의 말도 요즈음 새롭게 인식되는 말이다.

일반적으로 기업전략의 가장 기본적인 것은 제일 싼 곳에서 생산하여 비싼 곳으로 판매하는 전략을 말한다. 앞의 말을 다시 음미하여 글로벌기업전략을 유추해보면 생산은 세계적인 차원에서 가장 싼 지역에서 기획하고 제품의 마케팅에 있어서는 비싼 곳(시장)으로 움직여야 한다는 뜻이다.

세계적 경제통합의 흐름에서 '글로벌'이라는 말이 이제 우리 경제뿐만 아니라 학계에서까지 등장하여 경제의 세계화, 기업의 세계화는 물론, 교육의 세계화까지 등장하여 글로벌스탠더드의 개념이 확산되고 있다. 글로벌경영은 각국 시장에의 대응과 글로벌적인 규모로 경영효율의 추구와 이노베이션의 달성을 과제로 하고 있으며 표준화전력과 현지화전략으로 그 업적이 나누어지고 있다.

이 책의 목적인 글로벌기업전략을 이해하려면 글로벌경영의 논리를 명확히 함으로써 글로벌전략의 특징이 드러남과 동시에 조직의 적응능력, 인적자원관리 등 내부적 요인과 함께 선진국의 신보호무역주의, 중국과 인도의 등장 등 외부환경 요인도 정확히 분석할 수 있는 능력이 필요하다는 점이다. 주지하는 바와 같이 세계 유수의 글로벌 기업들도 환경에 적응하지 못한 기업은 도산하거나 순위에서 밀리는 보도를 접하며 무한경쟁시대에는 항상 전략적 사고로 접하지 않으면 위험하다는 교훈을 간접적으로 주고 있다. 최근 기업을 둘러싼 국제환경은 급변하고 있으며 미국발 금융위기, 아시아 국가의 경제환경의 변화 등 어느 하나도 기업으로서는 무시하지 못할 요인이다.

따라서 불확실성 시대에 살고 있는 우리는 미래의 경영목표를 충분히 달성하기 위해서 환경에 적합한 전략을 수행하는 것이 필요하다. 기업의 생존과 직결되는 문제이기 때문에 국제환경에 적합한 글로벌전략을 수립하는 것이야말로 글로벌시대에 경영자의 중요 책무이기도 하다.

다시 말하면 사람, 제품, 돈, 정보의 글로벌적 교류는 이제는 지구 규모로 움직이고 있으나 성공한 경우는 그다지 많지 않다. 그 이유는 국제화가 진행되면서 문제가 되어온 미래예측과 문화적 요인을 간과한 점이다.

최근에는 삼성과 소니의 역전현상을 보며 글로벌전략이 얼마나 중요한가를 느끼고 있으며 10년 후의 외부요인과 내부요인의 변화에 어떤 대응을 하는가가 글로벌기업에 필요한 전략으로 등장한다. 또한 국제화가 이루어지면서 나타나는 문화적, 조직적 갈등을 어떻게 해결하여야 하는 것인가 역시 글로벌기업의 중요한 과제로 등장하고 있다. 이 책은 이러한 의미를 갖고 집필된 것이다.

2년 전 일본 게이오대학으로 교환교수로 갔을 때 한국기업의 글로벌기업전략에 대해 발표하면서 본서 집필을 생각했으나 필자의 게으름 때문에 차일피일 미루면서 몇 년이 지났지만 이 책 역시 다른 책과 마찬가지로 많은 분들의 도움이 없었다면 완성은 어려웠을 것이다.

힘든 시기를 손자병법에 나오는 기서여림(其徐如林)과 不動如山(부동여산)으로 지탱해온 필자를 뒤에서 후원해준 가족들에게 고마움을 잃지 못한다. 또한 필자의 은사이신 일본 게이오대학의 명예교수이신 후지모리 교수님은 일흔이 넘은 연세에도 불구하고 바쁜 잡무로 식어가는 연구의식을 일깨워주었으며 새로운 문제의식을 갖게 해주었다. 국적을 떠나서 진심으로 감사드린다. 또한, 본서의 교정을 도와주며 연구를 끊임없이 하고 있는 제자인 한광수 박사와 이영석 박사, 정희용 박사 등에게도 감사를 표한다.

2011. 8.

오정골의 매미소리를 들으며

이덕훈

차 례

제14장 이문화간의 협상전략

제15장 이문화전략과 시너지효과

PART 01 인간과 전쟁, 전략

제1절 전쟁과 사랑의 서사시 : 트로이 전쟁

호메로스(Homeros)의 유명한 두 개의 서사시 중의 하나인「일리아스(Iliad)」는 트로이의 멸망을 읊은 서사시로 당시의 그리스 세계를 잘 표현하고 있다.「일리아스」는 본래 그리스의 영웅들이 바다를 건너가 트로이의 영웅들을 굴복시키는 장면들을 시로 표현한 것이다.

트로이의 왕자 파리스와 스파르타의 메넬라오스의 왕비 헬레나의 사랑은 한 국가와 한 문명을 파괴시킬 정도의 거대한 전쟁이었다(기원전 1200년경). 메넬라오스는 심한 모욕감을 느꼈고 그의 친형이자 미케네의 왕인 아가멤논은 동생의 명예를 위해 트로이와의 전쟁선언을 하였다. 문학작품 속에서는 왕비와 왕

자의 사랑과 연애가 전쟁의 원인이라고 기록되어 있지만 트로이 전쟁의 진짜 원인은 경제적인 이유로 보고 있다.[1] 그리스는 올리브와 포도나무 외에는 농작물들을 기를 수 없었기 때문에 생활에 필요한 밀, 보리, 주석, 철 등은 해상무역을 통해서 얻어야 했는데 흑해로 가는 입구에 자리 잡은 트로이가 통행세를 징수하면서 전쟁이 불가피해졌다는 것이다. 이유야 어찌되었든 당시 트로이 성은 그 어떤 군대도 공격할 수 없는 철벽의 요새였다.

1. 트로이 목마

트로이성의 생생한 역사

트로이 목마를 끌어온 길

트로이의 목마(Trojan Horse)는 호메로스의 대서사시 「오디세이아」에 나오는 거대한 목마를 말한다. 그리스의 불세출의 영웅 오디세우스(율리시즈)[2]가 견고한 트로이 성을 함락하기 위해 사용한 공격 전술이다.

트로이 전쟁이 시작된 이후 그리스는 트로이 점령을 위해 수많은 전투를 계속한다. 하지만 결판이 나지 않고 흐지부지되어 10년의 시간이 흐른다. 그사이

1) 앙드레 보나르, 김희균 옮김, 강대진 감수, 그리스인 이야기 1 · 2 · 3, 책과함께, 2011.

2) 오디세우스(고대 그리스어로 Ὀδυσσεύς, Odusseús, 라틴어로 Ulixes)는 그리스 신화 속 영웅으로, 이타케(Ithaca) 섬의 영주, 트로이 전쟁의 영웅, 트로이 목마의 안자이다. 또한고 그는 「오디세이아」의 주인공이기도 하다. 10년간의 파란만장한 유랑 끝에 고향에 돌아와 그의 아들 텔레마코스와 함께 자신의 정실한 아내 페넬로페를 넘보던 도당들에게 복수한다. 오디세우스는 유랑자, 간계와 변장의 화신자로 현대까지 그 명성이 보존되고 있다.

아가멤논과 아킬레우스의 싸움으로 아킬레우스는 전 쟁에 참여하지 않다가 자신의 친구가 죽자 아가멤논과 화해를 하고 다시 전쟁에 참여하게 된다. 결국, 트로이의 명장 헥토르가 아킬레우스와의 전투에서 죽고 아킬레우스도 파리스가 쏜 화살에 발뒤꿈치를 맞아 죽는다.[3)] 결판은 나지 않고 세월만 흘러가자 전략가인 이타케 왕 오디세우스가 속이 빈 목마를 만들게 하여 정예요원을 그 안에 숨겨 침투시키자는 전략을 내놓는다. 그리스군이 목수 에페이오스가 만든 목마만 남기고 후퇴하자 트로이는 그 목마를 승리의 전리품이라 하여 성 안에 들여놓고 축제를 벌인다. 그리고 트로이의 주민들과 군사들이 술에 취해 모두 잠들었을 때 목마 안에 숨어 있던 오디세우스와 그리스 군사들이 나와서 성문을 열고 후퇴하는 것처럼 꾸몄던 그리스 군대를 성 안으로 들인다. 트로이 성은 점령되고 말았다.

2. 트로이의 목마 전략

트로이의 목마 전략은 외부에서 들어온 요인이 내부를 혼란케 하는 것을 말하며 상대로 하여금 그 속내를 알아차리지 못하게 한다는 점에서 일반적인 기만술 혹은 교란술과 비슷해 보인다.

트로이의 목마 전략은 특정 비즈니스나 관련 전문분야에서 현격한 우월적 지위나 역량 및 정보를 보유한 다국적기업이나 강대국 정부가, 정보체계도 허

3) 아킬레스건(Achilles tendon, calcaneal tendon)은 발뒤꿈치에 있는 힘줄이다. 발뒤꿈치의 바로 위, 장딴지의 근육에 이어지는 건(腱)이며, 따라서 가장 중요한 부분으로서 조심 없이 뛰거나 하면 끊어지는 수가 있다. 어머니 테티스가 그를 불사신(不死身)으로 만들려고 황천(黃泉)의 스틱스 강물에 담갔는데, 이때 그녀가 손으로 잡고 있던 발뒤꿈치만은 물에 젖지 않아 치명적인 급소가 되고 말았다 한다. 또 그는 트로이 원정에 참가한 그리스 측 제일의 장군으로서 그 무용을 찬양받았으나 트로이 왕자 파리스의 화살에 맞아 죽는데, 불사신인 그가 화살에 맞은 곳이 아킬레스건이라고도 한다. 아킬레우스는 세계에서 최초요 최고의 서사시라고 하는 호메로스의 「일리아스」에 등장하는 영웅이지만 보통 인간은 아니다. 아버지 펠레우스는 테살리아의 영주로 인간이면서 천계(天界)의 주신인 제우스의 손자에 해당한다. 어머니 테티스는 바다의 노신(老神) 네레우스의 딸로 아름다운 바다의 님프(젊은 여신)이다. 국립국어원에서는 아킬레스건을 비유적으로 쓰는 경우 치명적 약점이라는 순화어로 다듬은 바 있다.

술하고 국력도 미약한 목표기업이나 약소국 정부를 상대로 아까운 매력적인 내용만을 앞세워 국정운영의 자치권의 심대한 침해 상황을 고의적으로 발생시키는 치명적 기만술을 말한다.

트로이 목마(Trojan horse)는 악성 루틴이 숨어 있는 프로그램으로, 겉보기에는 정상적인 프로그램으로 보이지만 실행하면 악성코드를 실행한다. 이 이름은 트로이 목마 이야기에서 따온 것으로, 겉보기에는 평범한 목마 안에 사람이 숨어 있었다는 것을 비유한 것이다.

3. 신화 속의 트로이 전설을 실제로 만든 하인리히 슐리만

트로이(Troy)는 터키 서쪽에 위치했던 고대도시로 흑해와 에게 해 사이에 실제로 존재한 도시라고 한다. 스카만드로스강과 시모이스강이 흐르는 평야의 나지막한 언덕에 위치해 있었는데 바다에서 약 6킬로미터 정도 떨어져 있어서 바다로부터의 습격 위험이 적을 수밖에 없었으므로 예로부터 대대로 번영을 누려왔던 평온하고 풍요로운 고대도시였다. 하인리히 슐리만(Heinrich Schliemann)은 동화 속의 전설 같은 호메로스의 시를 진실로 믿고 발굴에 나섰고 결국 현실로 만든 사람이다. 모두가 아니다, 미친 짓이라고 했을 때 자신의 신념을 꺾지 않고 세계적인 문화유산인 트로이 문명을 발견해 낸 사람이다. 호메로스의 서사시 「일리아스」와 「오디세이아」 속의 전쟁과 전설 속의 이야기를 1871년 독일의 고고학자 하인리히 슐리만이 트로이의 발굴에 성공하였다. 신화가 실제로 되는 순간이라고 하겠다.

하인리히 슐리만

트로이의 목마는 호메로스의 서사시 「오디세이아」

에 나오는 거대한 목마를 말하며 그리스의 불세출의 영웅 오디세우스가 견고한 트로이 성을 함락하기 위해 사용한 공격 전술이다. 그리스군이 거대한 목마 배 속에 용맹한 병사를 매복시켜 놓고 물러나자 트로이 성 시민들이 목마를 성 안으로 끌어들여, 전쟁의 승리를 자축하는 야음을 틈타 결국 목마의 배 속에 숨어 있던 그리스군이 성문을 열어 트로이 성을 최종적으로 격멸하고 10여 년에 걸친 함락 전쟁을 끝낸다는 이야기이다. 기원전 1184년경의 이야기이다. 이런 신화가 실제로 존재하는 것은 미코노스(Mikonos)의 꽃병[4]에도 존재하는 것으로 확인되었다.

제2절 전쟁과 전략 마라톤

역사(historia)라는 어원을 만들어 낸 그리스의 역사가 헤로도토스의 그리스와 페르시아 전쟁의 『역사(Historiae)』(『페르시아 전쟁사』)와 투키디데스가 쓴 BC 5세기에 일어난 아테네와 스파르타의 전쟁을 다룬 『펠로폰네소스 전쟁사(History of the Peloponnesian War)』였다는 사실이 그것을 시사한다.

4) 미코노스의 꽃병은 1961년 그리스의 미코노스 섬에서 샘을 파다가 발견되었다. 손잡이 부분에는 트로이의 목마에 잠복했던 그리스 병사들이 트로이군과 싸우는 형상이 표현되어 있다. 손잡이가 달린 이 꽃병은 기원전 670년경에 제작된 것으로 밝혀지면서 트로이의 목마에 대한 사실과 관심을 새롭게 했다.

올림픽의 마지막을 장식하는 마라톤도 사실은 전쟁에서 나온 것이며 이를 기념하기 위해서 등장한 종목이란 것이다. 마라톤 평원에서의 아테네와 페르시아의 전쟁의 승전보를 전하고 시민 앞에서 쓰러져 죽었다는 충성스럽고 애절한 전령 필리피데스의 전설이 등장한다.

페르시아 전쟁은 페르시아 다리우스 1세가 에게 해까지 진출하여 아테네 및 폴리스 국가들을 압박해 나가자, 그리스 폴리스 국가들은 각종 해상활동과 경제활동에 심각한 타격을 받게 되었다. 아테네는 이를 극복하기 위해 기원전 499년 다리우스 지배에 반란을 일으킨 이오니아 인들을 지원했고 이것이 그 후 20년 이상 지속된 폴리스 연합과 페르시아 제국 사이에 벌어졌던 페르시아 전쟁의 직접적인 계기가 되었다.

역사가 시작된 이래 사람은 한 번도 전쟁이 없는 세상을 누려보지 못했다. 지난 4,000년 동안 전 세계적으로 전쟁이 없었던 평화 시기는 겨우 265년에 불과했다고 하며, 세계의 화약고라고 불리는 이스라엘 땅에는 평균 44년마다 한 번씩 전쟁이 일어났다고 역사학자들은 진술하고 있다. 그리고 이 전쟁을 이기려고 '전략'이 등장하였다.

참고 마라톤과 전쟁

페르시아군은 아테네 아크로폴리스에서 42킬로미터 떨어진 마라톤 평원까지 진격해 왔으며 당시의 페르시아 군대의 위용은 하늘을 찌를 듯했고 항복을 권유했으며 그 위세에 눌려 아테네 장군들조차도 항복이냐 전쟁이냐의 의견이 반반으로 나뉘어 있는 이때 그리스 폴리스연합은 싸우자는 쪽으로 결론을 짓는다. 페르시아의 항복 권유를 뿌리친 아테네는 결사적 저항의 의지를 불태우며 스파르타에 도움을 요청하는 전령을 보낸다. 아테네에서 약 250킬로미터 떨어진 스파르타에 그 전령은 출발한 지 이틀 만에 도착하였다. 소식을 접한 스파르타도 아테네에 군사를 급파하기로 결정한다.

밀티아데스의 흉상

필리피데스의 우표

역사기록에 의하면 중무장한 군사들이 스파르타를 출발한 지 이틀 만에 아테네에 도착했다고 한다.

그리스군은 전선 중앙부에 비교적 약한 군을 배치하고 좌우로 강력한 부대를 포진하였다. 이런 작전에 말려들어 페르시아군은 앞뒤로 포위된 채 무력하게 무너져 버린다. 이리하여 그리스는 그 유명한 마라톤 전투에서 밀티아데스의 전략 아래 페르시아군을 처부수고 승리를 한다. 마라톤전쟁에서의 승전의 소식을 한시라도 빨리 아테네 시민들에게 전하기 위해 필리피데스가 아테네로 향했고, 그는 마라톤에서 아테네까지 쉬지 않고 달려 수만 명의 아테네 시민들에게 승전보를 전한 후 그 자리에서 숨을 거두고 만다.

역사가 헤로도토스는 이 전투에서 죽은 페르시아군 전사자가 6,400여 명에 이르렀다고 전한다. 마라톤은 지금부터 약 2,500년 전 제2차 페르시아 침공 때 마라톤 전쟁 이야기와 관련이 있다.

제3절 전쟁과 전략

1. 전략이란?

전략이란 전쟁 목적을 달성하기 위하여 한 나라의군사와 경제 및 정치를 비롯한 모든 자원을 이용하는 기술을 말한다.

① 전쟁 목적을 이루려는 온갖 꾀와 방침
② 정치 · 경제 따위 사회적 활동이나 투쟁에 있어서의 기본 방침

이것은 근대에 확립된 개념으로, 오늘날의 전쟁에서는 군사 및 경제자원을 총동원할 필요가 있다는 것을 반영한다. 그러나 이 용어가 처음 쓰이기 시작한 18세기와 19세기 초에는 전투를 계획하고 지휘하는 기술과 전투부대를 이동하고 배치하는 기술을 뜻했다. 전략은 예로부터 다음과 같은 방식으로 전술과 구별되었다.

첫째, 전략은 전쟁의 전반적인 국면을 다루고 전쟁에서 이기기 위해 전투를

어떻게 이용할 것인가에 관심을 갖는 반면, 전술은 주로 전투에서 이기기 위해 병력과 장비를 어떻게 이용할 것인가에 관심을 갖는다.

둘째, 전술은 보이는 곳에서 전쟁터에서 병력을 다루는 문제와 관련되어 있는 반면, 전략은 전투의 준비행위로서 보이지 않는 곳에서 병력을 유리한 위치에 배치하는 문제를 다룬다.

알렉산더 대왕과 한니발 및 율리우스 카이사르처럼 역사상 위대한 장군들은 앞을 멀리 내다보고 신중하게 원정계획을 세웠다는 점에서 근대적 전략기술의 선구자로 손꼽혀 왔지만, 고대 전쟁기술의 토대는 전술과 전투였다.

참고 크세노폰

크세노폰

크세노폰(Xenophone, 기원전 431~기원전 350)은 그리스의 역사가로, 저서로는 『소아시아 원정기(Anabasis)』, 『방법과 수단(Ways and Means)』이 있다.

아테네의 유복한 집안에서 태어난 크세노폰은 아테네와 스파르타가 대규모 전쟁(기원전 431~기원전 404)을 벌이던 시절에 성장하여, 아테네 기병대의 정예부대에 복무했다. 그를 비롯하여 유복한 그의 동시대인들은 소크라테스의 제자가 되었고, 기원전 399년 소크라테스가 유죄판결을 받고 처형되자, 극단적 민주주의에 대한 그의 혐오감은 더욱 깊어졌다. 몇 년 뒤에는 그 자신도 반역자로 추방되었다.

소아시아에서 만난 스파르타 왕 아게실라오스 2세를 존경하여 크세노폰은 아게실라오스 2세의 참모로 활약했고, 아게실라오스가 아테네를 비롯한 그리스 국가들의 동맹군을 쳐부순 코로네아 전투에 참전했다. 아테네가 그를 반역자로 추방한 것은 이와 관계가 있다.

아테네와 스파르타가 테베에 대항하여 동맹을 맺었을 때 아테네는 그에 대한 추방령을 철회했고, 그는 기원전 365년경 아테네로 돌아왔다. 크세노폰은 기원전 355년 아테네와 그리스 도시국가들이 평화정책을 시행할 것을 주장하는 책 『방법과 수단』을 썼으며 전략이라는 단어를 처음으로 사용했다고 한다.

사례1 새로운 전쟁과 새로운 영웅

칭기즈칸

1995년 12월 31일 미국의 워싱턴 포스트는 지난 1,000년 동안 인류에게 가장 큰 영향을 준 인물로 칭기즈칸을 선정하여 보도했다. 1162년 몽골 초원 지대인 오논 강가에서 태어난 칭기즈칸(成吉思汗)은 1227년 눈을 감을 때까지 100만의 인구와 10만의 군대로 1억 명이 넘는 세계를 정복하였고, 태평양에서 동유럽까지, 시베리아에서 페르시아 만까지 대제국을 건설하였다. 유라시아를 넘어 동양과 서양을 연결한 것이 높이 평가된 것이다. 칭기즈칸이 정복한 땅은 무려 777만 제곱킬로미터. 이는 알렉산더대왕, 나폴레옹, 히틀러가 차지한 땅을 모두 합친 것보다 넓다.

세계화, 정보화, 첨단기술, 무한경쟁이라는 단어들로 요약되는 21세기의 환경 속에 놓여 있는 우리들에게 필요한 삶의 방식들을 유목민 출신의 칭기즈칸은 이미 800년 전에 실천에 옮겼다.

칭기즈칸 군대가 외국과의 전쟁에서 승리했을 때 절대 죽이지 않은 사람들은 언어도 사상도 다르지만 높은 기술을 가진 기술자들이었다. 칭기즈칸은 신기술만이 타국을 정복할 때 필요하며 신기술을 지닌 자만이 세계를 정복할 수 있다고 생각했다. '대사(大使)'에 해당하는 'Ambassador'의 어원은 몽골어 '암방새동'이라고 한다. 몽골의 칭기즈칸은 세계 최초로 세계 최대의 영토를 다스리면서 수많은 대사들을 파견했다. 세계화를 몸소 실천한 것이었다.

몽골 인들의 인사말은 "안녕하십니까?"가 아니라 "당신이 온 쪽에서 무슨 일이 있었습니까?"였다. 이처럼 정보가 생존수단이었던 그들은 정보를 가져다주는 외지인, 다시 말해 외부세계의 나그네를 환대했다. 즉 정보화에 민감했다. 세계를 지배한 몽골의 칭기즈칸은 '역참제'라는 글로벌 정보망을 구축해 거대 제국을 통제했다.

그리고 칭기즈칸의 기마병은 속도가 빠르기로 유명하다. 예를 들면, 유럽의 갑옷은 30~50kg인데 몽골 병사의 갑옷은 6~7킬로그램이어서 가볍게 움직일 수 있었다고 한다. 또 몽골의 기마병은 1인당 말 3마리를 가지고 다녔는데 말을 바꾸어 타서 빠른 속도를 유지하였다고 한다. 칭기즈칸은 몽골군에게 육포와 같은 보르츠를 전투식량으로 주머니에 휴대하게 하고 며칠 동안 말 위에서 자며 행군할 수 있도록 훈련시켰다. 또한 샤브샤브는 원래 칭기즈칸 요리로, 몽골군이 원정 때 투구에 뜨거운 물로 양고기를 살짝 데쳐 몽골 특유의 소스에 찍어 먹은 데서 유래하였다 한다. 이것이 일본으로 건너가서 샤브샤브로 명칭 변화되었는데 샤브샤브란 말은 일본어이고 영어로는 칭기즈칸이라고도 한다.

사례2 전쟁과 새로운 음식

① 나폴레옹과 통조림

나폴레옹이 세계 정복을 위해 전투를 하다 보니 전선이 넓었다. 이탈리아와 스페인, 프로이센과 오스트리아 등 유럽은 물론 이집트 원정까지 치르는 동안 최대 고민은 식료품 보급. 신선한 음식을 공급받지 못한 병사들은 영양실조나 괴혈병으로 죽어갔다. 따라서 나폴레옹은 전시에 먹을 식량을 저장해 둘 수단으로 가공식품 발명에 고심하였고, 1800년 나폴레옹이 전쟁에서 지속적이고 빠른 수행을 위해 거액의 현상금을 내걸고 식료품의 새로운 저장과 포장 법을 공모하였다. 이때 니콜라스 아페르(Nicolas Appert)라는 요리사가 만든 병조림법이 선택되었다.

나폴레옹

니콜라스 아페르

니콜라스 아페르는 처음에 소독한 유리병에 식품을 넣고 입구를 코르크로 가볍게 막아 끓는 물에 살균한 다음 뚜껑을 완전히 막아 보관하였는데 이렇게 개발된 병조림은 당시 프랑스군에게 신선한 음식을 제공하여 엄청난 병력 증가의 요인이 되었다. 그러나 병조림은 무겁고 잘 깨지는 단점이 있어 10년을 넘기지 못하였다.

1809년 프랑스의 듀랑(Duland)이 석관을 발명하면서 공장에서 통조림을 생산되게 되었다. 병조림을 좋아하던 영국의 깡통 기술자 듀랑은 겨울날 병조림의 음식을 자신이 만든 깡통에 부어서 데워 먹다가 병조림 대신에 깡통조림을 만들어도 되겠다는 아이디어를 얻었다. 그가 특허출원을 하여 만든 깡통 통조림은 대단한 인기를 얻었으나 만드는 과정이 수(手)작업으로 이루어져 일일이 납땜을 하여야 했기 때문에 단가가 높아 중단되었다. 본격적인 통조림 시대는 1830년 영국의 대자본가에 의하여 통조림 공장이 건설되면서부터였다.

② 청나라 군대와 청국장, 건면

청나라에서 유래되었다는 의미에서 '청국장(淸國醬)'과 전쟁 중에 빨리 만들어 먹을 수 있는 장이란 뜻의 '전국장(戰國醬)'이다. 청나라를 만주족이 세웠고, 병자호란 때 청국장을 전시 비상식량으로 사용한 기록이 있는 만큼 어느 쪽에 무게를 두든지 두 가지 모두 설득력 있는 이야기이다. 라면을 최초로 개발한 나라는 일본으로, 1958년경부터 생산하기 시작하였다. 일본의 라면 개발에는 두 가지 설이 있는데, 하나는 라면이 중국의 건면에서 유래했다는 것이다. 즉, 타이완계 일본인 안도 모모후쿠(安藤百福)라는 사람이 면을 기름으로 튀기는 것을 보고 라면을 만드는 방법을 착안하였다는 것인데, 이것이 인스턴트 라면의 시초이다.

PART 02 전략론의 출발과 경영전략

제1절 전략의 고전 : 『손자병법』

1. 배경과 문제의식

인간은 동서고금을 막론하고 경쟁하고 겨루며 승리를 쟁취하기 위해 많은 계책을 사용해 왔다. 고대 로마의 정치가 J. 카이사르가 쓴 『갈리아전기(Gallic wars)』[1]는 전쟁 기록이라기보다 당시의 갈리아나 게르만의 풍토 문화를 기록한 『알렉산더 대왕정동기』도 있지만 『손자』와 같이 병법서로서 인기를 얻은 서적도 있다.

중국에서는 '무경칠서'로 손무(孫武) · 손빈(孫臏)의 『손자(孫子)』, 오기(吳起)의 『오자(吳子)』, 춘추시대의 사마양저(司馬穰저)의 『사마법』, 전국시대의 위료(尉繚)의 『尉繚子』, 당의 이정(李靖)의 『이위공문대(李衛公問對)』, 장량(張良)의 『삼략(三略)』,주의 태공망려상(太公望呂尙)의 『육도(六韜)』가 병법도로서 인기를 얻어 후대에 전해졌다. 대부분 저서의 저자는 불확실하나 『손자』처럼 죽간[2]의 발견에 의해 『손자』의 저자가 손무라는 것과 『제손자(제孫子)』의

---

1) 줄리어스 카이사르가 기원전 58~기원전 52년 갈리아 총독으로 있을 때의 군사활동을 기록한 8권의 책으로 기원전 52년 말부터 쓰기 시작해 이듬해 완성했다. 카이사르는 원래 자신에 대한 여러 비난을 변명하기 위해 이 책을 썼다. 그러나 그의 간결 명료하고 객관적인 문체는 후세의 역사가들에게 많은 자료를 제공했고 여기에 쓰인 글귀는 라틴어 문장의 좋은 본보기로 자주 인용되었다. 게다가 당시 브리타니아와 게르마니아의 상황까지도 언급하고 있어 프랑스 · 영국 · 독일에 관한 최고(最古)의 사료라 할 만하다

2) 죽간(竹簡) : 종이가 없었던 시대에 종이 대신에 문자를 기록한 댓조각.

저자가 손빈이라는 사실이 확인된 경우도 있다. 전투나 전쟁이란 『손자』에 기록될 것도 없이 여러 상황판단과 의사결정, 그리고 때로는 운이 좌우하는 것이다. 운도 실력이라지만, 가능한 논리성 위에 전략을 세우는 것이 바람직하다는 사실은 말할 필요도 없다.

전에도 언급한 바와 같이 『손자』는 두 가지가 합작되어 완성되었다는 설이 각광을 받는 추세이나 병법서로서 유명한 『손자』는 과학적·합리적인 시점에서 보자면 경험이 집대성되어 있으며 다음 장에서 언급할 클라우제비츠(Clausewitz)의 근대 합리적 사고와는 대조를 이룬다.

2. 이론적 프레임워크 : 전략론의 진수

『손자』는 「계략(計)편」, 「작전(作戰)편」, 「모공(謀功)편」, 「도형(形)편」, 「병력(勢)편」, 「허실(虛失)편」, 「군쟁(軍爭)편」, 「구변(九變)편」, 「행군(行軍)편」, 「지형(地形)편」, 「구지(九地)편」, 「화공(火攻)편」, 「용란(用燗)편」의 열세 편으로 이루어졌다.

1) 계약과 속임수

「계략편」은 전쟁에 대한 사고방식이 기술되어 있다. 전쟁이란 국가대사이며 존망이 걸린 문제이기 때문에 다섯 가지의 사항과 일곱 가지 계를 토대로 생각해야만 한다고 설명한다. 다섯 가지 사항이란 도(道), 천(天), 형(形), 장(將), 법(法)을 가리킨다. 도는 정치, 천은 자연계를 포함하며, 지는 토지의 상황, 장은 인재, 그리고 법은 군사제도를 말한다. 일곱 가지 계란 적과 아군의 우열, 민심, 장군의 유능함, 자연이나 지형의 유리함, 법치성, 군대전력, 병사 훈련도, 상벌의 공평함으로 계산하는 것이며 다섯 가지 사항 일곱 가지 계의 시점에서 비교·검토해 보면 전쟁 전에 승패를 가늠할 수 있다고 한다.

계(計) : 兵者는 詭道也(전쟁이란 적을 속이는 것이다)

손자병법서

전쟁이란 속임수다. 그러므로 능하면서 무능한 듯이 보이게 하고, 가까움을 먼 듯이 보이게 하고 먼 것을 가까운 듯이 보이게 한다.

이로운 듯이 보이게 하여 유인하고 혼란시켜 놓고 탈취하고, 견실하면 방비하고, 강인하면 피하고, 노엽게 만들어 뒤흔들고, 자기를 비하시켜 저자세로 보여 적으로 하여금 교만하게 하고, 적이 편안하면 피곤하게 하고, 화친하면 이간시키고, 그 방비가 없는 곳을 공격하고, 그 뜻하지 않을 때에 무찌른다.

이것이 전쟁에 능한 자의 이기는 방법이며, 미리 알려서는 안 되는 것이다

2) 싸우지 않고 이기는 전략

「전략편」은 군사활동에서의 비용과 보급의 문제이며, 전쟁에는 매우 많은 비용이 들고 경우에 따라서는 사기저하나 경제의 궁핍을 초래하기 때문에 졸속(拙速 : 곤란해도 재빠름)은 있어도 공구(훌륭하나 오래 걸림)는 없다고 서술한다. 「모공편」은 전쟁의 무위를 지적하며 싸우지 않고 이기는 것이 최고의 계책이며 '是百戰百勝, 非善之善者也'라는 것이다. 즉, 싸우지 않고 외교적인 승리를 거두는 일은 국가나 군대의 병폐를 막고, 국가의 이익이다. 「모공편」은 이러한 대국적인 관점과 구체적인 전술론의 전개로 이루어져 있다.

모택동의 『지구전론』에도 채택되어 근대전에서 용병원칙의 하나로 서술되었다. 즉, 아군이 적의 열 배라면 적을 포위하고, 다섯 배라면 적을 공격하고, 두 배라면 적을 분열시키며, 비슷하면 싸우고 적으면 퇴각하고 힘이 부족하면 숨는다고 주장한 것이 이에 해당한다.

또한 승리의 다섯 가지 조건으로 ① 싸워서 좋을 때와 그렇지 않을 때를 분간할 것 ② 대군 · 소군의 용병을 알 것 ③ 사람들의 마음을 한데 모을 것 ④ 제대로 준비를 해 둘 것 ⑤ 장군이 유능하고, 주군이 간섭하지 않을 것을 들었다. 따라서 '지피지기면 백전백승이다'가 되는 것이다.

「형편」은 승리하는 것과 체제를 어떻게 형성하는가를 서술한 것이다. 바람직한 승리는 싸워서 이기는 것보다 방어를 단단히 하여 불패의 위치에서 상대의 체제가 무너지기를 기다리는 것이다. 이를 위해서는 '훌륭한 정치를 시행하여 군사제도를 지킨다'는 생각을 가진 지도자가 필요하며, 도(度 : 자로 재다. 즉 전쟁터까지의 거리를 잰다), 양(量 : 말로 재다. 즉 투입할 전력량을 생각한다), 수(數 : 수를 세다. 즉 동원수를 고려한다), 칭(稱 : 비교한다. 즉 쌍방의 능력을 비교한다), 승(勝 : 승패를 생각한다)을 비교 고려하여 임해야 한다.

세 편은 군의 운용방법에 대하여 서술한 것이다. 부대를 어떻게 지휘하여 어떠한 방법으로 승기를 잡을 것인지를 생각하여, 호기의 '기세'를 이용할 것을 설명한다. 「허실편」은 전술적 · 용병상의 구체적인 방책에 대해 언급한 것이며, 「허세편」을 포함하여 이하의 여덟 편은 전술론이라고 생각해도 좋다. 여기에는 전장에서 주도권을 잡는 우위성과 병력의 분산 · 집결에 대한 묘책을 서술하였으며 이후 유격전론의 기본으로 구체화되었다.

「군쟁편」은 전장에서의 주도권 확보의 어려움을 서술한 것으로 유명한 일본의 명장 다케다 신겐의 '풍림화산'의 일설이 포함되어 있다. 원근의 계에 준하여 먼 길을 가깝게 짐작하여 때에 따라 신속, 정확, 강하게 그리고 침착하게 병사를 움직여야 한다.

3) 이일대로의 심리전략

『손자병법』의 일곱 번째 편인 「군쟁(軍爭)편」에 나온 이일대로(以逸待勞)의 전략도 유명하다. "군대를 잘 운용하는 장군은 기세가 등등한 군대와는 정면승부를 피하고 적의 기세가 쇠약해지고 느슨해졌을 때 공격한다. 이것이 사기를 장악하는 것이다. 정비된 군대로 혼란한 적의 군대를 상대하고(以治待亂), 고요한 군대로 조급한 적의 군대를 상대한다(以靜待譁). 이것이 심리를 장악하는 것이다. 전장에 가까운 곳에서 먼 곳으로부터 오는 적을 상대하고(以近待遠), 편안히 휴식한 군대로 피로한 적군을 상대하며(以逸待勞), 배부른 군대로 배고픈 적군을 상대한다(以飽待飢). 이것이 전투력을 장악하는 것이다."

여기서 말하는 요점은 상대방의 가장 취약의 순간을 놓치지 말라는 것이다. 상대방의 기운이 떨어지고, 상대방이 혼란에 빠지고, 먼 곳에서 허둥지둥 달려와 힘이 없을 때, 이 순간을 놓치지 않고 나의 축적된 역량을 집중하여 공격하라는 것이 이일대로(以逸待勞) 전략의 핵심이다.

참고 이일대로 전략

유비

삼국지의 영웅 리더 유비는 한날한시에 죽기로 결의했던 자신의 의형제 관우를 죽인 원수를 갚고자 제갈공명의랏대에도 불구하고 70만의 병력을 이끌고 무리하게 오(吳)나라로 진격하였다. 오나라는 청년 장군 육손(陸遜)에게 5만의 병사를 주어 맞서게 하였지만 누가 보아도 연전연승으로 양자강 상류에서 하류로 침입해 오는 유비의 군대에 맞서기에는 역부족이었다. 이때 젊은 장수 육손이 선택한 전략이 '이일대로'의 전술이었다. 육손은 일단 후퇴하여 유비의 군대를 산속에 고립시켜 지치기를 기다렸다. 육 개월이 지나자 유비의 군대는 투지가 약화되고 지치기 시작하였다. 이때 충분히 휴식을 취하여 전력을 강화시킨 오나라 군사는 화공(火攻)을 써서 역사상 유래 없는 대승을 거두었다. 이것이 『삼국지』의 그 유명한 이릉(夷陵)의 전투이며, 상대방이 지치기를 기다려 편안하고 충분히 휴식한 군대로 적을 격파한다는 이일대로(以逸待勞)의 전략이 승리한 전사(戰史)이다.

4) 환경이용과 전략

「구변편」은 아홉 가지 상황에서의 공격시의 철칙이 서술되어 있다. 예를 들어 높은 곳의 적을 공격하지 말 것, 포위한 적에게는 도피로를 열어 주지 말 것 등이다. 「행군편」은 행군과 포진에 대한 주의사항을 설명하였으며, 「지형편」은 군을 지휘할 때 지형을 고려하여 전략을 세울 것과 지휘자가 병사들에 대하여 통솔자로서 가져야 할 자세 등이 서술되어 있다. 「구지편」은 아홉 가지 토지의 성질과 의미에 대하여 서술되어 있다. 예를 들면 전지(전쟁터), 중지(중요한 토지), 교지(왕래에 편리한 토지), 사지(죽음의 지형) 등이다. 각각의 토지에서의 전투방법이며 병사를 단결하여 맞서게 하기 위해서는 위기 속에 병사를 던져야만 힘을 발휘할 수 있다고 한다. 「화공편」은 불에 의한 공격과 방법에 대한 서술이며, 마지막으로 총명한 군주는 전쟁을 신중하게 시행해야 하며 이것이 국가를 태평하게 하고 군대 보전으로 이어진다고 했다. 「용란편」은 정보수집의 필요와 사람에 의한 간계의 중요성에 대해 서술했다.

3. 현대적 의식

이상의 내용이 『손자』의 개요이다. 『손자』는 6,000자 정도의 짧은 문장이지만 5편까지의 전략에 관한 부분과 그 이하의 전술적인 부분으로 크게 나눌 수 있다. 전술의 관례로서 전략적인 발상이 근저를 이루고 있다. 『손자』의 기본적인 발상은 전쟁시행이 아니다. 싸우지 않고 어떻게 승리를 거둘 수 있을 것인가가 핵심이다. 『손자』는 경험에 대한 집대성이기 때문에 현대의 기업활동이나 상황에 적용하여 논하기 쉽다. 경영 계몽서로서 개개의 기술이 인용되는 이유가 여기에 있다. 그러나 언어상의 표현이 어느 정도 비슷해도 『손자』의 시대배경이나 병법배경에 있는 군 · 국가(나라)의 상태는 근본적으로 다르다. 예를 들어, 「구지편」에서는 “물자가 풍부한 지방을 약탈하면 군대의 식량도 충분해진다”라는 구절이 있다. 당시는 전쟁에서 승리하면 약탈은 당연한 행위였지만 근대전에서 약탈은 도의적인 문제로 인식되어 민심의 이반을 초래하기 때문에 인정할 수 없는 행위로 취급하여 보급을 중시하는 것이다.

정보의 중요성도 오늘날과 같은 전자 정보수집방법이 없는 시대에 사람을 통한 정보수집은 불가결한 것이었다. 인적정보수집의 중요성은 스파이에 의한 첩보로 오늘날과 다를 것이 없지만 과학기술의 배경은 천양지차이다. 용병의 발상과 같은 기술적인 시점은 유효한 부분이 있다 하더라도 사상이나 지도력 등 인간적인 속성에 관계되는 부분이 상당히 많다. 언어상의 혹은 이념적인 관념이 같다고 해서 손쉬운 대조는 피해야 함은 말할 것도 없다.

물론 그렇다고 해서 『손자』의 전략론적 가치가 없어지는 것은 아니다. 『손자』를 경험의 집대성이라고 했으나 지리학, 천문학 등의 객관적인 분석에 근거하거나 인간성과 덕을 중시하는 기본적 철학관이 바탕에 깔려 있다. 승리만을 생각하는 전략론으로 이용되는 것은 『손자』의 본래의 뜻이 아니라고 생각된다.

제2절 근대전략이론의 바이블 : 클라우제비츠

1. 배경과 문제의식

K. 클라우제비츠

근대전략의 아버지로 불리는 클라우제비츠는 1780년 프로이센의 마그데부르크 시의 교외에서 태어났다. 가난하지만 전문직업을 가진 중산층 가문에서 태어난 그는 1792년 프로이센군에 입대했다. 1793~1794년에 프랑스 혁명군과 벌인 라인 전투 때 임관되어 이후 수년 동안 수비대에 근무했으며, 이러한 노력으로 1801년 베를린에 있는 육군대학 입학허가를 받았다. 베를린의 육군대학에서 스승 게르하르트 폰 샤른호르스트의 지도로 군사학을 배웠고 철학과 문학을 공부했으며, 독자적인 기본 전략 개념을 발전시켰다.

샤른호르스트의 주선으로 아우구스트 대공의 부관에 임명되었다. 대공의 부관으로 예나 전투(1806)에 참전했다가 프렌츨라우에서 프랑스군에게 사로잡혔으며, 1808년 프로이센으로 돌아왔다. 그는 샤른호르스트가 주도한 프로이센 군대개혁의 지도자가 되었으나 1812년 나폴레옹의 러시아 침공 직전에 사임하고 다른 독일 애국자들처럼 러시아군에 들어갔다. 1812년 원정에서 그는 러시아군 참모장교로서 두각을 나타냈다. 러시아의 성공적인 퇴각 전략에 일부 책임을 맡았고 타우로겐 회의 개최를 위한 협상에 참여했다. 이 회의를 전환점으로 프로이센은 프랑스로부터 등을 돌리기 시작했다.

1813~1814년의 전쟁에서 여러 직책을 거친 뒤 프로이센군으로 돌아왔으며, 워털루 전투 때는 군단 참모장으로 일했다. 1818년 장군으로 승진했으며 육군대학 총장으로 임명되었다. 이후 12년 동안 클라우제비츠는 한직인 이 자리에 있으면서 역사연구서와 전략문제를 다룬 주요 저서 『전쟁론』을 집필하는 데 많

은 시간을 쏟았다. 큰 명성을 얻은 이 책에서 그는 프리드리히 대제와 나폴레옹의 전투 경험을 기초로 승패를 결정짓는 요인들을 밝혀냄으로써 군사적 천재성의 역할을 분석했다.

나폴레옹 전쟁에 참가하여 51세에 당시 유행한 콜레라에 감염되어 사망한다. 『전쟁론』은 클라우제비츠의 사후, 부인에 의해 간행된 것이며 제7편으로 이루어져 있다. 제1편 '전쟁의 성질', 제2편 '전쟁의 이론', 제3편 '전략론', 제4편 '전투', 제5편 '방어', 제6편 '공격', 제7편 '전략계획'이다. 전체적으로 전략개념을 염두에 두고 논설이 진행된다. 클라우제비츠의 전쟁론은 군사전략이론으로서 간과할 수 없는 대표적인 것이며 '군사사상의 고전'으로서의 지위를 차지하고 있다.

클라우제비츠의 『전쟁론』의 특징은 "전쟁이란 적을 상대로 아군의 의사를 수행시키기 위해 이용되는 폭력행위"라고 규정하며, 정치전쟁에 대한 우위성을 설명한 것에 있다. 정치목적을 달성하기 위해 전쟁행위에 의해 해결한다. 전쟁은 폭력행위이기 때문에 전쟁철학 속에 박애주의를 포함하는 것을 부정한다. 그 점은 전에 서술한 『손자』에 비해 합리적이고 냉철하다. 클라우제비츠 사상은 다양한 해석이 가능하나 당시의 유럽의 정치적 상황을 반영하여 프로이센의 자립과 공동체의식의 고양에 뿌리를 둔 국민적 군대의 확립을 중심으로 전개되었다. 여기에서는 전략 · 전술개념을 중심으로 개설할 것이다.

2. 이론적 프레임워크 : 합리적 전략

1) 전쟁이란 무엇인가?

제1절은 먼저 전쟁이란 무엇인가를 묻고, 적을 강제로 아군의 의사를 수행시키기 위해 이용하는 폭력행위라고 규정한다. 폭력행위이기 때문에 박애주의의 이상을 분쇄하고 전쟁행위의 무자애 · 물리적 폭력성을 인식해야 한다고 설명한다. 전쟁은 국민과 군대와 정부의 삼위일체이며, 국민에 대한 폭력성과 증오, 적개심, 군대에서의 개연성과 우연, 정부에 의한 정치의 도구로서의 종속적 성질을 갖는다. 전쟁은 정치목적을 달성하기 위한 적절한 수단이며 전쟁의

순개념에서 보자면 적을 괴멸하는 것이 목적이 된다. 그러므로 전투력은 괴멸되고 국토는 점령해야 하며 적의 의지를 약화시켜야만 한다. 그러나 현실은 순개념과 현저하게 다르며 승산이 적고 승리를 위하여 치룰 희생이 큰 경우에는 강화라는 방법이 취해진다. 제6장에서는 정보에 대해서 고찰한다. 정보는 지식의 총체이며 가정이나 행동의 기초가 된다. 정보의 기초적인 성질은 불확실성과 취약함에 있으며 전쟁 중 지휘관에게는 어느 정도의 식별력이 요구된다. 전쟁 상태에서는 정보의 대부분은 모순적이며 허위정보이거나 불확실하기도 하다. 더 나아가 인간의 공포심은 허위 정보를 더욱더 조장하는 경향이 있으며 "일반적 감각이 주는 인상은 심사숙고하에 얻은 판단에 비해 강렬하다"고 한다. 일반적으로 지휘관은 자기 내적인 지식의 신뢰성을 고수하여 하릴없이 공포심에 빠지지 않고 희망을 품고 대처하는 것으로 내면적인 균형을 얻을 수 있다고 한다.

2) 전략과 전술

제2편은 전쟁 이론으로, 전략과 전술의 차이에 대해서 언급한다. "전술이란 전쟁에서 전투력 사용에 관한 교의이며 전략이란 전쟁의 목적을 목표로 하는 전투의 사용에 관한 교의이다." 전술이란 전투력을 어떻게 사용할 것인가를 추정하는 것이며 공간적으로는 지휘관의 명령이 미치는 범위를 대상으로 한다. 전투력의 사용에 앞서 전투력을 창조하여 육성 · 유지하기 위한 전투 준비에 관한 것이다. 이와 같이 전쟁 이론은 전쟁의 준비에 관한 전략개념과 전쟁 자체인 전술개념의 두 가지로 크게 나눌 수 있다.

제3편 전술론에서는 전략개념과 함께 전략의 여러 요소에 대해 논술한다. 전략은 전(全)군사행동의 목적에 대응한 목표를 설정하는 것이며, 전략계획을 세워 개개의 목적달성을 위한 여러 행동을 결부시켜야 한다. 단, 클라우제비츠는 전략상 결정에 대해서는 정신적 요소를 중시하고 확고한 의사가 필요하다고 했다. 전략상 사정은 직접 육안으로 확인할 수 없는 경우가 많으며 추측에 의한 부분이 많아져 그만큼 확신이 약해지기 때문에 전략 요소에서도 먼저 정신적 요소를 들고 있다. 전략의 여러 요소는 다섯 개로 나뉜다. 정신적 요소, 물리적 요소(군사력 · 편성 · 구성 · 비율), 수학적 요소(전략선의 각도 · 집중 및 원

심기동의 기하학적 방면), 지리적 요소(지방의 영향, 즉 도로, 산악, 하천 등), 그리고 통계적 요소(공급)이다. 정신적 요소는 전쟁에서 가장 중요한 대상이고 전쟁 전체를 관철하는 것이며 전체를 움직이는 것이라고 한다. 그러나 수적으로 파악할 수도 분류할 수도 없으며 전쟁에서 정신적 요소의 이해득실을 연구하는 것은 힘들지 않지만 결국 뻔한 결론에 도달하게 되며 본래의 정신을 잃어버리게 되기 때문에 정신성의 존재의 중요성을 지적하는 것으로 만족해야 한다. 그러나 클라우제비츠는 정신성을 형성하는 요소를 설명하는 것으로 만족의 폭을 넓히려 한다. 예를 들어 기본적인 정신력(장군의 재능 · 군대에서의 국민정신), 군인으로서 지녀야 할 덕(전지력에 마음을 쏟으며 확신을 가지고 민첩하게 사업에 전심하여 사심을 버리고 주어진 목적에 투입한다), 대담함, 견인성 등이 정신성으로서 요구된다.

전술은 구체적으로는 전투이며 전투 중에 전략의 목적이 포함된다. 따라서 전술 성질이 변하면 전략도 영향을 받는다. 클라우제비츠는 전술개념을 보다 구체적으로 전투로 옮겨 놓고 전투를 포괄하는 것으로 전술이라는 개념을 사용한다. 전투는 군사활동이며 적을 분쇄 · 압도하는 것을 직접목적으로 한다.

3. 현대적 의식

제1편 제6장에서 서술된 정보개념에서의 클라우제비츠의 인식은 현실 속에서 정보가 정연치 못하고 불확실하고 허위로 가득 차 있기 때문에 취급하는 자의 인식력과 내면적인 균형을 설명한다. 비상식적으로 짧은 문장이지만 함축의 미가 뛰어나다. 또한 정신적 발양은 깊은 진리 · 도리 등을 터득, 전체적 인상, 직관력에 의해 발견되는 경우가 많음을 지적하며 전략개념의 정신적 요소를 강조하면서도 분석이나 기술의 대상이 아니라고 한다. 제9장에서 서술한 Andrews의 전략론에 대해서도 전략사상의 정신적 · 도덕적 측면과 경제적 전략으로서 합리적으로 파악할 수 있는 측면과 분리하여 고찰하지만 여러 상황하에서 지휘자나 경영자의 가치판단 기준은 정신적인 것 · 속인적인 것을 포함하여 당사자에 의한 전체적인 판단결과이다. 군사전략, 경영전략도 실제 의사결정에서는

정신적인 요소가 큰 비중을 차지하지만 학문이 가진 과학성 · 객관성에서 보면 합리성이라는 관점이 하나의 기준이며 비합리적인 영역, 정신적인 영역은 과학적인 대상이 되기 어렵다. 이후의 여러 가지 전략 · 경영전략론에서도 기본적으로는 합리성이 전체가 된다.

클라우제비츠의 전략개념에는 전략 · 전쟁 · 전술 · 전쟁 · 전투 · 병술(용병)이라는 계층성이 있으며 또한 전략개념은 공격적 측면뿐만 아니라 전략적 방어라는 측면을 제기한다는 점도 덧붙이겠다.

제3절 전략적 조직의 성공자 : 몰트케

1. 배경과 문제의식

헤무트 폰 몰트케

조직의 천재, 세계의 명장 헬무트 폰 몰트케(Helmuth von Moltke)는 프러시아의 참모총장이 되어 참모본부를 한 단계 발전시키고 원수(元帥)까지 오른 인물로 근대 독일의군사조직의 기초를 만든 사람이다. 몰트케는 1857년 57세의 나이로 참모본부의 총장으로 임명되어 30년간 재상 비스마르크 밑에서 프러시아의 운명을 타개하고, 독일제국을 탄생시키는 무장국가 건설에 중추적인 역할을 하였다

그러나 대(對)오스트리아 전쟁시에 명령을 받은 사단장 한 명이 "이 명령은 매우 뛰어나다. 그러나 이 몰트케 장군이란 사람은 누군가?"라고 말했다는 유명한 전설이 있을 정도로 무명의 존재였다. 몰트케는 당시 부설 착수한 철도와 전신을 남보다 먼저 전술 속에 넣어 분산진공(分散進攻) · 집중공격을 가능케 했다. 즉, 전

투에서 보병 화력의 강력화는 종래 보병에 의한 정면 공격만으로는 손해를 증대시킬 뿐이며 공세를 취한다는 전술을 검토하는 시기가 되었다. 전력인 화기를 장비하고 견고한 진지를 포진하는 적에 대해 전면공격에 대한 불리성이 인식되어 용병 자체가 변해야 하는 시기가 되었다. 몰트케는 철도, 정신 등의 첨단기술을 도입하여 각 부대를 구별해 전개시킴과 동시에 공격시에 각 부대가 하나가 되어 적을 포위 섬멸한다는 오늘날과 같은 용병사상을 만들어 냈다. 또한 개개의 부대의 지휘관에게 독단적인 의사결정을 인정하고 각급지휘관의 판단을 중시했다. 전투에서의 상황은 여러 모로 변화하며 예상이 곤란하기 때문에 명령에 따르지 않고 현장의 지휘관의 의사결정이 중요성을 띤다고 생각했기 때문이다.

몰트케의 또 하나의 공적은 참모총장으로서 종래의 참모본부 상태를 바꾼 것이다. 용병의 요점으로 참모본부를 기능시켜 독일 · 프랑스 전쟁을 승리로 이끌었다. 또한 몰트케는 일본의 명치유신 때 큰 영향을 주었다. 몰트케의 제자 메켈(Meckel) 소좌가 1885년 일본의 육군대학에 초빙되어 일본의 용병술이 독일식의 용병사상으로 전환되었기 때문이다.

몰트케는 체계적인 저서가 없다. 몇 편의 논고나 논문을 남겼을 뿐이다.

2. 이론적 프레임워크 : 임기응변의 체계

1) 몰트케의 전략론

몰트케는 “전략은 임기응변 체계”이며 “지식을 실제로 생활에 적용하는 것”이라고 정의했다. 또한 건전한 인간의 지식을 용병에게 적용시키는 것이며 상식의 틀을 초월하는 것이 아니라고 하였다. 더 나아가 클라우제비츠의 “전략은 전쟁목적달성을 위해 전투를 이용한다”라는 말을 인정하면서도 몰트케의 전략은 각각의 전투결과에 적합하고 결과 위에 구축되는 것이며 전술적인 승리 전에는 전략은 침묵하고 승리가 발생한 새로운 상황에 따른다고 서술한다. 일반적으로 전략은 대목표이며 어느 의미에서는 보편적으로 취급하기 쉽다. 그러나 이 절의 처음에서도 서술한 바와 같이 몰트케는 전략을 임기응변적인 것으로 생각하여 전략에 따라 전투에 승리하면 상황의 변화에 따라 보수(補修)가 거듭된다고 생각했다.

또한 정치와 전쟁의 관계에서 몰트케는 정치와 전략의 상호작용을 인정하면서 전략에 대한 정치적 간섭을 부정하고 다음과 같이 말한다. 전쟁은 국가의 목적달성 혹은 유지하기 위해 거행되는 국민간의 폭력행위이며 정치는 전쟁을 정치목적달성을 위해 사용하지만 전쟁의 불확실성을 생각하면 전략이 할 수 있는 일은 주어진 수단으로 우선 달성 가능한 최고목표를 향해 노력하는 것뿐이다. 단, 교전시기 중의 전략은 정치에서 가능한 독립하고 정치는 전략에 간섭해서는 안 된다. 전략이란 목적 달성을 위해 장수에게 처분을 위임했을 때의 여러 수단의 실제적 적용이라는 것이 몰트켄류의 전략의 기본이다.

2) 참모본부론

전쟁은 순군사적인 시점에서 준비하고 수행해야 하며 참모본부는 용병과 통수라는 관점에서 주도권을 발휘했다. 그때까지의 참모본부는 단순한 1계획연구부문에 지나지 않았다. 그러나 대(對)오스트리아, 대(對)프랑스 전쟁을 통해 참모본부의 권위는 비약적으로 높아졌다.

역사적인 과정에서 참모본부 조직이 전략적 역할을 갖게 된 것은 19세기가 되어서부터이다. 종래, 각국 육군은 2종류의 참모장교부를 갖추고 있었다. 하나는 인사 · 규율을 담당하는 고급부관부, 다른 하나는 군의 행군 · 숙영을 담당하는 병참부이다. 당시의 참모장교는 교육이나 개인의 능력보다 출신 즉 귀족출신자가 우선되었고 진급도 연공에 의해 결정되었다. 또한 주로 황막한 지역에서 원주민을 상대로 하는 식민지 전쟁에서는 참모장교의 필요성이 없고 지휘관의 개인적 자질만으로도 승리할 수 있었다.

독일에서도 19세기 초두부터 참모조직과 비슷한 조직이 만들어졌다. 앞의 두 가지 기능 이외에 지휘관의 부관업무, 조언에 대한 자문, 정보활동이나 부대의 기로 등이 참모로서의 역할이었다. 그 후 참모장교에 의한 전쟁계획부문이 설치되어 참모장교의 선발에서도 시험에 의한 선발을 도입하여 연공이 아닌 실력을 기준으로 뽑게 되었다. 다만 독일의군사조직 중에서 참모총장의 지위는 낮았다. 참모총장의 지위를 높이고 참모본부를 재생한 것이 몰트케이다.

몰트케는 참모총장으로 취임한 후 전쟁계획부국을 동방(러시아, 오스트리아, 스웨덴, 토르코), 독일(독일 여러 연방, 덴마크, 스위스, 이탈리아), 서방(프랑스, 영국, 네덜란드, 스페인, 미국 등)의 3개로 나누고 더 나아가 철도과를 신설하여 철도의군사이용에 대해 협의하고 동원 및 작전계획을 책정하여 실효성을 확인했다. 또한 전쟁역사과는 타 부문에 대한 정보제공과 전쟁역사 편찬으로 나뉘어 있었지만 역할은 과거의 전략이나 전술을 분석하여 새로운 용병을 개발하는 것이었다. 더 나아가 지도, 측량과가 첨가되었다. 이것은 전쟁에서 필수불가결한 진가를 발휘하였다.

참모본부를 실제로 기능시키기 위해서는 우수한 장교단이 필요하다. 참모는 시험에서 선발될 뿐만 아니라 연습여행이나 대연습을 실시하는 것으로 자질을 높였다. 또한 각급 지휘관이 전체적인 계획에 따르는 한 자신의 판단에서 행동하는 것을 용인했다. 즉, 전반적인 목표의 철저와 절대적으로 필요한 명령만이 통달되어 각급 지휘관의 행동의 세부에 대한 간섭을 피함과 동시에 목표나 명령에 벗어나지 않는 범위에서 지휘관의 건전한 판단 자유를 인정하였다. 현장 상황, 즉 기후나 지형의 상황, 병사의 정신적 · 육체적 상태 등을 아는 현장 지휘관의 판단을 인정한 것이다.

3. 현대적 의식

몰트케의 현대적인 의식을 검토하는 일은 쉽지 않다. 순수하게 군사상 관점에서 보자면 근대병학의 최고봉이라는 평가도 가능하며, 여러 역사를 통해서 현실적 · 현상적 기술 속에 군사교육의 방법론을 확립했다고도 할 수 있다.

몰트케는 31년간의 참모총장직 재임기간 중 참모본부라는 조직을 실질적인 전략조직으로 바꾸어 나갔다. 조직론적인 공적도 크다. 제1절에서 일본에도 큰 영향을 주었다고 서술하였으나 전쟁 전의 일본 육군이 어느 정도 충실히 몰트케를 흡수했는가에 대해서는 상당한 의문을 남긴다.

어찌되었든 간에 몰트케는 최신 기술혁신(철도, 전신)에 제일 먼저 착목하여 그것을 전략과 결부시켜 갔다. 기술의 진보는 항상 병기를 개발하고 종래의 전술이나 방법을 근본적으로 재검토해야 한다. 강력한 화포를 갖은 적에게 정면 공격하는 무모함을 적의 측면에 매복부대를 이동시켜, 혹은 분산된 부대를 동시에 주요 전쟁터에 집중하여 적을 포위한다는 공격방법으로 전환한다. 시대를 앞서가는 사람들의 패턴을 여기에서 발견할 수 있다.

참모나 각급 지휘관의 교육과정을 정비하여 목표나 명령을 벗어나지 않는 한 개개의 지휘관의 판단을 인정하고 독립된 상황하나 명령이 통달되기 어려운 상황에서도 지휘관에 의한 독자 판단을 인정했다.

또한 전쟁을 과학적으로 파악하여 과학적 근거에 기초한 계획안을 책정했다. 1절의 첫머리에서도 서술한 바와 같이 전략은 임기응변적인 체계이며 지식을 실제 생활에 적용하는 것이다. 일상성 안에서 상식적인 판단이 특별히 강조된 것이 몰트케의 전략인 것이다. "전략은 이론적 완성도보다 실행가능성이나 목적에 대한 적합성, 실패한 경우에 손해를 받 아들이는 수용성이 중요하다"라는 지적은 몰트케의 말은 아니지만 몰트케의 전략 중에는 이러한 유연성이나 여유를 도처에서 찾아볼 수 있다.

제4절 간접전략이론 : 리델 하트

1. 배경과 문제의식

리델 하트(B. H. Liddell Hart, 1885~1970)는 파리에서 태어나 캠브리지 대학에서 역사를 전공하고 제1차세계대전에 참가했다. 1929년에 '간접적 어프로치 전략'에 관한 연구에 의해 오늘날까지의 전쟁 역사를 분석하여 간접적 어프로치가 직접적 어프로치보다 뛰어나, 보다 광범위한 적용범위가 있다고 언급했다.

간접적 어프로치의 유효성은 리델 하트의 이하의 말에 집약되어 있다. "수단적으로 직접적인 강공을 사용한 경우에는 상대측의 완강한 저항을 도발하는 결과를 초래하며 상대측의 시야를 변경하는 데 있어 곤란도를 높인다. 상대편의

B. H. 리델 하트

사고방식을 바꾸는 것은, 우리 측이 한층 더 사고방식을 바꾸어 적이 의혹을 품지도 못하게 하는 침투수단을 사용하거나 적군의 본능적 저항의 우측 날개를 공격하는 것으로 한층 더 쉽고 빠르게 목적을 달성할 수 있다. 간접적 어프로치는 (중략) 상품 거래에서도 좋은 매물이 있다고 시사하는 편이 직접 품물에 대한 구입을 호소하는 편보다 훨씬 강력하다." "전쟁에서는 적의 복종을 기획하기 이전에 저항을 약화하는 것이 목적이다. 효과는 적의 방어태세에서 이분자를 유인하여 배제함으로써 가장 높아진다."

직접적이 아닌 간접적인 공세에 의해 적을 약체화시켜 목적 달성을 지향한다는 방법론은 종래의 정면공격에 의한 직접적 대결 이외의 다른 전략이 존재함을 시사한다. 리델 하트가 간접적 어프로치를 주장한 한편, 제2장에서 서술한 클라우제비츠는 전쟁의 의한 철저한 파괴·승리를 제창하며 직접적 어프로치의 대표라고 할 수 있다.

2. 이론적 프레임워크 : 간접적 어프로치

리델 하트는 전략을 다음과 같이 정의한다. "전략이란 전략상의 여러 목적을 달성하기 위한 군사적 수단(複 : 복수)을 분산시켜 적용하는 기술이다." 그는 전략개념의 상위개념으로 대전략(최고전략)을 상정하며, 전략을 대전략의 저차원에서 적용한 것이다. 대전략이란 "나라나 국가의 모든 자원을 어느 전쟁을 위한 정치목적-기본적 정책이 규정하는 결승선-의 달성을 위해 조정하고 또한 지향하는 것"이며 국가의 경제적 자원·인적 자원을 계량·개발함과 동시에 국민의 의욕함양을 위한 정신적 자원으로서도 필요하다고 설명한다. 또한 경제적·외교적·무역상, 그리고 도덕상의 압박도 필요함과 동시에 대의명분은 방어를 위해서도 공격을 위해서도 유효하며, 기사도 정신도 아군의 정신력을 증대시켜 적의 저항의지를 약화시키는 데 도움이 된다. 전략개념은 대전략(최고 전략 혹은 정치전략) · 전략 · 전술이라는 계층성 안에서 파악할 수 있다. 전술은 전략의 저차원에서의 적용임과 동시에 전략은 대전략에서의 적용이며 전략은 전쟁을 시야로만 수용하지만 대전략은 전후의 평화까지 수용하여 장래의 평화에 해를 미치지 않도록 고려해야한다고 서술한다.

제20장에서는 '전략 및 전술의 진수'라는 제목으로 보편적 혹은 기본적인 경험적 진실을 여덟 가지 지침으로 제시한다. 여덟 가지 지침 중, 처음의 여섯 가지가 적극적 측면, 뒤의 두 가지가 소극적 측면인데 "실제적인 것만이 유리"하다는 입장에서 전략에도 전술에도 적용할 수 있다고 한다.

① 목적을 수단에 적합시켜라

목적결정에는 명확한 전망과 냉철한 판단을 중요시해야 하며, 군사적인 지혜는 '무엇이 가능한가'를 첫 번째로 생각한다. 실제로 직면할 상황에 대한 성실함이 요구된다. 성실함은 불가능을 가능하게 한다.

② 늘 목적을 상기하라

목적달성을 위한 방법은 한 가지만이 아니지만 어떠한 목표도 늘 목적에 지향될 수 있도록 세심한 주의를 기울여야 한다. 종래의 목표를 고려할 때에는 달성가능도를 예측함과 동시에 달성되었을 때의 목표가 목적에 얼마나 적합한가를 생각해야 한다.

③ 최소예상노선(혹은 최소예상코스)을 선택하라

적의 입장에 서서 적군이 선제공격을 할 가능성이 가장 적은 코스가 어느 곳인가를 생각하라.

④ 최소저항노선에 편승해라

기본적인 목적에 대해 기여도가 높은 목표를 지향한다는 조건을 달성할 최소저항선을 이용해야 한다.

⑤ 예비목표로 대체를 허용하는 작전 노선을 취하라

적을 진퇴양난의 길로 이끌어 적의 수비의 가장 적은 목표를 적어도 하나는 공략할 수 있는 기회를 확보할 수 있어 그것을 기반으로 순차적 공략이 가능해진다.

⑥ 계획 및 대비(배치)가 상황에 적합하도록 유연성을 확보하라

어떠한 상황에서도 다음 단계를 예측해야 한다. 아군의 대비는 가장 단기간에 다음 단계로 이용, 환언하자면 상황에 적합하도록 해야 한다.

⑦ 상대가 철저할 때, 상대가 우리 공격을 격퇴하고 또는 회피할 수 있는 태세에 있을 때는 우리 병력을 타격에 투입하지 마라

우세한 상대 이외에는 저항력 · 회피행동이 마비상태에 빠지지 않는 한, 효과적인 타격을 가하는 것은 불가능하며 적에 대한 공격을 발휘해서는 안 된다.

⑧ 일단 실패한 작전은 동일한 노선(혹은 동일한 형식)으로 공격을 재개하지 마라

단순한 병력의 증강은 반드시 신규 노선에 따른 공격을 의미하지 않는다. 적도 휴전기에 병력을 증강하는 일은 있을 수 있기 때문이다.

이상의 여덟 가지 핵심의 바탕에는 교란과 성과확장(혹은 성과 이용)이 필요하다. 호기를 창출하지 않는 한 적을 효과적으로 타격할 수 없으며 적이 그 타격으로부터 회복하지 못할 사이에 호기를 이용하지 않는 한 타격의 효과를 결정적으로 할 수 없다. 또한 예측하지 않는 사태는 그 자신이 성공을 보증하는 것은 아니지만 예측하지 않는 사태는 성공을 위한 최대의 찬스를 제공한다고 한다.

3. 현대적 의의

리델 하트의 전략론은 고대 그리스에서 로마, 중세를 거쳐 근대, 제1차 · 2차 세계대전 등의 많은 전장을 분석하여 간접적 어프로치를 이용한 측이 승리하였음을 검증했다. 전장에서 철저한 적의 전력 파괴는 아군 · 적군 모두의 다대한 희생 위에 성립된다. 리델 하트는 이러한 희생 위해 성립되는 승리에 의문을 제기한다. 그는 『손자』에 정통하였으며 직접 싸우는 것을 목적으로 하는 것이 아니라 정보를 조작하는 것으로 적을 교란하거나 적의 사기를 꺾는 일에 중점을 둔다. 전략의 목표는 전투를 가장 유리한 상황에서 실시하는 것이다.

간접 어프로치는 직접적 대응이 아닌 상대의 사고방식을 바꾸어, 혹은 저항감을 발생시키는 일 없이 사기를 꺾는 것에 있다. 전제로서 정확한 정보수집이 필요하다. 간접적 어프로치는 광범위한 적용이 가능하다. 이론을 현실에 대응하여 설명하는 일은 쉬우며 힘을 다해 피하고 싶은 점이기도 하지만 일부러 우를 범한다면 포터(M. E. Porter)의 코스트 리더십 개념은 자사가 코스트적 우위성을 가지고 타사에 영향을 준다는 의미에서는 완전히 간접적 전략 어프로치이다. 직접제품분야에서 경합한다는 전략과 직접적인 영향을 주지 않아도 상대에 대응을 압박하는 전략의 유효성은 상당히 존재할 것이다.

• 새로운 전략론

이상으로 전략론에 관한 여러 문헌을 개괄해 보았다. 그 밖에도 세상에서 많은 전략론이 존재하지만 여기에서는 다루지 않았다. 예를 들어 나폴레옹은 천재적인 재능을 발휘하여 프랑스를 강대국으로 만들었지만 자신의 전략성에 관한 독창성은 존재하지 않는다. 기존의 여러 이론을 흡수하여 그것을 실시한 곳에 나폴레옹의 위대함이 있지만 그는 이론가가 아니었다. 혹은 지구전론에 근거하여 대(對)프랑스, 베트남 전쟁을 지휘한 보 구웬 지압(Vo Nguyen Giap, 武元甲) 장군[3)]도 그러했다. 군사적인 전략론을 논하는 데 있어서 모택동이 '중국혁명전쟁의 전략문제'나 '지구전을 논함'에 있어서 『손자병법』의 구절을 많이 인용했을 뿐만 아니라, 서양의 전략과 연계하여 실전에서 그 전략을 검증한 바 있다. 손자의 싸우지 않고 이기는 전쟁(不戰而屈人之兵, 善之善者也)은 모택동 전략의 중심철학을 이룬다. 특히 지구전과 기만전술에 큰 영향을 미쳤다. 적의 강한 곳은 피하고 약한 곳을 공격하라(避實而擊虛), 인민과 당 지도부가 한마음이 되어야 한다(上下同欲者, 勝)을 비롯한 지식은 모택동의 전쟁이론에 구체적으로 채용되었다.

모택동은 중국 고대 병법서의 모순 전화 사상, 특히 약함으로 강함을 이긴다는 『손자병법』과 『도덕경』의 모순 전화사상을 매우 중시하고 비판적으로 흡수하였다. 단, 간단히 핵심만 말하면 중일전쟁 중 쌍방의 전력비교에 근거하여

3) 보 구웬 지압의 3불작전 : 적이 원하는 시간에 싸우지 않았고, 적이 좋아하는 장소에서 싸우지 않았으며, 적이 생각하는 방법으로 싸우지 않았다. 이것이 바로 '3불(不) 전략'이다.

강약은 절대적인 것과 상대적인 것으로 구분할 수 있으며 후자가 압도적으로 많다. 강한 적에 맞서기 위해서는 지구전을 제일로 하고 그것을 3단계로 구분한다. 제1단계는 약소한 상대는 적의 목표가 되는 것을 피하기 위해 분산시킴과 동시에 인민 속으로 잠입한다. 제2단계는 반격 준비를 함과 동시에 적의 배우에서 게릴라전을 전개한다. 제3단계는 전략적 반격으로 적에게서 승리를 쟁취한다. 이러한 바와 같이 약소한 상대가 전쟁터에서 주도권을 잡고 서서히 방어에서 공격으로 이행해 가는 전략을 지구전론이라고 부른다. 많은 게릴라 활동은 이러한 지구전론을 바탕으로 행해진다. 지구전론은 전략적 실천성 안에서 적용되어 왔다.

경영전략은 군사전략만큼 직접 생명을 거는 것이 아닌 또한 상대를 섬멸하는 것도 아니다. 그러나 군사적인 전략 속에서 방법론적인 전략가치는 발견될 수 있을지도 모른다.

참고 일원적 세계관과 이원적 세계관

전략사상의 원점은 다름 아닌 군사전략에 있다. 특히 근대 군사전략론으로는 클라우제비츠의 『전쟁론』과 리델 하트의 『전략론』[4)]이 유명하다.

1780년 출생의 프로이센군의 장교 클라우제비츠가 전개한 전략사상은 전투를 전면으로 내세워 직접적으로 결전에 임하고 있어 현재에는 강자의 전략론으로 불린다. 그의 전략론은 전 세계의 군대에서 인기가 있어 전략론의 왕도로 간주되고 있다.

이에 비해 1895년 영국의 부르주아 가정에서 태어난 군인으로 역사가이자 저널리스트였던 리델 하트의 전략사상은 『손자병법』의 영향을 크게 받아 전투를 될 수 있으면 회피하려는 부전(不戰)의 사고가 중심이다. 따라서 그의 전략사상은 약자의 전략론으로 불리며 군인들에는 그다지 인기가 없다.

그러나 이상의 단순한 비교는 아주 다른 결론에 도달할 가능성이 크다. 양자의 진짜 다른 모습은 결전인가 부전인가 또는 강자인가 약자인가보다는 어떠한 입장에 서서 전략론을 전개하고 있는가에 있다. 특히 인간관과 세계관의 차이가 양자의 결정적 다름이라고 하겠다.

4) 바실 헨리 리델 하트, 주은식 역, 전략론, 책세상, 2004.

직접적 어프로치와 간접적 어프로치

	클라우제비츠	리델 하트
기본적 전제	• 완전 합리성의 인간관 • 일원적 세계관	• 한정 합리성의 인간관 • 이원적 세계관
전략사상	• 폭력과 무력 중심	• 간접 어프로치 전략 • 폭력 무력보다는 비폭력, 비무력 즉 심리적 효과 중심

클라우제비츠는 전쟁의 유일한 수단을 전투라고 규정하고 폭력은 비합리적 수단이지만 직접적 전투에 의해 적을 완전히 격멸하고 적이 대항할 수 없도록 하는 것이 전쟁의 목적이라고 주장하였다. 그리고 그것을 달성하기 위하여 전개되는 여러 가지의 전투의 운용방법을 전략이라고 하여 개개의 전투의 구체적 실행 방법을 전술이라고 하였다. 이것이 클라우제비츠의 전략사상이다.

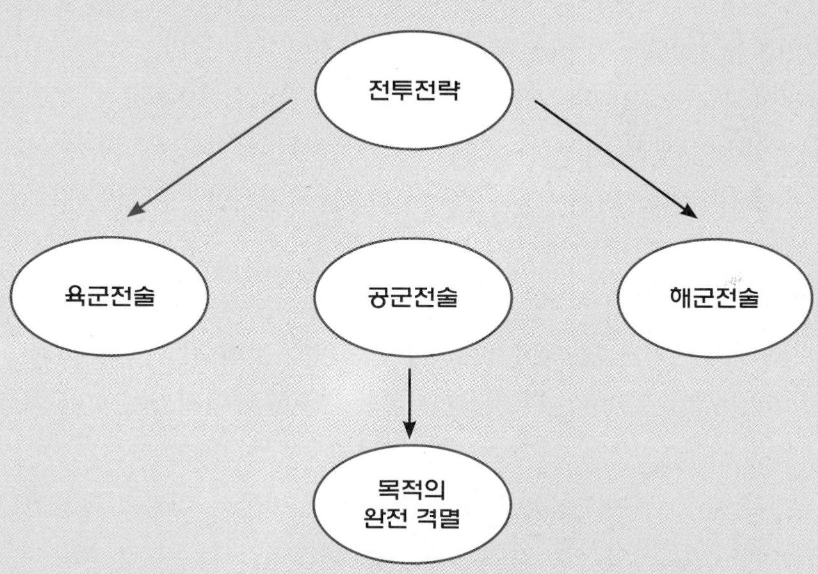

전쟁은 직접적인 물리적 공격이라는 문맥에 비추어 보면 클라우제비츠의 전략은 직접적 어프로치 전략(direct approach strategy)이라고 할 수 있다.

PART 03 전쟁과 영웅 : 그들의 전략과 리더십, 현재의 리더십

兵者 詭道也(전쟁은 적을 속이는 것이다). -『손자병법』

제1절 전략의 등장

최근 미국을 방문한 중국의 후진타오 국가주석이 미국의 조지 부시 대통령에게 부전이굴(不戰而屈)의 지혜가 담긴 『손자병법』을 선물하여 화제가 되고 있다. 부전이굴이란 백 번 싸워 백 번 이기는 것이 최선이 아니라 싸우지 않고 적을 굴복시키는 것이 최선이라는 의미이다. 손자병법의 「모공편」에 나오는 대목을 옮기면 이렇다.

百戰百勝 非善之善者也(백 번 싸워 백 번이기는 것이 최상이 아니고)
不戰而屈之兵 善之善者也(싸우지 않고 적의 군대를 굴복시키는 것이 최상이다)

중국의 후진타오 국가주석은 부시 대통령에게 미국의 이라크 침공을 빗대어서 전쟁을 하지 않고 이기는 것이 대국다운 논리이지 않겠는가 하는 간접적인 해석을 건넨 것이다.

고금동서를 막론하고 전략을 논할 때면 『손자병법』을 가져왔고 세계적인 전략가 나폴레옹까지도 프랑스어로 번역된 이 병서를 읽었다고 할 정도이다. 중국의 역대 황제나 명장들은 『손자병법』은 물론이고 『오자』, 『육도』, 『삼략』 등을 읽고 논하기까지 하였다.

2007년 일본에서는 NHK의 대하드라마 '풍림화산(風林火山)'이 인기리에 방영되었다. 대하드라마의 성격상 시대적 상황을 제대로 반영한다는 평을 얻었는데, 풍림화산이라는 제목은 상징적이며 전략적 분위기를 자아낸다. 일본 유학 중에도 '바람, 수풀, 불, 산'이 의미하는 것이 무엇인지 궁금했던 적이 있다. 그때는 일본의 전국 통일을 눈앞에 두고 병으로 죽은 비운의 명장 다케다 신겐(武田信玄)이 정말 멋있는 단어를 만들어 냈다고 생각했는데, 나중에 알아보니 이 풍림화산을 신겐에게 사용케 한 전략가가 야마모토 간스케(山本勘助)이며 이것 역시 『손자병법』의 「군쟁편」에 나온 말이었다.

基疾如風(빠르기를 바람과 같이 하게 하고)
基徐如林(고요하기를 숲과 같이 하고)
侵掠如火(침략하기를 불같이 하고)
不動如山(움직이지 않기를 산같이 한다)

미국의 육군사관학교에 해당하는 웨스트포인트에서 인용하는 "적이 준비하지 못한 곳을 공격하고 적이 생각하지 못했을 때 출격하라"는 말도 『손자병법』의 「시계편」 "功基無備 出基不意(공기무비 출기불의)"에서 나온 말이다. 또한 이 말은 화교연구차 동남아를 방문했을 때 화교의 사무실이나 집에서 가장 많이 보았던 문구이기도 하다. 이쯤 되면 『손자병법』의 중요성을 알게 하며 몇 천 년 전에도 몇 백 년 전에도 전쟁은 있었으며 이기기 위해 노력하였음을 알 수 있다.

중국은 수많은 국가가 들어서고 통합하고 망하고 새로 등장하다 보니 『손자병법』 이외에 소위 '무경칠서(武經七書)'라고 하는 병법이 등장하였다. 무경칠서는 『손자병법』을 포함한 『오자병법』, 『육도』, 『삼략』, 『울요자[1]』, 『사마병법』, 『이위공병법』 등이며 중국에서는 이를 응용한 전쟁이 많았고 현대 중국에서는 모택동도 『손자병법』을 읽고 국민당과의 싸움에서 이겼다고 할 정도이다.

1) '위료자'라고도 함.

근대에 이르러 서양에서는 프로이센의 클라우제비츠의 걸작 『전쟁론』이 나오면서부터 전쟁, 정치, 전략에 커다란 영향을 끼쳤다. 이 책은 특히 프로이센이 나폴레옹에게 전쟁에 지면서 프랑스의 위성국으로 전락하면서 겪었던 현역 군인의 아픔이자 경험이며 희망을 표현한 작품이라고 하겠다. 또한 역설적으로 프랑스대혁명이 성공하여 유럽을 강타한 프랑스의 에너지로부터 무언가를 배우고 싶었던 프로이센에서 인기가 있었고 1870년과 1871년 사이에 프랑스가 프로이센에게 굴욕적인 패배를 당한 후 프랑스에서 많은 독자가 생겼다. 손자가 다수의 경쟁자가 존재하는 전국시대에서의 상생의 전략이라면, 클라우제비츠는 일대일의 전쟁에서 적을 이기고 내가 살아야 하는 전투의 개념이라 하겠다.

제2절 경쟁자와 전략

세계적으로 전략에 대해 손자와 클라우제비츠만큼 알려진 인물도 없다고 하겠다. 그러나 두 사람의 논제는 현저하게 다르다. 손자는 다수의 경쟁자 가운데에 살아남는 것을 전제로 한 것에 비해, 클라우제비츠는 결투의 확대된 것으로 기술하고 있다. 결투의 확대개념은 일대일의 상황을 기본적으로 상정하고 있다는 것이다. 따라서 전투에서는 적의 주력을 파괴하는 것을 최고의 목표로 삼고 있다.

요즈음 전국에 많은 대형할인점과 편의점이 생기면서 백화점과 재래시장이 타격을 받고 있다. 특히 편의점은 체인점이기 때문에 경쟁이 심하다. 특히 소도시의 경우에는 경쟁사의 편의점 중 제일 매출액이 좋은 곳에(경쟁사의 편의점 앞) 출점하는 경우가 많다. 그러다 보니 경쟁사 편의점의 매출액은 떨어지고 경쟁사 편의점은 대응책으로 타 지역의 상대측 편의 점 중 가장 경쟁력이 좋은 곳에 출점하여 이전투구식의 경쟁을 한다.

이것은 클라우제비츠의 『전쟁론』에서 주장하는 상대의 전력이 가장 집중되어 있는 부분을 공격하라는 말과 일치한다. 요즈음 편의점이 많이 생겨서 소비자들은 좋지만 업계에서는 힘든 모양이다. 편의점 A는 확실히 경쟁사 편의

점 B의 제일 매출이 좋은 곳을 공격하면 상대의 이익이 악화되어 A쪽이 유리하게 될 것은 말할 필요도 없다. 그러나 결과는 의외의 방향으로 흘러 신규 출점과 대응으로 힘을 쏟은 편의점은 결국 같이 망하게 된다. 일대일의 결투에서는 이것이 필요할지 모르지만 다수의 경쟁시대에는 제3의 유명한 편의점이 새로운 아이템으로 등장하거나 원스톱 마케팅으로 더 효용이 큰 대형할인점한테 고객을 빼앗긴다.

적은 눈앞에 있는 경쟁자만이 아니고 더욱 강력한 제3자가 어부지리를 취하려고 호시탐탐노리고 있다는 것을 알아야 한다. 이러한 의미는 다음의 고사성어 "螳螂捕蟬 黃雀在後(당랑포선 황작재후)"에 해당한다. 풀이하면, 이슬을 먹고사는 매미는 뒤에 사마귀가 자기를 노리고 있는 줄 모르고, 사마귀는 매미를 잡으려 하지만 뒤에 참새가 노리고 있는 줄 모르며, 참새는 사냥꾼이 자기를 노리고 있는 줄 모른다. 그 의미는 매미, 사마귀, 참새처럼 눈앞의 이익만 보지 말고 등 뒤의 적(근심)도 보아야 한다는 것이다. 현재는 기업이든 국가이든 경쟁자는 하나만이 아닌 다수이기 때문에 당랑포선 황작재후의 예와 비슷하게 설정되고 있다고 하겠다.

결투의 확대개념은 전술에는 해당되지만 전략에는 손자가 상정하는 다수의 경쟁자의 개념이 현대의 비즈니스와 국가에는 해당된다고 하겠다.

제3절 리더십의 등장

1. 전쟁의 리더십과 비즈니스의 리더십

제2차세계대전의 영웅 아이젠하워와 패튼 장군도 클라우제비츠의 『전쟁론』 관심을 가졌다. 특히 제1차, 제2차세계대전을 겪으면서 등장한 것이 리더십이다. 모(某) 부대는 장군의 특수한 카리스마에 의해 연전연승하는가 하면 반대로 모(某) 부대는 장군의 이상한 행동으로 패배하기도 한다는 것을 알게 되었다. 그래서 아군이나 적군이나 많은 군대를 통솔할 수 있는 장군들의 공통된 항목을 연구하여 이러한 분야가 리더십분야와 전략분야로 등장하게 되었다.

특히 제2차세계대전 후에는 아이젠하워와 히틀러, 처칠과 히틀러 등의 리더십과 전략 등을 비교하는 서적이 많이 등장하였다. 제2차세계대전 후에는 한국전쟁의 맥아더의 인천상륙작전에서 성공담으로 그의 영웅주의가 등장하였다.

제2차세계대전 후 전쟁의 영웅들의 리더십은 그들 밑에 있던 장교와 사병들이 각국의 산업발전의 산업의 주역으로 등장하면서 관리적 리더들이 되었다. "나쁜 병사는 없다. 오직 나쁜 지휘관이 있을 뿐이다"라고 한 영국의 슬림 장군의 말은 '나쁜 종업원은 없다. 오직 나쁜 경영자만이 있을 뿐이다'라고 해석되어 경영자들의 리더십이 강조되기도 하였다.

나폴레옹, 히틀러, 맥아더 같은 리더들은 자기 자신을 통해 군대와 국가의 힘을 불어넣으려고 노력했다. 자신만의 힘과 에너지를 보여 주고 목표를 향한 행동에서 부하들이 따르고 발산할 수 있도록 하였다. 다시 말하면 부하들의 마음을 움직이는 힘으로 군대를 이끌었던 것이다. 기업도 마찬가지이다. 도산 직전의 기업을 경영자의 리더십으로 세계적인 기업으로 성장케 한 리더십은 이제 모두가 배우려고 한다.

1960, 1970년대에 이르면서 전쟁 영웅들의 리더십, 전략 등이 필요한 부분이 나타났다. 경쟁이 심하며 전쟁같이 느껴지는 곳, 다름 아닌 비즈니스 분야에서의 리더십과 전략이다.

GE를 성공시킨 잭 웰치, 토요타자동차를 성공시킨 토요타 기이치로, MS를 설립한 빌 게이츠 등은 새로운 전략과 기법으로 세계 제일의 자리를 지킨 것이다. 마이크로소프트의 빌 게이츠 회장은 1990년대의 기업가로 일컬어지지만 『손자병법』의 애독자라고 해서 세간의 주목을 받았다. 윈도우와 각종 소프트웨어 사업으로 세계 최고의 갑부가 되었지만 시장독점과 특허침해문제로 회사가 끊임없는 소송 시비를 당하면서 난관을 극복하는 과정에서 『손자병법』이 큰 힘이 되었다고 한다. 최첨단의 MS 회장과 몇 년 전의 고리타분한 병서로 취급받던 『손자병법』과의 만남은 우리에게 새로움을 준다. 이제 경영학분야 과목 중에서 전략과 리더십이 없는 학과가 없으면 이상할 정도로 일반화되었으며 전략 중에 등장하는 것이 『손자병법』인 것이다.

요즈음 기업을 필두로 학교 등의 공공단체나 교회들의 비영리단체에서까지도 전략이라는 말을 자주 사용한다. 그만큼 전략이란 말은 군대나 기업만의 용어가 아닌 우리 전체의 용어가 되었다고 할 수 있다. 영어로 전략을 뜻하는 'strategy'는 그리스어 'strategos'에서 나왔으며 군대를 의미하는 stratos와 이끈다는 의미의 lead가 합쳐진 것이다. 군대를 이끄는 힘(Art of general), 즉 장군의 예술, 장군의 기술이란 뜻이다. 다시 말하면 어느 한 장군에 의하여 승리를 계속하거나 패배를 하거나 하는 경우를 말하는데, 이는 말 그대로 리더의 기술 즉 리더의 능력을 표시한 예이고 그만큼 리더의 역할 곧 리더십을 중요하게 생각한 말이라고 하겠다.

2. 세계기업의 리더십 유형

최근 삼성경제연구소[2)]에서 전 세계 주요 기업의 CEO를 고공행진형, 수직상승형, 기사회생형, 돌발추락형, 위기반복형의 다섯 가지 유형으로 나누고 사례를 들었다. 이것은 국내 CEO뿐 아니라 각 단체나 조직의 장들까지도 어느 유형에 들어가느냐 하는 것으로 관심을 불러일으켰다. 빌 게이츠(MS)와 루 거스너(IBM)는 단기간에 회사를 급성장시킨 수직상승형이며, 카를로스 곤(닛산)과 칼리 피오라나(HP) 등은 위기에 처한 기업을 살린 기사회생형 경영자이며 최선의 CEO로 꼽혔다. 이와 반대로 부도덕성과 변화 거부로 기업을 몰락시킨 존 챔버스(시스코)와 샌퍼드웨일(시티그룹)은 돌발추락형으로, 이데이 노부유키(소니)와 위르겐 슈렘프(다임러크라이슬러)는 비변부재와 실수반복으로 성과부침이 심한 위기반복형의 리더로 분류되었다. 그리고 오늘날 일본에서 신화로 꼽힐 정도로 토요타자동차를 안정시킨 후지오 초와 좋은 실적이 계속된 잭 웰치(GE)는 고공행진형으로 분류되었다.

최근 기업체는 물론이고 지자체, 학교 등도 조직의 핵심역량을 환경변화에 맞추어 업그레이드하는가 아니면 다운시키는가 등에 의해 리더의 역량이 중요시되고 있다. 2002년 한국 월드컵 4강 진출이라는 믿기 어려운 성과를 거둔 거스 히딩크 감독과 도중에서 물러난 전(前) 축구대표 코엘류 감독과의 차이는

2) 삼성경제연구소, 2004. 5.

말할 것도 없이 리더십의 실패라고 하겠다. 세계적인 석학 피터 드러커의 "리더십의 본질은 그 성과에 달려 있다"는 말을 실감나게 하는 경우이다.

리더십은 주지하는 바와 같이 인류의 역사만큼이나 오래된 주제이며 누구나 요구하는 바이다. 역사 속에서 우리는 바람직한 리더상에 대한 풍부한 사례를 찾아볼 수 있다. 예를 들면 몽골의 조그만 부족에서 세계 제일의 대제국을 이루어 낸 칭기즈칸과 맨주먹으로 프랑스를 제국으로 이끈 나폴레옹 등은 리더십의 예로 세계적으로 등장한다. 또한 아무것도 없는 조선의 수군으로 몇 배나 되는 일본 수군을 무찌른 이순신의 창조적 리더십, 일본의 7할 정도를 통일했다는 오다 노부나가의 리더십 등은 동양에서 전해지는 리더십의 한 예이다. 그러나 이러한 영웅들의 리더십도 본인이 죽거나 하면 조직(국가)이 사라지거나 흔들리거나 다른 사람한테 넘어가는 일을 종종 볼 수 있다. 적당한 후계자가 없는 조직이나 단체는 발전하지 못한다.

스텐포드 경영대학원의 제임스 마치 교수는 그의 조직행동론 강의에서 셰익스피어의『리어왕』같은 고전을 인용하여 리더십을 설명한다. 늙은 리어왕이 능력이나 자질보다는 아첨과 일시적 기분으로 첫째 딸 고너릴과 둘째 딸 리건에게 자기 영토를 반분하여 나누어 주었으나 핍박을 당해 가장 사랑하는 막내딸 코델리아와 리어왕이 죽는 비극적으로 막을 내린다. 리어왕처럼 조직과 기업에서 나타나는 바람직하지 못한 후계자 계승, 명확하지 않은 분권화, 무분별한 권한위양 등과 같은 사실들에 대해 설명한다. 고전은 옛날 것이기 때문에 현재에는 맞지 않는다는 말은 지금도 후계자 양성에 실패한 기업이나 조직을 보면 신기하게도 경영의 현장에서 맞는다.

특히 요즈음은 리더십을 이야기할 때 군대와 국가 등을 논하는 경우도 있으나, 요즈음은 군대가 강한 국가보다도 기업이 강한 국가가 선진국으로 인정받기 때문에 기업을 성공시킨 세계적기업인의 리더십이 화제가 되기도 한다.

3. 리더의 책임과 이론

헤이만(F. S. Haiman)은 인간이 공동체 생활을 영위하는 원시시대부터 21세기의 현재까지 어느 시대 에도 리더를 찾았으며 인간이 발달하는 한 리더가 있었다고 한다.[3] 또한 동물의 세계에서도 리더는 위기시기에 책임을 다하는 것을 일본원숭이의 예로 들어 발표하기도 한다. 일본원숭이 다로는 다른 동물이 자기영역을 침범했을 때 연약한 동물들을 피난시키고 자기 자신은 제일 나중에 피하여 일본원숭이 집단으로부터 존경받는다는 사례는 일본경영학회에서 사례로까지 등장할 정도이다. 일본에서는 자기만 생각하고 무책임하고 무능한 리더를 빗대어 원숭이다로 보다 못한 리더라고 할 정도이다.

리더의 솔선수범형과 특성추구이론에 맞는 고전적 스타일의 리더십이라고 하겠다. 리더의 특성추구이론과 비슷한 형태를 고대 이집트의 파라오에서 찾을 수 있다. 고대 이집트 역사를 연구하는 학자들에 따르면 왕인 파라오(Pharaoh)가 될 수 있는 조건이 다음과 같이 명문화되어 있다고 한다. “파라오의 입에는 단호한 권위가 있어야 하며 가슴에는 모든 것을 통찰할 수 있는 능력이 있어야 하며 혀에는 정의의 창고가 있어야 한다.” 이 말은 리더는 중요한 의사결정을 하기 때문에 냉철한 판단력과 책임 그리고 사리사욕보다는 정의에 따라 움직이라는 말일 것이다.

현대사회에 존재하는 모든 조직-기업, 국가, 군대, 학교, 교회 등에서는 한층 더 리더십의 중요성을 인식하고 있다. 리더가 없는 세계란 감독 없는 프로축구와 지휘자 없는 오케스트라와 마찬가지로 현재는 상상하기조차 어렵다.

리더십이란 구성원들에게 신뢰감을 불러일으키는 인격적인 힘으로 정의 되거나 주어진 상황에서 목표를 달성하기 위한 단체(개인 또는 집단)의 행동에 영향을 미치는 과정 (L=f (L.F.S)으로 해석되기도 한다.

리더십은 리더의 특성보다는 여러 상황에서 실제 이루어지는 행동으로 보자는 행동이론이 발달했고 성공적 리더와 비성공적리더는 그들의 행동패턴으로 구분하기도 한다.

리더의 유효성은 리더의 스타일보다는 리더십환경을 이루는 상황에 의해 결정된다는 상황이론도 발전하고 있다. 이보다 더 발전하여 전략적 리더십이 강조되고 “전략의 책정과 실행에 관련되어 다양한 노력을 통합하고 조정하기 위해 조직전체에 방향성과 목적성을 만들어 내는 일”로 정의하기도 한다.

---

3) F. S. Haiman, Group leadership and Democratic action.

이처럼 리더십에 대한 이론적 논의는 숱하게 이루어져 왔고 그에 관한 서적은 수백여 종에 이른다.

그런데 국가나 기업을 이끄는 지도자의 리더십의 입장에서는 딱딱한 교과서의 이론보다는 역사 속의 인물이 보여 주는 구체적이고 생동감 넘치는 일화가 더 많은 것을 느낄 것이다. 왜냐하면, 역사는 인류의 지혜가 집대성된 위대한 교과서이기 때문이다. 그러므로 성공과 실패를 거듭하면서도 역사의 발전을 이룩해 온 리더들의 모습은 오늘날과 같이 급변하는 대 경쟁시대에 조직과 국가, 기업이 생존하고 성장하기 위한 바람직한 리더의 자세가 무엇인지를 우리에게 깨닫게 한다.

이러한 전략을 이해하는 데는 군사적인 용어의 전략이 실제 조직경영이나 기업경영을 이하는 데 도움을 주기도 한다. 예를 들어, 우리는 전략과 전술의 차이를 구분해야 할 필요가 있다. 전략(strategy)이 기업이나 국가가 경쟁우위를 갖기 위하여 경영자원을 배분하는 전반적인 계획이라고 하면, 전술(tactic)은 특정한 행동을 위한 계획을 뜻한다. 즉, 전술이 소규모의 전투에서 승리하기 위한 작전이기 때문에 적을 보면서 이루어지는 것인 데 비해, 전략은 전투가 아닌 전쟁에서 승리하기 위한 계략, 즉 적을 보지 않고 적을 이길 수 있는 방안이라고도 볼 수 있다. 일반적으로 최고의 리더가 구상하는 것을 전략이라고 하고 중간이나 하급 레벨의 리더가 적과 전투하며 이루어지는 것을 전술이라 한다. 이러한 것으로 보면 전략은 전술보다는 상위단계에 있다.

제4절 전략과 조직변혁

전략에는 합리성과 논리성(이론성)이라는 측면 외에도 창조성이나 혁신성이라는 측면이 요구된다. 이 두 가지 상반된 요소는 리더십에 의해서만 통합된다.

1. 전략수립에 요구되는 창조성과 혁신성

전략수립에 있어서는 전략이론을 적절히 활용하여 뛰어난 전략을 수립하여야 한다. 전략이 조직풍토·기업풍토나 자원 등의 조직 내 환경을 전제로 생각할 때 성립할 수 있는지 어떤지를 냉정히 판단하는 것이 필요하다. 이것을 '전략의 내부 적합성 요청'이라고 한다.

전략은 합리성과 이론성이 필요하지만 이 자체만으로는 부족하다. 예를 들면 뛰어난 이론을 숙지하고 있다고 해도 전략수립과정에 참가하는 자가 현실에 안주하면 아무런 도움도 되지 않는다. 리스크를 이유로 행동을 피한다거나 이에 대한 변명을 한다거나 이에 대한 변명을 한다거나 하면 조직은 전혀 변화되지 않는다. 즉 전략이 진정으로 유효하기 위해서는 합리성이나 논리성 외에도 창조성이나 혁신성이라는 요소를 포함하여야 한다.

창조성은 조직을 발전시키려는 그들만의 아이디어였다. 경영학에서는 19세기의 테일러 시스템을 만들은 프레드릭 테일러와 대량생산의 기초를 만든 컨베이어 시스템의 포드 시스템 그리고 미국 자동차 시스템을 거부하고 JIT(just in time) 시스템에 맞추면서 생산성혁신에 이른 도요타 시스템 등은 초기에 저항도 있었지만 그들의 조직과 사회를 변혁시키면서 조직구성원들에게 존경심을 받았다.

일본의 발명품 중 가장 뛰어나고 가장 많이 팔린 것이 소니의 워크맨이다. 1978년 가을 소니의 창업자이며 공동회장인 이부카 마사루는 미국출장이 잦았기 때문에 10시간 이상 걸리는 미국을 음악을 들으면서 다니길 원했지만 휴대용 녹음기와 헤드폰을 들고 다니기엔 불편했다. 시험작품으로 만든 기계를 보여 주면서 공동회장인 모리타 아키오에게 지나가는 말로 "소리는 좋은데 좀 더 걸으면서 들을 수 있는 스테레오 카세트테이프가 있었으면" 하는 바람을 모리타 아키오는 녹음기능이 필요 없고 헤드폰이 부착된 재생전용기가 필요하다고 생각되어 주위의 반대에도 불구하고 만들어 냈다. 그러나 녹음도 안 되고 혼자서 듣는 이상한 제품 워크맨에 냉랭한 반응이었다. 몇 달 지나면서 젊은이들에게 폭발적인 반응을 얻고 해외에서도 성공을 이루었다. 일본에서는 20세기의 위대한 발명품 중 라면과 워크맨을 꼽을 정도로 대성공의 작품은 최고경영자의 창조성과 혁신성 없이는 만들 수 없었던 작품이었다.

2. 리더십과 성공적인 전략수행

합리성과 논리성은 어떤 의미에서는 창조성과 혁신성의 기폭제가 될 수 있지만 역으로 변혁과 도전에 찬물을 끼얹을 가능성도 있다. 그렇다면 양자를 높은 차원으로 융합시켜 성공을 끌어 낼 수 있는 것은 과연 무엇일까? 이에 대한 대답은 아주 평범하다. 전략적 리더십과 강력한 추진력이다. 불가능하다고 보였던 전투를 이겼던 영웅들의 리더십과 다 쓰러져 가는 기업을 조직변신을 성공적으로 수행한 예에서 볼 수 있는 것은 예외 없이 훌륭한 전략이론과 전략비전제시 그리고 이들을 움직일 수 있는 리더가 있었다는 것이다.

부하들을 움직이며 성공시키는 동기유발의 리더십은 과거의 카리스마로 독단적인 리더십보다도 공통의 과업을 성공시키는 것으로 나타난다. 집단에 활력을 불어넣고 좋은 결과를 보여 주는 그 힘이야말로 리더십의 최고봉으로 불린다.

리더십에 의해 전략수립과 실행이 성공할 때 전략이라는 것은 매우 역동적인 것이 될 것이다. 그러나 필요한 것은 경쟁자를 정확히 파악하고 대응하는 것이다. 『오자병법』의 '料敵'이 이에 해당된다. 요적이라 함은 '料'가 '헤아림, 살핌, 가늠하다'의 뜻이므로 전쟁에 이기기 위해서는 먼저 상대를 정확히 알아야 한다는 뜻이다. 다시 말하면 전쟁은 외형전력뿐 아니라 여러 가지 변수에 의해 결정된다는 말이기도 하다. 오자의 주장은 적에 대한 경계심을 늦추지 말 것, 평소 적의 장단점을 면밀히 분석할 것, 유사시에는 적의 강점을 회피하고 허점을 노릴 것 등 세 가지로 요약된다. 『손자병법』「모공편」의 "적을 알고 나를 알면 백 번 싸워도 위태롭지 않다(知彼知己 百戰不殆)"와도 비슷하게 인용된다. 그러나 오자의 료적은 좀 더 정확성을 지니고 있다고 하겠다.

교만하게 적을 과소평가하여 패배한 사례가 적지 않은 것을 보면 료적이 얼마나 중요한가를 알려주기도 한다. 1967년의 6일전쟁이라 불리는 제3차 중동전쟁에서 이스라엘은 아랍군에게 6일 만에 본토의 6배 되는 면적을 장악하여 세계전쟁사에 경이적인 전과를 올렸다. 이스라엘 공군기는 우회저공 비행을 통해 급습하여 하루 만에 이집트 전체 항공기의 2/3를 파괴하였고 이와 함께 시나이 반도와 요르단, 시리아에 대하여 동시다발의 공중 및 지상공격을 감행, 단기간 내에 대승리를 거두었다. 제4차 중동전쟁인 1973년에 이스라엘은 이집트군에게 기습을 당하였다. 설마 아랍이 공격하겠느냐 하는 안일한 생각은 이집트 사다트 대통령의 전략으로 성공하였다. 1973년 10월 선제공격과 함께 이스라엘이 자랑하던 공군력과 탱크부대를 소련제 미사일과 로켓으로 공격 승리를 거두었다. 또한 아랍석유 수출국기구는 석유를 무기화하여 생산제한과 금수를 실시했기 때문에 제1차 석유위기를 가져다주기도 했다. 또한 제3차 중동전쟁 때 빼앗겼던 시나이 반도를 외교적으로 탈환하는 전략을 보이기도 하였다. 이스라엘로서는 중동전쟁과 석유위기가 같이 움직임에 따라 석유가 필요한 국가들은 국가를 위하여 아랍권을 지지하는 외교가 이루어 졌기 때문에 상당한 손실로 보고 있다.

그리고 장군이나 경영자가 전략을 설정할 때, 어떤 것을 선택하고 어떤 것을 버리는가 하는 것도 중요하게 작용한다. 즉 무엇인가를 하는 데 따르는 플러스 효과와 마이너스 효과를 생각하고 무엇인가를 하지 않는데 따르는 플러스 효과와 마이너스 효과를 감안해서(트레이드 오프 관계) 리스크를 감수하고 결정하는 것을 의미한다. 따라서 훌륭한 리더인지 아닌지를 결정짓는 것 중 가장 중요하게 생각하는 요인은 신속한 의사결정 능력이다.

경영자의 역할 중 가장 중요하다고 생각하는 것이 의사결정이다. 의사결정을 남에게 미루고 모든 참모의 의견을 종합하여 결정하는 경영자는 과거에는 높이 평가하기도 했지만 현재처럼 급격히 변화하는 환경에서는 경영자의 냉철하고 신속한 의사결정이 중요하다고 하겠다. 『손자병법』에서도 전쟁에서는 속전속결이 중요하다. 장기전은 피하여야 한다고 주장한다. 즉, 승리를 귀하게 여기되 오래 끄는 것을 귀하게 여기지 않는다(兵貴勝, 不貴久 : 『손자병법』의 「작전편」).

기업에서는 사업영역을 결정하는 것이 가장 중요하다. 즉, 우리 기업이 반도체산업으로 진출하여야 하는가 아니면 자동차산업으로 진출하여야 하는가 그것도 아니면 IT산업으로 가여야 하는가 하는 것을 결정하는 자는 최고경영자이다. 의사결정이 늦다 보면 우왕좌왕하다가 경쟁기업에서 먼저 선점을 하게 되어 상당한 손해를 보게 된다.

제5절 기업경영에서의 전략계획의 대두

전략이 군사학의 영역에서 확장되어 전개되었지만 그중에서도 19세기 중간에 등장한 크라우제비츠는 군사전략의 개념을 통일하려고 했다는 점에 주목할 수 있다. 클라우제비츠는 전술은 전투에 있어서의 무력의 사용방법을 말하지만 전략은 전쟁의 목적을 달성하기 위한 전투의 사용방법이라고 정의하고 있다. 전략이 기업경영부문에 응용되기 시작한 것은 19세기 후반부터 20세기에 걸쳐 본격화된 산업혁명 시기라고 하겠다. 제1차 산업혁명 시기에는 전략적 사고와 전략적 행동에 관한 개념은 태어나지 못했다. 제2차 산업혁명이 시작된 것은 19세기 후반의 미국이지만 이 시기에도 시장의 힘을 만들기 위한 경쟁환경에 영향을 주기위한 방법으로서 전략이 등장했다. 다시 말하면 규모의 경제와 범위의 경제에 대규모적인 투자활동이 필요했던 시기였다는 것이다. 최초로 전략적 사고의 필요성을 확실하게 인식한 것은 1930년이다.[4)]

그러나 기업을 위한 경영전략으로서 현대경영학의 중요한 일부분이 된 것은 1950년대와 1960년대를 통해서 미국의 다각화기업들이 거대해진 기업을 어떻게 효율적으로 운영할 것인가 하는 현실적인 문제에 직면하면서부터이다. 특히 이즈음 앤소프가 등장하여 기업에서도 전략이라는 단어를 사용케 되었다.[5)] 1950년대 초기에는 경쟁환경에 있어서의 기업전략의 적합도의 타당성을 주장하였으나 1960년대에는 기업의 내적능력과 환경과의 적합에 주목하여 강점, 약점, 위협기회 등을 분석하는 SWOT 분석 등이 등장하였다(월마트 등 기업에서는 1990년대에도 SWOT 분석을 사용하였다).

1970년대가 되면서 기업의 다각화와 기술혁신에 움직임을 같이하여 기업은 전략책정을 위한 표준적인 접근방법이 필요했다. 그러나 1970년대 후반에 들어서부터 두 차례의 오일 쇼크는 경기순환을 예측하는 것 자체를 불가능하게 하였다.

1970년대에는 제품 포트폴리오매트릭스(PPM : Product Portfolio Matrix)가 전

4) 버나드(C. I. Barnard)는 관리자는 개인적 또는 조직적 행동에 의한 전략적 요인에 주목하여야 한다고 주장하였다.

5) H. Igor Ansoff, Corporate Strategy, 1965.

략분석의 가장 주요한 분석도구로 사용되었다. 그 당시 다각화된 대기업이 직면한 가장 큰 문제점은 경영자원, 특히 투자자금을 각각의 사업부에 어떻게 할당할 것인가였다. 5년 또는 그 이상의 중장기 전략계획 역시 세계경제의 기복이 심해짐에 따라서 그 유용성이 의심받기 시작하였다. 따라서 최고경영자들은 유용성이 없어진 중장기 전략계획보다는 전략적인 분석과 사고능력을 키워 주는 경영전략에 더 큰 매력을 느끼게 되었다.[6)]

1980년대에는 장기전략계획이 쇠퇴하면서 하버드 경영대학원의 포터(Michael Portor) 교수를 필두로 산업구조와 경쟁전략에 대한 분석방법이 대두되었다. 포터는 산업경제학을 경영전략분야로 도입하는 데 큰 공헌을 하였다.

포터는 어떻게 하면 기업이 처해 있는 외부환경을 이해하도록 전략적 사고를 배양할 것인가에 초점을 두고 있었다. 그리고 경쟁기업에 대해 경쟁우위를 갖기 위해서는 각 산업 특성에 따라 원가우위이나 차별화우위를 가져야 한다고 제시하였다. 그는 기업의 전략수립에 도움을 주는 외부환경을 분석하는 기법을 제시하였지만 환경에 대해 어떻게 대응하여야 하는가의 구체적인 실천방향을 제시하지는 못하였다. 기업의 경쟁우위는 산업 내의 자리 잡기(positioning)보다는 오히려 그 기업이 보유하고 있는 경영자원이나 핵심역량에서 비롯된다는 사고가 확산되기 시작했다.

1990년대 이후 경영전략의 최신 경향은 기업을 경영자원의 결집체로 보는 경영자원론(resource-based view of the firm)이 풍미하고 있으며 그중에서도 기업의 핵심역량(core competence)을 기업에게 경쟁우위를 가져오는 가장 주요한 원천으로 파악하는 관점이 주류를 이루고 있다.

6) 장기전략계획의 대두와 쇠퇴과정을 살펴보면 경영전략의 주요 관심사가 점차 정형화되어 있고 순발력이 떨어지는 장기전략계획으로부터 기업들로 하여금 순발력을 강조하고 경쟁우위를 창출 유지 할 수 있게끔 분석능력을 키워주는 사고체계로 바뀌어 가고 있다는 것을 알 수 있다.

제6절 전쟁과 기업의 관계

새로운 환경의 변화로 기업은 위협을 받으면서 새로운 기회도 찾는다. 새로운 환경에 대응하기 위해서 기업에서의 전략수립의 중요성은 더욱 커진다. 즉, 기술 및 경제, 사회 등 환경 전반에 걸쳐 급격한 변화가 진행되고 있는 경영의 국제적 상황을 고려하여 볼 때, 기업이 도태되지 않고 생존하고 성장할 수 있는 전략이 필요하다. 특히 글로벌화와 정보화가 패러다임을 변화시키면서 국내기업이 세계기업으로 가기 위해서는 전쟁과 같은 분위기로 가야 할 때가 많다. 물론, 전쟁과는 전혀 다르지만 전략을 수립시에는 비슷하게 움직여야 한다.

표준화와 차별화, 원가우위와 차별화 등 여러 전략이 있지만 여기에서는 전쟁 분위기와 비슷한 전략을 살펴보기로 한다.

1. 선점전략

선점전략(preemptive strategy)은 초기 진입자의 이점을 획득하기 위해 경쟁기업보다 앞서 세계의 주요시장에 진입하는 것을 의미한다. 선점전략을 채택하면 기업은 시장에서 확고한 위치를 구축할 수 있다. 『손자병법』에서도 적과 병영을 대치하고 주둔함에 있어서 적보다 유리한 위치를 차지하기 위하여 적과 경쟁하는 것보다 더 어려운 것이 없다(交和而舍 莫難於軍爭 : 『손자병법』「군쟁편」)고 주장한다.

비즈니스 측면에서도 먼저 지배적인 영업망을 구축하여 외국 다국적기업들의 진입을 방해하거나 현지경쟁자의 출현을 사전에 예방할 수 있다. 예를 들면 세계적인 다국적기업인 월마트와 카르푸가 한국에서는 성공하지 못하고 철수를 결정했는데 그 이유는 한국 유통업체들이 좋은 장소를 싼값에 선점했기 때문이고 원스톱서비스 등 새로운 한국적인 서비스를 선점했기 때문이다.

2. 전략의 구축과 3의 법칙

올림픽이든 아시안게임이든 금, 은, 동메달을 목표로 하고 4위 입상한 사람은 별로 주목을 받지 못한다. 그러나 이러한 현상은 체육계만 해당되는 것이 아니고 산업계, 경제계에서도 이러한 현상이 일어나 주목을 받고 있다.

다름 아닌 최근 경영학계에서 주목받고 있는 '3의 법칙(The Rule of Three)'이 이에 해당된다. 3의 법칙을 주창한 세스와 시소다(J. N. Sheth and R. S. Sisoda) 교수는 산업계에 제너럴리스트와 스페셜리스트의 두 기둥이 존재한다고 역설한다.[7] 규모에 중점을 두는 제너럴리스트 기업은 결국 3자가 정립하는 시장구도를 형성하게 된다는 것이다. 성숙한 경쟁시장에서 빅3 구도는 효율성을 극대화한다는 이론이다. 또 고수익에 무게중심을 두는 스페셜리스트 기업은 기존 시장 공략보다는 틈새(niche)시장을 창조, 생존을 도모한다고 주장한다.

미국에서 빅3로 불리며 3의 법칙에 해당되는 것이 자동차산업이다. 예를 들면 GM, 포드, 클라이슬러가 이에 해당된다. 또한 요즈음에 3의 법칙에 해당되는 것이 햄버거 시장이다. 미국의 햄버거 시장은 맥도날드, 버거킹, 웬디스 등 3개 기업이 장악하고 있다. 1위 맥도날드는 지구촌 121개국에서 3만 개에 가까운 점포를 운영, 지난해 406억 달러(약 48조 7,200억 원), 2위 버거킹은 지난해 58개국 1만 5,000여 개 점포에서 114억 달러(약 13조 6,800억 원), 3위 웬디스는 5,500여 개 점포에서 71억 달러(약 8조 5,200억 원)의 매출을 올렸다. 이들 빅3의 미국 햄버거 시장 점유율은 대략 70% 안팎이다. 후발주자 웬디스가 빅3에 합류한 것은 혁신적인 영업전략 덕분이다. 햄버거 패티(빵 가운데 들어가는 고기)용으로 냉동육이 아닌 신선한 냉장육을 사용, 뒤처지는 인지도를 품질로 만회했다. 이들의 틈새를 뚫고 1980년대 후반 랠리스(Rally's) 체커스(Checker's) 등 '드라이브 스루(Drive through)' 햄버거 업체들이 등장했다.

요즈음 우리나라에도 가전업체에서의 현대, 삼성, LG의 빅3와 현대, 롯데, 신세계의 백화점 업계에서도 틈새시장을 노린 기업이나 백화점 업체 등은 살아남았지만 특색 없는 기업이나 지방 백화점 등은 살아남지 못하고 사라져 버렸다. 요즈음도 3의 법칙에 해당되지 않는 조직들은 틈새시장을 노려 스페셜리스

7) J. N. Sheth and R. S. Sisoda, The Rule of Three, The Free Press, 2002.

트로서의 성공을 꾀하고 있음은 의외로 우리의 현실에 맞고 있다.

구축전략(build-up strategy)은 주요 경쟁자들이 진입하지 않은 비교적 규모가 작고 매력도가 낮은 시장에 진입하는 것이다. 구축전략을 통해 빅3에 해당되는 기업은 정정당당하게 도전을 하고 그 밖의 기업은 주요 경쟁자와의 직접경쟁을 피할 수 있다. 우리나라에는 삼성, LG 등 유명한 전자업체가 있지만 아남전자, 맥슨전자 등이 나름대로 세계적으로 유명한 브랜드를 구축하고 있는 것은 틈새시장으로 성공하고 있다는 점이다.

전략이란 말이 군대에서 시작된 말인 만큼 군사적인 것과 관련된 말이 많겠으나 이를 경영의 관점에서 볼 때는 '최고경영자의 관점에서 작성하는 의지'라는 뜻으로 체계적인 수립과정을 거친다. 예를 들자면 신제품개발전략, 세계화전략 등이 있다. 또 '환경에 대처하는 방식'이라는 뜻으로 경영의지를 나타내기도 한다. 원가우위전략, 차별화전략 등이 이에 속한다. 그렇다면 '경영전략'은 '희소한 경영자원을 배분하여 기업에게 경쟁우위를 창출하고 유지시켜 줄 수 있는 주요한 의사결정'이라고 정의 내릴 수 있겠다

3. 전쟁과 기업의 유사점

일부에서는 전쟁과 기업이 같을 수 있느냐 하고 질문할 수 있겠지만 기업은 2등을 해도 생존할 수 있지만 전쟁에 2등은 없다. 또한 연애에도 2등이 없다는 말을 하는 사람도 있는데 실연(失戀)시에는 가슴이 아파서 고생하기도 하지만 나중에는 더욱 멋지게 결혼한 사람도 많은 것을 보면 그 말이 꼭 맞지는 않는다. 그러나 화교 사이에서는 사업과 연애는 어떤 수단도 용서받는다고 하여 어떻게든지 이기는 것이 중요하다고 하였으나 최근에는 기업에도 기업윤리가 있고 연애도 사기나 나쁜 행위를 해서 파트너를 차지한다고 해도 결코 행복해지기 어렵다.

그러나 전쟁과 기업을 동일시하는 견해가 어느 정도 이해받고 있는 이유는 많은 인원을 동원하여 승리할 경우 많은 이익을 차지하게 된다는 점에서 비슷하게 생각할 수도 있다. 그리고 군대를 살펴보면 전쟁과 기업간의 경쟁을 동일

시하기는 어렵지만 다음과 같은 점에서 상당히 유사한 점이 많다.

① 인력, 자본, 장비, 기술을 보유하고 경쟁에 임한다.
② 경쟁기업이나 경쟁국가의 행동에 대해 민감하게 대응한다.
③ 전면공격, 수비전략, 정면돌파전략, 적을 기만하는 전략 등 군대의 전략과 비슷한 양상으로 기업들이 경쟁을 하고 있다.
④ 전쟁과 기업의 전략에서는 2등은 존경받지 못한다.
⑤ 부하의 힘 없이 혼자서는 싸우기가 불가능하다. 부하들을 이끄는 리더십이 필요하다.
⑥ 성공한 자는 그만큼의 보수와 명예를, 실패한 자는 명예실추뿐 아니라 모든 것을 잃을 수 있다.

전쟁은 정치와 외교를 대신하여 상대를 이쪽의 의지로 강제적으로 복종하게 하기 위한 수단이다. 전쟁의 본질은 제로섬게임이며 전쟁에서는 새로운 가치나 창조는 생기지 않는다. 기업경영은 각각의 기업이 고객을 통하여 사회에 공헌하여 스스로의 존재의의를 실현하는 것이 목적이다. 경쟁상대를 쓰러뜨리는 것이 목적이 아니고 어떻게 해서 타사보다 뛰어난 독특한 존재의의를 실현할 수 있는가 하는 것이 기업의 경쟁이다. 기업의 활동은 창조적인 활동이며 경쟁이다.

제7절 전쟁과 스포츠

일반적으로 전쟁과 연애는 이기기 위한 어떠한 수단도 공정하다는 말이 있지만 스포츠는 다르다. 그럼에도 불구하고 스포츠를 전쟁과 비교하는 사람들도 있다. 스포츠도 경쟁이 필요하지만 일반적으로 두 종류로 나뉜다. 첫 번째는 육상경기, 수영, 체조처럼 시간, 연기 등의 우열을 다투는 스포츠인데 이 범위의 스포츠의 경쟁은 상대를 직접 쓰러뜨리는 것이 아니고 속도와 연기 등의 절대수준의 향상을 목표로 한다. 두 번째의 카테고리는 복싱, 레슬링, K-1 등의 격투기와 야구, 축구 등의 단체경기이다. 이들은 상대를 이겨야 승패가 결정난다. 그러나 야구, 축구 등의 단체경기는 개인의 기록의 향상이라는 범위도 포함한다.

기업경영은 첫 번째의 범위에 해당한다. 기업의 우세를 판단하는 것은 고객이고 사회이다. 전쟁은 상대를 쓰러뜨려야 하기 때문에 스포츠로 분류하자면 두 번째의 카테고리에 해당된다. 전쟁에는 룰이 없지만 스포츠에는 각 경기마다 룰이 있고 규칙이 있다. 룰과 규칙하에 전략과 전술을 통하여 훌륭한 팀으로 이어지는 것은 감독의 능력이고 이 감독의 능력하에 전쟁을 방불케 할 만큼의 열광과 흥분을 가져다주고 2등은 기억하지 못하고 1등만 승자의 혜택을 받기 때문에 전쟁과 스포츠가 비슷하다고 하는 것은 이러한 이유에 기인한다.

제8절 전쟁전략과 리더십

3천, 4천 년 전의 전쟁이라 할지라도 그 본질에 있어서는 현재와 조금도 다른 점이 없다. 즉, 전쟁터에 닿을 때까지는 보급이 그 다음부터는 지휘관의 능력에 따라군사들의 사기를 어떻게 하는가에 의해 승패가 좌우된다는 역사적 교훈이 있기 때문이다. "용감한 장군 밑에 나약한 부하가 없다"라든가 "1마리 사자의 지휘를 받는 100마리의 양이, 1마리 양의 지휘를 받는 100마리의 사자 무리를 이긴다"는 말은 리더의 중요성과 리더십을 강조한 격언이라고 하겠다.

2002년 한 · 일월드컵에서 우리 축구대표팀이 16강에 들어가기 위해서는 포르투갈을 이겨야하는데 박지성은 세계강호 포르투갈에 대해 강슛을 골인시키면서 감독인 히딩크한테 달려갔다. 히딩크의 새로운 역사가 시작되었다. 8강에서는 이탈리아를, 4강에서는 스페인을 격파하여 당시의 축구선수들은 평소와는 다른 강한 에너지로 뛰는 듯한 느낌을 국민들은 받았다. 운동을 할 때나 사업을 할 때에도 에너지가 용솟음치면 성공에의 확신으로 변화된다. 장군들은 이러한 강한 에너지를 주는 것을 상황을 꿰뚫는 힘으로 부르는데, 이것은 모든 사람에게 있는 것이 아니고 특별한 어떤 사람에게 갖춰진 능력이며 직관이라고도 한다.

전쟁론의 선구자 클라우제비츠는 "이 세상에 존재하는 어떤 것이든 성공하기 위해서는 사물을 이해하는 특수한 능력과 정신이 필요하다"라고 말했다. 당시에는 리더십이라는 단어가 없었기에 클라우제비츠는 사용하지는 않았다. 그러나 아마도 성공한 자의 '특수한 능력'이 조직이나 단체에서 '비범한 업적'으로 나타날 때, 우리는 그러한 능력을 리더십으로 부르고 그 분야의 영웅이라고 부른다.

그렇다면 전쟁의 영웅이란 도대체 어떤 능력을 갖춘 사람을 말하는 것일까?

영국의 육군 원수 웨벨(1883~1950)은 뛰어난 리더의 가장 중요한 자질로 '전쟁의 충격을 견뎌내는 힘, 늠름함'이라고 주장했다. 나폴레옹도 같은 이야기를 했다. "지휘관에게 우선적으로 필요한 것은 냉정한 머리이다. 냉정을 유지하면, 관점을 흩트리지 않고 올바른 판단을 내릴 수 있다." 1805년 나폴레옹의 울름 전투에서 러시아와 오스트리아 연합군을 반 정도의 군대로 제압했던 것은 전략과 그의 리더십의 성공이었다. 적군이 세 배가 넘는 군대로 쳐들어온다 하더라도 리더는 마음에 불꽃을 피워 경쟁심을 불태우고 기필코 승리하고야 말겠다는 의욕을 간직해야 한다.

전쟁에 있어서 작전은 전략과 전술이 있는데 이때 뛰어난 전술가가 꼭 뛰어난 전략가는 아니다. 반대의 경우도 그렇다. 그래서 명장은 이 세 가지 초점 중 어느 것으로 보느냐에 따라 달라진다. 세계적인 최고의 전략가는 칭기즈칸이라고 생각한다. 민족을 구별하지 않고 인재를 받아들였고(다국적인 재배치), 소수의 기마병으로 몇 배에 달하는 금, 송, 호라즘, 유럽군을 격파했다. 그가 최고의 전략가인 이유는 적재적소에 병력과 인재를 배치했고 후환을 남기지 않으며 전쟁 전에 준비를 끝내고(정보, 보급, 후방 등), 주위상황을 최대한 이용하여(금을 치기 위해 송과 연합), 서역정벌(호라즘, 서하 등) 때 종교의 자유를 선포하여 피해를 줄였다. 몽골군이 무적은 아니었다. 아프리카, 인도, 일본에서는 패했다. 그럼에도 그가 세계적인 리더십으로 손꼽히는 이유는 세계적으로 최고로 넓은 영토를 정복했다고 해서 그런 것이 아니고 오히려 짧은 기간에 어떻게 그러한 비전이 나왔는가 하는 점이 있다고 하겠다.

그리고 아시아 최고의 전략가는 이순신이라고 본다. 역대 어느 누구도 바다의 전투에서 이순신만큼 적은 병력으로 승리를 하지는 못했다. 새로운 전투방법을 고안하고 새로운 전략으로 적은군사로 많은 적을 이겼다. 병사들만이 아니라 일반백성도 그를 따랐고 일개 장군으로 전쟁의 판도를 완전히 뒤집었으며 적국인 일본에서까지 존경받았으며 그를 바다의 수호신으로 생각할 정도였다.

또한 아시아 최대전략가이면서 혁신가는 오다 노부나가이다. 한국에서는 그다지 잘 알려지지 않았지만 칼과 활의 전투에서 조총의 새로운 혁신방법으로 전쟁을 하는 그야말로 새로운 리더십이다. 우리나라를 침범함 도요토미 히데요시의 상관이고 도쿠가와 이에야스를 이끈 혁신가, 창조가 그리고 전략가이다.

제9절 전략책정에 필요한 논리적 사고의 기술

논리적 사고는 논리적으로 사물을 정리하기 위한 사고법이며 전략을 책정할 때 기초가 되는 기술의 하나이다. 전략책정에 필요한 논리적 사고의 기술은 논리전개, 인과관계파악, 구조화의 세 가지로 구분할 수 있다.

1. 논리전개

논리전개는 사물과 사물의 관계에 논리를 전개하는 기술로, 환경을 분석하기 할 때 자신의 생각을 종합하여 타자에게 전달할 경우에 기초가 되는 방법이다. 연역법(演繹法)과 귀납법(歸納法)이 있다.

1) 연역법

연역법(演繹法, deductive method)이란 연역에 따른 추리의 방법이다. 일반적 사실이나 원리를 전제로 하여 개별적인 특수한 사실이나 원리를 결론으로 이끌어 내는 추리 방법을 이른다. 경험에 의하지 않고 논리상 필연적인 결론을 내게 하는 것으로, 삼단논법이 그 대표적인 형식이다. 연역은 결론의 내용이 이미 전제 속에 포함되어 있다는 점에서 진리보존적(truth-preserving) 성격을 지닌다. 연역은 전제에 없었던 새로운 사실적 지식의 확장을 가져다주지는 못하며, 이미 전제 속에 포함되어 있는 정보를 명확하고 새롭게 도출해 낼 뿐이다.

하지만 연역적 추리(deductive inference)는 논리적 일관성과 체계성을 가져다준다. 때문에 일상생활에서도 널리 적용되어 나타난다. 어떤 행위가 옳은지를 따지는 윤리적 판단들은 대부분 연역적 방법에 기초해 나타난다. 개별 행위의 유형을 포괄하는 보편적 규범에 기초해 옳고 그름을 판단하기 때문이다.

연역적 추리의 방법은 하나의 전제에서 결론이 도출되는 직접추리와 두 개 이상의 전제에서 결론이 나타나는 간접추리로 나뉜다. '대전제→소전제→결론'의 형식으로 나타나는 삼단논법이 간접추리의 전형적 형식이다. 이때 결론의 주어 개념을 '소개념', 결론의 술어 개념을 '대개념', 대전제와 소전제에 공통으로 포함되어 두 전제를 연결하는 개념을 '매개념'이라고 한다.

모든 인간은 죽는다. A → B (대전제)
소크라테스는 인간이다. C → A (소전제)
소크라테스는 죽는다. C → B (결론)

2) 귀납법

귀납법(歸納法, inductive method)이란 개별적인 특수한 사실이나 원리를 전제로 하여 일반적인 사실이나 원리로서의 결론을 이끌어 내는 연구 방법을 이른다. 특히 인과 관계를 확정하는 데에 사용된다.

소크라테스는 죽었다.
세종대왕도 죽었다.
링컨도 죽었다. 등등
그러므로 모든 인간은 죽는다.

A사의 영업사원은 언제나 예의 바르고 친절하다.

A사에 전화하면 언제나 예의 바르고 친절하다.

A사의 영업부장을 처음 만났지만 정말로 예의 바르고 친절했다.

A사의 사원은 예의 바르고 친절하다.

MECE(Mutually Exclusive and Collectively Exhaustive : 상호배제와 전체포괄)는 항목들이 상호배타적이면서 모였을 때는 완전히 전체를 이루는 것을 의미한다. 이를테면 '겹치지 않으면서 빠짐없이 나눈 것'이라 할 수 있다.

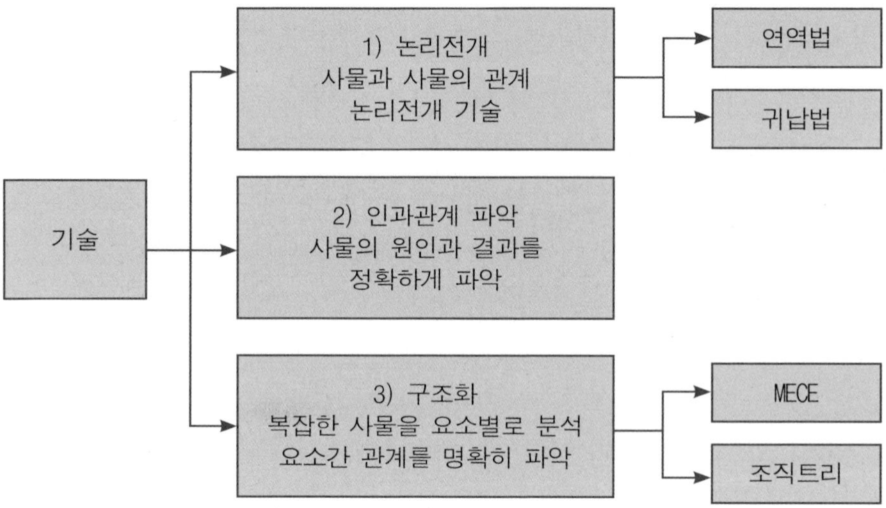

예 : 남성, 여성, 대학생-겹침 / 베이비붐 세대, 소학생-빠짐
베이비붐 세대, 회사원-겹침 / 남성 기혼, 여성 기혼, 남성 미혼, 여성 미혼-MECE

참고 란체스터 전략(Ranchester Strategy)

영국의 항공공업엔지니어 F. W. 란체스터가 개발한 전략. 병력과 화력을 곱한 수치를 전력으로 하면 전력이 큰 편이 승리하게 된다. 따라서 총전력이 같을 경우에는 그것을 집중적으로 사용한 편이 분산적으로 사용하는 측에 승리하게 된다. 이를 경영문제에 응용할 경우 경영자원을 특정 분야에 집중적으로 투입하는 것이 유리하다는 결론을 얻게 된다. 이는 다각화 전략의 부정이 된다.

- 란체스터의 법칙
기업을 성장시키는 원인 제공은 사장의 능력에 달려 있다.
매출이나 이익은 결과에 불과하다.
제1의 법칙 : 공격력=병사의 수(양)×무기의 성능(질)
제2의 법칙 : 공격력=병사의 수의 2승(제곱)×무기의 성능

① 병력이 우수한 장군 : 사정거리가 긴 무기를 사용한다.
싸울 때는 상대와 떨어져 싸운다.
지역이 높고 적이 한눈에 보이는 전쟁터를 택한다.
② 병력이 열악한 장군 : 사정거리가 짧은 1:1로 싸울 수 있는 무기를 선택한다.
전투가 벌어지면 적에게 가까이 다가가서 1:1로 싸운다.
그러므로 1:1로 싸우기 쉽도록 은폐하기 좋은 전쟁터를 선택한다.

- 위의 란체스터의 법칙을 경영에 응용하면?

① 우세기업의 사장 : 광역 전, 간격 전을 펼칠 수 있는 상품 선택
광역 전 간격전을 펼칠 수 있는 영업방법 선택
따라서 이용자 수가 많은 대도시를 영업의 주요 기반으로 삼는다.
* 새로 시작하는 회사는 대부분 위와 같이 풍족한 경우는 없으므로 다음과 같은 전략을 세워야 한다.
② 열세기업의 사장 : 1:1로 싸울 수 있는 특별한 영업지역을 택한다.

이렇듯 전략은 군사학이나 병법에 근원을 둔 학문이다. 중국의 손빈이 『손자병법』을 썼던 것과 같이 서양에서도 시저나 알렉산더 대왕이 자신의 병법이론을 서술하였다. 『손자병법』에서는 전략의 다섯 가지 필수요소를 '道, 天, 地, 將, 法'이라 하였다. 道란 국민과 지도자가 함께 추구하는 목적을 의미하며 현대 기업경영에서는 조직구성원들이 소유하고 있는 기업의 목표와 비전을 추구하는 것으로 해석할 수 있다.

PART 04 새로운 경쟁대상으로서 국제경영

과학기술의 발달과 새로운 경영방식, 수송과 통신의 도움으로 급격하게 국제화가 이루어지면서 무국경(Borderless), 지구화(Globalization)시대의 국제경영이 대두되었다. 특히 구소련의 붕괴와 냉전체제의 종식은 이데올로기를 벗어나 경제적 경쟁이 군사적 경쟁보다 우선하게 하였다. 국경 없는 세계의 21세기 경쟁은 재화 · 서비스 · 자본 · 인력 · 기술 등을 망라하는 국제경영의 시대를 만들고 있다.

제1절 국제경영의 정의

1. 국제경영의 배경

국제경영의 역사는 중세의 코멘다(commenda) 제도나 17세기의 동인도회사(East India Company)[1]가 그 시초라고도 하고 또 어떤 경우에는 20세기 초의 영미(英美)계 석유회사들이 그 효시라고도 한다.

근대적인 국제경영은 20세기 초, 원자재 확보 · 판로 확대 등을 위한 해외직접투자를 추진한 미국기업들의 활동이다. 식민지가 거의 없었던 미국 기업은 주로 캐나다 · 중남미 · 유럽 등을 대상으로 해외제조활동과 미국제 상품의 수출과 판매자회사(marketing subsidiaries)를 통한 시장국에서 현지 마케팅(overseas

1) ① East India Company, British : 1600-1894. ② East India Company, Dutch : 1602-1798. ③ East India Company, French : 1664-1769.

local marketing)을 포함한 해외상사활동(overseas merchandising activities)을 벌였다. 유럽 기업들도 원자재 확보 · 판로 확대 등을 위한 해외직접투자를 전개하기 시작했으나 주로 그들의 식민지와 유럽지역을 대상으로 하였으며, 서서히 해외직접투자를 통한 해외제조활동에도 진출하기 시작했다. 그 당시 특히 독일계 기업들의 화학 · 전기산업 분야의 해외진출은 미국계 기업들을 능가할 정도였다.

그러나 현대적 의미의 현상은 1950년대부터라고 할 수 있다. 즉, 제2차세계대전 이후에 미국의 거대기업들이 국내시장에서의 기업 이윤율의 저하, 각국의 수입제한, 천연자원 확보 등의 여러 이유에서 해외직접투자를 하기 시작한 데서 비롯된다.

이와 같이 다국적기업은 세계경제와 시장의 출현을 개발하는 중요한 요인으로 인식되어 왔다. <표 4-1> 다국적기업의 수에서 나타나는 바와 같이 1969년에 7,000개이던 것이 불과 30년도 안 된 1997년에 약 7.5배인 5만 3,000개의 성장을 기록한 것은 다국적기업의 활동성이 글로벌화와 세계적 분업, 그리고 해외직접투자의 중요성을 알리는 중요한 변수이기도 하다.

표 4-1 다국적 기업의 수(1969~1998)

연도	다국적기업의 수
1969	7,000
1990	24,000
1995	37,000
1997	53,000
2000	65,000

자료 : UN(2000년), UNCTAD(1993, 1999년)

전후 영국을 대신하여 세계 자본주의 경제권의 리더로 등장한 미국에 의해 주도된 다국적기업은 세계경제의 신장과 더불어 급격한 발전을 거듭하였으며 국제화의 선도적 역할을 담당해 왔다. 미국 기업들은 1950년대 후반 EEC(유럽공동시장)의 결성을 계기로 유럽에 진출, 세계적 영업기반을 구축하였다. 미국 기업의 독주는 1960년대 중반 이후 유럽과 일본이 급격히 부상하면서 제동이 걸렸고, 1970년대 후반 이후에는 소니, 히다치, 토요타, 닛산 등 일본 다국적기업의 미국시장과 유럽시장 진출에 따른 무역적자로 인하여 '일본 때리기'가 등장하기도 하였다. 이 시기부터 1980년대까지는 미국 주도에서 일본, 독일 등 다극화현상으로 이어져 이념전쟁에서 경제전쟁으로 바뀌기도 하였다.

특히, 동서 이념분쟁의 시대가 종언을 고하며 세계주의(globalism)와 지역주의(regionalism)로 대변되는 경제환경의 변화와 함께 재화 · 서비스 · 자본 · 정보의 매개자인 다국적기업의 역할은 증대되고 있으며, 이에 따라 국제경영학은 경영학의 한 분야로서 그 위치를 확고하게 차지하게 되었다. 1990년대에 들어서면서 러시아 · 동구 · 중국 · 베트남 등 구(舊)사회주의 국가까지 외자유치에 열을 올리며 다국적기업들에 추파를 던지고 있어 국제경영은 말 그대로 전 세계에서 이루어지고 있다고 하겠다.

참고 1 코멘다

10C 이래 이탈리아 등의 지중해 연안에서 행해진 기업가와 자본가의 조합인 코멘다(commenda)계약에서 합자회사 및 익명조합의 그 기원을 구하는 것이 정설이다. 코멘다계약은 당초에는 자본가(com-mendator ; kapitalgeber)가 상품 또는 금전을 투자하고, 기업가(tractator ; un-ternehmer)가 대외적으로 자기의 이름으로 해외무역을 하여, 이로부터 발생하는 순이익을 양자 사이에 분배하였으나, 후에 기업가도 출자를 하기에 이르렀다. 이 코멘다에서부터 오늘날의 합자회사의 익명조합이 발전하여 나왔다.

한편으로는 자본가가 전혀 표면에 나타나지 않고, 공동의 상호도 없으며, 제3자에게 전혀 자기의 정체를 나타내지 아니하므로 채권자에 대하여 아무런 책임을 지지 않는 형태가 발생하였으니, 이것이 파르티치파토(partici-pato) 또는 익명조합(stille gesellschaft ; ciete en participation)이다. 다른 한편으로는 자본가가 표면에 나타나고, 공동의 상호를 사용하며, 비록 업무집행과 대표는 기업가의 권한에 속하지만 자본가도 출자액을 한도로 하여 회사책무에 대하여 직접 책임을 지는 형태가 나왔다. 이것을 아코만디타(accoman-dita) 또는 공연조합(compagnia palse)이라고 하였으니, 이것이 오늘날의 합자회사의 기원이다.

참고 2 동인도회사(East India Company, 東印度會社)

대항해 시대, 유럽 여러 나라에서 아시아의 무역을 독점하기 위해 세워진 회사이다. 영국 동인도회사는 1600년, 네덜란드 동인도회사는 1602년, 덴마크 동인도회사는 1616년, 프랑스 동인도회사는 1664년, 스웨덴 동인도회사 1731년 설립되었다.

참고 3 20세기 초 석유 영미회사 : 석유산업의 역사

세계의 석유산업은 1859년 미국의 펜실베이니아 주 타이터스빌에서 E. L. 드레이크가 강식정법(鋼式井法)으로 석유생산에 성공하면서 시작되었다. 그러나 근대적인 석유산업은 1870년 록펠러가 미국 클리블랜드에 스탠더드오일오브오하이오사를 창립한 것에서 시작되었다고 할 수 있다. 록펠러는 10여 년 동안 스탠더드오일 트러스트를 결성하여 미국 전역의 석유시장을 독점하기에 이르렀으며, 20세기에 접어들면서 유럽과 남아메리카의 시장에도 손을 뻗어 국제독과점기업을 형성했다. 한편 네덜란드의 반 덴 베르흐 등이 1890년에 로열더치페트로리엄사를 설립, 인도네시아에서 석유개발을 시작했으며, 1892년 어거스트 케슬러가 사장에 취임하여 사업을 궤도에 올렸다. 또 1897년에는 영국의 M. 새뮤얼이 셸트레딩앤드트랜스포트사를 설립, 보르네오에서 석유개발을 시작했다. 두 회사는 1907년에 제휴하여 영국과 네덜란드 자본으로 국제적인 거대석유회사 그룹인 로열더치셸그룹을 이루어 케슬러의 후계자인 H. 데터딩의 지휘 아래 발전해 갔다.

따라서 20세기 초의 세계석유산업은 미국의 석유자원에 기반을 둔 록펠러의 스탠더드오일그룹과 동남아시아 석유자원에 기반을 둔 데터딩의 셸그룹 등 2대 국제석유자본이 주도했다. 그러나 1909년에는 또 하나의 국제석유회사로 현재의 브리티시페트로리엄(BP)의 전신인 앵글로페루시안오일사가 설립되었다. 또한 미국에서도 텍사스 주, 캘리포니아 주에서 새로운 유전이 발견되어, 1902년에 창립된 텍사스사(지금의 텍사코사), 1907년에 창립된 걸프오일사 등 스탠더드오일그룹 외에 큰 석유회사가 생겨났다. 1911년에는 반트러스트 법의 셔먼 법 적용에 따라서 스탠더드오일그룹은 33개의 독립기업으로 분할되었는데, 그중 스탠더드오일오브뉴저지사 · 스탠더드오일오브캘리포니아사 · 스탠더드오일오브뉴욕사 등은 거대석유기업으로 발전했다.

2. 글로벌화의 등장

인류의 세계질서는 모든 측면과 깊은 차원에서 구조 변혁을 이루고 있으며, 단순한 국제화를 넘어 글로벌화(globalization) 즉 지구적 상호의존화의 시대를 형성하고 있다. 특히 21세기 경제 질서는 '글로벌 시장화'로 특징짓지만 이런 대세를 지탱하는 것은 단순한 무역의 확대만이 아니고 해외직접투자와 해외생산의 증대이다. 직접투자는 다국적기업, 최근에는 글로벌 기업, 무국적기업으로 불리는 지구적 거대기업의 다이내믹한 활동에 의해 이루어진다. 글로벌 기업에 의한 투자행동은 최근에는 전략적 제휴로 불리는 새로운 전략적 네트워크가 형성되어 지구적 시장경제에 신시대를 기획하고 있다.

21세기의 세계질서는 총체적으로 구조변혁이 진행되고 있지만 한마디로 '글로벌화'라는 규정이 타당하다고 생각한다. 단순한 국제화(internationalization)에 머무르지 않고 문자 그대로 지구화(globalization)로서 인류의 여러 활동이 지구적 규모로 상호의존적 관계를 확대, 심화해 온 것이라고 생각된다. 소위 무국경화(borderless, stateless),[2] 무국가(nationless)라는 표현이 적절한 것이다.

1) 시장의 글로벌화

오늘날 세계경제는 제2차세계대전 이후 과학기술의 발달과 수송통신의 발전으로 급격하게 국제화가 이루어졌으며 그 결과 무국경(borderless)시대의 시장의 세계화가 이루어진 것이다.[3] 다시 말하면 미국 시장이나 일본 시장이 아닌 '글로벌 시장(global market)'의 등장이다. 이는 무역장벽, 거리, 시간, 문화의 장벽을 뛰어넘고, 개인의 기호 특성의 차이를 초월하는 국제적 규격과 감각하의 표준화를 의미하기도 한다. 예를 들면, 코카콜라, 리바이스 청바지, 소니 워크맨, 맥도날드 햄버거 등은 맛과 규격 그리고 멋의 표준화로 세계시장을 창조하였다. 그러한 의미에서 요즈음의 세계를 '글로벌 이동(global schift)'으로 표현하기도 한다.[4]

---

2) Kenichi Ohmae, The Borderless world, Collins, London, 1990.

3) T. Levitt, "The Globalization of Market," Harvard Business Review, May-June 1983, pp.92-102.

4) P. Dicken, Global Shift, Guilgord Press, 1992.

그러나 코카콜라나 맥도날드 햄버거 등과 같이 세계시장을 상대로 움직이는 기업도 있지만 각국에는 국내시장을 상대로 하는 기업이 아직 더 많다. 왜냐하면 소비자의 기호와 특성이 많은 부분에서 국내적 특성을 유지하는 문화적인 부분을 더 많이 요구하기 때문이다. 예를 들면, 서구의 치즈나 일본과 한국의 된장이나 김치 등이 점점 국제화되어 가고 있지만 국내 소비자들은 특유의 맛을 찾는다.

이처럼 글로벌화는 생산의 국제화(globalization of production)가 이루어지는 것은 시장의 국제화(globalization of markets)가 성립되었기 때문이다. 다시 말하면 글로벌 커뮤니케이션 네트워크(global communication network)를 통하여 CNN, MTV 등의 미디어가 세계 정보화를 창조하였고, 할리우드 필름을 통하여 문화가 유입되었기 때문이다. 미국 문화의 침입으로 표현되는 코카콜라와 맥도날드는 전 세계에 진입해 있으며 그 나라의 개방도를 평가하는 기준이 되기도 한다. 북한의 김정일 위원장과 김대중 대통령의 정상회담 뒤에 코카콜라와 펩시콜라가 처음으로 반입되었다고 하여 북한의 개방화를 평가하기도 하였다.

2) 왜 글로벌화인가?

(1) 전통적인 비교우위 요인

애덤 스미스가 제창한 국제적인 전문화의 개념을 기초로 하여 국가간의 생산요소부존비율과 그 가격에 차가 존재하기 때문에 비교우위가 나타났고 그 결과 상품이 국제적으로 이동한다고 생각하는 것이 전통적인 무역론이다. 전통적인 국제자본 이동론에서는 상품과 마찬가지로 이윤을 구하기 위해 자본이 국가간을 출입한다고 생각한다. 그러나 경영자원으로서 자본과 노동을 대상으로 하는 전통적인 이론에 의해 오늘날의 글로벌화에의 행동의 일면은 설명할 수 있다고 하더라도 현실의 기업의 행동은 이 테두리를 훨씬 뛰어넘고 있다고 하겠다.

(2) 기업성장에의 요인

기술, 노하우, 전략의 입안이나 경영관리력, 기업가정신 등 소위 소프트적인 경영력의 우위가 직접투자라는 자본의 이동을 가져다주는 커다란 원천이 되고 있는 것이 현실이다. 자본, 노동, 소프트적인 경영력 등의 경영자원이 패키지로 이동하는 것이 현재의 직접투자이다. 이러한 현실에서 기업은 본래, 성장을 지향하면서 최적의 행동을 추구하는 주체라고 생각하기도 한다. 국내보다는 해외에서 사업의 기회가 커진다면 필연적으로 경영자원을 해외에 이전한다. 기업의 다국적화를 진화론적으로 취급하는 견해가 로빈슨(R. D. Robinson)에 의해 등장하였다.

3. 국제경영의 정의

국제경영학에서 논의되고 있는 국제경영은 그 역사와 일련성과 환경변화성 때문에 개념을 확고하게 논하기에 어려움이 많다. 또한 학자들의 연구목적과 연구방법, 시대에 따라 그 정의가 다를 수 있다.[5]

그러나 일반적으로 국제경영은 규정기준에 따라 두 가지 견해로 나눌 수 있다. 첫 번째 견해는 국제경영이란 국경을 넘는 사업활동을 경영교육의 학문적 연구의 대상으로 하는 분야로서, 여기에서 국경을 넘는 사업활동의 대상에는 재화, 서비스, 자본, 인력, 기술이전, 그리고 인력관리 등이 모두 포함된다.[6] 이와 같이 국경선을 기준으로 하는 것은 로보크(S. Robock), 시몬즈(K. Simmons)와 츠비크(J. Zwick)의 견해이다. 두 번째 견해는 국제경영이란 한 나라, 한 영토, 또는 한 식민지 이상의 사람 또는 기관에 영향을 미치는 공사(公

5) 보통 International Business라고 지칭할 때는 세 가지의 뜻을 가지고 있다. 먼저 급격한 환경의 변화로 야기되는 복잡성 · 다양성 · 단절성 · 불확실성 · 위험성 등으로 특징되는 세계 및 지역시장과 진출국으로부터 영향을 상호 주고받으며 기업이 수행하는 국제경영활동인 '국제경영(international business)', 두 번째로 일정한 목적을 실현하기 위해 전략 · 전술 등을 개발하여 실제로 국제경영활동을 수행하는 '국제기업(international business)', 세 번째로 경영학의 일부로 국제경영과 국제기업 및 국제경영환경 등 관련관제를 연구하는 학문분야로서 '국제경영학(고유명사 사용할 때 International Business)'이 있다.

6) S. Robock, K. Simmonds, & J. Zwick, International Business and Multinational Enterprises, Richard D. Irwin, Inc., 1972, p.3. [International Business as a field of management training and scholarly research deals primarily with business activities that cross national boundaries, whether they be movements of goods, services, capital, or personnel; transfer of technology ; or even the supervision of employees.]

私)의 경영활동을 대상으로 하는 연구 및 실무의 한 분야이다.[7] 이와 같이 활동지역의 수를 기준으로 하는 로빈스(R. Robinson)의 견해가 있다.

두 견해는 국경과 활동지역의 수를 기준으로 하고 있다는 점에서 상이하나, 2개국 이상에서 일어나는 경영활동의 현상으로 본다는 점에서는 공통된다. 따라서 국제경영이란 2개 국 이상에서 이루어지는 경영관리활동(management), 2개국 이상과 관련되는 경영활동(business)으로 정의할 수 있다.[8]

제2절 국제기업의 개념

1. 국제경영과 국제기업의 정의

국제경영이란 2개국 이상에서 이루어자는 경영관리활동, 또는 2개국 이상과 관련되는 경영활동으로 정의하였다. 국제기업이란 2개국 이상의 나라에서 사업을 하는 기업을 말한다. 기업적 측면에서 보면 국내기업이란 본질적으로 단지 하나의 국민경제의 틀 내에서 비즈니스 활동을 영위하는 기업을 가리킨다. 이런 종류의 기업의 비즈니스 활동은 원칙으로 정치적, 법률적, 경제적, 사회적, 문화적으로 통일된 환경구조를 지향하는 것이 된다. 국제기업은 단지 그 기업의 제품뿐만 아니고 자본이나 기술 기타 모든 경영적 자원이 외국에서 이루어지므로 기업의 비즈니스 활동은 다른 환경구조에서 이루어지며 기업의 의사결정 역시 서로 다른 환경구조 속에서 이루어지는 것이 일반적이다.

한편 국제기업이라는 표현 이외에 흔히 다국적기업(multinational enterprise), 초국가 또는 초국제기업(supernational or transnational enterprise), 세계기업(global

7) R. Robinson, International Business Management, Hindsale, N.Y. : Dryden Press, 1978, p.17. [International Business as a field of study and practice encompasses that public and private business activity affecting the persons or institutions of more than one national state, territory, or colony.]

8) R. L. Daft, Management, Dryden Press, 1991, p.603.

enterprise) 등의 표현이 사용되고 있는데, 어느 것이든 비슷하게 사용되고 있다. 일반적으로 국제기업은 국가의 경계를 넘어서 다른 나라에서 생산하고 마케팅 활동을 하며 지구화기업 또는 초국가기업으로 인식되고 있다.[9)]

이 중에서 다국적기업이라는 말이 가장 보편화되고 있다. 다국적기업이란 용어가 비교적 보편적으로 사용되었으며 그 내용에 대해서도 어느 정도 통일적인 견해와 학문적 체계가 이루어진 것은 1960년을 전후한 시기라고 할 수 있다. 다국적기업이란 용어의 어원을 보면 처음에는 세계기업(world enterprise)이라고 불렀으며, 이는 「세계기업의 창조(creating a world enterprise)」라는 논문이 『하버드 비즈니스 리뷰』에 발표된 1959년 말이라고 하겠다.[10)] 클리와 디시피오는 이 논문에서 미국의 대기업이 세계적 규모에서 경영활동을 전개하기 위해서는 어떠한 경영이념하에서 행동해야 할 것인가를 다룰 때 국적을 초월하는 대기업을 세계기업이라 명명하였다. 한편, 다국적기업이란 용어는 1960년에 릴리엔달(D. E. Lilienthal)이 『다국적기업의 경영(Management of Multinational Corporation)』에서 처음 사용했으며 1964년에 키처(Kircher)는 초국적기업(transnational enterprise)이란 용어를 사용하기도 하였다.

그런데 국제경영활동을 수행하는 경영주체로서 국제기업을 정의하는 데는 학자들간에 별 차이가 없지만, 이에 대한 명칭과 평가기준이 다양하게 병존해 있다. 예컨대 루트(F. Root)와 버논(R. Vernon)은 다 같이 다국적기업으로 표현하고 있지만, 루트는 보다 추상적인 표현으로 다국적기업을 정의하는 데 비해 버논은 구체적인 평가기준을 설정하여 다국적기업을 정의하고 있다. 다국적기업에 대한 정의는 구조, 성과, 형태, 다각적 관점이라는 네 분류로 구분되며, 구조와 행태가 정의의 기준으로 활용되어 왔다(<표 4-2> 참조).

최근에는 국제벤처 등 설립 직후부터 국제화를 단행하여 해외시장에서 경쟁적 우위를 가진 다국적기업을 본 글로벌(Born Globals)로 정의하고 설립 후 3년 혹은 6년 이내에 국제화를 단행한 기업으로 정의한 것을 보면 국제신생벤처(international new venture)기업을 포함한 정의가 등장한 것으로 보아야 한다.

9) D. Hellriegel & J. W. Slocum, Management, 1992, pp.108-110.

10) G. H. Clee and A. discipio, Creating a World Enterprise, Harvard Business Review, Nov-Dec 1959.

표 4-2 다국적기업의 정의(1959~2007)

<table>
<tr><th>학자</th><th>명칭</th><th>본질</th><th>관점</th></tr>
<tr><td>G. H. Clee & A. di Scipio[11)]</td><td>worldenterprise</td><td>• 다국적기업에 대한 최초의 이론적 정의(1959년)
• 마케팅 · 연구개발 · 생산활동이 국경을 초월하여 이루어짐(경영이념이 국제적)</td><td rowspan="4">형태</td></tr>
<tr><td>H. V. Purlmuter[12)]</td><td>multinational corporation</td><td>• 경영자의 태도를 본국중심적(ethnocentric), 현지국중심적(polycentric), 지구중심적(geocentric)으로 나누고
• 다국적기업은 지구중심적 경영을 하는 기업</td></tr>
<tr><td>M. Porter</td><td>global corporation</td><td>세계시장을 하나의 시스템으로 보아 각국의 경영전략을 유기적으로 조정</td></tr>
<tr><td>R. Robinson</td><td>supernational corporation</td><td>세계적인 관점에서 자원배분</td></tr>
<tr><td>G. Ball</td><td>cosmo corporation</td><td>초국적 주체에 의해 관리되는 기업</td><td rowspan="4">구조</td></tr>
<tr><td>D. E. Lilienthal[13)]</td><td>multinational corporation</td><td>• 다국적기업이란 용어를 처음 사용(년)
• 1개국 이상에서 해외생산활동
• 경영자가 세계적 차원에서 시장개발 · 연구 · 생산에 대한 의사결정을 내림(경영활동이 일어나는 국가의 수 ≥ 2)</td></tr>
<tr><td>J. N. Behrman[14)]</td><td>multinational enterprise</td><td>• 기업이 국경에 의해서 분리되어 다수국가의 통치하에서 활동하면서도 내부적으로는 통제된 기업 즉 다양성속의 통일성(unity in diversity)을 강조(기업소유권자의 국적 ≥ 2)</td></tr>
<tr><td>R. Vernon[15)]</td><td>multinational enterprise</td><td>• 다수국의 해외자회사와 본사간의 기업집단(cluster of coporation)으로 이들 기업집단은 인적 · 재무적 자원을 공동으로 사용하고 동일한 전략에 의해서 운영됨(대기업 + 6개 국 이상에 제조업투자)</td></tr>
</table>

11) G. H. Clee & A. di Scipio, "Creating a World Enterprise", Harvard Business Review, Nov-Dec 1959.

12) H. V. Prelmuter, "The Tortuous Solution of Multinational Coporations", Columbia Journal of World Business, Jan-Feb 1969, pp.11-14.

13) D. E. Lilienthal, "Management of Multinational Coporation", in Melvin Anshen and G. L. Bach(ed), Management and Coporation, 1960, p.119.

14) J. N. Behrman, Some Patterns in the Rise of the Multinational Enterprise, Chapel Hill : The University of North Carolina Graduate School of Business Research Paper 18, 1969, pp.58-60.

15) R. Vernon, Sovereignty at Bay(New York, 1971), p. 4.

학자	명칭	본질	관점
J. Fayerweather[16]	multinational firm	• 2개국 이상의 외국에서 직접경영활동을 하는 모든 기업	구조
R. D. Robinson & Pierre Goetschin[17]	multinational firm or corporation	• 다국적기업을 National→International→Transnational→Multinational→Supernational과 같은 발전하는 단계로 보았음 • 소유 · 경영의 다국적화와 시장 · 자산의 국적적 분산	
D. P. Kircher[18]	transnational enterprise	최고경영층의 국적수 ≥ 2	
S. E. Rolfe[19]	international firm or corporation	매출액, 투자, 생산, 고용 등의 해외부분 비용이 25%	성과
J. K. Bruck and F. A. Lee[20]	multinational corporation	해외부분의 매출액, 이익, 자산, 종업원 수는 일정비율	
Neil Hood & Stephen Young	multinational enterprise	• 1개국 이상의 수익자산을 소유 · 통제 · 관리하며 • 해외직접투자를 통해 해외생산활동을 하는 기업	구조와 형태
UN[21]	multinational corporation	• 2개국 이상에서 생산 또는 서비스 활동 • 소유와 경영의 다국적화 및 최고경영자의 국경을 초월한 의사결정	
F. Root	multinational enterprise	여러 나라의 생산중심활동 + 국경선을 초월하여 직접 통제	다각적 관점
Yair Aharoni[22]	multinational corporation	• 다국적기업의 정의를 위한 접근법을 다음과 같이 3가지로 분류 ① 구조적 기준(structual criterion): 해외대상국가의 수, 소유권, 최고경영자의 국적, 조직구조 ② 성과측도(performance yardstick): 매출액, 이익, 자산, 종업원의 수 ③ 행태적 특성(behavioral characteristics): 경영자의 국제적 사고여부	종합적
Luostariene and gabrielsson[23]	Born Global	국내시장이 위치한 대륙 이외의 지역에서 총매출액 대비 50% 이상을 달성한 기업	
Gieason and Wiggenhorn[24]	Born Global	설립 후 6년 이내에 해외시장에서 매출을 달성한 기업	
Zhou et al[25]	Born Global SMEs	설립 후 3년 이내에 수출 및 수입을 포함한 형태로 국제화를 단행하고 수출로부터 10% 이상의 매출을 달성한 기업	

자료 : Yair Aharoni, "On the Defination of a Multinational Coporation", Quartely Review of Economics and Business, Autumn 1971, pp.27-37 ; 방호열, 국제경영학, 법문사, 1990, p. .

2. 국제기업과 세계시장과 분업

다국적기업이 증가하면서 요구되는 해외시장의 관계는 새로운 분업관계로 설명되기도 한다. 예를 들면, 오늘날의 새로운 분업관계는 세계경제에 있어서 핵심적인 지역실체로서 존재하고 있다(Ohmae, 1995).[26] 따라서 새로운 지역의 연대가 필요하게 등장하였고 지역간의 분업관계도 새롭게 등장하였다.

첫째, 지역적인 연대로 인하여 국가간에 국경을 넘는 협력과 개발이 등장한다. 일례로, EU와 같은 새로운 지역실체에서는 인적 및 투자의 자유로운 흐름이 발생함으로 인해서 특정 지역을 성장 기둥으로 거듭나게 만들었다. 둘째, 새롭게 등장한 성장지역에 대한 관심이 세계적 관심사로 등장하였다. 일례로, 이탈리아의 Third Italy, 독일의 Baden-Wurttemberg, 홍콩과 한국, 대만, 싱가포르, 그리고 멕시코 등이 이에 해당된다.

지금의 세계는 새로운 시장과 새로운 산업지역들이 글로벌하게 등장하고 있

---

16) J. Fayerweather, International Business Management : a Conceptual Approach, New York McGraw, 1969, p.13.

17) R. D. Robinson, "Joint Venture of Transnational Business", International Management Review, Vol.1 No.1, 1964.

18) D. P. Kircher, "Now the Transnational Enterprise", Harvard Businese Review, Mar-Apr 1964.

19) S. E. Rolfe, "The International Coporation", ICC, 1969, p.10.

20) J. K. Bruck and F. A. Lee, "Foreign Content of U.S. Coporation Activies", Financial Analysis Journal, Sep-Oct 1966 and "Foreign Investments Capital Control, and Balance of Payment", The Bulletin, New York University Institute of Finance, Apr 1968, Appendix Table 1.

21) Department of Economic and Social Affairs, United Nations, New York, 1973, pp.4-5.

22) Yair Aharoni, "On the Defination of a Multinational Coporation", Quartely Review of Economics and Business, Autumn 1971, pp.27-37.

23) Luostarinen, R. and M. Gbrielsson, "Finnish Perspectives of international Entreprenrurship" In Dana, L. P. (eds.), handbook of Reearch on International Entrepreneurship, Edward Elgar, Cheltenham, 2004, pp.383-403.

24) Gleason, K. C. and J. wiggenhorn, "Born Globals the choice of Globalication Strategy and the Market's perception of Performance," Journal of world Business, Vol,42, No.3, 2007, pp.322-335.

25) Zhou, L., W. Wu, and X. Luo, "Internationalization and the Performance of Born Global SMEs : The Mediating Role of social Networks," Journal of international business studies, vol. 38, No.4, 2007, pp.673-690.

26) Kenichi Ohmae(1995), The end of the Nation State. The Rise of Regional Economies, HaperCollins, London.

다는 점에서 다국적기업들에게는 새로운 기회를 제공하고 있다. 다국적기업들에게는 새로운 경쟁위치와 네트워크의 개발, 그리고 가치체인을 연결할 수 있는 새로운 지역 및 지역경계를 초월할 수 있는 정책들이 만들어지고 있기도 하다. 그 이유는 상호간의 관계성을 조정하는 정도에 의해서 생산비용의 절감, 유통과 로지스틱스(logistics) 채널의 조정, 핵심과 관련적 생산간을 구분하면서 전략적인 아웃소싱(outsourcing)이 가능하기 때문이다. 또한 새로운 지역과 국가의 등장은 서구 다국적기업에게 경쟁자로서 대두되어서 기업의 국제화과정이 복잡하게 형성되었는데, 시장의 지리적 규모에 따라서 기능적 및 역할적으로 개발하는 과정이 달라지고 있다는 점이다.

기업의 국제화 이론은 다음의 관점에서 새롭게 접근해야 한다. 첫째, 아시아 국가, 동유럽국가, BRICs(브라질, 러시아, 인도, 중국) 국가들의 등장으로 인한 지역분할적 측면, 둘째, 비즈니스 행동과 국제화에 영향을 주는 ICT(Information and Communication Technology)의 역할 측면, 셋째, 기업의 성공과 실패에 영향을 주는 문화적 측면, 넷째, 다국적기업과 중소기업의 아웃소싱과 비즈니스 네트워크 측면(국가마다, 기업마다 다른 논리적 네트워크) 등이다.

제3절 국제기업과 국제경영

국제화과정은 국제기업과 국제경영을 구조적으로 이해하게 만든다. 로빈슨(R. D. Robbinson)은 기업의 해외활동 및 세계적 자원배분 정도, 소유국가, 기업경영관리의 특성 등을 기준으로 기업의 국제화과정을 구분하고 각 단계별 국제기업의 명칭을 다르게 부여하고 있다. 즉 기업은 국가기업(nation firm)→국제기업(international firm)→다국적기업(multinational firm)→초국적기업(transnational firm)→초국가기업(supernational firm)의 과정으로 발전되면서 국제화를 이루어 간다는 것이다(<표 4-3> 참조).

표 4-3 로빈슨의 기업국제화과정

단계명칭	해외사업 내용	해외사업의 비교	소유	기업경영관리의 주체
국가기업	상품수출 및 기술제휴	국내산업의 일환	본사국	본사국 모기업
국제기업	상품수출 및 현지생산판매	상호의존성과 독립성이 공존함	본사국	본사국 모기업
다국적기업	상품수출 및 현지생산판매	국내 · 해외 동등함	다수국	본사국 모기업
초국적기업	상품수출 및 현지생산판매	국내 · 해외 일체화	다수국	다수국
초국가기업	상품수출 및 현지생산판매	국내 · 해외 일체화	국제기구	국제기구

자료 : R. D. Robinson, Beyond the Multinational Corporation, Inpublished Manuscript, 1973, p.27.

한편, 팅(W. Ting)은 제품개발전략을 중심으로 신흥공업국 기업의 국제화과정을 모방기, 계량기, 선도기의 세 단계로 구분하였다(<표 4-4> 참조). 신흥공업국의 기업은 선진국 제품을 모방하여 이를 신흥공업국 여건에 적합하도록 개량하여 경쟁우위를 얻고 이를 기반으로 새로운 시장을 개척해 나간다. 이러한 과정에서 신흥공업국 기업의 국제화가 이루어지는데, 기업의 국제화가 진전될수록 마케팅 기능과 연구개발의 기능이 중요한 역할을 하게 된다.

표 4-4 팅의 신흥공업국 기업의 국제화 경로

의사결정 요소	모방기	계량기	선도기
마케팅	저	중	고
디자인 · 설계	고	고	고
생산	고	고	저
구매	고	중	저
생산자관리	고	고	저

자료 : W. Ting, "The Producting Development Process in NIC Multinationals", Columbia Journal of World Business, Spring 1982, pp.76-81.

다른 한편, 국제화과정은 환경과 개별기업의 능력과 경험에 따라 달라지며, 산업별 또는 국가별로 차이가 있기 때문에 '최적결정요인'은 있을 수가 없다(<표 4-5> 참조).

표 4-5 기업국제화의 공통적 결정요인

연구자	결정요인	특징
그라이너(Greiner, 1972)	기업조직의 연륜과 능력	
요한슨과 비더샤임 폴(Johanson & Weidersheim Paul, 1975)	• 사회 · 문화 · 심리적 거리감 • 현지시장의 규모	현지판매법인의 설립은 심리적 거리의 영향을 받지만 현지생산 법인의 경우에는 그렇지 않음
데이비슨과 해리건(Davidson & Harrigan, 1977)	• 제품의 특성 • 시장진출 순서 • 시장의 특성 • 시장진출시기	
요한슨과 발네(Johanson & Warren, 1978)	• 기존시장에 대한 위협 • 기업내부 능력 및 경험 • 시장기회 • 성장의지	
빌키와 워렌(Bilkey & Warren, 1978)	• 기업특유의 비교우위 • 경영관리자의 기업목표 달성 의지 • 예상되는 수출의 기업목표에의 기여도 • 수출에의 조직 참여 정도	
카뷔스길과 네빈(Cavusgil & Nevin, 1981)	• Bilky & Warren이 제시한 네 가지 변수간의 상호작용	통계적 기법을 사용하여 실증적으로 검증
보르첼(Wortzel, 1981)	• 기업의 제품에 대한 경험 • 제품의 마케팅 필요조건 • 제품의 유통구조 무역장벽	신흥공업국의 국제화 단계 결정요인을 실증적으로 연구

자료 : 어윤대 外, 국제경영, p.193.

기업국제화의 과정은 어떠한 면에서 바라볼 수 있는가? 일반적으로 국내기업에서 다국적기업으로까지 발전하는 과정을 조직의 면부터 이해하여 보면 <그림 4-1>과 같다.

A의 단계에서는 기업의 해외활동은 수출에 전적으로 의존하고, 실제의 수출업무는 국내 또는 해외의 상사에 위탁하고 있다. B, C의 단계는 각기 해외에 판매자회사, 조립 또는 가공자회사를 갖고 있지만, 이것은 실질적으로는 수출의 연장인 것이다. D의 단계에서는 처음으로 기업은 국내에서는 본사와는 독립된 해외사업본부를 갖고, 해외에는 제조자회사가 설립되어 자사의 유통경로를 마련한다. E의 단계에서는 본국에는 본사가 있지만 해외사업의 통괄은 해외베이스회사에 위임된다. 더욱이 다국적화가 진전되면(F) 본사 자체가 전사적으로 다국적기업으로 되고, 본국의 사업회사를 포함한 세계의 각 사업회사를 통괄한다. D단계부터 본격적으로 다국적기업에 들어간다고 간주해도 좋다. 이에 대하여 국제경영은 A부터 F까지를 커버하고 있다. 따라서 국제경영은 수출부

그림 4-1 기업국제화의 과정

자료 : Endel J. Kolde, International Business Enterprise, Second Edition, Prentice-Hall, Inc., Englewood, New Jersey, 1973, p.178.

터 자회사, 해외사업본부, 지사, 다국적기업 등을 다 포함하고 있다고 하겠다.

더불어 국제기업관리의 유형에 대해서는 펄뮤터(H. V. Perlmutter) 교수는 국제기업에 있어 본사의 자회사에 대한 태도를 중심으로 에스노센트릭(ethnocrntric), 폴리센트릭(polycentric), 리지언센트릭(regioncentric), 지오센트릭(geocentric)으로 구분하였다.[27]

27) H. V. Perlmutter, op. cit., pp.9-18.

첫 번째로, 에스노센트릭 기업유형이란 자민족중심(自民族中心)의 기업유형을 말하며 무슨 일이든 본사를 중심으로 한 기업을 의미한다. 이는 내셔널리즘(nationalism)을 경영의 기본으로 하는 경영체제로서 본사에 의해 모든 의사결정이 이루어지는 기업을 말한다. 두 번째로, 폴리센트릭 기업유형이란 다국중심(多國中心)의 기업유형을 말하며 의사결정에 있어서 권한, 자회사 통제의 방법, 임원구성 등 모든 조직과 경영면에서 자회사중심의 형태를 말한다. 세 번째로, 리지언센트릭 기업유형이란 국제적인 면에서 각 지역중심의 기업유형을 말하며, 국제경영의 대상시장을 일부 또는 각국 시장을 개별적으로 세분화하여 전략적 목표로 삼고 각각의 시장에 최적의 제품, 생산, 판매, 조직, 재무, 인사, R&D, 일반적 관리 시스템을 창출하는 국제경영체제를 의미한다. 네 번째로, 지오센트릭 기업유형이란 지구 중심적 기업유형을 말한다고 볼 수 있는데, 특정 국가에 구애받지 않고 본사와 상호의존관계에 있는 해외자회사가 유기적

표 4-6 EPRG 프로필하에서의 기업의 태도

기업의 태도	본국중심적 (ethnocentric)	해외시장중심적 (polycentric)	지역시장중심적 (regiocentric)	세계시장중심적 (geocentric)
목표	수익성(생존)	공적수용 (합법성)	수익성 및 공적수용	(생존 및 합법성)
통제 - 목표설정의 방향	상→하	상→하	지역과 자회사간의 상호타협	기업의 모든 수준에서 협상
- 커뮤니케이션	계층적(본사에서 많은 명령 하달)	거의 없음	지역 내에서 수직적 및 수평적 커뮤니케이션	지역 내에서 수직적 및 수평적 커뮤니케이션
- 자원의 분배	투자기회를 본사에서 결정	거의 없음	본부로부터의 지침 아래 지역은 자율 배분	범세계적 계획, 배분
전략	범세계적 통합 전략	국별반응전략	지역적 통합 및 국별반응전략	범세계적 통합 및 국별반응전략
구조	계층적인 제품 사업부	자치적인 국가 단위를 가진 계층적인 지역사업부	메트릭스를 통한 결합된 제품 및 제역조직	네트워크 조직
문화	본국	현지국	지역	범세계적

자료 : B. Chakravarthy and H. Perlmutter, "Strategic Planning for a Global Business", Golumbia Journal of World Business, Summer 1985, pp.3-10.

으로 결부되어 전 세계적으로 사업활동의 영역으로 하여, 좁은 내셔널리즘의 입장을 넘어서 임원을 적재적소에 배치하는 형태를 말한다. 이 형태의 기업의 경우 각 나라의 법과 정치가 허용하는 범위에서 기업활동을 하게 된다. 이상의 내용을 정리하면 <표 4-6>과 같다. <표 4-6>에서 보듯이 국제화가 진행될수록 기업경영자의 태도나 의사결정과정이 챠크라바티(B. Chakravarthy)와 펄뮤터(H. Perlmutter)가 말하는 소위 EPRG 프로필에 따라 본국시장중심, 해외시장중심, 지역시장중심, 세계시장중심으로 점차 변화해 가야 한다는 것을 암시하고 있다.

제4절 기업의 국제화

1. 기업의 국제화 유형

기업의 국제화는 우선 수출, 해외지사 그리고 해외경영의 순으로 발전하는데 해외시장 진출은 수출방식에 의한 해외진출과 계약방식에 의한 해외진출과 직접투자방식에 의한 해외진출로 구분한다. 그 밖에 전략적 제휴로서 글로벌 네트워크를 구성하는 부분이 있다고 할 수 있는데, 이 부분에 대해서는 뒷장의 '국제기업과 전략적 제휴'에서 구체적으로 설명하도록 하고 이하에서는 수출, 계약, 직접투자의 세 가지 관계에 대해서 그 특징을 살펴보도록 한다.

국제기업의 활동과 자본의 관계 즉 기업생산요소로서 자본의 비율을 나타내면 다음 <그림 4-7>과 같다.

수출방식에 의한 해외진출은 기업이 국내에서 생산된 제품을 현지국에 수출한다는 점에서 계약방식이나 해외직접투자방식에 의한 해외진출과 근본적으로 다르다. 수출방식에 의한 해외진출에는 간접수출과 직접수출이 있다.

먼저, 간접수출(Indirect Exporting)은 기업이 제품을 국내에 있는 중간수출업자(국내판매조직, 수출관리상사, 협력기구 등)를 통해 해외수출하는 경우로서, 제품을 생산한 기업은 제품을 중간수출업자에게 판매하는 것으로 모든 수출업

표 4-7 기업의 국제화 유형

수출방식에 의한 해외진출	• 간접수출(Indirect Exporting) • 자사대리점/유통업자를 통한 수출(Direct Agency/Distributer Exporting) • 자사지점/자회사를 통한 수출 · 간접수출(Indirect Exporting) • 자사대리점/유통업자를 통한 수출(Direct Branch/Subsidiary Exporting)
계약방식에 의한 해외진출	• 라이센싱(Licensing) • 프랜차이징(Franchising) • 관리계약(Management Contract) • 건설/턴키계약(Construction/Turnkey Contract) • 계약생산(Contract Manufacture) • 공동생산계약(Co-Production Manufacture)
직접투자방식에 의한 분류	• 단독투자(신설)(Sole Venture : New Establishment) • 단독투자(취득)(Sole Venture : Acquisition) • 합작투자(신설/취득)(Joint Venture : New Establishment/ Acquisition)

무를 마치게 된다. 따라서 제품을 생산한 기업은 수출선이나 수출 마케팅 전략에 대한 통제권을 갖지 못한다. 간접수출은 주로 후진경제권에서 수출경험이 없거나 수출전문인력을 이용할 수 없는 경우 또는 수출규모가 아주 작은 경우 등에 많이 이용된다.

그리고 직접수출(Direct Exporting) 제품을 생산한 기업이 다른 중간수출업자를 거치지 않고 직접 해외에 있는 고객에게 제품을 수출하는 경우를 말한다. 직접수출의 경우, 제품을 생산한 기업은 시장조사, 고객접촉, 가격결정, 물적유통, 수출서류 작성 등과 같은 제반 수출 마케팅을 직접 계획하고 수행하게 된다. 직접수출은 간접수출보다 기업 내에서의 활동이 훨씬 더 발전된 단계로서 시장 개입의 범위도 훨씬 더 확대되어 국제화의 개입도 증가된다.

제품을 생산하여 수출하고 있는 기업들은 필요에 따라 대규모 시장에는 직접수출방식을 이용하고 소규모 시장에는 간접수출방식을 이용하는 등 직접수출과 간접수출을 상호보완적으로 활용할 수 있다.

다음으로, 계약방식에 의한 해외진출은 기업이 자사가 보유하고 있는 기술이나 지식을 일정한 대가를 받고 외국기업에게 이전하기로 하는 장기계약을 체결하여 해외시장에 진출하는 방식이다. 계약방식은 단순히 상품만이 아닌 기술이나 지식을 이전하는 수단이라는 점에서 수출방식과 다르다. 계약방식에는

그림 4-2 기업의 국제적 활동과 당사국의 기업생산요소

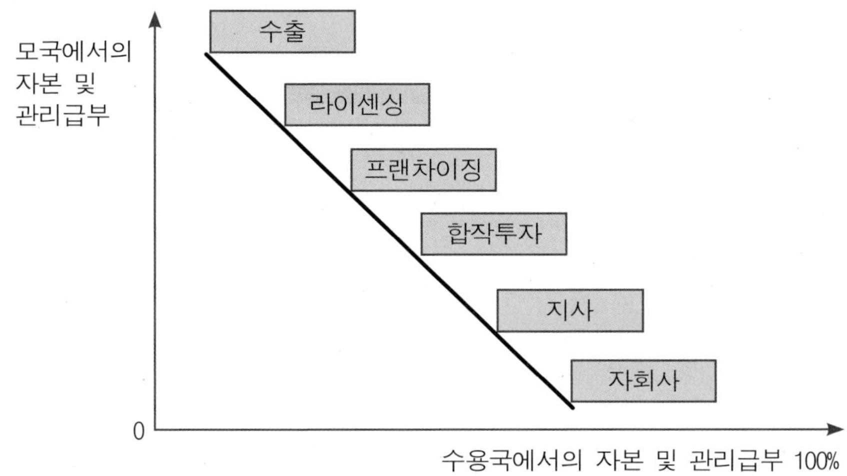

출처 : Meissner, H.G./St. Gerber, "Die Auslandsinvestitionen als Entscheidungsproblem", in BFuP, Nr.3, 1980, p.224.

라이센싱, 프랜차이징, 관리계약, 턴키 프로젝트, 컨소시엄, 계약생산 등이 있다. 이에 대해 설명하면 다음과 같다.

첫째, 라이센싱(Licensing)은 라이센서(Licensor)와 라이센시(Licensee)간에 라이센서가 보유하고 있는 특허(Patern)나 노하우(Know-how), 등록상표(Trademark) 또는 기술공정(Technical Process) 등의 상업적 자산을 일정한 로열티(Royalty)나 수수료(Fee)를 받고 라이센시에게 제공하기로 하는 라이센싱 계약을 체결하여 해외시장에 진출하는 국제경영방식이다. 라이센싱은 라이센서의 입장에서는 적은 위험과 지용으로 해외시장에 쉽게 침투할 수 있다는 장점이 있고 라이센시의 입장에서는 유명제품의 브랜드를 활용할 수 있다는 장점이 있다.

둘째, 프랜차이징(Franchising)은 프랜차이저(Franchisor)가 소유권이 독립된 프랜차이지(Franchisee)로부터 일정한 수수료를 받고 상표 등에 대한 사용권을 허가해 주고 기업의 운영까지를 계속적으로 지원해 주는 국제경영방식으로서 라이센싱의 한 형태라고 할 수 있다. 프랜차이저와 프랜차이지는 양 기업이 서로 독립성을 유지하면서 최종 소비자에게 이르는 재화 및 서비스의 일부를 각기 생산한다는 점에서 수직적 통합과 유사하다. 프랜차이징은 즉석식품, 자동차임대업, 건설, 음료, 모텔, 주유소 등과 산업에서 많이 이용되고 있다.

셋째, 관리계약(Management Contract)이란 합작투자의 한 형태로서 양 파트너 중 한 파트너는 운영시설을 소유하고 다른 파트너는 경영을 담당하는 형태의 국제경영방식이다. 이때 경영을 담당하는 파트너는 '관리적 노하우'를 제고하는 대가로 합작업체의 일부 소유권이나 로열티 또는 관리대가를 수수한다. 관리계약은 현지정부가 자국이 몰수한 해외투자 자산을 자기 나라 사람이 관리할 수 있는 능력을 갖출 때가지 일정 기간 동안 운영해 주도록 위탁하는 경우나 공장설비를 판매한 기업이 그 사업체를 위탁하여 경영하는 경우 그리고 더 이상 기존 시설의 운영이 불가능하여 사업을 다른 분야로 전환하기 위해 그 시설을 해외기업에게 위탁하여 경영해야 하는 경우 등에 이용된다.

넷째, 턴키 프로젝트(Turnkey Project)는 일명 플랜트수출(Plant Export)이라고 하는데, 이 방식은 기업이 외국으로부터 공장이나 기타 산업 시스템을 발주 받아 이를 설계 · 건설한 다음, 그 초기까지를 담당한 후 프로젝트를 완공하여 해외발주자가 당해 프로젝트를 독자적으로 운영할 수 있도록 경영관리나 근로자 훈련 등과 같은 서비스를 추가로 제공하는 턴키 플러스(Turnkey Plus)방식도 있다. 턴키 프로젝트에서는 엔지니어링기술과 노동 및 경영관리기법이 해외발주자에게 복합적으로 이전되는 것이 일반적이다. 턴키 프로젝트의 공급업체는 완성된 시설을 제공하고 그 대가로 기계설비대금과 공장설계, 공정 노하우, 현지인 훈련 등에 대해 일정한 대가(Fee)를 받는다.

다섯째, 계약생산(Contract Manufacture)은 기업의 자사가 직접 제품을 생산하여 해외에 수출하기보다는 생산능력을 가진 현지기업을 선정하여 그 기업으로 하여금 자사가 요구하는 제품을 생산하여 공급하도록 하는 계약을 체결하고, 이 계약 하에서 생산된 제품에 대한 마케팅은 자기 기업이 책임을 지는 경우이다. 계약생산은 통상 자기 기업이 직접 그 제품을 생산할 여력이 없거나 현지의 값싼 노동력이나 원자재를 이용하고자 하는 경우 그리고 현지생산과정에서 발생할지도 모르는 소유권문제 등에 다른 충돌을 피하고자 하는 경우에 활용된다. 주문자상표 부착방식에 의한 수출(OEM : Original Equipment Manufacturing)도 일종의 계약생산이라고 할 수 있다.

마지막으로, 직접투자방식에 의한 해외진출은 기업이 제품을 해외현지에서 직접 생산하여 마케팅하기 위해 생산시설을 설립하기 위한 자본을 현지에 투자하는 경우를 말한다. 현지에서의 제품생산은 모든 부품을 본국에서 수입하여 현지에서 단순히 조립 · 가공만 하는 방식으로부터 제품 전체를 완전히 현지국의 생산요소를 사용하여 생산하는 방식에 이르기까지 다양한 방식이 있다.

첫째, 단독투자(Sole Venture)는 기업의 의결권 주 95% 이상을 자사가 소유하는 형태로 해외에 진출하는 경우로, 이렇게 설립된 기업을 완전소유자회사(wholly owned subsidiary)라고 한다. 단독투자는 예전에 존재하지 않던 기업을 새롭게 설립하여 진출하는 신설(greenfield)방식이나 기존에 현지에서 가동되고 있는 기업을 매수하거나 그 기업과 합병하여 진출하는 매수 · 합병(M&A : Merger & Acquisition)방식을 이용할 수도 있다. 일반적으로 단독투자방식에 의한 해외진출은 기업이 강력한 독점적 우위를 소유하고 있거나 제품의 생산과정에서 모기업이 자회사에게 원자재를 공급한다든지 또는 그 반대의 관계가 성립되는 경우 등에 주로 활용된다. 단독투자방식에 의한 해외진출은 제품이나 기술에 대한 강력한 통제가 가능하고, 자사의 경영방침을 독자적으로 운용할 수 있으며 기술이나 노하우의 누출을 방지할 수 있다는 이점이 있다.

둘째, 합작투자(joint venture)는 2개 이상의 기업, 개인 또는 정부기관이 영구적인 기반 아래 특정 기업체의 운영에 공동으로 참여하는 국제경영방식으로서 전체 참여자가 공동으로 소유권을 갖는다는 특징을 가지고 있다. 공동소유의 대상은 주식자본, 채무, 무형고정자산(특허권, 외장권, 상표권, 영업권), 경영 노하우, 기술 노하우, 유형고정자산(기계, 설비, 토지) 등 아주 다양하다.[28] 합작투자는 합작에 참여하는 기업들이 소유권과 경영을 분담하며 자본 및 기술 등 상대방 기업이 소유하고 있는 강점을 서로 이용하고 위험을 분담할 수 있다는 장점이 있다.[29] 따라서 합작투자는 단독투자에 비해 자회사에 대한 통제보다는 현지파트너의 기여를 필요로 하는 경우에 주로 이용된다.

이상과 같이 국제기업의 국제화 유형은 상기와 같이 정리될 수 있을 것이다. 우리는 여기서 한 가지 이해해야 할 것은 이 유형의 종류에 의미를 두는 것이

28) E. J. Kolde, International Business Enterprise, 2nd. de.(Englewood Cliffs, New Jersey : Prentice-Hall, 1973), p.192.

29) J. Hladik, International Joint Ventures(Lexington, Mass : Lexington Books, 1985).

아니라 그 '관리'에 의미를 두어야 한다는 것을 명심해야 할 것이다.

이러한 점에서 국제기업과 국제경영의 관리에 던져주는 의미는 급변하는 환경 속에서 더욱 절실하다고 할 수 있을 것이다. 특히 1990년대에 들어와서 국제기업의 경영환경은 급변하고 있는데 EC통합, NAFTA 탄생 등 세계경제의 지역주의 현상이 두드러지면서 보호무역주의 풍조가 확산일로에 있다. 이러한 지역주의의 증가는 그 만큼 해외시장진출이 어려워지고 있다는 것을 의미하며, 여기에 덧붙여 1989년 하반기부터 소련을 비롯한 동구권 국가들이 개혁과 개방이라는 큰 물결을 일으키고 있어 WTO 체제와 함께 세계경제의 큰 변수로 등장하고 있다.

따라서 이러한 세계적인 경제질서의 재편과 함께 국적을 초월한 무국적(Stateless)기업의 시대가 펼쳐지고 있다. 최근 급증하고 있는 해외직접투자, 세계적인 매수 · 합병, 외국기업과의 전략적 제휴 등을 통해 명확하게 국적을 구분할 수 없는 글로벌 기업들이 등장하고 있다. 즉 무국적기업들은 국적기업(다국적기업)들로부터 변모된 것이다. 국적기업(다국적기업)들은 해외활동을 하나의 부가적인 영업으로서 취급했고 명령체제와 국적은 분명하였다.

한편, 짧아진 라이프사이클과 소비자욕구의 다양한 증가로 인해 기업들은 매수 · 합병과 전략적 제휴 등을 통하여 외국기업과 협력하면서 해외에서 새로운 기술, 자본 및 노하우를 위한 돌파구를 찾게 되었다. 이러한 기업의 무국적화의 이점들을 살펴보면, 첫째, 무역장벽의 회피, 둘째, 정치문제의 회피, 셋째, 규제조치에 대한 우회, 넷째, 노동자에 대한 교섭력 증대, 다섯째, 수요변화에 대처, 여섯째, 기술혁신 능력의 향상을 들 수 있다. 소위 무국적기업과 본국과의 연대를 살펴볼 때 무국적화의 추세는 어느 정도 한계가 있다는 사실을 인정하지 않을 수 없으며 무국적화가 진전된다고 하더라도 본국과 연계되지 않은 기업이란 생각할 수 없다고 하였다. 끝으로, 미래예측이 전혀 불가능한 현 상황에서 이익이 있는 곳이라면 어디든지 쫓아가는 현지화를 통한 기업의 무국적화는 증가될 것이지만 본국의 역할을 전혀 배제한 기업활동이란 불가능하다고 보아야 한다.

2. 국제화 발전단계

해외진출 형태는 일련의 발전단계를 취한다는 생각이 일반적이다. 이른바 발전단계설(stages model)이다. 발전단계설은 많은 연구자에 의해 다른 단계가 만들어지고 있지만 Dunning(1993)의 분류에 따라 대개 아래의 패턴으로 국제화가 진행된다는 생각이 일반적일 것이다.[30)]

제1단계 : 간접수출
제2단계 : 직접수출(해외에서의 자사 판로 개척, 현지판매 자회사 설립)
제3단계 : 현지생산(부품의 현지조립 · 생산)
제4단계 : 현지생산(신제품 현지생산)
제5단계 : 지역 · 글로벌적 통합

제1단계 간접수출은 위에서 본 것처럼, 국내 수출대행업자(상사 등)에게 의존한 도메스틱 단계이다. 자사 제품의 물건은 해외에 유통되지만 관리는 모두 국내에서 완결되는 상태이다. 덧붙여 국내의 수출업자에 대한 의존에서 벗어나는 하나의 과정으로서 외국 수입 청부업자와의 국내에서의 접촉을 들 수 있다. 거래 장소는 국내더라도 현지의 수입판매업자와 직접 접촉하는 편이 보다 안심이라고 많은 수출업자는 생각한다.

제2단계 직접수출에 도달하면 해외에 자사 판매 자회사를 설립하여 자사 제품을 수입한다. 이것에 의해 간접수출 단계에서 문제가 되고 있던 현지시장 · 고객과의 접점이 실현되어 현지시장 요구에 대한 보다 세세한 대응이 가능해진다.

제3단계 부품 현지조립 · 생산 단계에는 모든 것을 국내에서 조립해 완성품을 현지에 수출하는 것보다도 오히려 부품을 수송하는 편이 싼 경우, 관세도 그 편이 낮은 경우, 또한 보다 저비용으로 노동력을 활용할 수 있는 경우와 같은 이유로 도달한다.

30) John H. Dunning, Multinational Enterprise and the Global Economy Addison-Wesley Publising Company, 1993, pp.183-208.

제4단계 신제품 현지생산 단계는 해외생산의 본격적 단계이다. 현지국에서의 관세장벽을 준비하거나 현지부품조달율의 요구 수준을 높이거나 다양한 규제에 당황하는 경우가 있다. 그러한 정치적 상황에 대한 대응으로서 현지생산이 가속된다. 위에서 보았던 대로 현지생산에는 직접투자(완전소유 자회사, 혹은 합작), 라이센싱, 계약 제조와 같은 형태가 있다.

제5단계 지역・글로벌적 통합에서는 해외현지에서 단지 생산만을 실시하는 것이 아니라 보다 고부가 가치적인 활동을 국경을 초월해서 실시하게 된다. 연구개발(특히 기초 연구)과 같은 매우 국내 지향이 강한 기능도, 일부 해외에 이전하여 해외 겨냥 제품 개발을 본국과 현지에서 상호의존관계 아래에서 실시한다.

또한 단지 본국과 현지국과 같은 일대일관계가 아닌 해외시장이 지역(초국가로서의) 내지 글로벌적인 단위로 파악할 수 있어 하나의 현지국내에서의 연구개발, 생산, 마케팅과 같은 많은 활동이 다른 해외제국으로의 활동과 연동하는 방향으로 향한다. 이러한 흐름이 제5단계이다.

3. 국제화에서의 결정 사항

해외직접투자에 따른 해외진출에서의 중요결정 사항은 완전소유 혹은 합작과 같은 선택이다.

완전소유의 장점은 전략이나 오퍼레이션 내지 중요한 경영자원에 대해 완전한 컨트롤이 되는 점이다. 사내의 문제 정도, 빠른 의사결정이 가능하다. 해외거점은 조직 내부이므로 지식, 노하우의 이전도 보다 하기 쉽다. 또한 능력, 자원이 사내에 축적되어 보관 유지하기 쉽다. 또한 이익을 한 개 회사에서 독점할 수 있는 부분이 유리하다. 그 반면 단점으로는 투자를 독점으로 실시하여 실패 리스크를 혼자 지게 된다. 또한 현지환경조건이 급변하여 이미 입지로서는 적합하지 않게 되어도 투자를 회수할 수 없는 이상 쉽게 철수할 수 없다. 또한 보호주의나라의 경우 특히 정치적 압력, 심한 비난・공격 표적이 될 수도 있다.

합작의 경우는 어떨까. 장점은 완전소유의 단점의 반대가 된다. 즉 단독의 경우에 비해 투자액이 적어도 되는 점, 파트너로부터 민첩하게 중요한 지식이나 노하우를 입수할 가능성이 있는 점, 현지기업과의 합작이라는 것으로 정치적 비난·공격에서 피할 수 있는 점, 그리고 무엇보다도 상대와의 사이에 리스크를 분산할 수 있는 점을 들 수 있다. 그 반면 단점으로는 자사와 상대와의 전략적인 통일의 어려움, 조정의 곤란함, 자사의 컨트롤을 상대에게 양보, 의사결정의 늦음, 수익의 절반에 대한 자사 몫의 감소와 같은 점을 들 수 있다.

덧붙여 합작에도 여러 가지 종류가 있다.

합작은 완전소유 자회사와 포트폴리오 투자의 중간에 위치한다. 주식보유비율 95% 이상의 것이 완전소유 자회사, 5% 미만의 것을 포트폴리오 투자, 그 중간(즉 5% 이상 95% 미만의 것)을 합작으로 하는 헤나에 의한 구분이 일반적이지만, 20%, 80%를 카트오프 비율로 하는 것도 많다. 또한 합작의 출자 비율에 따라 50% 이상의 것을 과반수소유(majority ownership), 50%의 것을 공동소유(co-ownership), 그리고 50% 미만의 것을 소수소유(minority ownership)라고 구분한다.

또한 합작의 형태로서 자국기업과 해외현지국 기업과의 사이에 결성되는 전통형 합작 외에 자국기업과 제3국 기업간에 구성하는 합작이나, 자국기업이 현지자국기업과 구성하는 합작도 있다. 일본 기업의 아시아에서의 합작을 조사한 마키노 등은 흥미 깊은 일로 통상 대표적이라 생각되는 자국기업과 해외현지기업간의 합작은 약 3할 정도에 지나지 않고 그 이외의 타입(즉 제3국 기업이나 현지에서의 자국기업과 사이의 합작, 삼사 이상의 합작)이 많은 것을 지적했다.

또한 전통적이라 불리는 자국기업과 해외현지국 기업과의 합작에서는 현지자회사 퍼포먼스가 가장 높은 대신에 철수 비율도 가장 높다. 현지자국기업과의 합작은 철수 비율은 낮고 퍼포먼스도 상당히 높다. 제3국 기업 합작 경우는 철수 비율이 매우 높고 퍼포먼스도 낮은 것이 밝혀졌다. 여기에서 알 수 있듯이 한마디로 합작이라고 해도 꽤 다양하다.

제2의 옵션 축은 그린필드로 갈지 매수로 갈지의 선택이다. 이것은 어디까지나 자신들의 손으로 처음부터 활동을 시작할지 현지기업을 매수할지의 선택이다. 그것들에는 장점과 단점 면에서 큰 차이가 있다.

그린필드에서 차분히 시작하는 방식에 비해, 해외기업 매수의 메리트는 아래의 점으로 요약할 수 있다. 매수에 의해 무엇보다도 민첩하게 현지의 기존

기업으로부터 각종 경영자원을 입수할 가능성이 있는 점을 들 수 있다. 그것들을 자기 자신이 부담하려면 훨씬 긴 시간이 걸린다. 자사의 전략 도메인의 새로운 보강, 신(新)비즈니스 도메인에 관한 참가를 꾀한 도메인의 확장전략, 혹은 미개척의 도메인을 시야에 넣은 도메인의 탐색전략과 같은 목적을 위해서도 매수는 유효하고 민첩한 시책이다.

또한 경영자원으로서는 현지기업이 갖는 대외적 네트워크도 입수할 수 있다. 현지국 시장에 대한 접근, 바이어, 공급자와의 관계 등이다. 특히 참여 장애가 높은 나라의 경우 유통망에 관한 액세스는 대략 불가능한 경우가 많다. 자주 플랫폼형 매수라고 불리는 것은, 피 매수 기업의 대외적 네트워크를 이용하여 현지시장으로 들어가는 경우가 있기 때문이다.

그 반면 단점도 많다. 그 최대의 경우는 현지국에서의 정치적·심리적 반발이다. 또한 현지국의 컨트리 리스크에도 주의가 필요하다. 중국 등의 경우 특히 지적소유권의 보관 유지에 유의할 필요가 있다. 이탈리아의 어느 안경 메이커에서 발생한 중국의 쑤저우(蘇州)에서의 지적소유권을 둘러싼 트러블은 전형적일 것이다. 중국 기업과의 선글라스의 제조에 관한 합작에서 중국 측이 이탈리아 기업으로부터 노하우를 흡수 후 돌연 자사 브랜드로 비슷한 제품을 단독으로 제조 판매를 단행했다. 그 이탈리아 기업은 합작 상대의 지적소유권 침해라고 중국 측에 맹렬히 항의 했지만 중국 측에는 전혀 통하지 않았다. 그 뜻을 중국 정부에 항의했지만 역시 완전히 받아들여지지 않았다. 이와 같이 처음의 달콤한 견적도 뒤집는 코스트가 발생할 수도 있는 리스크를 떠맡게 된다.

사례 1 프랜차이징

프랜차이즈의 본고장인 미국에서는 소매유통업과 서비스업의 대부분(80~90%)이 프랜차이즈 시스템에 의해 운영되고 있다. 이러한 프랜차이즈 시스템은 일본에도 도입되어 '맥도널드 제팬'의 경우 세계 유수의 소니나 토요타를 제치고 일본 증시에서 시가총액 1위를 할 정도로 프랜차이즈 시스템이 성장하였다.

프랜차이징은 최근 가장 빠른 속도로 성장하고 있는 소매업이다. 현재, 50만 개 이상의 프랜차이즈 조직체가 미국 소매업 판매의 1/2 정도를 차지하고 있다. 거의 대부분의 사업형태가 프랜차이즈 되어 있는데, 예를 들어 모텔과 즉석식품식당에서부터 치과와 데이팅 서비스 업소, 그리고 결혼상담소와 결혼식 서비스에서부터 장례식장과 건강관리 센터에 이르고 있다. 비록 그 기본적인 착상은 오래된 것이지만 프랜차이징의 몇몇 유형은 전혀 새로운 것이다. 프랜차이즈는 세 가지 유형으로 구분될 수 있다.

첫째, 생산자 중심의 소매상 프랜차이즈 시스템으로, 자동차산업이 대표적인 예이다. 예를 들어, 포드사는 판매상에게 자사의 자동차를 판매할 수 있도록 허가하고 있는데, 판매상들은 포드사가 요구하는 판매 및 서비스의 다양한 조건에 동의한 각기 독립된 사업체이다.

둘째, 생산자 중심의 도매상 프랜차이즈 시스템으로, 청량음료산업에서 찾아볼 수 있다. 예를 들어, 코카콜라사는 다양한 시장에 있는 음료판매회사(병입 도매상)에게 원액을 공급하고, 이 도매상은 이것을 탄산음료로 만들어 병에 넣어, 각 지역시장의 여러 소매상에 판매한다.

셋째, 서비스 기업 중심의 소매상 프랜차이즈 시스템이 있다. 여기에서 서비스 기업은 소비자들에게 효율적으로 서비스를 제공하기 위한 전체 시스템을 조직한다. 예를 들면, 자동차 대여업(Hertz, Avis), 즉석식품사업(맥도날드, 버거킹), 모텔사업(Howard Johnson, Ramada Inn) 등이 있다.

1위, 서브웨이(Subway) : 프레드 데루카와 피터 벅이 1965년 단돈 1,000달러로 시작, 1974년부터 프랜차이즈화됐다. 지금은 86개국에 2만 9,612개 가맹점을 가진 매머드급 업체가 됐다. 프랜차이즈업계에서의 위치와 안정적인 수입에 반해 창업비용은 7만 8,600~23만 8,300달러로 저렴한 편이다.

3위, 리버티 텍스 서비스(Liberty Tax Service) : 3대 세금보고대행업체 중 하나로 2000년대 들어 급성장한 회사이다. 지난해 23위에 불과했지만 올해는 쟁쟁한 업체들을 뒤로 하고 3위에 오를 만큼 무서운 성장 속도를 보이고 있는 업체이다. 10여년 만에 프랜차이즈 가맹점이 2,579개로 대폭 늘었다. 5만 3,800~6만 6,900달러의 초기비용이면 시작할 수 있다. 업무 특성상 장비값이 거의 들지 않는다는 것도 큰 장점이다.

6위, 에이스 하드웨어(Ace Hardware) : 불경기에 웬만한 문제는 스스로 해결하는 '두-잇-유어셀프(DIY)족'들이 들어나면서 더욱 성장하고 있는 건축용품점이다. 전 세계에 4,693개 가맹점을 갖고 있어 동종업계 최고의 프랜차이즈 규모를 자랑한다. 최소 24만 달러면 창업이 가능하지만 지역에 따라 창업자금이 100만 달러에 달하는 곳도 있다.

8위, UPS스토어/메일 박스(The UPS Store/Mail Boxes Ets.) : 소포와 우편업무를 취급하는 '메일박스 Etx(MBE)'를 2001년 세계 최대 택배업체 USP가 합병하면서 급성장하고 있는 곳이다. 요즘은 인터넷 쇼핑이 늘어나면서 택배업무도 증가해 발전가능성이 매우 높은 사업체이다. 미국과 해외를 합쳐 모두 5,982개 프랜차이즈 업소가 있으며 초기 자본으로는 17만~28만 달러 정도가 필요하다. 자체 영어시험에 통과해야 가맹점 자격이 주어질 정도로 능숙한 영어 실력을 요한다.

10위, 파파존스(PaPa John's) : '피자헛' 보다 훨씬 적은 자본으로 시작할 수 있다. 13만 5,800~49만 1,600달러의 초기자본이 든다. 불경기로 값싸고 간단한 한 끼 식사가 주목받고 있는 요즘 프랜차이즈 요식업소 중 전망이 가장 밝은 편이다. 실제로 올해 순위는 지난해보다 23계단이나 급상승한 것이다. 1986년에 프랜차이즈화됐으며 전국적으로 2,615개의 가맹점이 있다.

사례 2 턴키프로젝트(플랜트 수출 사례)

두산중공업이 카타르에서 2억 7,000만 달러의 대규모 플랜트 공사를 수주했다. 이로써 두산중공업은 올해 담수 플랜트사업에서만 수주잔액 10억 달러를 돌파했다. 두산중공업은 카타르 수전력청으로부터 라스 라판 민자 담수 및 발전 플랜트 건설에 관한 수주통보서를 접수 이달 말에 본 계약에 체결한다고 4일 밝혔다.

석유공사, 한전, 포스코건설 등 국내 기업들이 협력을 통해 나이지리아에서 유전개발, 발전소, 철도 건설을 패키지 형태로 수주한 것이 대표적인 사례이다. 한국수력발전소가 1997년에는 국내 최초의 필리핀 일리안 발전소를 수주하는 등 해외사업에서도 활동을 해 왔다. 필리핀 발전소는 국내 첫 발전플랜트 수출 사례이다.

사례 3 계약생산

계약생산은 미국의 신발 생산업체인 나이키사가 한국의 태창사(속옷 만드는)에 운동화 생산을 주문하고, 제품 디자인, 핵심 부품, 그리고 판매와 같은 주요 부문만을 자신이 직접 담당하는 경우이다. 그리고 나머지 생산 부문은 나이키사를 비롯한 전 세계 여러 나라의 기업과 계약을 맺어 일정한 가격과 품질로 세계시장에 판매하고 있다.

설립된 지 4년도 채 안 된 국내 한 바이오 벤처기업이 세계 굴지의 제약회사와 연간 1조 규모의 신약공급계약을 체결해 업계의 관심을 끌고 있다.

PART 05 현대기업과 전략

제1절 현대기업을 둘러싼 환경

1. 대경쟁의 시대

현대기업을 둘러싼 환경은 급격하게 변화하고 있고 그 경향이 강하면 강할수록 전략의 중요성도 증가하고 있다. 환경변화에서 큰 특징의 하나는 현대가 '대경쟁(mega-competition)의 시대'라는 점이다.

가와노(河野, 1999)는 메가 컴페티션 시대의 특징으로서 다음의 3가지를 열거하고 있다.[1)]

① 각국의 규제완화에 의해 또는 교통?통신수단의 발달에 의해 경쟁이 세계적 규모가 되었다.
② 경쟁의 룰이 바뀌었다.
③ 진입장벽의 변화에 의해 업계의 벽을 넘는 경쟁자가 등장하였다.

메가 컴페티션 시대의 특징을 자세히 살펴보면 지금 우리에게 벌어지고 있는 무국경, 무국가 시대로 일컬는 글로벌시대와 다름이 없다고 하겠다.

1) 河野豊弘, 新現代の經營戰略, ダエヤモンド社, 1999.

2. 공생의 시대

현대기업을 둘러싼 환경의 또 하나의 특징은 경쟁과 한계 "공생(共生)의 시대"라는 점이다. 20세기를 통해 기업은 대량생산, 대량소비라는 고도성장사회를 배경으로 소비자에게 "좋은 물건을 더 싸게" 제공하였으며 자기이익의 극대화를 꾀하여 왔다. 또한 기업은 기업내부의 이해관계자(주주, 고객, 종업원, 지역사회 등)로서도 경제기능으로서 최고의 구조이며 영속적인 것으로 믿어 왔다.

그러나 기업이 시장에서 경제적 효율성을 추구하면서 사회성을 경시하게 되자 기업의 반사회적 행동이 사회문제의 하나로서 취급되었고 기업의 사회적 책임(CSR : Corporate Social Responsibility)을 물으며 기업의 비사회적 반사회적인 행동을 시정하려는 움직임이 등장하였다.

오늘날 기업의 기능은 주주의 만족도도 중요하지만 사회전체의 만족도를 높이는 것으로의 이행이 중시되어 왔다. 기업은 혼자만으로 살 수 없고 공생이 요구되기 때문이다. 공생의 구체적 예로 LCA(life cycle assesment, 환경전과정평가)[2)]의 활용이 등장한다. LCA란 제품 및 서비스에 대해 제조, 사용, 폐기 또는 재이용까지 모든 단계에서 사회, 환경에의 영향을 종합적으로 평가하는 것을 말한다. 현대의 기업은 원료나 생산방법에서 포장 재료나 폐기처분 법까지 고려하고 분석하여 사회나 환경에 좋은 상품(제품&서비스)을 고안해 내야 되기 때문이다.

하트(Hart, L. Sturt)는 라이프사이클 중시의 지속가능성 비전에 기초한 경영전략의 하나로서 제록스의 자산리스크 관리(Asset Recycling Management, ARM)프로그램을 예로 든다. 제록스는 DFG(Design For Enviornment, 환경을 고려한 설계, 회수, 리사이클하기 쉬운 제품을 제조하기 위한 방침)의 흐름 속에 ARM을 만들었다.[3)]

CSR의 확대로 인해 LCA(life cycle assesment)나 ARM(Asset Recycling Management)이 등장한 것은 공생시대의 특징이라고 하겠다.

---

2) 환경 부담을 고려한 전과정평가로, 제품의 전 과정 도안에 제품에서 야기된 환경부하를 계산하고 환경에 미치는 영향을 평가하는 도구이다.

3) Hart, L. Sturt, Beyond Greening : Strategies for a Sustainable world, Harvard Business Review, 1997, 1-2.

제2절 기업전략과 앤소프

앤소프가 활동했던 1960~1970년대 사회는 동서냉전의 심화, 베트남전쟁 등과 서비스산업과 정보산업 등의 지식정보를 주도하는 업계가 등장하는 사회 전체로 이전 변화하던 시기였다. 앤소프는 이러한 사회변동을 '난기류(turbulence)'라고 칭하며 안정적인 난기류, 난기류의 전화, 난기류의 완만한 이행 등으로 나누었으며 안정적, 반응적, 선행적, 탐구적, 창조적 등의 5단계로 나누었다.

여기에서 안정적 수준이 가장 평온한 환경을 나타내고 거꾸로 창조적 수준이 "중요한 기술의 비약적인 발전 또는 사회적, 정치적인 경변에 의해 특징지어진 환경을 나타낸다.[4] 특히 20세기의 난기류는 변화의 특이성, 환경의 강도, 환경변화의 속도, 환경의 복잡성 등 4개 특성의 증대라는 경향을 갖는다고 했다. 이처럼 난기류로 둘러싸인 환경 속에 기업은 때로는 그것과 저항하거나 때로는 그것과 순응하면서 환경을 잘 이용하면서 발전하여야 한다. 앤소프는 기업의 이러한 목표달성, 성장, 생존하기 위한 전략에 대한 총체적이고 분석적인 접근을 생각해 냈다. 그것이 Corporate Strate(1965)에서 나타난 전사전략(Corporate Strategy)이다.

또한 앤소프는 전사적인 전략(계획)뿐 아니고 극심한 난기류환경에 대한 조직의 적응프로세스를 명확하게 하려고 했다. 즉, 계획한 전략을 잘 실행하고 난기류 속에 살아남기 위한 조직의 존재, 그리고 경영의 방법을 명백히 하였다. 그것이 전략경영(Strategic Management)이다. 즉, 전략을 실행하는 조직의 존재로 챈들러와 비슷한 명제이다.

1. 앤소프의 전략

앤소프는 의사결정의 규칙이나 지침을 전략이라고 하며 구체적으로 전략은 다음 3가지 특징을 지닌다.

4) Ansotf H. I., Strategic Management, Macmillan publishers, 1979.

① 기업의 사업활동에 대해서의 광범위한 개념을 제공하고
② 기업이 새로운 기회를 탐구하기 위한 개별적인 지침을 설정하고
③ 기업의 선택의 과정을 가장 매력적인 기회만으로 의사결정 규칙에 의해 기업의 목표의 역할을 보충한다.

그리고 이 전략에 관한 의사결정을 '전략적 의사결정'이라고 한다. 앤소프는 의사결정을 전략적 의사결정, 관리적 의사결정, 업무적 의사결정 등으로 나누고 그 내용과 상정하는 계층도 달리하였다.

표 4-1 의사결정의 3종류

	전략적	관리적	업무적
문제	기업의 자본수익력을 발휘 최척도 선택	최척도 업적을 기업 자원을 조직화함	자본수익력을 최척도에 발휘 주요한 기능분야에 자원을 예산의 형태로 할당함
문제의 성격	총자원을 제품시장 제기회에 할당함	하원 조직화, 조당, 개발	자원 적용과 현황을 일정적으로 계획함, 감독통제함
중요한 결정사항	제 목표 및 최종목차 다각화전략 확대화전략 재무, 관리 면기 성장방식 성장타이밍	조직구조 : 정보, 권한 직책 조직화 제사원 입지 유통시스템 조달 개발 자금 조달 시설 및 설비 인재 원재료	업무상 제 목표 최종목표 관리가격 아웃풋 양적수준(생산고) 업무증제수준 : 생산 일정 계획, 재고량 적납 마케팅 방침과 전략 연구개발 방침과 전략통제
특성	집적적인 행한 것의 부분적 문지의 상태 비반복적 비자연재생적	전략업무 사이의 갈등 개인목표 조직목표와의 경제적변수와 사회적 변수와 강한 결속 전략적 문제나 업무적 문제에 끝을 발생	분권적으로 이행하는 것의 리스크와 불확실성을 유지 반복적 · 다량적 복잡하기 때문에 최적화가 자연재생적

업무적 의사결정은 효율과 수익성의 극대화를 목적으로 행하는 의사결정이다. 이 의사결정으로 결정되는 것은 가격설정과 마케팅 전략의 설정, 생산에 관한 일정계획 재고량 등 업무에 관한 비용의 결정 등이다.

다음의 관리적 의사결정은 최대의 업적능력을 살리기 위해 기업의 자원을 조직화하는 의사결정이다. 이 의사결정으로 정해지는 것은 조직구조에 관한 권한과 책임의 관계, 업무와 정보의 흐름, 유통경로, 제설정의 입지 등에 관한 것과 자원의 조달과 개발 등의 의사결정이다.

다음으로 앤소프의 주제인 '전략적 의사결정'은 기업의 내부보다도 오히려 외부, 구체적으로는 기업이 생산하려고 하는 제품 믹스와 판매하려고 하는 시장의 선택에 관한 것이다. 즉, 전략적 의사결정은 제품-시장 믹스의 선택(다각화, 확대화, 철회)이며, 이것은 앤소프 전략론의 핵이라고 할 수 있다(<그림 5-1> 참조).

또한 기업목표의 설정은 전략적의사결정의 최초의 프로세스 단계이며 여기에서 장기, 단기, 유연성이라는 3개의 목표를 설정해야 한다. 이 결정은 최고경영자에 의해서 행해진다.

그림 5-1 전략을 형성하기 위한 의사결정 흐름의 개략

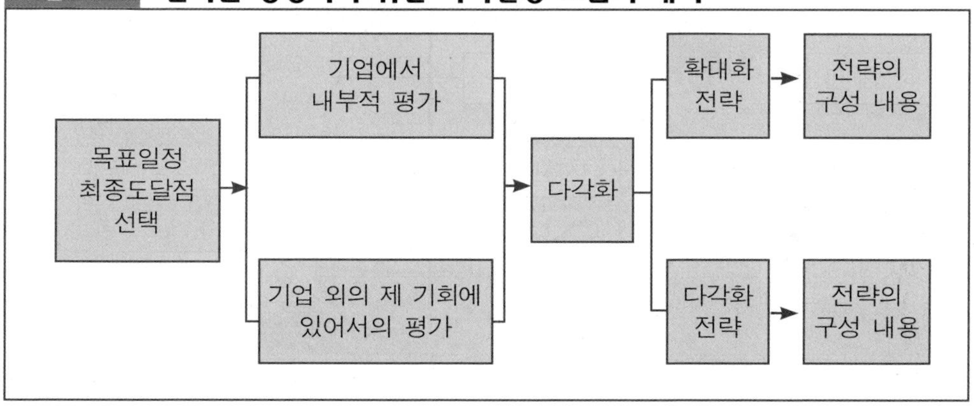

앤소프는 기업의 전략적 의사결정의 핵이 되는 제품-시장 믹스의 선택을 행하는 것이 중요하며 ① 분야 ② 방향 ③ 특성 ④ 시너지효과의 4가지 구성요소로 나누고 있다.

우선 ① 분야(제품-시장범위)는 자기 자신에 관한 이해를 스스로 하며 지금 또는 지금부터의 서 있는 위치의 확인이다. 단순하게 서비스업이나 제조업처럼 자신의 사업활동의 파악으로는 범위가 너무 넓어서 고객의 욕구를 충족시키지 못하며 기업으로서의 방향성도 정하기 힘들다. 즉, 유효한 전략을 세우기 위해서는 제품과 사명(시장욕구)의 2가지 축을 사용하여 어떠한 제품을 어떠한 시장 욕구에 제공하는 것이 좋은지 등 스스로의 포지션을 파악하려는 것이다.

② 방향(성장벡터)은 현재의 제품-시장분야와의 관련에 대해 기업이 어떠한 방향으로 진행할 것인가를 나타내는 것이다. 이것이 <표 5-2>에 의해 나타나며 앤소프의 명제 중 가장 상징적인 표이다.

표 5-2 성장벡터의 구성요소

제품 / 사명	현재	신규
현재	시장침투력	제품개발
신규	시장개발	다각화

기업은 이 표(<표 5-2>)를 이용하여 현재의 서 있는 위치에서 새로운 방향성을 검토한다. 이것의 새로운 방향성은 다음의 4가지이다.

① 시장침투력
현재의 욕구에 기존의 제품으로 대응하는 것으로 현재시장의 시장점유의 확대를 목적으로 성장의 방향성을 나타낸다.

② 시장개발
기존의 제품에 새로운 욕구를 탐색한다. 즉, 새로운 시장을 개척하려고 하는 성장의 방향을 나타낸다.

③ 제품개발
기존의 욕구에 대해 기존의 제품에 변하는 새로운 제품을 개발하는 것으로 대응하려는 성장의 방향을 나타낸다.

④ 다각화
새로운 제품으로 새로운 욕구를 발굴하려고 하는 기업으로서는 새로운 성장의 방향을 나타낸다.

③ 특성(경쟁상의 이점)은 ① 분야 ② 방향으로 정해진 속에서 경쟁우위를 확보할 수 있는 것 같은 독자의 기회의 특성이 있는지 또는 없는지 그것을 명백히 하기 위한 것이다. 예를 들면 뛰어난 연구개발능력 등이 구체적인 예에 해당되는데, 이것의 경쟁상의 이점은 앤소프가 전략경영 중에 주장하는 전략적인 능력에 관한 것이며 최근 핵심역량(코아 컴피탄스) 등과 비슷하다.

④ 시너지는 새로운 제품과 시장분야에의 진출하기 위한 상승작용인 이익획득의 효과를 나타내기 위한 것이다. 앤소프는 일반적으로 2 + 2가 5가 되는 효과라고 설명하고 있다. 이 시너지는 특히 다각화를 검토할 때 가장 중요한 포인트이며, 또한 특성에서 등장한 능력과의 관계에서 검토된다. 이 시너지는 판매시너지, 생산시너지, 투자시너지, 관리시너지 등 4개의 형태가 있다.

앤소프가 체계화한 논의 특히 제품-시장전략을 중책으로 한 전사전략론은 당시의 전략계획론이나 경영실천에 커다란 영향을 주었다. 즉, 공업을 중심으로 한 기존의 업계의 대부분이 성숙기를 맞아 성장을 모색한 기업의 다각화라는 하나의 방책에 대한 지침을 준 것이다. 그러나 1970년대에 들면서 많은 기업은 미국경제의 하강선과 함께 보유하는 사업 간의 경영자원의 최적배분 즉 다각화 후의 사업의 관리에 관심을 갖게 되었다. 또한 1980년대에는 기업전략의 시점은 성장에서 경쟁에의 전환으로 앤소프의 전략론은 점차 그 영향을 잃었다.

제3절 시장분석과 사업의 다각화

1. 핸더슨과 PPM

핸더슨(Henderson, B. D.)은 웨스팅하우스엘렉트릭사에서 사업부장을 역임한 후 아더 D. 리틀 경영컨설턴트 회사에 이적하여 부사장에 취임한다. 그리고 사업부장, 컨설턴트로서의 경력을 살려 1963년에 BCG를 창업하기에 이른다.

그는 BCG 창업 이후 「Perspective」라는 짧은 에세이를 고객인 기업과 장해 고객들에게 보냈으며 그 에세이 중 뛰어난 것들을 모은 것이 『Henderson on corporate strategy』[5]이다.

핸더슨 등의 BCG가 PPM을 제정한 1970년대의 미국은 스태그플레이션을 겪으면서 경제침체기에 직면한다. 호경기 시절에 다각화했던 기업이 비대화된 조직을 축소하기 위한 노력이 필요했던 시기이다. 즉 다각화와 함께 각 사업부의 독립채산성을 중요시 여겼던 사업부의 프로핏 센터(Profit center)가 Sectionalism을 조장시키게 된다. 각 사업부가 ROI(Return on Investment, 투자수익률) 중심으로만 움직인 결과 미국기업은 부분 최적화의 덫에 빠지고 만다. 이런 사태를 우려한 핸더슨 등은 프로핏 센터의 색채가 강한 사업부제 조직을 비판하고 각 사업부의 조합을 이루어 기업 전체의 최적화를 만드는 PPM의 중요성을 역설하게 된다.

PPM은 기업 전체의 사업영역을 어떻게 설정하며 거기에서 사업의 신규참여와 철회를 결정하는 판단기준을 제공하면서 기업의 분석전략으로서 위치지어진다. GE의 개혁을 담당했던 잭 웰치(Jack welch)는 PPM의 필요성을 느껴 그 사업영역에서 넘버 원 또는 넘버 투가 되지 않는 사업에서 빨리 철회하는 단순명쾌한 논리로 받아들인다.

PPM은 장래에 필요한 사업에 경영자원을 전략적으로 배분하고 효율적인 경영을 하게 하는 도표를 제시함으로써 다각화의 효율적인 경영을 하게 하는 도표를 제시하고 다각화의 필요성을 언급한 것이다.

단 어느 정도 당해기업의 내부환경과 외부환경을 의도적으로는 합리적으로 분석한 노력도 의도치 않는 결과가 나타난다. 단기적으로는 채산이 많지 않는 사업도 서서히 사업영역을 침투해 가면서 간판사업으로 된 경우가 적지 않다.

2. EBD로서의 전략

PPM의 이론적 공헌의 첫 번째로 등장하는 것이 기업은 왜 다각화를 해야 하

5) Henderson, B. D., Henderson on corporate strategy, Abt Books, 1979.

는가에 대한 대답에 제품의 라이프사이클이라는 문제의식을 갖고 기업전략이라는 시정에서 본 것이다.

앤소프가 기업이 성장하기 위한 시장과 제품이라는 그 요소에 신규라는 다각화전략의 중요성을 지적했다. 즉 앤소프는 성장전략으로서 시너지라는 개념을 사용하면서 다각화의 의의를 강조했지만 다각화가 기업에 왜 필요한 것인가에 대해서는 설명하지 않았다. 모든 삼라만상은 진부화되는 것처럼 기업이 산출하는 제품(서비스)도 고객으로 보면 진부화를 느낀다. 이 진부화 현상을 전제로 기업전략으로서의 다각화의 유효성을 논한 것이 PPM의 이론적 공헌이라고 하겠다.

두 번째는 기업의 시장전체의 성장률과 시장점유율이라는 환경분석을 통해 객관적 근거를 기초로(EBD : Evidence Based Decision, 근거를 기초로 한 의사결정) 사업의 다각화와 철회에 관한 의사결정의 틀을 제시한 것이다. 특히 컨설턴트의 업무에서 얻은 실증적 데이터를 기초로 누적생산량과 비용의 상관관계를 얻은 것은 그 후의 선행자 이익(fist mover advantage)에 관한 논의에 큰 영향을 주었다고 하겠다.

3. 이론적 틀 : 경험곡선과 PPM

PPM은 당해기업의 외부환경과 내부환경의 관계를 분석하면서 현재의 산업활동이 필요한 현금의 흐름(cash flow)을 보면서 사업의 스크린을 결정하기 위한 의사결정의 틀이다. 여기에서 고려되는 변수가 PLC 경험곡선, 시장성장율 그리고 상대적 시장점유율이다.

1) PLC와 EC(경험곡선)

PLC(프로덕트 라이프사이클)는 <그림 5-2>처럼 종축에는 프로덕트(제품과 서비스)가 성장에서 쇠퇴의 4가지 측면을 거쳐서 시장에서 도태되는 일련의 과정을 나타낸다.

그림 5-2 PLC

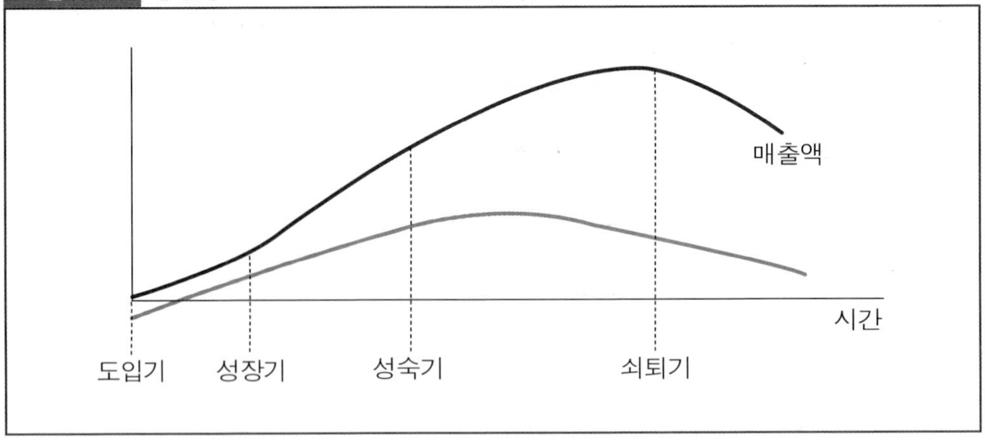

출처 : Kotler, P.(1980).

한 상품이 시장에서 소멸되는 이유에는 이노베이션에 의해 같은 기능을 담당하는 새로운 대체적 상품이 시장에 등장하거나 또는 단순하게 소비자로부터 상품 자체가 팔리지 않는 등의 원인이 있다. 물론 기호성이 강한 상품은 틈새시장이 유지하기 위해 꼭 과거의 상품이 완전 소멸되지는 않는다. 예를 들면 오디오나 카메라 등은 프로덕트 이노베이션에 의해 중요한 고객은 아날로그에서 디지털로 이전하지만 카메라는 디지털도 중요하지만 과거의 수제품인 카메라도 지금까지 존재한다. 그렇지만 일반적으로는 옛날 상품은 시장에서 언젠가는 도태되어 신상품으로 바뀌는 것이 세상의 법칙이다. 이러한 사실을 중심으로 한 기업이 특정상품에 고집하면 언젠가는 그 상품의 쇠퇴와 기업자체의 쇠퇴가 오는 것이 상식이다. 따라서 시장점유율이 높은 상품에서 성숙기에 얻은 높은 수익을 장래 성장이 보이는 상품을 육성하는 자금으로 활용해야 한다는 기본원리가 PPM에 존재한다.

PPM의 존재에는 경험곡선(experience curve)이라는 단 하나의 열쇠가 존재한다. 이것은 당해기업의 시장점유율이 높은 상품에서 높은 수익성이 성숙기에 확보된다는 가설과 관련이 깊다. 핸더슨 등은 반도체 산업을 시작으로 그 후 수천에 이르는 상품에 대해 검증함으로써 한 상품의 누적생산량이 2배 증가함에 따라 생산비용은 20~30% 감소한다는 사실을 알아냈다.

<그림 5-3>에 나타난 것처럼 생산량과 비용과의 상관관계를 경험곡선이라고 부른다. 그리고 장기간에 걸쳐 시장점유율의 최고를 유지해 온 리딩컴퍼니(최고기업)는 이 경험곡선의 효과가 크게 작용한 것으로 시장에서 가장 수익성이 높은 비용구조를 향수해 왔고 그리고 당해 시장에서 리딩컴퍼니를 유지할 수 있었다고 하겠다.

<그림 5-4>에서처럼 어느 기업이 A에서 B로, B에서 C로 일정비율로 가격을 내렸다고 하면 경험곡선 효과가 작용함과 함께 사선의 손실면적도 점점 감소한다. 따라서 좇아오는 기업이 같은 가격으로의 동질화하려 해도 선행기업은 코스트(비용)내구력이 증가함으로써 더욱 저가격으로 판매할 수가 있어 도전해 오는 기업을 가격 면에서 한층 더 거리를 둘 수 있다는 것이다. 경험곡선의 효과가 나타나는 이유는 누적생산양의 증가 즉 생산시간을 중복함으로써 그사이에 노동자의 작업 숙련도가 향상되거나 새로운 생산설비의 도입에 의한 작업공정의 합리화가 실현되거나 또는 업무의 흐름전체의 개선이 나타나거나 한다.

그림 5-3 누적생산량과 비용의 관계

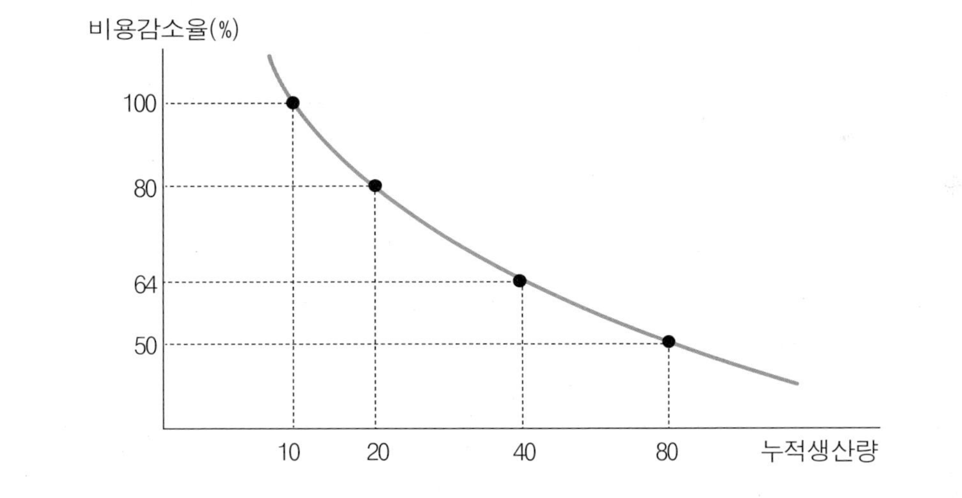

그림 5-4 경험곡선과 가격결정

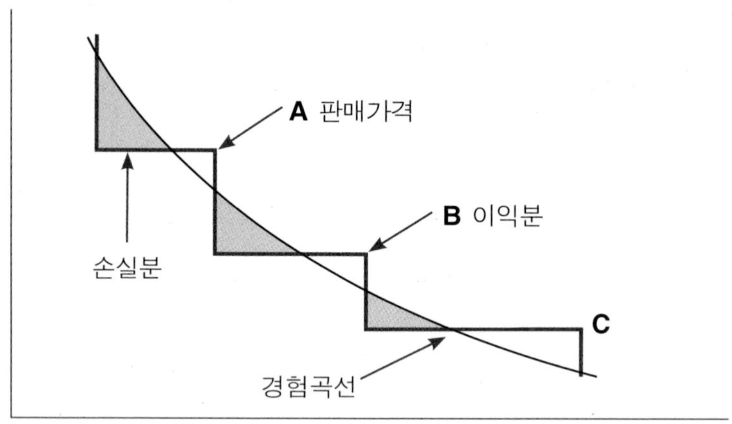

2) 시장성장률과 시장점유율

PPM은 경험곡선 효과와 함께 동일 제품의 가격 격차는 평준화된다고 가정하기 때문에 시장점유율의 높고 낮음이 이익률에 크게 영향을 준다고 간주한다. 따라서 당해시장에서 자사의 시장점유율은 톱 기업의 점유율과 상대적인 비교를 갖고 행하여진다고 주장한다. 이것을 상대적 시장점유율이라고 한다. 예를 들면 기업 A의 시장점유율이 30%에 업계 2위이고 업계 톱의 기업 B의 시장점유율이 45%라면 30÷20=1.5가 된다. 그리고 시장전체의 성장률을 기축으로 그 가운데 자사의 상대적 시장점유율을 기축으로서 자사가 포함하는 사업을 <그림 5-5>처럼 4개의 형태로 나누어서 전사적인 전략을 생각하는 것이 PPM의 이론적 기반이다.

문제아는 PLC의 도입기에서 성장기 전반에 해당되는 시기이며 시장 자체의 성장률은 높지만 시장에 대한 자사의 시장점유율이 낮은 사업이다. PPM에서는 시장점유율의 획득을 경쟁우위의 원천으로 보기 때문에 설비, 판매 등의 적극적인 투자를 행하여 자사의 시장점유율을 높이는 노력을 필요로 한다. 들어오는 이익보다 나가는 비용이 더 크기 때문에 문제아인 것이다.

스타사업은 PLC의 성장기 후반에서 성숙기 전반에 해당되는 시장성장률과 자사의 시장점유율이 함께 높은 사업으로 업계는 물론 기업으로도 말 그대로

그림 5-5 제품 매트릭스

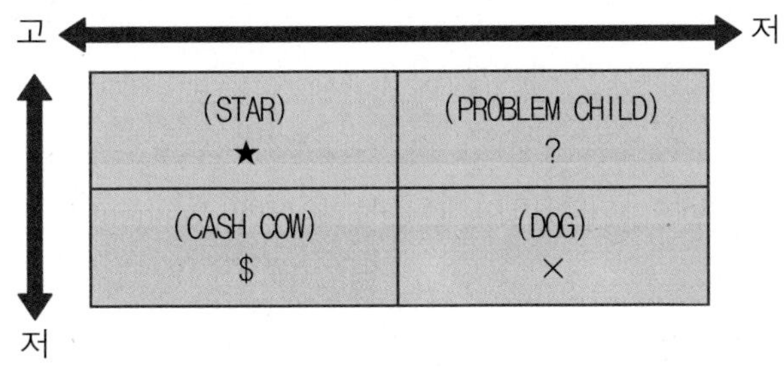

출처 : Henderson, B. D.(1979, p.165).

스타(star)이다. 그러나 시장점유율이 높다는 것은 당해시장에 신규 진입하려는 기업이 많이 존재하여 경쟁이 심화되어 적극적인 투자를 필요로 한다. 박리다매의 시기이다.

현금젖소는 PLC의 성숙기 후반에서 쇠퇴기에 들어가면서 시장성장률은 낮지만 자사의 시장점유율은 높은 사업이다. 상술한 스타사업처럼 격렬한 경쟁을 거쳐 많은 진출기업이 등장하면서 살아남은 기업만이 현금젖소가 되어 사업을 향유하게 된다. 따라서 신규진입 기업으로서는 당해시장에서 견인기업이 압도적인 시장점유율을 자랑하면서 낮은 시장점유율에서 매력적인 시장은 없다. 이러한 진입장벽을 거쳐 현금젖소를 포함하는 기업으로서는 현금흐름을 상회하는 황금상자가 된다.

dog(개)는 시장성장률도 낮고 시장점유율도 낮은 사업이며 이러한 사업에서는 즉각 철회해야 한다고 PPM은 주장한다. PLC에서는 쇠퇴기에 해당하며 소비자에서는 인기가 없으며 대체품의 출현 등으로 시장이 급속해 수축되는 시기이다.

PPM의 기본 명제는 현재 현금젖소에서 얻은 이익을 문제아로 투자하여 장래의 스타산업으로 육성한다. 이러한 사업 간의 순환적인 현금 사이클은 창조하는 것이 PPM의 기본적 사고이다. 그러나 이러한 소극적인 사고는 시장성장률과 자사의 점유율에 거리가 있다고 하더라도 그 벽을 극복하면서 얻는 수익을 놓치는 결과가 된다. 즉 경영자를 단기 지향의 늪으로 빠지게 하는 경향이 있다.

PPM의 실행을 위해서는 우선 제1단계로 기업을 구성하는 중요사업을 식별하여 그것을 SBU(Strategic Business Unit)라는 전략적 사업단위에 재편성하는 것이다. 즉 SBU는 PPM의 분석단위에 해당된다. 전략적 견지에서 같은 사업부에 속한다 하더라도 다른 단위(Unit)로 하는 경우가 좋을 때, 또는 서로 다른 사업부에 속하더라도 하나의 단위로 할 경우가 있다.

제2단계는 SBU를 성장성과 수익성의 면에서 하나씩 평가하여 각 SBU에 어느 정도 경영자원(자금)을 배분할 것인가를 결정한다. 즉 현금젖소에서 충분한 자금을 투입하여 문제아를 스타로 육성하는 것이다.

표 5-3 PPM에서 4가지 형태의 특

	지출	수입	현금흐름	전략과제
스타	다	다	○	점유율확대 유지
현금젖소	소	다	+	수확
문제아	다	소	-	장래성의 판단과 선택, 집중
도그(dog)	소	소	-	철퇴 검토

자료 : UN(2000년), UNCTAD(1993, 1999년)

참고 P · P · M의 한계와 GE의 비즈니스 스크린

PPM의 종축과 횡축에 관한 문제점을 극복하기 위해 GE와 맥킨지앤드컴퍼니사는 비즈니스 스크린(GE's Business screen)을 개발했다. 이것은 시장성장률 대신에 시장규모, 성장률, 안정도, 사회동향 등의 복합척도인 업계매력도를 상대적 시장점유율 대신에 시장의 지위, 경쟁상의 우위, 상대적 수익률 등의 복합척도인 '사업지위'를 사용한다. PPM처럼 단일지표가 아닌 복수의 변수를 조합하여 PPM의 문제점을 극복하는 반면 주관적인 면이 강조되고 객관성이 결여된다는 문제점이 있다.

제4절 경영전략과 환경

경영전략은 탐색-분석-평가-선택의 프로세스를 거쳐 책정되고 있다.

탐색은 전략적인 문제의 발견(what-finding)이고, 분석은 현상분석과 선택의 열거(how-finding)이며, 평가 · 선택은 환경과의 관련 속에 수집한 데이터를 중심으로 의도하지 않는 결과 등도 고려하면서 평가하여 선택(proper selection) 한다.

호퍼 · 센델(Hofer&Schendel)은 전략의 책정을 목표를 설정하고 환경을 분석하고 자사의 능력을 분석하여 선택 · 평가하고 실행하는 것으로 보았다.[6] 즉, 분석을 환경분석과 자사능력분석으로 보았다.

종래의 경영전략에는 외부적응 어프로치에 중점을 두어 조직행동의 기본이 되는 조직 내부의 어프로치와의 관련성과 적합성은 경시되었다고 사료된다.

1. 외부환경과 내부환경

이 책에서는 환경분석의 틀을 외부환경분석을 중심으로 하는 포지서닝접근과 내부환경분석을 중심으로 하는 자원중심접근으로 나누어 설명하기로 한다. 이 분석방법은 스테이크 홀더(stake holder) 접근방법처럼 외부환경과 내부환경이 겹치는 경우를 제외하고는 나눌 수 있으므로 이 방법을 취하기로 한다.[7]

2. 외부환경분석

일반적으로 외부환경 분석은 일반환경, 과업환경, 경합기업환경의 3종류로

6) Hofer C. W. and Schendel D., Strategy Formulation : Analytical concept, West publishing Company.

7) Edward, R. Freeman, Strategic ; C, Management : A Stake holder approach, pitman, 1984. Carroll A, B. & Buch holts A. K., Business & society Ethics and Stake holder Management 4thed. South-western college publishing.

그림 5-6 환경분석의 틀

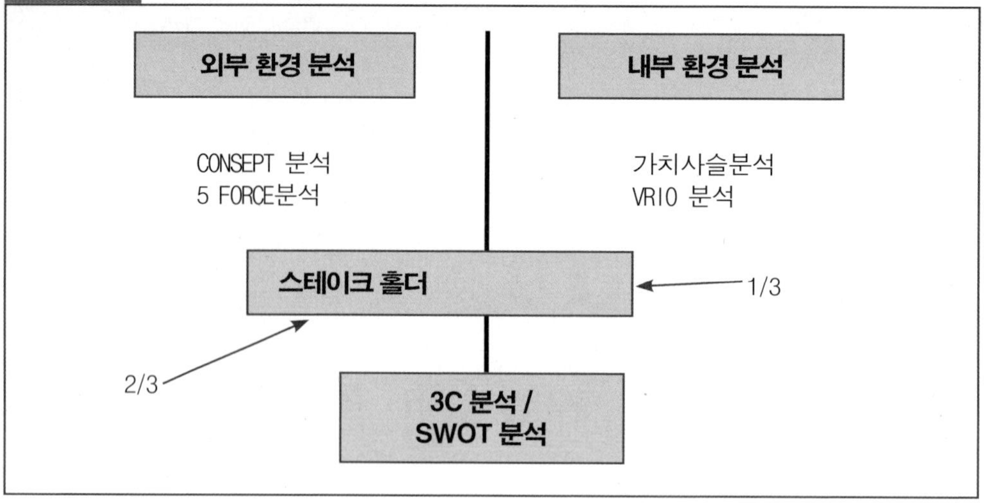

나뉜다. 일반환경은 Consept분석, 즉 경쟁환경(Competitive Environment), 조직환경(Organization Environment), 자연환경(Natural Environment), 사회환경(Social Environment), 경제환경(Economy Environment), 정치환경(Political Environment), 기술적환경(Technology Environment)로 나누어 분석한다.

이러한 환경 속에 기업이 놓인 산업구조를 분석하여 자사의 경영전략을 책정한다. 일반적으로 외부환경을 업계환경이 산업구조분석을 의미하는 것으로 인식하기도 한다. 마이클 포터(M. poter)는 『경쟁전략』(1980)에서 기업의 업적은 기업외부의 산업구조적 요인으로 정해지고 어떠한 산업구조와 경쟁환경하에 기업은 업계평균을 상회하는 수익성을 얻는 것인가를 이론화하였다.

포터의 경쟁전략(Competitive Strategy)은 산업조직론의 성과를 반전시킨 것으로 산업구조분석(Industrial Organization Model, I.0모델)과 포지셔닝어프로치로 불린다. 전략상의 중요성은 유망한 산업 또는 시장을 찾아내어 그 산업에 가장 먼저 진입하여 업계의 평균을 상회하는 수익성을 달성하는 것이다. 기업의 경쟁우위는 업계 내의 경쟁을 회피할 수 있는 유리한 경쟁포지션을 발견하고 타사의 진입을 저지하여 유리한 위치를 점유하는가를 결정짓는다고 주장하였다. 따라서 경영자원대책의 중요성보다는 사업활동 전개로 경영자원이 필요할 때 시장에서 조달하면 된다는 사고이다. 포터는 업계의 평균적인 수익성은 장기적인 영향을 주는 요인을 5가지 경쟁요인(Five Competitive Forces)으로 분석한다.

3. 내부환경분석

내부환경의 분석방법에는 자원기초이론이 주류이지만 핵심역량과 가치사슬과 지식창조이론 (유형자원, 무형자원 등)이 그 뒤를 잇는다.

1) 자원기반(초)이론 RBV

기업별로 이질적이고 복수에 거액의 비용이 드는 경영자원에 착목하여 이러한 경영자원을 활용함으로써 기업은 경쟁우위를 획득할 수 있다. 1984년에 루멜트(Rumelt, R. P.)와 웨너휄트(Wernerfelt, B.) 등에 의해 발표된 자원기초이론(RBV : Resourced Based View)은 전략론에 중요한 위치를 차지하고 있다.[8)]

즉 기업의 업적은 기업의 내부자원에 의해 결정된다. 기업이 경쟁우위를 획득할 수 있는 것은 진입장벽에 의해 경쟁을 회피하려는 것이 아니고 뛰어난 경영자원을 보유하기 때문이다. 이 경쟁우위의 경영자원은 시장에서는 조달할 수 없다. 왜냐하면 시장에서 조달되면 타 회사도 조달할 것이고 결과적으로 그 자원은 경쟁우위를 잃어버린다. 즉 모방되지 않는 경영자원의 전략적 축적이 경쟁우위를 살린다.

8) Wernertelt, Resource-based view of the firm, Strategic Management Journal, vol.5, 1984, pp.171-180.

PART 06 전략경영, 경영전략의 구조와 체계

제1절 전략의 등장

1. 전략의 기원

최근에는 세계적으로 이름을 떨치고 있는 다국적기업은 물론 중소 영세기업에서도 '전략'이라는 용어를 사용하고 있다. 어떤 경우에는 기업의 생존을 좌우하는 사항에 대하여, 혹은 기업의 가까운 미래를 좌우하는 사항과 대조적으로 일상적인 사항에서도 자주 이용된다. 기업에서의 경영전략, 기업전략, 제품·서비스전략, 생산전략, 마케팅 전략, 재무전략 등이 전형적인 예이다.

그리고 요즈음은 기업 이외에도 정부, 공공단체에서도 전략목표, 전략계획 등 경영계획과의 연관된 것에서도 등장한다. 그리고 한층 중요한 개념으로 전략경영이라는 개념도 등장한다. 이는 관리적 의사결정, 업무적 의사결정과의 대비에서 전략적 의사결정과 같이 의사결정의 타입을 나타내기도 한다. 최근 모기업의 사장이 인터뷰에서 '이 제품은 전략제품이다'는 표현을 사용할 정도로 일반화되었고, 평창의 동계올림픽의 두 번째의 유치 실패에서도 전략적 실패 등의 언어가 등장하는 것을 보면 전략의 보편화를 실감할 수 있다.

'전략'이라는 'strategy'의 어원은 기원전의 그리스로 거슬러 올라간다. 자유·자치를 이상으로 한 시민의 공동체로서의 폴리스 사회는, 또한 경쟁시대이기도 했다. 페르시아 전쟁은 다른 사회체제를 가진 오리엔트의 전제국가 페르시아와의 싸움이었다. 또한 카르타고와의 싸움 등 다른 민족이나 국가를 정복하여 노예를 손에 넣기 위해서 싸웠다. 자신들의 나라의 경제적인 번영을 위해 다음으로 정의된 기업비전과 기업이 지니고 있는 뛰어난 능력, 가능성 등의 전사레벨에서의 내부분석 및 전사레벨에서 이루어지는 환경 스캐닝에 의해 전략적인 자세와 계획의 가이드라인이 작성된다. 가령, 전략적인 자세란, 전략적인 공격, 전사적인 업적목표, 전사 · 사업 · 직능레벨에서의 도전적 계획 등으로 성립하고, 기업의 전략적인 방향성을 가리키는 것이다. 또한 계획의 가이드라인이란 계획의 예정표, 형식, 관리책임의 할당 등에 의해 나타내듯이 계획의 개념적인 구조 틀을 보이는 것이다.

이와 같은, 기업의 비전에서 전략적인 자세와 계획의 가이드라인의 작성에 이르는 과정은 <그림 6-6>과 같이 도식화되어 있다.

그림 6-6 기업의 비전과 전략적인 자세

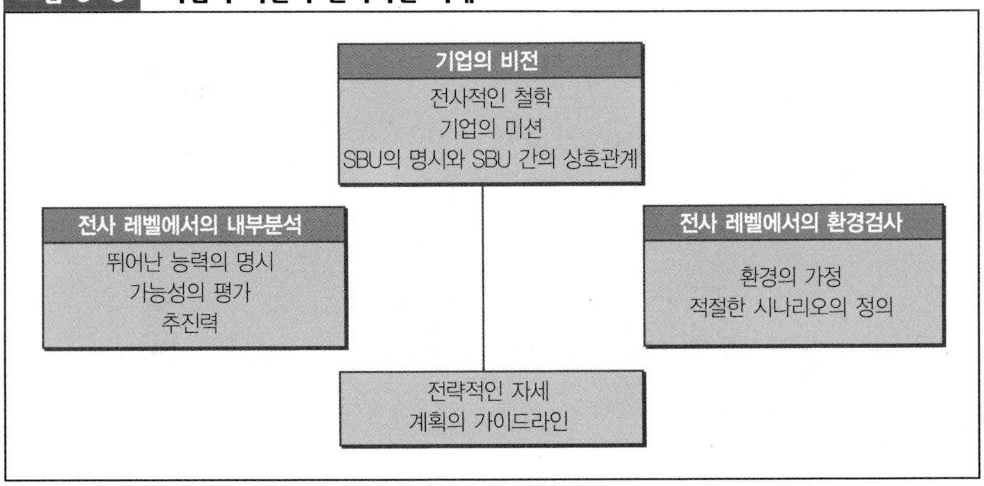

3. 민츠버그의 전략형성과정

민츠버그는 분석적 전략형성에 관련된 문제, 즉 전통적 기업이 커지다 보면 법이나 규정 우선의 조직이 등장하게 되고, 이러한 상황에서는 정해진 활동이 중시되고 창조적인 발상 등이 무시된다는 점에 역점을 두었다.

우선 <그림 6-7>에서 볼 수 있는 것처럼 의도된 전략(intended strategy)과 실현된 전략(realiged strategy)으로 나누어, 초기의 계획대로 가는 전략을 계획적 전략(deliberate stratgy)으로 취급하고 갑자기 변경이 이루어져 실현된 전략으로 인도하는 전략 방향으로서의 긴급창의 전략(emergent strategy)로 위치시켜 환경의 변화 상황에 의해 당초 의도된 전략이 조직 내의 변경을 첨가하여 실현되는 가능성을 지적하고 있다.

그림 6-7 계획적 및 긴급창의 전략

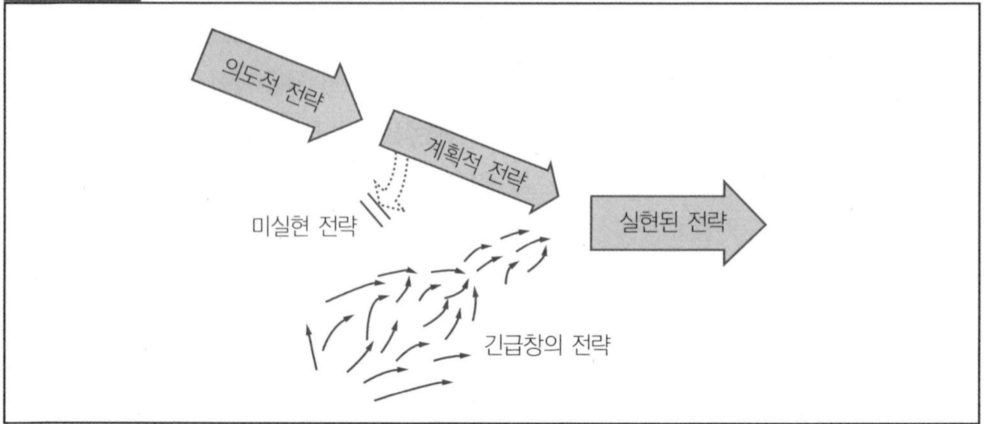

출처 : Henry Mintzberg, Bruce Ashistrand, Joseph Lampel, *Atrategic safari*, The Free Press, 1998.

4. 전략경영의 유효성

1) 전략계획의 장점

전략계획이 초래하는 장점은 다음과 같다.[18)]

① 전략을 계획하면서 기업문제를 예방하는 능력이 강화된다. 전략계획의 작성과 그 활동에 보수를 주는 결과로서, 경영자는 여러 책임이 있는 감시업무, 예측업무를 종업원 도움을 받을 수 있다.

② 전략이 결정됨으로써 좀 더 이용가능성이 높은 대안을 발견할 수가 있다. 즉 집단의 상호작용을 통해 대안을 일반화하는 것이 필요하다. 집단멤버가 각자의 입장에서 여러 가지 가능성에 대한 의견을 말함으로써 대안 자

18) Pearce and R. B. Robinson, op. cit., p.19.

① 예산과 재무 통제
② 장기계획
③ 사업전략계획
④ 전사적 전략계획
⑤ 전략경영

기업의 규모가 그렇게 대규모는 아니고, 기업이 직면하는 외부환경 변화나 복잡성도 그렇게 급격하지 않은 경우에 기업의 계획 시스템은 제1단계의 '예산과 재무통제'에 의해 충분히 환경에 대응할 수 있다. 그러나 기업의 규모가 확대되고 업무가 증가함에 따라 기업의 계획 시스템은 점차로 고도화되고 단기적인 생각에서 장기적인 생각으로 변화하게 된다.

이처럼 장기경영계획이 등장한 것은 기업을 둘러싼 상황이 변화하고, 장기적인 시점에서 계획할 필요성이 증대하기 때문이다. 그것이 사업레벨에서의 전략적인 발상의 필요성을 불러일으켜 전략계획의 등장을 촉진한 것이다.

사업전략계획의 책정은 계획의 중요성에 의해, 전사레벨과 사업레벨로 나눌 수 있다. 사업레벨에서는 사업의 방향성과 비전의 정의가 이루어져, 기업의 내부 상황의 파악, 외부환경의 평가에 의해 사업전략, 행동 프로그램이 책정된다. 전사레벨에서는 사업레벨의 업적 측정과 예산의 배분이 이루어진다.

이러한 과정을 도표로 보면 ㉠ 사업의 미션(사명)의 정의 ㉡·㉢ 사업레벨에 있어서 내부분석, 사업레벨에 있어서 환경 스캐닝을 통한 사업전략의 책정과 특정 행동 프로그램의 책정 ㉣ 사업전략과 행동 프로그램이 전사레벨에 올려져, 자원의 배분과 컨트롤을 위한 업적평가 척도의 정의, 그리고 ㉤ 사업레벨에서의 예산이 책정되어, 다시 ㉥전사레벨에서의 예산안이 승인이 된다는 과정으로 성립되고 있다.

다음으로, 네 번째의 전사적 전략계획의 단계가 되면, 전략의 책정은 다시 복잡해지며 보다 정밀화된다. 즉, 전략의 계획과정이 전사레벨, 사업레벨, 직능부문레벨로 세 계층이 되며, 조직의 관리계층과 대응하여 각 레벨에서 역할이 분할된다. 전사적인 레벨에서는, 다른 사업부에 걸친 전사적인 내용에 대한 안이 계획되고, 사업레벨에서는 직면하는 시장의 상황에 접합한 제품·시장전략이 책정된다. 이 프로세스는 <그림 6-5>에 나타나 있듯이 12개의 행동이나 의사결정으로 성립하고 있다.

<그림 6-5>에 있어서 조직의 구조적인 조건, 전략의 책정, 전략적인 프로그램, 전략적 및 실행상의 예산이라는 프로세스에 붙여져 있는 기호는 위에서 서술한 전략책정에 관련된 열두 개의 구체적인 활동을 나타낸 것이다.

전사적 전략계획은, 전사레벨에 있어서 기업의 비전을 정의하는 것에서 시작된다. 비전에서는 전사적인 철학, 기업의 미션이 정의되고, SBU(전략적인 사업의 단위)가 정의되어, 각 SBU간의 상호관계가 명확해진다.

그림 6-5 공식적인 전사전략계획 책정 프로세스

㉠ 기업의 비전: 전사적인 철학, 기업미션(사명), SBU의 명시와 상호작용
㉡ 전략적인 자세와 계획(가이드라인): 전사적인 전략정책, 전사적인 업적 목표, 도전적 계획
㉢ 사업의 미션: 사업의 스코프와 제품 · 시장 세그먼트의 명확화
㉣ 사업전략과 넓은 행동계획 책정
㉤ 직능전략의 책정: 사업계획으로의 참가, 사업전략의 제안에 대한 일치 · 불일치, 넓은 액션 · 프로그램
㉥ 사업전략과 직능전략의 전사 레벨에서의 통합
㉦ 사업 레벨에서의 특정한 행동 프로그램의 정의와 평가
㉧ 직능 레벨에서의 특정한 행동 프로그램의 정의와 평가
㉨ 자원배분과 관리통제를 위한 업적 측정의 정의
㉩ 사업 레벨에서의 예산화
㉪ 직능 레벨에서의 예산화
㉫ 예산의 통합전략 · 직능자금의 승인

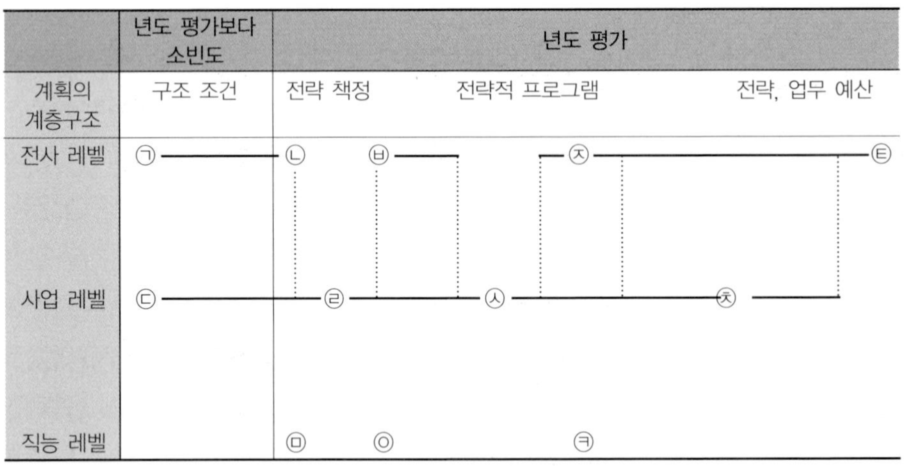

자료 : Arnoldo C. Hax and Nicolas S. Majluf, strategic management : An Integrative Perspective, Prentice Hall, 1984, p.42.

하여 스스로 노동력을 공급하고 재화를 구입한다. 한편, 기업가는 이익을 극대화하기 위해 노동력을 구입하고 재화를 공급한다. 그리고 이러한 다수의 소비자와 기업가에 의해 다양한 시장에서 다수 형성되기 때문이다.

여기에서 만약 시장에서 수요보다도 공급이 많으면 가격은 하락한다. 그리고 하락한 가격이라도 힘(능력)이 있는 기업은 재화를 생산 공급하고 힘이 없는 기업은 시장에서 퇴출할 수밖에 없다. 거꾸로 공급보다도 수요가 많은 경우에는 가격은 상승한다. 이 경우, 힘이 없는 소비자는 재화를 구입할 수 없기 때문에 시장에서 퇴출하고 힘이 있는 소비자만이 높은 가격이라도 구입할 수 있기 때문에 시장에서 존재한다.

이처럼 시장가격의 변화에 의해 힘이 있는 사람들이 시장거래에 진입할 수 있고 힘이 없는 사람들은 퇴출당한다. 그렇기 때문에 시장에서는 가격이 조정의 역할을 하여 능력이 없는 사람들로부터 자원이 유출하여 능력이 있는 사람들에게 자원이 배분되어 효율적으로 이용되고 있다. 이러한 의미에서 시장 시스템은 가격 메커니즘하에 사람, 돈, 재화 등의 자원을 힘이 있는 사람들에게 배분하는 효율적인 자원배분 시스템이라고 할 수 있다. 그리고 이러한 것을 엄밀히 설명하는 이론을 신고전파 경제학인 것이다.

그러나 여기에서 주의할 것이 있다. 신고전파 경제학에서는 시장을 절대적이고 유일한 효율적 자원배분 시스템으로 설명하기 위해 기업을 완전합리적, 이익 극대화하기 위한 경제인으로서 의인화하고, 그리고 이러한 기업이 다수 존재하여 상호경쟁하는 것으로 가정하고 있다는 점이다.

특히 기업이 다수 존재하고 경쟁적이라는 가정은 중요하다. 왜냐하면 하나의 회사가 독점적으로 지배하는 시장에는 능력이 없음에도 불구하고 독점적인 기업은 자사에게 유리한 가격을 설정할 수 있기 때문에 자원을 필요 이상으로 싸게 구입하고, 생산물을 필요 이상으로 비싸게 판매하는 것이 가능하기 때문이다.

따라서 기업의 수가 적은 비경쟁적인 시장에서는 능력이 없는 사람에게 자원이 배분되어 사회 전체에서 볼 때 비효율적인 자원의 이용이 이루어질 가능성이 있기 때문이다.

이것이 신고전파 경제학에서 도출되는 중요한 내재적인 요소의 하나이다.

2. 하버드학파와 시카고학파[20]

1950년대부터 1960년대에 걸쳐 미국에서는 다양한 업계에서 국가적 관점에서 독점적인가 경쟁적인가가 중요시되었고 이에 대한 논의가 중점이 되었다. 그리고 독점적이라 판단된 업계에서는 독점금지법(반트러스트법)이 적용되어 독점기업을 강제적으로 분할하는 것으로 경쟁이 촉진되었다.

당시 미국에서는 독점금지법의 적용에 대해서 이론적 근거를 지지하는 학문으로서 산업조직론이라는 연구분야가 발전하였고, 이 분야에서 활약한 학자들은 메이슨 조, 베인 리차드 케이브스(Richard E. Caves), 프레드릭 쉐어러 등의 하버드학파의 연구자였다. 이들은 산업의 구조(S)와 행동(C)이 산업의 성과(P)를 결정한다는 'S-C-P 패러다임'에 기초한 주장을 전개하였다. 특히 산업의 구조요인으로서는 산업의 집중도, 진입장벽, 상품차별화 등이 논의되었다(<표 6-2> 참조).

표 6-2 S-C-P 패러다임

구조(S : structure)
공급자와 수요자의 수(집중도), 규모의 분포
진입장벽, 제품차별화, 비용, 수요의 가격 탄력성
⬇
행동(C : conduct)
가격전략, 제품전략, R&D
⬇
성과(P : performance)
산업의 수익성, 산출량의 성립

그 구체적인 사례를 1960년대의 미국 자동차산업에서 볼 수 있다. 우선 산업의 구조의 특징인 딜러와 판매회사의 수로 보면 당시의 미국 자동차업계는 판매회사는 GM과 포드가 클라이슬러와 AM(아메리카모터스)보다 크고 특히 GM과 포드가 많은 딜러를 갖고 있었다. 그렇기 때문에 기업은 작고 규모는 불균형이었지만 딜러는 무척 많았으며 진입장벽은 너무 높았고 많은 투자와 고도의 기술적노하우가 요구되었다. 이것이 당시의 미국 자동차업계의 산업구조라 할

20) 坪井順一, 經營戰略理論史, 學文社, 2006 참조.

체가 개량된다.

③ 종업원이 계획책정의 활동을 통해 생산성과 보수와의 관계를 이해함으로써 종업원의 모티베이션을 환기할 수 있다. 즉, 종업원이 전략계획책정의 과정에 참가함으로써 조직의 보수 시스템이나 조직활동을 보다 잘 이해할 수가 있어 종업원의 목표 지향행동에 긍정적인 역할을 한다.

④ 전략형성의 과정에 참가함으로써 종업원 개인의 활동, 혹은 그룹 활동이 각각의 조직에 있어서 해야 할 역할분담을 알고, 갭을 줄일 수 있다.

⑤ 변화로의 저항을 적게 할 수 있다. 참가함으로써 변화와 관련이 있는 불확실한 요소를 제거할 수 있다.

2) 전략계획의 단점

전략경영 시스템도 큰 리스크를 안고 있는 시스템이라 할 수 있는데, 그 리스크는 다음과 같다.

① 전략경영의 과정에 소비하는 시간이 꽤 많기 때문에, 비용적으로는 비싸다. 그 때문에 경영자가 전략적인 활동에 시간을 들이듯이, 일상의 의무적인 활동을 스케줄 할 수 있는 훈련이 필요하다.

② 전략책정자가 전략의 실행과 밀접한 관계를 갖지 않는 경우에는 의사결정의 과정이나, 그것에 이어지는 결론에 대한 개인책임을 회피하게 된다.

③ 전략적인 경영자는 부하가 달성할 수 없는 기대와 욕구불만의 상태에 있을 때 이것을 예측하여 해소하고, 미래지향으로 대응할 수 있도록 하는 훈련이 필요하다.

그 밖에도 다음과 같은 단점이 지적되고 있다.[19)]

① 환경이 크게 변화하는 듯한 경우에는, 너무 자세한 표현을 해 두면, 전략계획 자체가 무용한 것이 되어 버리는 점

② 기업의 외부환경이나 내부프로필을 분석할 때 필요한 정보가 양적으로도

19) C. Bowman and D. Ash, Strategic Management, Macmillan Education, 1987, p.335.

얻어진다고는 할 수 없는 점

③ 의사결정자는, 한정된 단순한 요인이나 상호관련밖에 이해할 수 없는 점

④ 체계적으로 공식화한 계획은, 지나치게 과격하거나 협력적은 아니나 성공할 가능성이 있는 아이디어를 매장해 버릴 가능성이 있는 점

⑤ 전문가가 계획입안하고 있는 경우에는, 라인의 관리자가 결정에 대해 저항하는 경향이 있는 점

⑥ 초우량기업에서 전략계획이 유효하게 기능하고 있는 기업은 아주 조금밖에 없는 점

⑦ 전사적인 계획과정의 도입 부분, 혹은 실행 단계에서 문제가 일어나 버리는 점

제5절 경쟁전략

1. 경쟁전략의 이슈

1) 신고전파경제학에서의 시장과 기업

현대경영전략을 재정립 시킨 사람은 마이클 포터(M. Porter)이다. 포터의 전략론은 인간의 심리적 세계를 대상으로 하지 않으며 지성적 세계를 대상으로도 하지 않는다. 포터는 물리적 세계를 대상으로 하는 전략론이며, 이론적 기초의 하나는 힘과 힘의 세계를 그려내는 신고전파경제학과 관계가 있다.

신고전파 경제학은 현재 시장의 경제학으로 불리는 표준적 경제학이라고 할 수 있다. 신고전파 경제학에서는 시장을 구성하는 경제주체는 기본적으로 소비자와 기업가이다. 그리고 어떠한 경제주체이든 완전히 정보를 수집하며, 완전히 정보를 처리할 수 있으며, 완전히 그 결과를 표현 전달할 수 있다는 완전합리화적인 인간으로 가정한다.

이러한 완전합리적인 정보처리 능력하에서 소비자는 효용을 극대화하기 위

② 차별화(differentiation)
③ 집중화(focus)

경쟁우위의 원천과 활동 폭의 관계에서 세 가지 기본전략을 <그림 6-8>과 같이 나타낼 수 있다.

그림 6-8 3가지의 기본전략

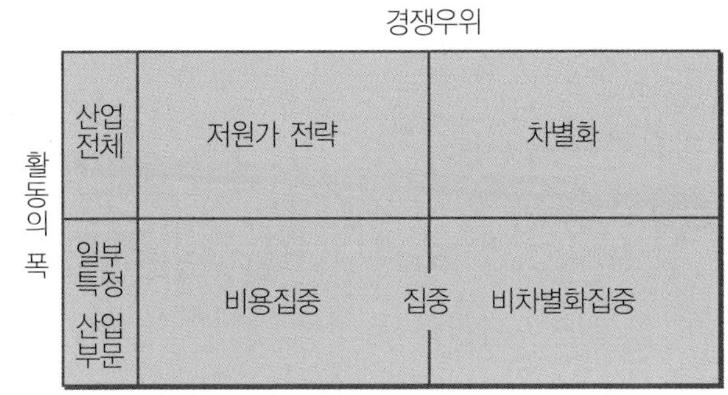

자료 : M. E. Porter, Competitive strategy, Free press, 1990, p.39.

집중은 경쟁우위와 결부되어, 비용집중과 차별화집중으로 나뉜다. 이 기본전략의 어느 것을 선택할 것인가가 기업의 경쟁우위를 결정하는 일이다. 따라서 근본적으로 전략이 다를 수밖에 없다. 비용우위와 차별화는 산업 전체에서 세분화를 취하고, 그 후에 경쟁우위를 구하는 행동을 하는 것이다. 산업 안에서의 좁은 세분화에 들어가 취할 수 있는 전략집중이다. 그러나 이 경우도 그 세분화 중에서 비용우위인가, 차별화우위인가의 차이이다.

우위의 원천인 비용우위와 차별화우위를 양립시키는 일은 거의 불가능하다. 그것은 일반적으로 다른 방향으로 전진하는 길이며, 동시에 그 길을 나아가는 것이 어렵기 때문이다. 이 세 가지 기본전략이 어떤 것인가를 알아보기로 하자.

1) 비용상 우위

자사가 속하는 산업에서 저비용의 기업이라는 이미지를 갖추는 것이 비용우위의 전략이다. 기업은 폭넓게 활동을 하여 많은 세분화를 취하여 제품을 공급하고 있다. 기업활동이 어느 정도 폭넓게 행해지고 있는가, 이것이 비용우위를 추구하는 데 있어서 중요하다.

비용우위의 원천은 많이 있으며, 산업구조에 의해서도 정해진다. 즉 규모의 경제성이 추구되거나 독자적으로 기술 원재료를 확보하여 타사보다 유리한 방법을 취하여 비용우위를 달성하면 산업 내의 평균가격 혹은 그것에 가까운 가격으로 판매할 수 있어 이 기업은 평균 이상의 수익을 올릴 수 있다. 경쟁기업과 같은 가격이나 그것보다 어느 정도 싼 가격으로 판매해도 저비용의 위치에 있으므로 경쟁우위에 있다. 그러나 비용우위와 차별화를 기반으로 하는 기업은 무시할 수 없다. 한 제품을 구매자가 타사의 것보다 인정해 주지 않는다면 경쟁기업 이상으로 가격인하를 하여야 하기 때문이다. 이러한 사태가 되면 비용상 우위에 서 있는 강점은 없어져 버린다.

비용상 우위는 그 경쟁우위를 비용우위에 걸고 있는 것이지만 산업평균 이상의 업적을 올리기 위해서는 차별화에 대해, 경쟁기업과 거의 같은 혹은 가까운 상태로 해두어야 한다. 차별화에 있어서 거의 같은 정도라면 비용우위는 그대로 경쟁기업보다 높은 수익을 초래하게 된다. 차별화에 있어서 경쟁기업에 근접하고 있다면, 시장점유율을 늘리기 위해 가격인하를 했다고 해도 비용우위가 무너져 버리는 일은 없다. 따라서 산업평균 이상의 수익을 올릴 수 있다. 비용우위를 누리고 싶어 하는 기업이 많다면 기업간 경쟁은 격심해진다.

2) 차별화

차별화란 산업 전체에서 고객이 중요하다고 생각하는 속성(제품이나 서비스)을 하나 이상 선택하여, 그 욕구를 만족시키기 위해 특이한 지위를 구축하는 일이다. 그 특성이 있기 때문에 타사보다 높은 가격으로 팔 수 있다. 차별화의 수단은 산업마다 달라진다. 제품 자체의 차별화, 판매를 위한 유통 시스템의 차별화, 마케팅의 방법 등의 다양한 차별화가 시행된다. 차별화전략의 논리는 고객들이 브랜드를 인지하고 신뢰하기 때문에 가격을 따지지 않기 때문에 경쟁기업과의 대결에서 승리할 수 있다.

수 있다(<표 6-3> 참조).

그리고 이러한 산업구조(S)하에서 업계의 기업행동(C)은 경쟁우위였던 GM과 포드가 중심이 되어 가격을 설정하여 클라이슬러와 AM이 추종하는 가격에 관한 암묵적 공모인 가격공모행위가 전개되어 그 성과로 자동차업계의 수익성(P)이 결정되었기 때문이다. 이러한 구조 S-C-P의 패러다임은 산업의 집중도가 업계의 경쟁 상태를 결정하는 주요한 요인으로 판단되어 업계가 독점인가 경쟁인가를 결정하는 가장 중요한 요인이 되었다. 즉, 집중도는 정부가 과점시장정책으로서 기업분할을 포함한 구조규제를 실행하는 가장 중요한 요인이 되었다.

이러한 하버드학파의 주장에 대해 밀튼, 프리드만, 스테이글러 등의 시카고학파의 연구자들은 규제완화(반정부개입)와 소극적 반트러스트정책의 실행을 강력하게 주장하였다.

1980년대에 미국의 로널드 레이건 정부가 들어서면서 규제완화의 흐름이 정착되면서 미국의 산업정책을 둘러싼 시카고학파의 주장이 적극적으로 도입되었다. 그리고 하버드학파의 주장인 S-C-P의 인과론적 흐름에 반하여 거꾸로 기업행동(C)이 산업구조(S)에 영향을 주어 산업성과(P)로 이어지며 산업성과가

표 6-3 1960년대의 미국의 자동차산업

구조(S)
• 수요자와 공급자의 수요 • 규모의 분포
GM, 포드는 클라이슬러 AM 보다 크다
GM, 포드는 딜러가 많다
• 진입장벽
진입장벽이 높다
규모의 경제성
기술적 노하우
⬇
행동(C)
GM 포드가 가격설정 클라이슬러와 AM가 공모
⬇
성과(P)
• 자동차산업의 수익성

기업의 연구개발비(C)에 크게 영향을 주고 있음이 증명되었다.

산업구조를 중시하던 하버드학파는 시카고학파에 대항하기 위하여 새로운 이론이 필요하게 되었고 이 시기에 하버드학파에 등장한 사람이 마이클 포터이다.

S-C-P의 구조요인은 지금까지 국가의 관점에서 정부가 시장의 독점성과 경쟁성을 판단하기 위한 산업구조분석의 모델로서 이용되었지만 포터는 이 모델을 개별기업의 관점에서 산업구조를 분석하기 위한 모델로서 이용할 수 있다는 것을 증명하였다.

포터는 신고전파 경제학이 설명하는 이상적인 완전경쟁 균형상태에 있는 산업은 개별기업으로서는 최악의 산업이 되지만 기업이 이익을 취하는 업계가 있으면 다른 기업은 점점 진입하기 때문에 완전경쟁 균형상태에 있는 산업에서는 어느 기업도 이익을 취하기가 어렵기 때문이다.

때문에 포터는 이러한 산업의 진입을 피하여 개별기업은 가능한 한 불완전경쟁 상태에 있는 산업을 선택하든지 완전경쟁적인 상태에 있더라도 적극적 이노베이션을 취하여 의도적인 불완전한 경쟁상태를 만들어 독점화를 진행할 필요가 있다고 주장하였다. 개별기업이 경쟁을 피하여 생존하는 즉 개별기업의 독점화의 방법이 포터의 경쟁전략론의 본질이라고 할 수 있다.

3. 기본적인 경쟁전략

어느 기업이든 경쟁기업에 대해 장단점을 갖고 있다. 장단점은 수없이 많이 있으나, 기본적으로는 저비용인가 차별화인가의 두 가지로 결정된다고 하겠다. 기업의 장단점도 깊이 들어가 보면 경쟁기업의 비용 대 자사의 비용 혹은 차별화에 어느 정도 영향을 미치고 있는가로 정해진다. 경쟁상의 우위를 위해서는 두 가지 타입 중 어느 것으로든 가지 않을 수 없다.

이 두 가지 타입의 경쟁우위는 기업이 산업 내에서 평균 이상의 업적을 달성하기 위해 행하는 활동 폭과 연결되어 세 가지 기본전략이 된다.

① 비용상의 우위(overall cost leadership)

진출하는 것을 의미하는 반면, 글로벌화는 국경에 따른 시장 구분의 의미 자체가 없어졌다는 것을 뜻한다. 글로벌화된 환경에서는 제품 · 기술 · 서비스가 각국으로 자유롭게 이동하며 인적자원과 자본의 흐름도 자유롭다.

이와 같이 국경으로 나누어졌던 시장들이 전 세계적으로 하나의 시장으로 통합되는 과정은 현대에만 나타나는 현상이 아니다. 글로벌화의 근간을 이루는 각국별 시장이 통합되는 과정은 인류 역사에서 끊임없이 계속되어 왔던 지극히 일반적인 추세중의 하나이다.

2) 글로벌화의 촉진 요인

① 규모의 경제

글로벌화를 촉진시키는 첫 번째 요인은 무엇보다도 자본집약적인 생산방식과 규모의 경제가 점점 더 중요해진다는 사실이다. 전 세계적으로 거의 모든 산업에서 나타나는 가장 두드러진 변화 중의 하나는 생산방식이 점차 노동집약적인 생산방식으로부터 자본집약적인 생산방식으로 전환하고 있다는 점이다. 따라서 거의 모든 산업에서 인간의 노동력이 자동화된 기계, 로봇, 컴퓨터로 조작되는 정밀기계로 대체되고 있다.

② 기술과 자본

글로벌화를 촉진시키는 또 하나의 요인은 빠른 기술 진보와 함께 이를 가능하게 하는 연구개발(R&D) 투자에 있다. 예를 들어 첨단산업이라고 할 수 있는 전자 · 통신 · 컴퓨터 · 정밀화학 · 의약품제조산업 등에서 총매출액에서 연구개발 비용이 차지하는 비율이 평균적으로 낮게는 7~8%에서 높게는 15%까지도 소요된다.

이와 같이 연구개발 비용이 많이 투자되는 사업에서는 국내시장의 수요만으로는 그처럼 높은 연구개발비를 충당하기가 힘들다. 이와 같은 첨단산업에서는 전 세계 시장을 염두에 두고 신제품 개발과 판매를 하여야 지속적으로 연구개발에 투자를 할 수 있다.

③ 소비자의 수요 동질화

앞서 글로벌화의 요인으로서 살펴본 자본집약적 생산방식과 기술 발달,

그리고 연구개발비의 증가로 인한 '규모의 경제'의 확대는 글로벌화를 촉진시키는 필요조건은 될지 모르지만 충분조건은 되지 못한다.

글로벌화의 가장 큰 요인 중 하나는 과거 이질적이었던 각국의 소비자의 기호가 점차 동질화되어 간다는 점이다. 코카콜라와 펩시콜라가 전 세계적으로 각광을 받는 청량음료가 되고, 리바이스 청바지가 한국에서도 유행하며, 맥도날드 햄버거가 러시아에서도 성공하고 있는 것은 그만큼 젊은 세대를 중심으로 소비자의 수요나 구매행태가 동질화되고 있다는 것을 의미한다. 이 같은 소비자 수요의 동질화를 이루게 한 것은 다름 아닌 커뮤니케이션 기술의 발전이다.

④ 무역장벽의 감소

마지막으로 전 세계적으로 무역장벽이 낮아지고 있으며 자본의 이동도 자유로워지고 있다는 점에서 글로벌화는 보다 급속히 진행될 것으로 보인다. WTO체제의 출범에 따라서 각국에서 무역장벽이 제거되고 있으며 기술에 대한 특허권의 이전과 함께 기술이전도 과거보다 훨씬 자유로워졌다. 자본시장 역시 점점 개방되어 국가간 자본 이동이 전 세계적으로 활발하게 일어나고 있다.

3) 글로벌 경영전략의 과제

최근 기업들은 지역별 대응을 요구하는 현지화(localization)와 더불어 글로벌화(globlization)라는 글로벌 경영환경의 변화를 경험하고 있다. 즉, 한편으로는 혁명적인 교통 · 통신수단의 발달, 국가간 무역장벽의 완화, 생산기술의 발달과 더불어 국내 소비량을 능가하는 규모의 경제단위의 확대, 개도국들의 소득수준 향상으로 인한 세계시장의 확대, 소비자 욕구의 동질화 등으로 세계가 하나의 큰 시장으로 변해 가는 범세계화 현상이 나타나고 있다. 다른 한편으로는 국가마다 상이한 시장구조와 소비자의 선호 등 현지화의 요구가 여전히 상존하고 있다.

물론 이러한 국가별 차이도 국제적인 교통 · 통신 수단의 발달로 점차 완화되기는 하나 아직도 이러한 국가별 제품에 대한 선호, 기호 등은 상당한 차이를 보이고 있다.[21] 특히 비관세장벽과 같은 정부의 규제 및 간섭 등이 지역별

21) Michael E. Porter, Competitive Advantage of Nations, The Free Press, 1990, p.33.

3) 집중화

산업 내의 세분화의 하나 또는 몇 개를 선택하여 그것에 적합한 전략을 만들어 내는 것을 말한다. 즉, 목표로 한 특정 세분화만으로 전략의 최적화를 꾀하는 것이므로 산업 전체의 경쟁우위는 없어도 목표로 하는 부문에서의 경쟁우위를 얻을 수 있다. 목표에는 특이한 욕구를 지닌 고객이 있으므로, 그에 적합한 제조방법이나 유통 시스템은 산업 내의 타 기업과는 크게 다르다는 것을 생각할 수 있다. 광범위한 목표의 기업은 특정한 세분화전략을 따로 취급하여 대응하는 일은 어렵다. 그 틈새를 찌른 전략이라 말할 수 있다.

4) 기본전략의 지속력

기본전략이 잘 작용했다고 해도 그 전략이 경쟁기업에 대해 지속력을 지니지 않으면 평균 이상의 업적은 이루어지지 않는다. 세 가지 기본전략에 지속력을 갖게 하기 위해서는 기업의 경쟁우위가 경쟁기업의 행동이나 산업계의 발전에 의해 타격을 받지 않도록 하여야 된다.

기본전략에 지속력이 있게 하기 위해서는 전략의 모방을 어렵게 하는 장벽을 갖고 있어야 한다. 그러나 모방에 대해 장벽을 설치해도 어느 순간 뛰어넘을 수 있다. 거기에서 그 지위를 항상적으로 끌어올리기 위한 투자를 하여 장애를 넘으려 하는 경쟁기업에는 타깃을 이동시키는 일이 필요하다. 산업에 따라서는 산업구조의 특성을 위해 기본전략 중 아무리 해도 취할 수 없는 것이 있다. 기업이 규모의 경제성에서 경쟁을 하면 비용우위의 전략은 어렵고, 또 몇 개의 제품에 차이가 없는 경우도 차별화는 어렵다. 원래 세분화가 적은 산업에서는 집중화전략은 취하기 힘들다는 현상은 몇 개의 산업에서 생각할 수 있다.

기본전략을 생각하는 전제는 산업구조의 특성의 차이에 의해 경쟁우위를 확보하는 방법은 여러 가지가 있다는 것이다. 어떤 산업 내의 모든 기업이 경쟁전략의 원리에 따라 움직인다면, 각각이 생각하는 대로의 경쟁우위 방향을 탐구하게 될 것이다. 모든 기업이 성공하는 것은 아니나, 기본전략은 타사보다 뛰어나기 위한 길을 보여 주는 일이다.

4. 경쟁우위를 만드는 법

마이클 포터는 "경쟁우위는 기업 전체로 볼 때는 이해될 수 없다" 20)고 했는데 경쟁우위는 기업의 활동에서 생겨난다. 제품을 표준화하고 규모의 경제를 살려 생산활동에서 생산의 비용우위가, 특수한 원료를 소재에 첨가하여 만들어진 제품에서 차별화의 우위라는 식으로 경쟁우위는 만들어지는 것이다.

경쟁우위의 원천은 기업이 행하는 모든 활동을 분석하는 것에 의해 찾아낼 수 있다. 그 분석의 기초개념으로서 포터는 가치사슬을 제안했다. 즉, 포터는 가치사슬은 비용의 행위 및 차별화가 현존하는 원천 혹은 잠재하는 원천을 이해하기 위해 기업을 전략적으로 중요한 활동으로 분해하는 것으로 인식하였다.

기업이 개개인의 활동을 어떻게 행하는가는 기업마다 다르다. 각각의 기업에는 그 역사의 차이, 전략과 그 실시 방법 및 활동의 기초로 되어 있는 경제성에 차이가 있기 때문이다. 그러나 이러한 기업의 여러 활동의 가치사슬에서 경쟁우위가 나타나는 것이다.

제6절

글로벌 경영전략의 등장 배경

1. 글로벌 경영전략의 등장 배경

1) 산업과 경쟁의 글로벌화

글로벌화(globalization) 또는 우리말로 세계화에 대한 정의는 학자마다 상이할 수 있으나, 글로벌화란 일반적으로 기업이 개별 국가시장에 대해 각기 다른 전략을 취하기보다 전 세계 시장을 하나의 시장으로 보고 통합된 전략을 수립하는 것을 의미한다.

글로벌화는 국제화와도 비교가 되는데, 국제화(internationalization)가 종전의 국가 단위로 시장이 구성되었던 상황에서 한 국가에 있던 기업이 다른 국가로

① 예산과 재무 통제
② 장기계획
③ 사업전략계획
④ 전사적 전략계획
⑤ 전략경영

기업의 규모가 그렇게 대규모는 아니고, 기업이 직면하는 외부환경 변화나 복잡성도 그렇게 급격하지 않은 경우에 기업의 계획 시스템은 제1단계의 '예산과 재무통제'에 의해 충분히 환경에 대응할 수 있다. 그러나 기업의 규모가 확대되고 업무가 증가함에 따라 기업의 계획 시스템은 점차로 고도화되고 단기적인 생각에서 장기적인 생각으로 변화하게 된다.

이처럼 장기경영계획이 등장한 것은 기업을 둘러싼 상황이 변화하고, 장기적인 시점에서 계획할 필요성이 증대하기 때문이다. 그것이 사업레벨에서의 전략적인 발상의 필요성을 불러일으켜 전략계획의 등장을 촉진한 것이다.

사업전략계획의 책정은 계획의 중요성에 의해, 전사레벨과 사업레벨로 나눌 수 있다. 사업레벨에서는 사업의 방향성과 비전의 정의가 이루어져, 기업의 내부 상황의 파악, 외부환경의 평가에 의해 사업전략, 행동 프로그램이 책정된다. 전사레벨에서는 사업레벨의 업적 측정과 예산의 배분이 이루어진다.

이러한 과정을 도표로 보면 ㉠ 사업의 미션(사명)의 정의 ㉡·㉢ 사업레벨에 있어서 내부분석, 사업레벨에 있어서 환경 스캐닝을 통한 사업전략의 책정과 특정 행동 프로그램의 책정 ㉣ 사업전략과 행동 프로그램이 전사레벨에 올려져, 자원의 배분과 컨트롤을 위한 업적평가 척도의 정의, 그리고 ㉤ 사업레벨에서의 예산이 책정되어, 다시 ㉥전사레벨에서의 예산안이 승인이 된다는 과정으로 성립되고 있다.

다음으로, 네 번째의 전사적 전략계획의 단계가 되면, 전략의 책정은 다시 복잡해지며 보다 정밀화된다. 즉, 전략의 계획과정이 전사레벨, 사업레벨, 직능부문레벨로 세 계층이 되며, 조직의 관리계층과 대응하여 각 레벨에서 역할이 분할된다. 전사적인 레벨에서는, 다른 사업부에 걸친 전사적인 내용에 대한 안이 계획되고, 사업레벨에서는 직면하는 시장의 상황에 접합한 제품·시장전략이 책정된다. 이 프로세스는 <그림 6-5>에 나타나 있듯이 12개의 행동이나 의사결정으로 성립하고 있다.

<그림 6-5>에 있어서 조직의 구조적인 조건, 전략의 책정, 전략적인 프로그램, 전략적 및 실행상의 예산이라는 프로세스에 붙여져 있는 기호는 위에서 서술한 전략책정에 관련된 열두 개의 구체적인 활동을 나타낸 것이다.

전사적 전략계획은, 전사레벨에 있어서 기업의 비전을 정의하는 것에서 시작된다. 비전에서는 전사적인 철학, 기업의 미션이 정의되고, SBU(전략적인 사업의 단위)가 정의되어, 각 SBU간의 상호관계가 명확해진다.

그림 6-5 공식적인 전사전략계획 책정 프로세스

㉠ 기업의 비전: 전사적인 철학, 기업미션(사명), SBU의 명시와 상호작용
㉡ 전략적인 자세와 계획(가이드라인): 전사적인 전략정책, 전사적인 업적 목표, 도전적 계획
㉢ 사업의 미션: 사업의 스코프와 제품 · 시장 세그먼트의 명확화
㉣ 사업전략과 넓은 행동계획 책정
㉤ 직능전략의 책정: 사업계획으로의 참가, 사업전략의 제안에 대한 일치 · 불일치, 넓은 액션 · 프로그램
㉥ 사업전략과 직능전략의 전사 레벨에서의 통합
㉦ 사업 레벨에서의 특정한 행동 프로그램의 정의와 평가
㉧ 직능 레벨에서의 특정한 행동 프로그램의 정의와 평가
㉨ 자원배분과 관리통제를 위한 업적 측정의 정의
㉩ 사업 레벨에서의 예산화
㉪ 직능 레벨에서의 예산화
㉫ 예산의 통합전략 · 직능자금의 승인

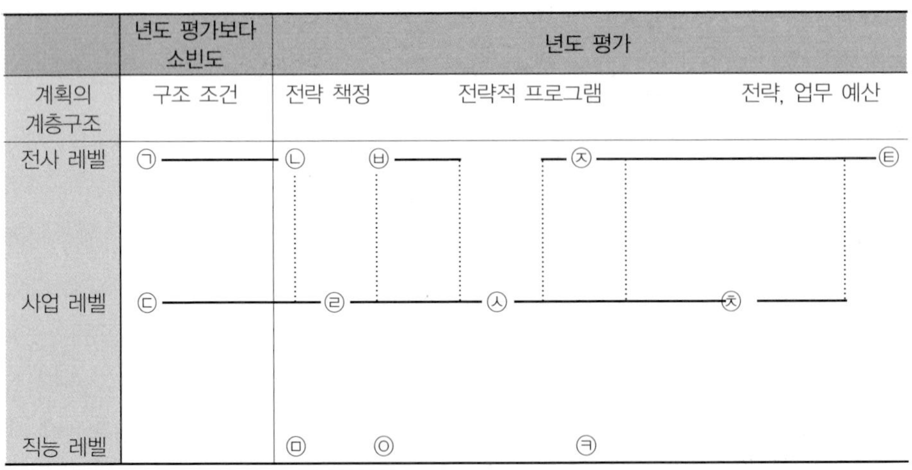

자료 : Arnoldo C. Hax and Nicolas S. Majluf, strategic management : An Integrative Perspective, Prentice Hall, 1984, p.42.

다음으로 정의된 기업비전과 기업이 지니고 있는 뛰어난 능력, 가능성 등의 전사레벨에서의 내부분석 및 전사레벨에서 이루어지는 환경 스캐닝에 의해 전략적인 자세와 계획의 가이드라인이 작성된다. 가령, 전략적인 자세란, 전략적인 공격, 전사적인 업적목표, 전사 · 사업 · 직능레벨에서의 도전적 계획 등으로 성립하고, 기업의 전략적인 방향성을 가리키는 것이다. 또한 계획의 가이드라인이란 계획의 예정표, 형식, 관리책임의 할당 등에 의해 나타내듯이 계획의 개념적인 구조 틀을 보이는 것이다.

이와 같은, 기업의 비전에서 전략적인 자세와 계획의 가이드라인의 작성에 이르는 과정은 <그림 6-6>과 같이 도식화되어 있다.

그림 6-6 기업의 비전과 전략적인 자세

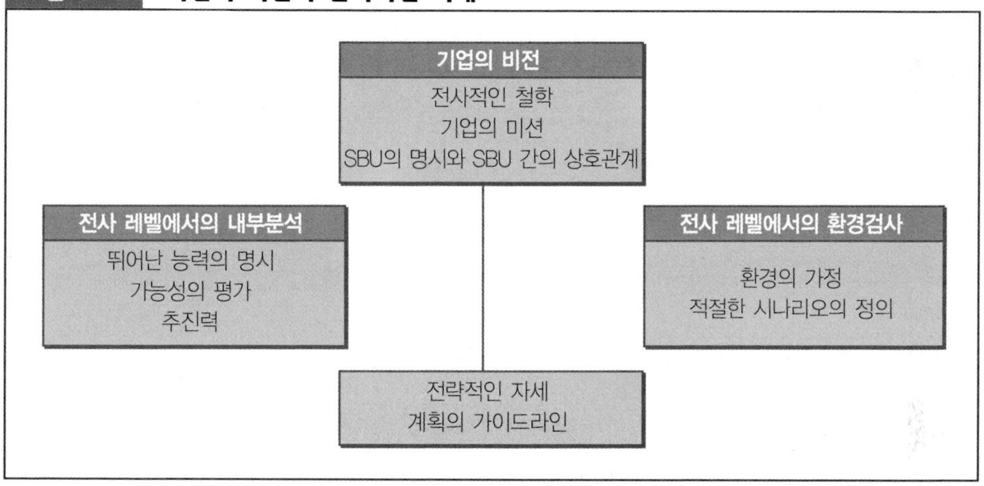

3. 민츠버그의 전략형성과정

민츠버그는 분석적 전략형성에 관련된 문제, 즉 전통적 기업이 커지다 보면 법이나 규정 우선의 조직이 등장하게 되고, 이러한 상황에서는 정해진 활동이 중시되고 창조적인 발상 등이 무시된다는 점에 역점을 두었다.

우선 <그림 6-7>에서 볼 수 있는 것처럼 의도된 전략(intended strategy)과 실현된 전략(realiged strategy)으로 나누어, 초기의 계획대로 가는 전략을 계획적 전략(deliberate stratgy)으로 취급하고 갑자기 변경이 이루어져 실현된 전략으로 인도하는 전략 방향으로서의 긴급창의 전략(emergent strategy)로 위치시켜 환경의 변화 상황에 의해 당초 의도된 전략이 조직 내의 변경을 첨가하여 실현되는 가능성을 지적하고 있다.

그림 6-7 계획적 및 긴급창의 전략

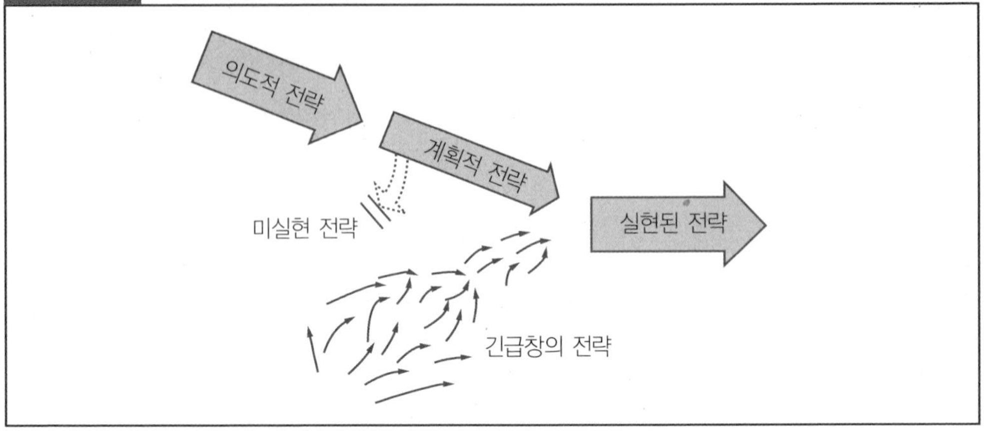

출처 : Henry Mintzberg, Bruce Ashistrand, Joseph Lampel, *Atrategic safari*, The Free Press, 1998.

4. 전략경영의 유효성

1) 전략계획의 장점

전략계획이 초래하는 장점은 다음과 같다.[18]

① 전략을 계획하면서 기업문제를 예방하는 능력이 강화된다. 전략계획의 작성과 그 활동에 보수를 주는 결과로서, 경영자는 여러 책임이 있는 감시업무, 예측업무를 종업원 도움을 받을 수 있다.

② 전략이 결정됨으로써 좀 더 이용가능성이 높은 대안을 발견할 수가 있다. 즉 집단의 상호작용을 통해 대안을 일반화하는 것이 필요하다. 집단멤버가 각자의 입장에서 여러 가지 가능성에 대한 의견을 말함으로써 대안 자

18) Pearce and R. B. Robinson, op. cit., p.19.

체가 개량된다.

③ 종업원이 계획책정의 활동을 통해 생산성과 보수와의 관계를 이해함으로써 종업원의 모티베이션을 환기할 수 있다. 즉, 종업원이 전략계획책정의 과정에 참가함으로써 조직의 보수 시스템이나 조직활동을 보다 잘 이해할 수가 있어 종업원의 목표 지향행동에 긍정적인 역할을 한다.

④ 전략형성의 과정에 참가함으로써 종업원 개인의 활동, 혹은 그룹 활동이 각각의 조직에 있어서 해야 할 역할분담을 알고, 갭을 줄일 수 있다.

⑤ 변화로의 저항을 적게 할 수 있다. 참가함으로써 변화와 관련이 있는 불확실한 요소를 제거할 수 있다.

2) 전략계획의 단점

전략경영 시스템도 큰 리스크를 안고 있는 시스템이라 할 수 있는데, 그 리스크는 다음과 같다.

① 전략경영의 과정에 소비하는 시간이 꽤 많기 때문에, 비용적으로는 비싸다. 그 때문에 경영자가 전략적인 활동에 시간을 들이듯이, 일상의 의무적인 활동을 스케줄 할 수 있는 훈련이 필요하다.

② 전략책정자가 전략의 실행과 밀접한 관계를 갖지 않는 경우에는 의사결정의 과정이나, 그것에 이어지는 결론에 대한 개인책임을 회피하게 된다.

③ 전략적인 경영자는 부하가 달성할 수 없는 기대와 욕구불만의 상태에 있을 때 이것을 예측하여 해소하고, 미래지향으로 대응할 수 있도록 하는 훈련이 필요하다.

그 밖에도 다음과 같은 단점이 지적되고 있다.[19)]

① 환경이 크게 변화하는 듯한 경우에는, 너무 자세한 표현을 해 두면, 전략계획 자체가 무용한 것이 되어 버리는 점

② 기업의 외부환경이나 내부프로필을 분석할 때 필요한 정보가 양적으로도

19) C. Bowman and D. Ash, Strategic Management, Macmillan Education, 1987, p.335.

얻어진다고는 할 수 없는 점

③ 의사결정자는, 한정된 단순한 요인이나 상호관련밖에 이해할 수 없는 점

④ 체계적으로 공식화한 계획은, 지나치게 과격하거나 협력적은 아니나 성공할 가능성이 있는 아이디어를 매장해 버릴 가능성이 있는 점

⑤ 전문가가 계획입안하고 있는 경우에는, 라인의 관리자가 결정에 대해 저항하는 경향이 있는 점

⑥ 초우량기업에서 전략계획이 유효하게 기능하고 있는 기업은 아주 조금밖에 없는 점

⑦ 전사적인 계획과정의 도입 부분, 혹은 실행 단계에서 문제가 일어나 버리는 점

제5절 경쟁전략

1. 경쟁전략의 이슈

1) 신고전파경제학에서의 시장과 기업

현대경영전략을 재정립 시킨 사람은 마이클 포터(M. Porter)이다. 포터의 전략론은 인간의 심리적 세계를 대상으로 하지 않으며 지성적 세계를 대상으로도 하지 않는다. 포터는 물리적 세계를 대상으로 하는 전략론이며, 이론적 기초의 하나는 힘과 힘의 세계를 그려내는 신고전파경제학과 관계가 있다.

신고전파 경제학은 현재 시장의 경제학으로 불리는 표준적 경제학이라고 할 수 있다. 신고전파 경제학에서는 시장을 구성하는 경제주체는 기본적으로 소비자와 기업가이다. 그리고 어떠한 경제주체이든 완전히 정보를 수집하며, 완전히 정보를 처리할 수 있으며, 완전히 그 결과를 표현 전달할 수 있다는 완전합리화적인 인간으로 가정한다.

이러한 완전합리적인 정보처리 능력하에서 소비자는 효용을 극대화하기 위

하여 스스로 노동력을 공급하고 재화를 구입한다. 한편, 기업가는 이익을 극대화하기 위해 노동력을 구입하고 재화를 공급한다. 그리고 이러한 다수의 소비자와 기업가에 의해 다양한 시장에서 다수 형성되기 때문이다.

여기에서 만약 시장에서 수요보다도 공급이 많으면 가격은 하락한다. 그리고 하락한 가격이라도 힘(능력)이 있는 기업은 재화를 생산 공급하고 힘이 없는 기업은 시장에서 퇴출할 수밖에 없다. 거꾸로 공급보다도 수요가 많은 경우에는 가격은 상승한다. 이 경우, 힘이 없는 소비자는 재화를 구입할 수 없기 때문에 시장에서 퇴출하고 힘이 있는 소비자만이 높은 가격이라도 구입할 수 있기 때문에 시장에서 존재한다.

이처럼 시장가격의 변화에 의해 힘이 있는 사람들이 시장거래에 진입할 수 있고 힘이 없는 사람들은 퇴출당한다. 그렇기 때문에 시장에서는 가격이 조정의 역할을 하여 능력이 없는 사람들로부터 자원이 유출하여 능력이 있는 사람들에게 자원이 배분되어 효율적으로 이용되고 있다. 이러한 의미에서 시장 시스템은 가격 메커니즘하에 사람, 돈, 재화 등의 자원을 힘이 있는 사람들에게 배분하는 효율적인 자원배분 시스템이라고 할 수 있다. 그리고 이러한 것을 엄밀히 설명하는 이론을 신고전파 경제학인 것이다.

그러나 여기에서 주의할 것이 있다. 신고전파 경제학에서는 시장을 절대적이고 유일한 효율적 자원배분 시스템으로 설명하기 위해 기업을 완전합리적, 이익 극대화하기 위한 경제인으로서 의인화하고, 그리고 이러한 기업이 다수 존재하여 상호경쟁하는 것으로 가정하고 있다는 점이다.

특히 기업이 다수 존재하고 경쟁적이라는 가정은 중요하다. 왜냐하면 하나의 회사가 독점적으로 지배하는 시장에는 능력이 없음에도 불구하고 독점적인 기업은 자사에게 유리한 가격을 설정할 수 있기 때문에 자원을 필요 이상으로 싸게 구입하고, 생산물을 필요 이상으로 비싸게 판매하는 것이 가능하기 때문이다.

따라서 기업의 수가 적은 비경쟁적인 시장에서는 능력이 없는 사람에게 자원이 배분되어 사회 전체에서 볼 때 비효율적인 자원의 이용이 이루어질 가능성이 있기 때문이다.

이것이 신고전파 경제학에서 도출되는 중요한 내재적인 요소의 하나이다.

2. 하버드학파와 시카고학파[20]

1950년대부터 1960년대에 걸쳐 미국에서는 다양한 업계에서 국가적 관점에서 독점적인가 경쟁적인가가 중요시되었고 이에 대한 논의가 중점이 되었다. 그리고 독점적이라 판단된 업계에서는 독점금지법(반트러스트법)이 적용되어 독점기업을 강제적으로 분할하는 것으로 경쟁이 촉진되었다.

당시 미국에서는 독점금지법의 적용에 대해서 이론적 근거를 지지하는 학문으로서 산업조직론이라는 연구분야가 발전하였고, 이 분야에서 활약한 학자들은 메이슨 조, 베인 리차드 케이브스(Richard E. Caves), 프레드릭 쉐어러 등의 하버드학파의 연구자였다. 이들은 산업의 구조(S)와 행동(C)이 산업의 성과(P)를 결정한다는 'S-C-P 패러다임'에 기초한 주장을 전개하였다. 특히 산업의 구조요인으로서는 산업의 집중도, 진입장벽, 상품차별화 등이 논의되었다(<표 6-2> 참조).

표 6-2 S-C-P 패러다임

구조(S : structure)
공급자와 수요자의 수(집중도), 규모의 분포
진입장벽, 제품차별화, 비용, 수요의 가격 탄력성
⬇
행동(C : conduct)
가격전략, 제품전략, R&D
⬇
성과(P : performance)
산업의 수익성, 산출량의 성립

그 구체적인 사례를 1960년대의 미국 자동차산업에서 볼 수 있다. 우선 산업의 구조의 특징인 딜러와 판매회사의 수로 보면 당시의 미국 자동차업계는 판매회사는 GM과 포드가 클라이슬러와 AM(아메리카모터스)보다 크고 특히 GM과 포드가 많은 딜러를 갖고 있었다. 그렇기 때문에 기업은 작고 규모는 불균형이었지만 딜러는 무척 많았으며 진입장벽은 너무 높았고 많은 투자와 고도의 기술적노하우가 요구되었다. 이것이 당시의 미국 자동차업계의 산업구조라 할

20) 坪井順一, 經營戰略理論史, 學文社, 2006 참조.

수 있다(<표 6-3> 참조).

그리고 이러한 산업구조(S)하에서 업계의 기업행동(C)은 경쟁우위였던 GM과 포드가 중심이 되어 가격을 설정하여 클라이슬러와 AM이 추종하는 가격에 관한 암묵적 공모인 가격공모행위가 전개되어 그 성과로 자동차업계의 수익성(P)이 결정되었기 때문이다. 이러한 구조 S-C-P의 패러다임은 산업의 집중도가 업계의 경쟁 상태를 결정하는 주요한 요인으로 판단되어 업계가 독점인가 경쟁인가를 결정하는 가장 중요한 요인이 되었다. 즉, 집중도는 정부가 과점시장정책으로서 기업분할을 포함한 구조규제를 실행하는 가장 중요한 요인이 되었다.

이러한 하버드학파의 주장에 대해 밀튼, 프리드만, 스테이글러 등의 시카고학파의 연구자들은 규제완화(반정부개입)와 소극적 반트러스트정책의 실행을 강력하게 주장하였다.

1980년대에 미국의 로널드 레이건 정부가 들어서면서 규제완화의 흐름이 정착되면서 미국의 산업정책을 둘러싼 시카고학파의 주장이 적극적으로 도입되었다. 그리고 하버드학파의 주장인 S-C-P의 인과론적 흐름에 반하여 거꾸로 기업행동(C)이 산업구조(S)에 영향을 주어 산업성과(P)로 이어지며 산업성과가

표 6-3 1960년대의 미국의 자동차산업

구조(S)	
• 수요자와 공급자의 수요	• 규모의 분포
GM, 포드는 클라이슬러 AM 보다 크다	
GM, 포드는 딜러가 많다	
• 진입장벽	
진입장벽이 높다	
규모의 경제성	
기술적 노하우	
⬇	
행동(C)	
GM 포드가 가격설정 클라이슬러와 AM가 공모	
⬇	
성과(P)	
• 자동차산업의 수익성	

기업의 연구개발비(C)에 크게 영향을 주고 있음이 증명되었다.

산업구조를 중시하던 하버드학파는 시카고학파에 대항하기 위하여 새로운 이론이 필요하게 되었고 이 시기에 하버드학파에 등장한 사람이 마이클 포터이다.

S-C-P의 구조요인은 지금까지 국가의 관점에서 정부가 시장의 독점성과 경쟁성을 판단하기 위한 산업구조분석의 모델로서 이용되었지만 포터는 이 모델을 개별기업의 관점에서 산업구조를 분석하기 위한 모델로서 이용할 수 있다는 것을 증명하였다.

포터는 신고전파 경제학이 설명하는 이상적인 완전경쟁 균형상태에 있는 산업은 개별기업으로서는 최악의 산업이 되지만 기업이 이익을 취하는 업계가 있으면 다른 기업은 점점 진입하기 때문에 완전경쟁 균형상태에 있는 산업에서는 어느 기업도 이익을 취하기가 어렵기 때문이다.

때문에 포터는 이러한 산업의 진입을 피하여 개별기업은 가능한 한 불완전경쟁 상태에 있는 산업을 선택하든지 완전경쟁적인 상태에 있더라도 적극적 이노베이션을 취하여 의도적인 불완전한 경쟁상태를 만들어 독점화를 진행할 필요가 있다고 주장하였다. 개별기업이 경쟁을 피하여 생존하는 즉 개별기업의 독점화의 방법이 포터의 경쟁전략론의 본질이라고 할 수 있다.

3. 기본적인 경쟁전략

어느 기업이든 경쟁기업에 대해 장단점을 갖고 있다. 장단점은 수없이 많이 있으나, 기본적으로는 저비용인가 차별화인가의 두 가지로 결정된다고 하겠다. 기업의 장단점도 깊이 들어가 보면 경쟁기업의 비용 대 자사의 비용 혹은 차별화에 어느 정도 영향을 미치고 있는가로 정해진다. 경쟁상의 우위를 위해서는 두 가지 타입 중 어느 것으로든 가지 않을 수 없다.

이 두 가지 타입의 경쟁우위는 기업이 산업 내에서 평균 이상의 업적을 달성하기 위해 행하는 활동 폭과 연결되어 세 가지 기본전략이 된다.

① 비용상의 우위(overall cost leadership)

② 차별화(differentiation)

③ 집중화(focus)

경쟁우위의 원천과 활동 폭의 관계에서 세 가지 기본전략을 <그림 6-8>과 같이 나타낼 수 있다.

그림 6-8 3가지의 기본전략

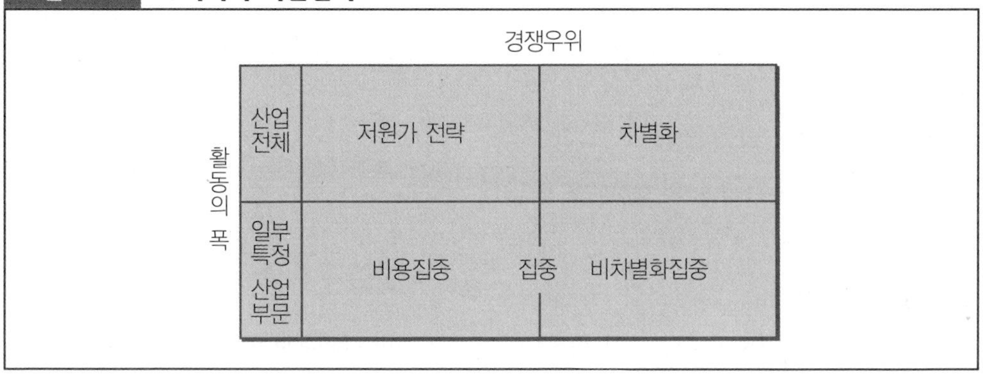

자료 : M. E. Porter, Competitive strategy, Free press, 1990, p.39.

집중은 경쟁우위와 결부되어, 비용집중과 차별화집중으로 나뉜다. 이 기본전략의 어느 것을 선택할 것인가가 기업의 경쟁우위를 결정하는 일이다. 따라서 근본적으로 전략이 다를 수밖에 없다. 비용우위와 차별화는 산업 전체에서 세분화를 취하고, 그 후에 경쟁우위를 구하는 행동을 하는 것이다. 산업 안에서의 좁은 세분화에 들어가 취할 수 있는 전략집중이다. 그러나 이 경우도 그 세분화 중에서 비용우위인가, 차별화우위인가의 차이이다.

우위의 원천인 비용우위와 차별화우위를 양립시키는 일은 거의 불가능하다. 그것은 일반적으로 다른 방향으로 전진하는 길이며, 동시에 그 길을 나아가는 것이 어렵기 때문이다. 이 세 가지 기본전략이 어떤 것인가를 알아보기로 하자.

1) 비용상 우위

자사가 속하는 산업에서 저비용의 기업이라는 이미지를 갖추는 것이 비용우위의 전략이다. 기업은 폭넓게 활동을 하여 많은 세분화를 취하여 제품을 공급하고 있다. 기업활동이 어느 정도 폭넓게 행해지고 있는가, 이것이 비용우위를 추구하는 데 있어서 중요하다.

비용우위의 원천은 많이 있으며, 산업구조에 의해서도 정해진다. 즉 규모의 경제성이 추구되거나 독자적으로 기술 원재료를 확보하여 타사보다 유리한 방법을 취하여 비용우위를 달성하면 산업 내의 평균가격 혹은 그것에 가까운 가격으로 판매할 수 있어 이 기업은 평균 이상의 수익을 올릴 수 있다. 경쟁기업과 같은 가격이나 그것보다 어느 정도 싼 가격으로 판매해도 저비용의 위치에 있으므로 경쟁우위에 있다. 그러나 비용우위와 차별화를 기반으로 하는 기업은 무시할 수 없다. 한 제품을 구매자가 타사의 것보다 인정해 주지 않는다면 경쟁기업 이상으로 가격인하를 하여야 하기 때문이다. 이러한 사태가 되면 비용상 우위에 서 있는 강점은 없어져 버린다.

비용상 우위는 그 경쟁우위를 비용우위에 걸고 있는 것이지만 산업평균 이상의 업적을 올리기 위해서는 차별화에 대해, 경쟁기업과 거의 같은 혹은 가까운 상태로 해두어야 한다. 차별화에 있어서 거의 같은 정도라면 비용우위는 그대로 경쟁기업보다 높은 수익을 초래하게 된다. 차별화에 있어서 경쟁기업에 근접하고 있다면, 시장점유율을 늘리기 위해 가격인하를 했다고 해도 비용우위가 무너져 버리는 일은 없다. 따라서 산업평균 이상의 수익을 올릴 수 있다. 비용우위를 누리고 싶어 하는 기업이 많다면 기업간 경쟁은 격심해진다.

2) 차별화

차별화란 산업 전체에서 고객이 중요하다고 생각하는 속성(제품이나 서비스)을 하나 이상 선택하여, 그 욕구를 만족시키기 위해 특이한 지위를 구축하는 일이다. 그 특성이 있기 때문에 타사보다 높은 가격으로 팔 수 있다. 차별화의 수단은 산업마다 달라진다. 제품 자체의 차별화, 판매를 위한 유통 시스템의 차별화, 마케팅의 방법 등의 다양한 차별화가 시행된다. 차별화전략의 논리는 고객들이 브랜드를 인지하고 신뢰하기 때문에 가격을 따지지 않기 때문에 경쟁기업과의 대결에서 승리할 수 있다.

3) 집중화

산업 내의 세분화의 하나 또는 몇 개를 선택하여 그것에 적합한 전략을 만들어 내는 것을 말한다. 즉, 목표로 한 특정 세분화만으로 전략의 최적화를 꾀하는 것이므로 산업 전체의 경쟁우위는 없어도 목표로 하는 부문에서의 경쟁우위를 얻을 수 있다. 목표에는 특이한 욕구를 지닌 고객이 있으므로, 그에 적합한 제조방법이나 유통 시스템은 산업 내의 타 기업과는 크게 다르다는 것을 생각할 수 있다. 광범위한 목표의 기업은 특정한 세분화전략을 따로 취급하여 대응하는 일은 어렵다. 그 틈새를 찌른 전략이라 말할 수 있다.

4) 기본전략의 지속력

기본전략이 잘 작용했다고 해도 그 전략이 경쟁기업에 대해 지속력을 지니지 않으면 평균 이상의 업적은 이루어지지 않는다. 세 가지 기본전략에 지속력을 갖게 하기 위해서는 기업의 경쟁우위가 경쟁기업의 행동이나 산업계의 발전에 의해 타격을 받지 않도록 하여야 된다.

기본전략에 지속력이 있게 하기 위해서는 전략의 모방을 어렵게 하는 장벽을 갖고 있어야 한다. 그러나 모방에 대해 장벽을 설치해도 어느 순간 뛰어넘을 수 있다. 거기에서 그 지위를 항상적으로 끌어올리기 위한 투자를 하여 장애를 넘으려 하는 경쟁기업에는 타깃을 이동시키는 일이 필요하다. 산업에 따라서는 산업구조의 특성을 위해 기본전략 중 아무리 해도 취할 수 없는 것이 있다. 기업이 규모의 경제성에서 경쟁을 하면 비용우위의 전략은 어렵고, 또 몇 개의 제품에 차이가 없는 경우도 차별화는 어렵다. 원래 세분화가 적은 산업에서는 집중화전략은 취하기 힘들다는 현상은 몇 개의 산업에서 생각할 수 있다.

기본전략을 생각하는 전제는 산업구조의 특성의 차이에 의해 경쟁우위를 확보하는 방법은 여러 가지가 있다는 것이다. 어떤 산업 내의 모든 기업이 경쟁전략의 원리에 따라 움직인다면, 각각이 생각하는 대로의 경쟁우위 방향을 탐구하게 될 것이다. 모든 기업이 성공하는 것은 아니나, 기본전략은 타사보다 뛰어나기 위한 길을 보여 주는 일이다.

4. 경쟁우위를 만드는 법

마이클 포터는 "경쟁우위는 기업 전체로 볼 때는 이해될 수 없다" 20)고 했는데 경쟁우위는 기업의 활동에서 생겨난다. 제품을 표준화하고 규모의 경제를 살려 생산활동에서 생산의 비용우위가, 특수한 원료를 소재에 첨가하여 만들어진 제품에서 차별화의 우위라는 식으로 경쟁우위는 만들어지는 것이다.

경쟁우위의 원천은 기업이 행하는 모든 활동을 분석하는 것에 의해 찾아낼 수 있다. 그 분석의 기초개념으로서 포터는 가치사슬을 제안했다. 즉, 포터는 가치사슬은 비용의 행위 및 차별화가 현존하는 원천 혹은 잠재하는 원천을 이해하기 위해 기업을 전략적으로 중요한 활동으로 분해하는 것으로 인식하였다.

기업이 개개인의 활동을 어떻게 행하는가는 기업마다 다르다. 각각의 기업에는 그 역사의 차이, 전략과 그 실시 방법 및 활동의 기초로 되어 있는 경제성에 차이가 있기 때문이다. 그러나 이러한 기업의 여러 활동의 가치사슬에서 경쟁우위가 나타나는 것이다.

제6절 글로벌 경영전략의 등장 배경

1. 글로벌 경영전략의 등장 배경

1) 산업과 경쟁의 글로벌화

글로벌화(globalization) 또는 우리말로 세계화에 대한 정의는 학자마다 상이할 수 있으나, 글로벌화란 일반적으로 기업이 개별 국가시장에 대해 각기 다른 전략을 취하기보다 전 세계 시장을 하나의 시장으로 보고 통합된 전략을 수립하는 것을 의미한다.

글로벌화는 국제화와도 비교가 되는데, 국제화(internationalization)가 종전의 국가 단위로 시장이 구성되었던 상황에서 한 국가에 있던 기업이 다른 국가로 진출하는 것을 의미하는 반면, 글로벌화는 국경에 따른 시장 구분의 의미 자체가 없어졌다는 것을 뜻한다. 글로벌화된 환경에서는 제품 · 기술 · 서비스가 각국으로 자유롭게 이동하며 인적자원과 자본의 흐름도 자유롭다.

이와 같이 국경으로 나누어졌던 시장들이 전 세계적으로 하나의 시장으로 통합되는 과정은 현대에만 나타나는 현상이 아니다. 글로벌화의 근간을 이루는 각국별 시장이 통합되는 과정은 인류 역사에서 끊임없이 계속되어 왔던 지극히 일반적인 추세중의 하나이다.

2) 글로벌화의 촉진 요인

① 규모의 경제

글로벌화를 촉진시키는 첫 번째 요인은 무엇보다도 자본집약적인 생산방식과 규모의 경제가 점점 더 중요해진다는 사실이다. 전 세계적으로 거의 모든 산업에서 나타나는 가장 두드러진 변화 중의 하나는 생산방식이 점차 노동집약적인 생산방식으로부터 자본집약적인 생산방식으로 전환하고 있다는 점이다. 따라서 거의 모든 산업에서 인간의 노동력이 자동화된 기계, 로봇, 컴퓨터로 조작되는 정밀기계로 대체되고 있다.

② 기술과 자본

글로벌화를 촉진시키는 또 하나의 요인은 빠른 기술 진보와 함께 이를 가능하게 하는 연구개발(R&D) 투자에 있다. 예를 들어 첨단산업이라고 할 수 있는 전자 · 통신 · 컴퓨터 · 정밀화학 · 의약품제조산업 등에서 총매출액에서 연구개발 비용이 차지하는 비율이 평균적으로 낮게는 7~8%에서 높게는 15%까지도 소요된다.

이와 같이 연구개발 비용이 많이 투자되는 사업에서는 국내시장의 수요만으로는 그처럼 높은 연구개발비를 충당하기가 힘들다. 이와 같은 첨단산업에서는 전 세계 시장을 염두에 두고 신제품 개발과 판매를 하여야 지속적으로 연구개발에 투자를 할 수 있다.

③ 소비자의 수요 동질화

앞서 글로벌화의 요인으로서 살펴본 자본집약적 생산방식과 기술 발달,

그리고 연구개발비의 증가로 인한 '규모의 경제'의 확대는 글로벌화를 촉진시키는 필요조건은 될지 모르지만 충분조건은 되지 못한다.

글로벌화의 가장 큰 요인 중 하나는 과거 이질적이었던 각국의 소비자의 기호가 점차 동질화되어 간다는 점이다. 코카콜라와 펩시콜라가 전 세계적으로 각광을 받는 청량음료가 되고, 리바이스 청바지가 한국에서도 유행하며, 맥도날드 햄버거가 러시아에서도 성공하고 있는 것은 그만큼 젊은 세대를 중심으로 소비자의 수요나 구매행태가 동질화되고 있다는 것을 의미한다. 이 같은 소비자 수요의 동질화를 이루게 한 것은 다름 아닌 커뮤니케이션 기술의 발전이다.

④ 무역장벽의 감소

마지막으로 전 세계적으로 무역장벽이 낮아지고 있으며 자본의 이동도 자유로워지고 있다는 점에서 글로벌화는 보다 급속히 진행될 것으로 보인다. WTO체제의 출범에 따라서 각국에서 무역장벽이 제거되고 있으며 기술에 대한 특허권의 이전과 함께 기술이전도 과거보다 훨씬 자유로워졌다. 자본시장 역시 점점 개방되어 국가간 자본 이동이 전 세계적으로 활발하게 일어나고 있다.

3) 글로벌 경영전략의 과제

최근 기업들은 지역별 대응을 요구하는 현지화(localization)와 더불어 글로벌화(globlization)라는 글로벌 경영환경의 변화를 경험하고 있다. 즉, 한편으로는 혁명적인 교통 · 통신수단의 발달, 국가간 무역장벽의 완화, 생산기술의 발달과 더불어 국내 소비량을 능가하는 규모의 경제단위의 확대, 개도국들의 소득수준 향상으로 인한 세계시장의 확대, 소비자 욕구의 동질화 등으로 세계가 하나의 큰 시장으로 변해 가는 범세계화 현상이 나타나고 있다. 다른 한편으로는 국가마다 상이한 시장구조와 소비자의 선호 등 현지화의 요구가 여전히 상존하고 있다.

물론 이러한 국가별 차이도 국제적인 교통 · 통신 수단의 발달로 점차 완화되기는 하나 아직도 이러한 국가별 제품에 대한 선호, 기호 등은 상당한 차이를 보이고 있다.[21] 특히 비관세장벽과 같은 정부의 규제 및 간섭 등이 지역별

21) Michael E. Porter, Competitive Advantage of Nations, The Free Press, 1990, p.33.

대응을 여전히 중요한 요인으로 만들고 있는 정부 측면의 현지화 요인들이다. 따라서 이처럼 "상반된 두 갈래의 글로벌 경영변화에 대해 기업들이 어떻게 조화로운 대응을 하느냐"가 기업의 글로벌 경영전략의 수립에 중요한 과제로 등장하고 있다.

그림 5-9 글로벌화와 현지화 간의 조화

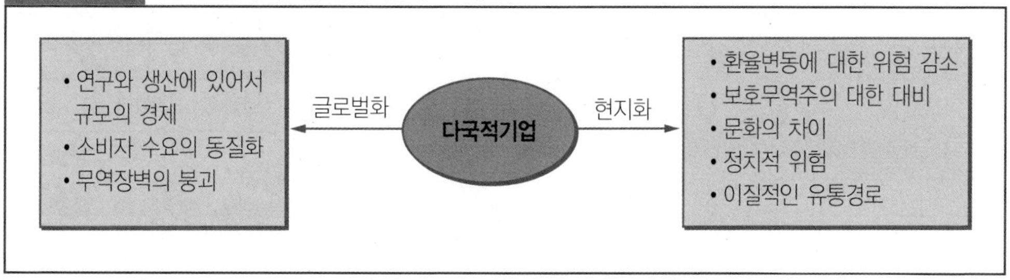

2. 글로벌 경영전략의 모델

글로벌 경영전략을 수립한다는 것은 국가간의 비교우위(comparative advantage)와 기업의 경쟁우위(competitive advantage)를 최적으로 결합하는 것이다. 기업특유의 우위라고 불리는 경쟁우위(차별화 우위)는 부가가치사슬(value-added chain)상의 여러 활동 중에서 어떤 활동에 기업의 자원과 노력을 집중하여 경쟁력을 확보할 수 있는가에 대한 의사결정에 영향을 미친다.

또 한편으로는 저원가와 차별화라는 경쟁우위를 달성하기 위해서는 경쟁우위의 원천이 되는 부가가치의 각 기능을 범세계적으로 어떻게 배치(configuration)하고 조정(coordination)하여 각 기능들의 효율성을 제고 할 것인가가 중요하다.

이 경우 배치의 차원은 가치사슬 내의 각 활동이 수행되는 국가의 결정에 관한 문제이며, 조정의 차원은 각 국가에서 수행되는 각 활동의 상호연결에 관한 문제이다. 따라서 국가의 요소부존도를 나타내는 비교우위는 기업의 제반활동을 어느 나라에 위치시킬 것인가를 결정하는 배치의 측면에 많은 영향을 미치고, 기업이 갖고 있는 경쟁우위는 여러 국가에서 수행되는 가치활동의 조정 측면에서 영향을 미친다.

다음으로는 이상에 대하여 좀 더 구체적으로 연구된 글로벌 경영전략의 모델을 소개하고자 한다.

1) 통합-반응(IR : Integration-Responsiveness) 모델

범세계적 통합의 압력(pressures for global integration)으로 작용하는 요인들을 구체적으로 살펴보면 다음과 같다.

① 글로벌 소비자들의 존재

이와 같은 소비자들은 전 세계에 걸쳐 있는 공급자들의 가격 및 서비스 등을 비교하여 제품구입을 결정하게 된다.

② 글로벌 경쟁자들의 출현

특정 지역에서 벌어지는 기업간 경쟁을 통해 타 지역에서의 경쟁에 영향을 끼침으로써 범세계적 경쟁을 촉발시키는 경쟁자들이 출현하게 된다.

③ 첨단산업을 중심으로 한 R&D 집약적인 산업의 등장

이 경우 대규모의 투자를 회수하기 위해 보다 넓은 세계시장을 상대로 한 마케팅 활동을 전개하게 된다. 이는 특히 초기에 대규모 투자가 소요되는 투자집약적인 사업의 경우에 해당된다.

④ 비용절감에 대한 압력

요소비용이 낮은 지역에서 생산을 추구하고 대규모 공장을 건설하여 규모의 경제와 경험효과를 추구한다.

⑤ 소비자욕구의 동질화 경향

이는 국가간에 존재하는 벽을 허물어, 전 세계를 하나의 단일시장으로 파악하고 전략을 수립하는 글로벌 경영을 요구하고 있다.

이에 반해 지역별 대응의 압력(pressures for local responsiveness)으로 작용하는 요인들을 보면 다음과 같다.

① 소비성향의 이질성

국가 혹은 지역별로 다양한 소비자 요구를 충족시키기 위해 지역적 대응 전략이 필요하다.

② 시장구조의 상이성

각국간에는 유통경로, 가격결정, 제품 포지셔닝, 판매 촉진과 광고 등의 상이성이 존재한다.

③ 대체품의 존재

진입시장에서 상이한 가격체계를 가진 현지대체품과 만날 경우 경쟁력을 유지하기 위해 현지적응전략이 요구된다.

④ 현지국 정부의 압력

국가 발전 및 국가 안보 등 다양한 이유로 현지국 정부의 요구가 있을 때 각국별 적응전략이 요구된다.

이상에서 보았듯이 글로벌 기업이 범세계적 통합과 지역적 대응의 요구하에서 어떤 전략을 택할 것인가는 각 기업에 작용하는 개별 요인들의 크기에 따라 달라질 것이다. 이 모델은 범세계적으로 경영활동을 통합할 것인가 아니면 개별, 지역별로 적응하여 대응할 것인가에 따라 세 가지 전략을 제시하고 있다. 즉 ① 글로벌 통합전략(global integratin strategy) ② 지역별 대응전략(local responsiveness strategy) ③ 절충 형태의 다중초점전략(multi-focal strategy)을 들 수 있다.

글로벌 통합전략은 다국적기업의 여러 자회사가 본사에 의해서 직접적으로 지휘와 통제를 받으며 특히 생산이나 판매 면에서 자회사간에 긴밀한 상호의존성을 갖는 경우의 전략을 말한다. 통합의 필요성은 비용절감과 투자의 효용 극대화이며, 이를 위해 임금이 싼 국가에 공장을 설립하여 규모의 경제를 실현하기 위해 대규모의 전문화된 공장을 건설한다. 이 전략은 보통 중앙집권적 조직구조를 가진다.

지역별 대응전략은 개별국가의 환경에 맞추어 마치 그 나라의 기업처럼 현지국에서 자율적으로 활동하도록 하는 것을 말한다. 따라서 자회사는 현지의 경쟁사나 소비자의 요구에 대응하여 독자적으로 자원의 실행결정을 내리게 된다. 따라서 지역별 대응전략은 주로 분권적 조직구조를 요구하게 된다.

다중초점전략은 자회사간의 독자적인 자율경영 원칙에서 각 지역의 자회사간 조정과 상호협력을 갖는 것을 의미한다. 즉, 연구개발의 우선순위를 조정하고 범세계적 소비자에 대한 가격결정을 조정하며 본사에서 자회사로 혹은 자회사간에 기술이전을 촉진하는 데 그 특징이 있다. 이 전략은 자회사들에게 차별화된 목표를 할당하는데, 이는 경쟁 능력을 개발하기 위한 것이다.

2) 가치활동의 배치와 조정 모델

이 모델은 기업의 경쟁력의 원천은 R&D, 생산, 마케팅, 애프터서비스 등의 주요 경영기능들의 효율성을 제고하는 데 있음을 강조하고, 저원가와 차별화라는 경쟁우위를 달성하기 위해 각 기능들의 활동을 범세계적으로 배치하고 조정하는 모델이다.

가치활동의 배치(configuration)라는 개념은 전 세계를 대상으로 수행되는 가치사슬 내의 각 활동들이 얼마만큼 특정국에 집중되어 있는가 또는 분산되어 있는가를 의미하고, 가치활동의 조정(coordination)이란 개념은 각 국가에서 수행되는 가치사슬간의 상호조정 정도를 의미한다.

따라서 가치사슬의 집중은 본국을 중심으로 소수 지역에 각 가치활동을 집중 배치하는 것을 의미하며, 분산을 각각의 가치활동을 분산시켜 극단적으로는 모든 진출 지역에 본사와 동일한 가치사슬(value chain)을 갖는 자회사를 두는 것을 의미한다.

그리고 높은 조정 수준이라는 것은 높은 통제(가치활동의 통합)를 추구하는 중앙집권식 경영을 말하며, 낮은 조정 수준은 높은 자율성을 추구하는 분권화된 경영방식을 시사한다. 예를 들면 한국, 미국, 영국에 세 개의 생산공장을 가지고 있는 기업의 경우 세 개의 공장을 각각 완전히 자율적으로 운영할 수도 있고, 아니면 똑같은 생산방식과 부품 등을 사용하게 함으로써 본사에서 철저하게 통제할 수도 있다.

가치활동의 범세계적인 배치와 조정을 구체적으로 살펴보면 다음과 같다.

① 순수 글로벌 전략(pure global strategy)

기업의 가치사슬 중 규모의 경제에 민감한 부분들은 가급적 하나의 국가에 집중하고, 현지화에 충실해야 할 기능들만 최소한으로 분산시킨다. 그것도 개별국가간의 차이를 좁히도록 높은 조정 수준을 유지한다. 이는 저원가를 달성하는 데 유용한 전략이다.

② 개별국가중심전략(country-centered strategy)

기업활동의 대부분이 개별국가에 분산되어 행해지지만 자회사간 가치활동의 조정이 이루어지지 않는 전략의 형태이다.

③ 고도의 해외직접투자전략(higy FDI strategy)

대부분의 가치활동을 각국에 분산 배치하는 면에서는 개별국가중심전략과 유사하나 분산된 가치활동에 대해서는 철저한 중앙 통제 및 조정을 행하는 점에서 다른 측면을 가지고 있으며, 반면 자회사간의 조정 수준이 높은 전략이다.

④ 수출중심전략(export strategy)

가치활동을 지역적으로 집중시키되 가치활동간의 조정은 별로 하지 않는 전략이다. 즉, 순수 글로벌 전략처럼 기업의 가치사슬 중 규모의 경제에 민감한 기능들은 가급적 한곳으로 집중시켜 관리하고 최소한으로 현지화에 필요한 기능만 분산시켜 각 지역별 적응의 요구에 대응하는 수출 위주의 전략이다.

배치와 조정의 매트리스 내에 있는 전략 중 어떤 것을 선택하여 실행하는가 하는 것은 어떤 전략이 자사의 국제적인 경쟁우위를 확보하는 데 효과적인가에 따라서 결정되기 때문에, 자사에게 가장 유리한 전략을 선택하기 위해서는 가치활동의 지역적 집중에 따른 장단점과 분산된 가치활동의 조정 및 통제에 따른 장단점을 이해해야 한다.

3) 경쟁범위에 따른 전략 모델

경쟁범위는 기업이 경쟁하는 데 있어서의 활동의 폭을 의미한다. 기업이 글로벌 경영을 수행하는 데 있어 경쟁의 범위를 어떻게 선택하는가에 따라 글로벌 경영전략의 추구가 달라진다. 글로벌 기업은 어떻게 가치활동을 전 세계적으로 배치하고 조정함으로써 경쟁우위를 향상시킬 수 있는가의 여부와 시장세분의 범위를 어느 정도로 정할 것인가의 여부에 따라 전략이 구분된다. 가치활동의 지역적 배치 및 조정에 따라 범세계적 전략과 개별국가중심전략으로 분류하고, 세분시장을 다수와 소수로 구분한다. 각 전략들을 살펴보면 다음과 같다.

① 차별화전략(global cost leadership or differentiation)

광범위한 제품라인에 걸쳐 경쟁하기 위해 기업의 가치활동을 지역적으로 집중하며 또한 가치활동을 강력하게 통제하는 전략이다. 즉, 각 개별시장을 독립된 개개의 시장으로 보지 않고 하나의 범세계적 시장으로 보고 전략을 수립한다.

② 글로벌적 세분화전략(global segmentation)

자동차산업의 메르세데스 벤츠와 같이 특정 세분시장을 대상으로 하여 범세계적 경쟁전략을 추구하는 것이다. 즉, 기업의 자원이 한정되어 있을 경우 범세계적 시장의 특정 시장을 목표시장으로 하는 전략이다.

③ 보호된 시장침투전략(protected markets)

관세, 쿼터, 수출 자율규제, 보조금 등을 통하여 정책적으로 보호를 받는 산업 내에서 광범위한 세분시장을 대상으로 하는 전략이다. 각 나라 안에서의 경쟁이 서로 독립적인 산업, 즉 한 국가 안에서의 경쟁이 여타 국가에서의 경쟁에 무관한 식품산업과 같은 산업에서 수행되는 전략이다.

④ 현지시장 적응전략(national responsiveness)

현지국의 독특한 시장 상황으로 인하여 생겨나는 세분시장에 선별적으로 진출하는 전략이다. 즉, 각국의 현지시장의 불규칙한 수요에 부응하여 한정된 자원을 특정 시장에 집중하는 전략이다.

4) Total Global Strategy 모델

현재의 글로벌 환경은 산업의 범세계화가 급속히 추진됨에 따라, 기존의 다국가전략은 점차 그 실효성을 잃어 가고 세계 각국에서의 사업들을 통합된 관점에서 바라보는 글로벌 전략에 대한 필요성이 점차 증가되고 있는 추세이다.

이러한 글로벌 전략을 수행하는 데 있어서 중요하게 고려될 점들로서는 기

그림 6-10 입(Yip)의 모델

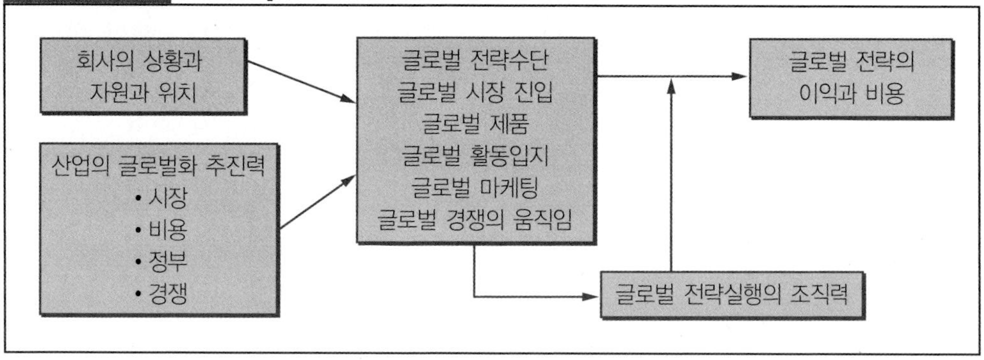

자료 : George S. Yip, Global Strategy in a world of nation, Sloan Management Review, Vol.31 No.1, Fall 1989, pp.29-41.

업이 속한 산업이 얼마나 글로벌화되어 있는가를 평가하는 일과 기업의 전략을 산업의 글로벌화의 정도에 맞게 글로벌화하는 것이 요구되고 있다.

이러한 원칙을 중심으로 Total Global Strategy의 틀(framework)을 제시하면 다음과 같다.[22] 우선적으로 글로벌 전략을 수행하기 위해서 가장 고려되어야 할 점으로는 과연 해당 기업이 글로벌 전략을 수행할 수 있는 경쟁적 지위와 자원을 지니고 있는지를 확인하는 것이다.

YIP은 우선 글로벌 전략의 이익과 비용의 요인으로서 글로벌 전략수단과 산업의 글로벌화 추진력, 글로벌 조직요소를 글로벌화 트라이앵글로 칭했다. 좀 더 구체적으로는 회사의 상황과 자본(기업의 글로벌화) 및 산업의 글로벌화 추진력의 각 요소가 글로벌 전략수단에 영향을 주어 이것이 글로벌 전략의 이익과 비용에 영향을 준다는 구도이다.

이러한 점들이 충분히 고려되고 평가된 후에는 이상의 두 가지 요소들에 적합한 글로벌 전략수단들을 선택해야 하는데, 이러한 전략들이 모두 통합된 관점에서 선택될 때에만 글로벌 전략이 성공할 수 있다. 이러한 글로벌 전략수단들로는 글로벌 시장진입전략, 글로벌 제품전략, 글로벌 가치활동의 입지전략, 글로벌 마케팅 전략, 글로벌 경쟁자 대응전략 등을 들 수 있다.

한편 이러한 글로벌 전략수단들의 실행에는 조직의 능력이 뒷받침되어야 하는데, 기업의 조직이 과연 글로벌 전략을 실행할 만한 체계를 갖추고 있는지를

22) George S. Yip, Total Global Strategy, Prentice-Hall, 1992.

평가해야 한다. 이를 위해서는 조직이 전략의 실행에 미칠 수 있는 영향력과 역으로 글로벌 전략이 조직에 미칠 수 있는 영향력에 대한 고려를 해야 한다.

마지막으로 글로벌 전략의 실행이 기업에 주는 이익과 손실을 계산해야 한다. 글로벌 전략의 실행이 기업에게 반드시 이익만을 가져다주는 것은 아니며 손실도 동시에 수반할 수 있으므로 이러한 이익과 손실을 정확히 계산해 기업에게 주는 이익을 예측한 후 글로벌 전략을 수립하고 실행해야 한다.

PART 07 자원중심의 경쟁과 전략

IBM, GM, KODAK 등의 유명회사의 공통점은 복수의 사업을 갖고 있는 다각화기업이며 지금까지는 업계 평균 이상의 이익을 내고 있다는 점이다. 또한 이들 기업의 공통점은 많다. 기업의 시장가치(주식의 시장가치 총액)의 저하와 CEO가 해임된 점이 있다는 공통점을 갖고 있다. 이들 CEO의 해임의 원인은 결과로서 기업전략의 실패로 결론지을 수 있다. 즉, 변화하는 경쟁환경에 대해 적절하게 대처하는 전략, 다시 말하면 자사가 다수의 사업을 갖고 얻을 수 있는 잠재적 이익을 이용하는 전략을 구축하지 못했기 때문이다.

제1절 기업전략의 필요성

1. 기업전략과 변화

과거에는 최고경영자는 기업전략에 별로 관심을 갖지 않았다. 조사에 의하면[1] CEO들은 이노베이션 관리나 조직변혁이 기업전략보다 중요하다고 생각하고 있다는 것이다. 그 이유로서 하나는 경영자의 대부분이 유효한 전략을 적절히 책정하고 있다는 착각과 두 번째는 전략을 실행한 후 좋지 않은 결과가 나오더라도 그 책임을 추급하지 않았기 때문이다.

1) C. Gopinath and R. C. Hoffman, Research for Strategic Management : The CEO's Perspective, Working paper, University of Delaware, 1992.

표 7-1 미국 주요기업의 시장가치의 변화

	1983	1993
IBM	745	367
웨스팅하우스일렉트릭	48	46
타임워너	60	145
DEC	41	30
GM	234	387
KODAK	130	154
테네코	57	81
아메리칸 익스프레스	70	133
합계	1385	1343
S&P500 Index	1649	4602

<표 7-1>에서 나타나는 것처럼 기업전략에 대한 CEO의 무관심 때문에 업적이 악화된 기업도 있다. 과거에는 기업업적이 낮은 경우에도 CEO의 입장에는 별로 영향이 없었지만 1980년대에 커다란 변화가 일어나 지금에는 주식시장이 기업이 조정에 영향력을 갖게 되었다. 해임은 기업전략을 실행하지 못하는 경영자에 대한 위협의 하나에 지나지 않는다. 경영자에 위협을 주는 것보다는 극단적 수단으로써 기업매수를 들 수 있다. 1980년부터 1987년에 걸쳐 기업매수가 빈번히 이루어져 미국제조업의 총자산의 20%가 매수에 의해 타 회사로 이전되었다.[2] 1980년대 말에는 사업포토폴리오의 치료법으로 LBO(Leverage Buyout)[3]가 등장하였다. 1980년대 말에는 LBO에 의해 매수된 기업의 생산고는 미국 기업의 생산고의 7%를 차지할 정도였다.

2) M. GRukstadt, RJR Nabisco and Leveraged Buyouts, Harvard Business School Case No 9-390-077, 1990.

3) LBO : 기업매수자금의 대부분을 매수대상기업의 자산을 담보로 한 차입금으로 충당하여 매수하는 것을 말한다. 다른 사람의 돈을 빌려 기업을 매수하는 수단으로 적은 자본으로도 기업매수가 가능하지만 거액의 차입을 수반하기 때문에 기업매수 후 에는 차기자본비율저하로 사용위험 증대.

2. 기업전략은 무엇인가?

기업전략에는 다수의 정의가 존재한다. 원래 이 말은 기업목표를 결정하고 목표를 달성하기 위한 주요한 방책을 입안하고 추구할 만한 사업의 범위를 결정하는 의사결정의 패턴을 나타내는 것[4)]으로 표현하지만 한편 정의대로 해석하면 기업전략은 기업이 직면하는 전략적인 문제 전부를 취급하는 것으로 모토로라의 휴대전화 사업 참여부터 레스토랑의 뷔페바이킹 도입의 의사결정까지를 대상으로 한다. 기업전략은 개개의 시장에 대한 지속가능한 경쟁우위를 어떻게 구축하는가하는 사업전략(business-level strategy)과 다각화기업을 위해 전사적인 계획인 기업(회사)전략(corporate- level strategy)으로 구분되어 정의되어 왔다.

3. 경쟁우위와 전략

일반적으로 완전경쟁시장에서 기업이 성장할 수 있는 이익의 크기는 제한되어 있다. 그러나 현실적으로 기업은 완전경쟁시장에서 얻을 수 있는 이익수준, 즉 정상이윤을 넘어서는 초과이익을 얻을 수 있다. 이는 첫째로 기업이 사업영역으로 차별화를 이루거나, 둘째로 경쟁기업보다 뛰어난 저원가 가격을 확보함으로써 가능하다고 하겠다. 그런데 초과이익을 획득할 수 있는 이상의 두 가지 대안 중에서 경쟁우위의 확보를 위해 초과이익을 획득하는 대안의 중요성이 최근에 와서 더욱 증가하고 있다. 이는 글로벌화에 따르는 경쟁이라는 측면과 산업의 동태적 성장과정에 수반되는 자연적인 현상으로 하겠다.

먼저 전 세계적으로 진행되고 있는 글로벌화(globalization)라는 관점에서 볼 때, 세계 모든 기업이 국내에서 동일한 경쟁조건하에서 국내기업과 경쟁할 수 있게 되었다. 다국적기업의 활동영역이 확산됨에 따라 이익기회가 예상되는 사업영역은 국경을 초월하여 전 세계 기업의 경쟁의 장소가 되고 있다.

따라서 과거 어느 때보다 사업영역을 독점적으로 확보하는 것이 쉽지 않다고 하겠다.

---

4) K. R. Andrews, The Concept of Corporate Strategy, BURR Ridge, IL IRWIN, 1971.

한편, 산업의 동태적 어프로치에서 보더라도 지속적 경쟁우위를 확보해야 하는 중요성은 증대되고 있다. 산업의 초기에는 다른 경쟁기업이 진입하기 어렵기 때문에 독점적 이익을 누릴 수 있다고 하더라도, 시간이 지남에 따라 모방과 대체품, 그 산업에 진입하기 위한 경쟁기업의 노력은 증대될 것이므로 그 산업은 곧 치열한 경쟁에 당면하게 될 것이다. 이상과 같은 측면에서 볼 때 경쟁기업에 비해 우월한 경쟁우위를 어떻게 확보하고 지속시킬 것인가 하는 문제가 경영전략에 있어서 주요한 과제로 대두되었다고 하겠다.

이상에서 살펴본 국제화 그리고 산업의 동태적 성장이라는 두 가지 요인을 고려해 볼 때, 전략의 핵심은 지속적 경쟁우위를 누리는 것이라고 할 수 있다.

제2절 전략으로서의 자원준거이론

1. 자원으로서의 환경

일반적으로 기업의 수명은 30년이라고 한다. 하지만 그중에서도 우량기업은 계속 성장한다. 그렇다면 기업이 뛰어난 성과를 지속시킬 수 있는 이유는 무엇인가? 이는 외부환경(기회)에 순응하였기 때문인가, 아니면 내부자원(강점)을 잘 활용하였기 때문인가? 기업이 누리는 초과이익을 설명하는 연구는 크게 세 부분으로 나누어 진행되어 왔다. 첫째, 기업의 외부환경을 중심으로 기회와 위협에 중점을 두어 연구(외부환경과 전략간의 적합성)하거나(Outside in) 둘째, 기업의 내부자원 즉 강점과 약점에 중점을 두어 연구(내부자원과 전략간의 적합성)하거나(Inside out) 셋째, 외부환경과 내부자원을 절충적으로 고려하여 연구(외부환경-내부자원-전략간의 적합성)하는 것이다.

전략경영분야의 기존 연구는 첫 번째 연구, 즉 기업의 외부환경에 중점을 두는 연구가 대부분이었다. 기업의 외부환경에 중점을 두는 연구는 주로 산업조직론의 주요 개념과 이론을 이용하여 기업이 높은 성과를 달성하는 데 영향을 주는 외부환경요인, 특히 산업의 구조적 특징을 분석하는 데 중점을 두고 있다. 포터의 산업구조분석모형도 자유로운 시장경쟁을 제한하는 외부경쟁요인(competitive forces)을 제시하고, 이를 통해 기업이 초과이익을 얻을 수 있는 가능성(산업의 매력도)에 대해서 설명하고 있다.[5] 이와 같이 외부환경에 중점을 두는 연구는 기업의 내부 특성이 경쟁지위에 미치는 영향에 대해 큰 관심을 두고 있지 않다.

환경론적 접근은 우선 내부환경은 조직에 대해서 포괄적인 힘으로 등장한다. 조직은 이러한 것에 대응하여야 한다. 그래서 리더십은 환경을 파악하고 조직이 이것에 정확하게 순응하고 있는 것을 보증하기 위한 기본요소가 된다. 고전적 환경이론은 조건적응이론이라고도 한다. 즉, 조직의 규모, 기술, 상황의 안정성, 외적인 적대 행위 등에 의한 것이다.

이는 변혁 프로세스(configuration process)로서 발전한다. 즉, 리스크에 대응하는 기업가는 동적인 환경에 관련지어지고 수많은 도전과 기회를 제공하는 환경에 대해서 전략은 더욱 포괄적이고 다면적이 된다는 것이다.[6]

이에 비해 볼 때 기업의 내부자원에 관한 연구는 상대적으로 덜 이루어졌다. 그동안에 이루어진 내부자원에 관한 대부분의 연구도 전략의 실행문제에 중점을 두었다. 이에 따라 관심의 대상이 되었던 내부자원들은 주로 조직구조, 통제 및 유인제도, 최고경영층의 리더십과 스타일 등과 같이 전략실행과 관련된 변수들이다. 그 결과 성과달성에 영향을 주는 이들 특성들이 기업이 활용 가능한 내부자산으로 간주되기보다는 전략선택을 제한하는 제약변수로 간주되거나, 아니면 수립된 전략을 실행하는 단계에서 고려해야 할 변수로 취급되었다.

이러한 맥락에서 기업의 내부자원에 중점을 둠으로써 기업의 성과를 설명하려는 시각이 등장하게 되었다. 이를 자원준거이론 또는 자원기준이론(a resource-based view)이라고 한다. 이 관점은 기업이 얻는 초과이익을 독점적 시

5) 또한 포터의 『경쟁우위(Competitive Advantage, 1985)』라는 연구에서는 경쟁전략분석을 확대하여, 산업환경에 적합한 포지셔닝을 통해 시장지위를 구축함으로써 지속적 경쟁우위를 달성하는 방법에 대해서 설명하고 있다.

6) D. Miller, Strategy, Structure and Enviornment : Context Influencec upon some Birariate Association, Journal of management Studies, 1979, Oct 16. pp.294-316.

장지위에 따르는 시장지배력의 결과로 보는 것이 아니라 독특한 자원의 결합에 대한 렌트(rent)로 인식함으로써, 기업이 보유하고 있는 특화되고 모방하기 어려운 자원의 중요성을 강조하고 있다. 이러한 자원을 창출하는 것이 최고경영자가 수행해야 할 기업가적 행동이라고 보고 있다.

2. 내부자원으로서의 핵심역량

자원준거이론은 기업이 갖고 있는 내부자원에 중점을 두어 기업을 특정 시점에서 그 기업이 보유한 유형자원과 무형자원의 독특한 집합체로 파악한다. 특정 시점에서 축적된 자원의 집합체로서의 기업을 설명할 수 있다는 것은 기업의 역사, 과거전략, 과거조직이 상호결합하여 기업이 현재 보유하고 있는 자원의 독특한 집합체를 창출하였다는 것을 의미한다.

따라서 자원준거이론을 이해하기 위해서는 자원준거이론에서 보는 내부자원의 개념과 종류에 대해 이해하는 것이 필수적이다. 자원준거이론에서 중요시되는 자원으로는 핵심역량, 조직능력, 관리적 유산을 들 수 있다. Collis(콜리스)는 그중에서도 핵심능력을 중요 요인으로 간주한다.[7)]

핵심역량(core competence)은 다른 경쟁기업에 비해 특별히 뛰어난 자원이나 능력을 의미한다. 따라서 핵심역량을 독자능력(distinctive competence)으로 표현하기도 한다. 차별화된 기술적 능력, 뛰어난 학습능력, 보완적 자산 등을 그 예로 들 수 있다. 어떤 자원이 전략의 실행에 중요하다고 해도, 그것이 기업의 제품이나 사업의 운영을 특정 짓는 독자적인 것이 아니라면 그 자원은 경쟁우위의 원천은 될 수 없다. 자원이 제품시장에서 경쟁우위에 공헌한 경우에만 그 자원은 가치가 있다고 하겠다.

또한 기업이 소유한 자원의 분석을 행하기 위해서는 어떤 활동을 어떻게 결정할 것인가 하는 것은 기업 내부의 평가만으로는 불충분하다. 어떻게 해서 기업의 자원 보유를 경쟁우위를 나타내는 구체적인 척도에 변환할 것인가를 나타

7) D. J. Collis, "Research note : How valuable are organizational capabilities?", Strategic Management Journal, Vol.15, 1994, pp.143-152.

내는 것이 필요하다. 예를 들면 <그림 7-1>은 경쟁회사와 비교한 1984년 당시의 월마트의 자원획득의 우위를 나타낸 것이다.

각 자원의 옆에 표시되어 있는 것은 그 자원이 제품시장에서 경쟁우위의 획득에 어느 정도 공헌하고 있는가를 수치로서 나타낸 것이다.

유형자산에서 보면 경제우위는 0.3으로 약 1억 5,000만 달러의 우위를 갖고 있는데, 이는 점포의 입지를 나타내는 것으로 타 회사보다 점포의 랜탈비용으로 우위를 갖고 있다는 점이다. 무형자산도 브랜드, 급여 등으로 3%로 약 15억 달러를 절약하여 그 우위를 보여 주고 있다. 역량에서도 사내 물류비용이 타 회사보다도 7억 달러를 절약하는 우위를 가져 월마트는 말 그대로 세계 1위의 회사가 되었던 것이다(<그림 7-1> 참조).

그림 7-1 월마트의 자원기준우위(1984년 시점)

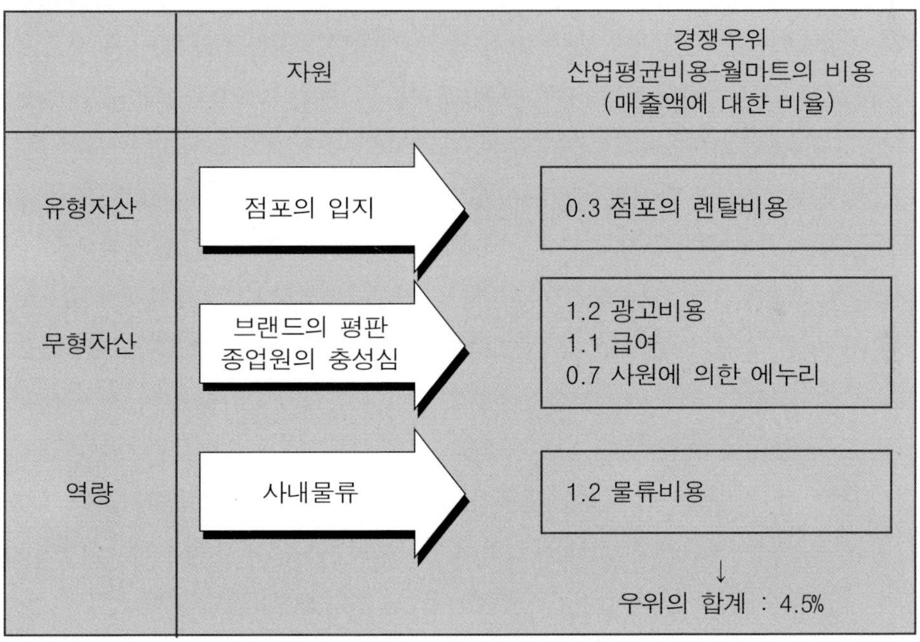

주 : 1%의 우위는 월마트로서는 연간 5억 달러의 소득증감을 의미함.
자료 : P. Ghemawat, "Wal-Mart store's Discount operation", Harvard Business school care, No.9 387-018.

프라할라드와 하멜은 물질적 자산의 중요성보다는 무형적인 자산의 중요성을 강조하여, 핵심능력을 조직의 집단학습(collective learning), 특히 다양한 생산기량(production skills)을 어떻게 조정하고, 복수의 기술흐름(streams of technologies)을 어떻게 통합할 것인가에 관한 학습이라고 정의하였다. 이들은 집단학습이 뛰어난 기업은 학습을 통해 조직 전체의 기술과 생산기법을 통합하여 개별사업단위가 변화하는 기회에 신속하게 적응할 수 있는 능력을 창출해 준다고 보았다. 따라서 핵심역량은 기업의 자산투자에 대한 요약표라고 할 수 있으며, 종합적으로 기업의 전략적 지위를 결정하는 주요 결정요소라고 하였다.

3. 전략으로서 자원준거이론

기업의 뛰어난 성공을 설명하는 이론적 관점에는 다음의 두 가지가 있다. 첫 번째는 산업조직론의 연구방법에 의존하는 것이다. 전통적인 산업조직론은 진입장벽으로 대표되는 구조적 장벽을 강조하고, 기업이 속한 산업의 특성에 의한 산업효과(industry effect)가 지속적 초과이익을 설명한다고 한다.[8)]

두 번째로 기업의 뛰어난 성과를 설명하는 최근의 관점은 개별기업의 특이성(idosyncracy)에 중점을 두고 있는 자원준거이론이다. 자원준거이론을 간단히 설명할 수 있는 일관성 있는 이론이 아직은 체계화되어 있지 않다. 자원준거이론의 이론적 핵심은 기업을 유형자원과 무형자원의 독특한 집합체(unique bundle)로 파악하는 것이다. 기업은 장기간에 걸쳐 자원과 능력의 독특한 결합(unique combinations of resource and capabilities)을 구축하고 있는데, 이들 자원과 능력의 차별적 역량에 근거하여 경쟁우위를 얻을 수 있다는 것이다. 특히 자원준거이론은 기존 연구들이 상대적으로 등한시하였던 조직능력, 핵심역량, 기업문화, 경영자의 능력 등과 같은 무형자산을 중요하게 다루고 있다.[9)]

---

8) 여기에 관한 실증연구의 결과도 산업 내 경쟁요인을 제약하는 구조적 변수들이 존재하기 때문에 특정 산업이 더욱 매력적이 되어 기업이 지속적 경쟁우위를 누린다는 것을 뒷받침하고 있다.

9) 이러한 자산은 대부분 무형적이며 암묵적(intangible and tacit)이므로 경쟁기업이 모방하기가 어렵다. 따라서 기업의 경쟁우위가 다른 기업이 쉽게 구입하거나, 훔치거나, 모방하거나, 대체할 수 없는 전유적 자산(appropriatary assets)에 의해서 뒷받침될 때 경쟁우위는 지속된다.

이처럼 자원을 통합하는 능력을 기업가적 접근이라 부르는데 우선 이들의 접근은 전략은 리더의 마음(mind)에 있다는 데 기초를 두고 있다는 점이다. 이것은 미래지향성이고 장기적인 방향성에 대한 감각이고 조직의 장래성이기도 하다. 이 접근은 리더의 경험과 직관에 기초를 두고 비전을 설정하고 추진하면서 수정한다. 이러한 접근은 기업가적 전략이고 계획적이고 창발적이기도 하다.

스티븐슨과 검퍼트(Stevenson & Gumpert)는 기업가는 전략적 상황판단에서 자원을 전부 사용하려는 위협에서 그것을 지키고 방어적 수단으로 나서는 것으로 표현한다.[10)]

이런 점에서 볼 때 산업조직론에 근거를 둔 외부환경모형이 제품시장의 구조적 특징을 통해 전략을 파악하는 데 비해, 자원준거이론은 기업의 내부자원에 초점을 맞추고 있다. 특히 이들 자원이 요소시장에서 획득되거나, 아니면 자체 개발되어 축적되는 과정을 밝힘으로써 지속적 경쟁우위의 원천을 설명한다는 데 자원준거이론의 독창성이 있다.

이상의 두 가정은 외부환경이 기업성과에 미치는 영향을 명확하게 이해하는 데 도움을 주는 것임에 틀림없다. 예컨대 우수한 경영능력이나 자원을 시장에서 구입 가능하다고 가정함으로써 기업의 내부조건을 동일하게 만든 후, 참가 기업들의 초기조건(산업구조, 전략적 지위, 행동반경 등)의 차이로 인하여 발생하는 성과 차이를 연역적으로 도출할 수 있다. 따라서 산업구조모형은 제품시장(산업)마다 다른 외부경쟁요인과 진입장벽을 분석함으로써 산업에 참가하는 기업의 수익성을 평가하는 데 있어서도 필수적으로 사용하여야 할 분석수단이다.

기업간의 성과차이를 설명하는 데 있어서도 두 접근법이 서로 다르다. 산업구조모형에 따르면 시장지배력(진입장벽의 구축 등)을 가진 기업이 산출물을 의도적으로 제한함으로써 제품시장(product market)의 불완전을 초래하고, 이를 통해 초과이익(독점이익)을 얻게 된다. 그러나 자원준거관점에서 볼 때 기업이 얻는 초과이익은 공급이 제한된 우월한 자원에 대한 렌트를 의미한다.

즉 요소시장(factor market)의 불완전으로 인한 공급의 부족, 또는 자원의 본질적 희소성에 의해서 초과이익이 발생한다고 본다.

---

10) H. Stevenson & D. Gumpert, The Heart of Entrepreneurship, Harvard Business Review, March-April 1985, pp.85-94.

제3절 경쟁우위로서의 핵심역량

1. 경쟁력의 원천으로서 핵심역량

최근 기업이 보유하는 경쟁력의 원천으로 강조되고 있는 것이 핵심역량이다. 프라할라드와 하멜은[11] 핵심역량은 기업의 핵이 되는 기술의 조합으로서 신제품과 새로운 사업을 개발하는 능력이라고 하였다. 그리고 1970년과 1980년대에 걸쳐 미국 기업이 일본 기업에 비해 시장에서의 성공이 상대적으로 적은 것은 핵심역량이 부족하기 때문이라고 한다. 더구나 미국 기업이 일본 기업에 비해 전반적인 기술능력, 인적 자원, 자본축적 면에서 상당한 우위에 있음에도 불구하고, 핵심역량을 개발하기 위한 의지와 조직구조가 뒷받침되지 않음으로써 장기적으로 시장에서의 경쟁적 지위를 구축하는 데 실패한 것으로 설명되고 있어 핵심역량의 중요성이 더욱 강조되고 있다.

핵심역량의 예로는 소니(Sony)의 소형화 능력을 들 수 있다. 소니가 보유한 핵심역량 중의 하나가 소형화(miniaturization)이다. 제품을 소형화하기 위해서 소니사는 기술자, 엔지니어, 마케팅 담당자들이 고객의 욕구와 기술적 가능성에 대해 공유된 이해를 갖도록 하여야 한다.

이러한 핵심역량은 사용할수록 감소하는 것이 아니라 여러 곳에 응용하여 사용할수록, 또한 기업 전체가 공유할수록 오히려 향상된다. 핵심역량은 현재의 사업단위들을 연결시키는 역할을 하며, 새로운 사업을 개발하는 데 있어서 원동력이 된다. 기업이 보유하고 있는 핵심역량의 유형에 의해 다각화의 방향과 새로운 시장으로의 진입여부가 결정된다. 따라서 경쟁기업의 핵심역량을 보면 잠재적인 시장진입의 방향을 예측해 볼 수 있을 것이다.

핵심역량을 더 잘 이해하기 위해서는 핵심제품이라는 개념에 대한 이해가 필요하다. 핵심제품(core product)이란 기업의 뛰어난 핵심역량을 물리적으로 체

11) C. K. Prahalad and G. Hamel, "The core competence of the corporation", Harvard Business Review, May-June 1990, pp.79-91.

화하고 있는 것(physical embodiment)이다. 시장에서 소비자를 대상으로 판매되는 제품이 최종제품(end product)이라고 한다면, 핵심제품은 최종제품의 가치증대에 실질적으로 기여하는 부품이나 중간재를 의미한다. 세계적으로 유명한 자동차회사 혼다의 자동차 엔진이 이러한 핵심제품의 좋은 예라고 하겠다.

특정 분야의 핵심역량에서 세계적 지위를 유지하기 위해서는 핵심제품의 전 세계적 시장점유율을 높이기 위해 노력하여야 한다. 이에 따라 최종제품의 시장점유율과 핵심제품의 시장점유율이 차이가 날 수 있다.[12] 미쓰비시는 에어컨의 컴프레서(핵심제품)에 있어서 전 세계 시장의 40% 정도를 점하고 있으나, 에어컨 · 냉장고산업(최종제품)에 있어서의 시장점유율은 아주 적다. 이와 반대로 최종제품의 시장점유율이 핵심제품의 시장점유율보다 높은 경우도 있다. 중간재나 부품을 원재료나 임금이 저렴한 외국기업에서 조달하여 최종제품을 조립생산하는 기업이 여기에 해당된다. 이러한 기업이 성장하기 위해서는 지식집약형산업으로 전환하여야 한다.

또한 자사의 경쟁력을 평가할 경우 최종제품에 중점을 두어, 최종제품의 가격 대비 성능을 다른 경쟁기업과 비교하여 평가한다면 핵심역량의 배양이라는 측면에 위배되는 결과를 초래할 수도 있다. 예컨대 기업이 비용측면을 중시한 나머지, 핵심부품을 자체적으로 생산하기 위해 필요한 내부투자를 등한시하고 외부공급업자들에게 의존할 경우(OEM 방식) 기업의 핵심역량이 쇠퇴할 가능성이 높다. 외부에서 부품을 조달할 경우 경쟁시장에 신속하게 진입할 수 있으며, 단기적으로 비용 면에서 유리한 입장에 설 수도 있다. 그러나 다음 세대의 경쟁력 있는 제품을 개발하는 데 필요한 기술(핵심역량)은 핵심부품을 외부에서 조달하거나 OEM 방식을 통해서 빌려올 수 있는 성질의 것이 아니다. 최종제품에 있어서 세계적 선도기업이 되는 데 필요한 사람에 체화된 기술(people-embodied skills)을 축적할 수 없으며, 새로운 핵심역량을 개발하는 기회를 상실하게 될 위험이 있다. 이러한 교훈은 많은 미국 기업의 예에서 얻을 수 있다. 기술을 무시한 감량경영의 디베스터처(divestiture) 등은 후에 크게 빚으로 다가온다는 점이다.

12) 캐논은 데스크탑용 레이저 프린터의 엔진(핵심제품)에 있어서 전 세계 시장의 84%를 점하고 있으나, 캐논의 레이저 프린터(최종제품)의 세계시장점유율은 그야말로 미미한 정도이다.

1970~1980년에 GE, GTE, 모토롤라 등 미국과 유럽 기업들은 컬러텔레비전산업이 성숙기에 접어든 것으로 판단하고 이들 산업에서 철수하였다. 비디오와 관련한 핵심역량을 개선시키고 응용할 수 있는 기회가 소진되었다는 관점에서 본다면 컬러텔레비전산업이 성숙기였다고 할 수 있었다. 그러나 실제로는 이들 기업이 컬러텔레비전산업에서 철수함으로써 비디오 관련 핵심역량에 의존하는 미래의 이익기회에 등을 돌리는 결과가 되었다. 이에 따라 1970년대에 매력적이지 못하다고 생각했던 텔레비전산업에서의 철수가 현재 매년 수백억 달러에 달할 것으로 예상되는 HDTV(고화질 TV)시장의 이익기회를 추구하는 데 제약조건이 되고 있다.

2. 핵심역량의 역할

Prahalad & Hamel은 핵심역량의 역할에 대해서 기업은 자사의 핵심역량을 발휘하여 핵심제품을 고안하고, 이 핵심제품에 기초하여 각 사업부별로 최종생산물을 만들어 낸다는 것이다.

예를 들면 Honda의 핵심경쟁역량은 우수한 엔진을 만들 수 있는 능력이고, 이 능력을 활용해서 우수한 엔진이라는 핵심제품을 만들 수 있었으며, 결국 Honda가 자동차, 오토바이, 잔디 깎는 기계, 발전기 등의 사업에서 차별화 우위를 가질 수 있는 계기를 마련하였다. 1980년대에는 제록스가 복사기에 관한 대부분의 특허를 보유하였으나 캐논은 라이벌 기업인 니콘과 제록스를 압도할 수 있었다. 캐논은 사무자동화 시장, 즉 전자계산기, 복사기, 컴퓨터 주변기기 등에 속속 진출해 안정적인 이익을 내고 있는 반면에 니콘은 측량기, 안경 등 민간수요 전환에 성공을 거둔 기존사업에만 머물러 성장에 한계가 있었다. 2003년 들어 캐논은 매출액 면에서 니콘의 5배, 경상이익에서 니콘의 8배를 웃돌 정도로 멀찌감치 맞수 니콘을 따돌렸다. 니콘은 그나마 디지털 카메라 분야에서 간신히 선전하고 있을 뿐이다.

또한, 복사기 분야에서도 캐논은 제록스에 소위 역전승을 거두었다. 구체적으로, 캐논은 복사기 시장의 제왕이었던 제록스의 특허기술을 파악하고 그 기술을 따라잡기 위해 우선 R&D부분에 과감히 투자하였다. 그리하여 광학, 화상, 중앙처리제어 분야에서의 핵심역량을 가지고 복사기 · 레이저프린터 · 카메라산업에 경쟁우위를 확보하여 상대적으로 제록스의 입지가 약했던 유럽 등지를 파고들어 시장확보에 나서는 등 캐논 특유의 단계적 접근 전략을 최대한 활용하였다

참고 캐논

캐논은 1937년 정밀과학연구소로 출발하였고, 1945년 미타라이가 이를 인수하여 1947년 '캐논 카메라'로 사명을 변경하면서 본격적인 카메라 사업에 뛰어들었다. 1950년대까지 카메라 생산에 치중하던 캐논은 1960년대 들어 사무자동화라는 전망 밝은 틈새시장을 발견하고 본격적으로 이 분야에 진출하게 된다. 그리하여 1964년 전자탁상계산기와 1966년 복사기 사업을 필두로, 1970년대 이후에는 컴퓨터 주변기기 생산에 착수하여 매출의 절반 이상을 컴퓨터 주변기기가 차지하기에 이르렀다. 또 1990년대부터는 반도체 제조장치 사업에 참여하여 2000년 매출 2조 8,000억 엔을 달성하는 등 성공적으로 사업을 전개하고 있다. 창업 초기 자본금 300만 엔과 수십 명의 종업원을 가진 소규모 공장에 불과했지만, 1990년대까지 성공적인 사업다각화를 통해서 세계 초일류기업으로 변신하게 된 것이다.

이러한 시스템은 하나의 큰 나무에 비유할 수 있다. 그 나무의 몸통은 핵심제품이고, 작은 나뭇가지는 사업단위이며, 잎, 꽃, 과일 등은 최종생산물이다. 그리고 뿌리는 이 모든 것들을 안정적으로 지탱하고 자양분을 공급하는 핵심경쟁역량으로 볼 수 있다. 만일 나무의 잎들만 본다면 나무 자체의 강인함을 알 수 없듯이, 경쟁기업의 최종생산물에만 주목한다면 그 기업의 저력을 간과하기 쉽다.

제4절 내부자원의 특성과 경쟁우위의 지속성

자원준거이론의 두 가지 전제조건인 자원의 이질성과 비이동성은 중요하다. 그런데 자원의 이질성과 비이동성이 충족된다고 하더라도 기업이 보유한 모든 자원이 지속적 경쟁우위의 원천이 될 수는 없다. 기업이 누리는 경쟁우

위는 제품생산에 필요한 자원의 복잡성과 독특성으로 인해 다른 기업이 모방할 수 없을 때 지속될 수 있기 때문이다. 그러므로 기업의 자원이 지속적 경쟁우위의 원천이 되기 위해서는 다음의 그림과 같은 네 가지 특성, 즉 유용성(value), 희소성(rareness), 모방곤란성(imitability), 불완전한 대체성(incomplete subsititutability)을 갖추어야 한다.

그림 7-2 지속적 경쟁우위의 원천

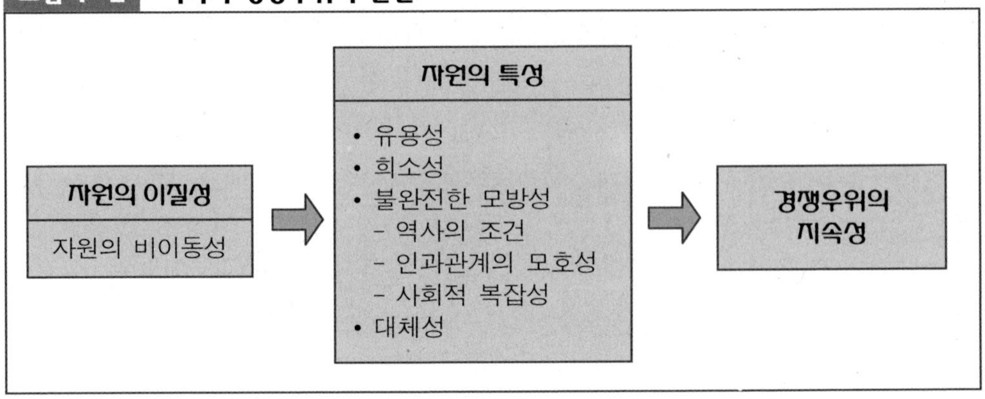

1. 자원의 유용성

기업이 보유한 자원(유형자산, 무형자산 조직의 능력)이 유용성이 있을 때 지속적 경쟁우위의 원천이 될 수 있다. 즉, 기업의 효율성과 효과성을 증대시키기 위한 전략을 수립하고 실행하는 데 필수불가결하다는 것을 의미한다. 결국 자원의 유용성이란 기업이 외부환경에서 발생하는 기회를 활용하고 위협을 중화시키는 데 도움을 주는 자원이라는 것을 의미한다.

2. 자원의 희소성

기업이 보유한 모든 자원을 경쟁기업이 보유하고 있다면 이 자원은 경쟁우위의 원천이 될 수 없다. 즉, 어떤 자원의 유용성이 높다고 하더라도 희소성이 없을 경우 그 자원은 경쟁우위의 원천이 되기는 어렵다는 점이다. 이런 점에서 볼 때 경쟁기업이 그 자원을 보유하고 있지 않을수록 자원의 희소성이 증대될 것이며, 지속가능한 경쟁우위의 강력한 원천이 될 것이다.[13)]

3. 모방곤란성

다른 기업들이 완전하게 모방할 수 없을 때 지속적 경쟁우위의 원천이 된다. 성공기업이 보유한 경쟁우위를 획득하기 위해서는 경쟁우위의 원천이 무엇인가를 분석하여 그 원천을 파악한 후에, 그러한 경쟁우위를 성공적으로 복제할 수 있어야 한다. 이를 위해서는 성공전략의 근거가 되는 자원을 획득하여야 하는데 다음의 세 가지 특징이 존재한다.

첫째, 자원이 물리적으로 독특성(physically unique) 즉 복제 불가능하여야 한다. 둘째, 경로의존성(path Dependence) 때문에 모방이 곤란한 경우이다. 셋째, 인과관계의 불명료성(Causal Ambiguior)이다. 이런 점에서 본다면 경쟁우위의 지속성은 경쟁기업과의 모방시차에 달려 있다. 즉, 성공기업이 누리는 경쟁우위의 지속성은 모방기업이 경쟁우위를 구축하는 데 필요한 자원을 얼마나 빨리 획득하느냐에 달려 있다고 하겠다. 모방이 발전하면 새로운 제품과 서비스를 만들 수 있다.

4. 불완전한 대체성

기업의 자원이 지속적 경쟁우위의 원천이 되기 위한 마지막 조건은 대체자원이 존재하지 않아야 한다는 것이다. 즉, 희소하지 않거나 모방이 어렵지 않

13) 페트라프는 경쟁우위의 지속성을 자원의 이질성(heterogeneity), 불완전한 이동성(imperfect mobility), 경쟁에 대한 사후적 제안(ex post limits of competition), 경쟁에 대한 사전적 제한(ex ante limits to competition)이라는 네 가지 요인을 이용해 설명하고 있다. 경쟁에 대한 사후적 제한요소에 불완전한 모방성(imperfect imitability)과 불완전한 대체성(imperfect substitutability)을 포함시키고 있다. M. A. Petraf(1993), pp.182-186.

은 유용한 대체자원이 존재하지 않아야 한다. 서로 다른 두 가지의 유용한 기업자원이 존재하고, 각 자원을 동일한 전략을 실행하는 데 사용할 수 있다면, 이들 두 자원은 전략적으로 동등한 자원이라고 할 수 있다. 따라서 전략적으로 동등하게 사용될 수 있는 대체자원이 존재하지 않을 때, 그 자원은 지속적 경쟁우위를 창출하는 데 도움이 된다. 이는 전략을 수립하고 실행하는 데 사용되는 그 자원이 유용하고 희소하며 완전한 모방이 불가능하기 때문이다.

제5절 경쟁우위와 자원준거이론

자원준거이론은 기업이 보유하고 있는 내부의 자원에 중점을 두어 기업간 업적차이를 설명하고자 하였다. 특히 자원의 불완전한 모방성을 경쟁우위를 지속시키는 핵심요인으로 보고 있는데, 자원의 불완전한 모방성은 요소시장의 불완전성에 기인한다. 이에 따라 전략에 관한 기존의 논의가 제품시장에서 판매자 입장의 기업행동을 설명하고 있는 데 반해, 자원준거이론은 요소시장에서의 구매자 관점에서 요소시장의 불완전성과 초과이익(렌트)의 발생을 설명하고 있다. 따라서 자원준거이론이 기업차원의 전략을 설명하는 이론임에도 이론을 전개하는 데 있어서 요소시장에 대한 경제적 분석법이 중요시되고 있다.

포터(M. E. Porter)는 『경쟁전략(Competitive Strategy, 1980)』에서 산업조직분야에서 풍부한 이론적 실증적 문헌을 이용하여 기업이 속한 업계와 그 속에서 기업이 차지하는 경쟁포지션을 이해하는 것의 중요성을 강조하였다.

기업분석을 기업의 외부적 환경요인으로 설명하였다는 점이다. 즉, 포터 모형은 산업매력도에 영향을 주는 산업의 구조적 특징(다섯 가지 경쟁요인)을 이용해 기업이 누리는 초과이익을 설명하고 있다. 이런 점에서 산업조직론의 틀에서 벗어나지 못하고 있으며, 기업의 내부적 특징을 고려하지 않고 있다는 한계를 벗어나지 못한다. 프라할라드(Prahalad)와 게리함멜(Gary Hamel)에 의해 자원을 새롭게 가치창조의 원천으로 보고 기업을 포트폴리오가 아니고 기업의 능력포트폴리오로 생각하였다.

1990년대에 이르면서 기업의 조직능력을 찾다 보니 기업의 내부요소를 더 깊게 찾고 해석하는 것이 중요하게 등장하였다. 즉, 기업이 누리는 경쟁우위(원가우위와 차별화우위)의 원천을 기업의 가치활동으로 설명하려는 시각의 전환이 이루어지고 있다. 예컨대 가치활동을 경쟁기업보다 저원가(또는 독특한 방법)로 수행함으로써 원가우위(또는 차별화우위)를 누릴 수 있다고 설명한다. 이러한 설명법은 또한 산업구조모형이 개별기업의 수익성을 설명하지 못하였던 것을 보완할 수 있다. 개별기업이 가치활동을 얼마나 효율적으로 또는 효과적으로 수행하느냐에 따라 경쟁우위를 누리는 정 질 것이므로, 결과적으로 같은 산업에 속한 기업이라고 하더라도 성과가 다를 수 있다는 것을 설명할 수 있다.

경쟁우위의 원천이 되는 요인들을 제시하는 것과 이들 요인이 어떤 과정을 통해 경쟁우위를 창출하고 이것이 기업의 초과이익으로 연결되는가를 설명하는 것은 다르기 때문이다.

이런 점에서 볼 때 자원준거이론은 경쟁우위의 원천이 무엇인가를 설명해 주며, 경쟁우위가 창출되고 지속되는 과정을 설명해 준다. 기업이 보유하는 독특한 내부자원이 경쟁우위의 원천이 되는 이유를 설명하고, 경쟁우위가 지속되는 이유를 설명할 수 있으며, 자원의 특성과 렌트 발생을 연결시킴으로써 개별기업이 누리는 초과이익의 근거를 설명할 수 있다.

자원준거이론은 이와 같이 기존 모형이 가지고 있던 한계(외부환경 중심적이며 개별기업의 성과차이를 설명하지 못함)를 보완해 준다는 측면에 못지 않는 또 다른 중요성을 가지고 있다. 즉 자원준거이론의 또 다른 중요성은 경쟁우위를 발생시키는 과정을 이해하게 함으로써, 원하는 경쟁우위나 경쟁우위의 원천이 되는 자원을 개발하고 축적하고 활용하기 위해 이 과정을 어떻게 관리할 것인가에 대해 말해 줄 수 있다는 것이다.

시장이라는 단순한 외부환경요인만을 고려해서는 개별기업의 행동과 성과를 만족하게 설명할 수 없을 것이다. 전략의 목적이 외부환경과 내부환경간의 적합성을 모색하는 데 있다고 한다면, 기존 연구에서 등한시하였던 조직의 내부자원에 대한 연구가 뒷받침되어야 전략이 기업의 업적에 미치는 영향을 완전하게 이해할 수 있을 것이다.

그러한 의미에서 자원준거이론은 기업이 핵심역량으로서 기능하고 복수사업 기업 내에서 가치의 원천이 되는 자산(자원)이 광범위하고 정확하게 정의되었다고 하겠다.

PART 08 글로벌 경영의 조직론

제1절 전통적 조직에서 트랜스내셔널 조직으로

1. 전통적 조직 모델

바트렛과 고샬(C. A. Bartlett & S. Ghoshal)은 미국, 일본, 유럽의 다국적기업 마츠시다 전기, NEC, 花王(Kao), GE, IT&T, P&g, 필립스, 에릭슨, 유니리버 등의 9개 사의 사례를 분석하여 각각의 기업이 전통적 조직 모델의 영향을 강하게 받은 것을 발견하였다.[1)]

그들이 주장하는 전통적인 모델은 다음의 세 가지로 나뉜다.

① 글로벌 조직
② 멀티내셔널 조직
③ 인터내셔널 조직

글로벌 조직은 경영자원과 조직능력을 본사에 집중하고 있다. 해외자회사는 본사의 전략과 계획에 추종하는 실행기관이며 본사에 크게 의존하고 있다. 이러한 조직 모델은 글로벌적인 효율성의 추구에 적합하다. 이러한 조직 모델을 채용하는 기업은 본사에 집중하는 연구개발, 글로벌적인 규모에서의 생산, 표

1) C. A. Bartlett & S. Ghoshal, ManagingAcross Border : The Transnational Solution, Harvard Business School Press, 1989.

준화제품의 세계판매를 본사의 중앙관리체제하에 추진하여 글로벌적인 규모의 경제성을 추구했다.

멀티내셔널 조직은 경영자원과 조직능력을 해외자회사에 분산하고 있다. 해외자회사는 연구개발, 생산, 판매 등의 기능을 갖고 어느 정도는 자율적으로 현지경영을 행하고 있다. 해외자회사각 현지소비자의 욕구를 파악하여 대응하는 것이 가능하기 때문에 현지환경에의 적응에는 이 조직 모델이 적합하다.

인터내셔널 조직은 경영자원과 조직능력을 어느 정도는 해외에 분산시켜 해외자회사에 어느 정도의 자율성을 주지만은 기본적으로 본사가 글로벌적으로 조정을 한다. 이 조직 모델은 글로벌 조직과 멀티내셔널 조직의 중간 형태에 해당한다.

제품수명주기론에 따라서 이 조기 모델의 기업은 연구개발을 본사에 의존하는 자회사가 기술과 지식을 흡수하여 현지지향적으로 개량한다는 이노베이션과 학습의 프로세스를 추진하여 왔다.

한편, 미국, 일본, 유럽의 다국적기업 등은 각각의 특정의 조직 모델을 형성하여 왔다. 일본기업의 전통적 조직 모델은 글로벌 조직이다. 주지하는 것처럼 일본기업은 1970년 이후 본격적으로 국제화를 추진하여 왔다. 구미(歐美)의 경합회사에 대한 경쟁우위를 확립하기위하여 일본기업은 저가격, 고품질의 제품을 만드는 데 주력을 다했다. 일본기업은 연구개발, 생산을 중앙에서 관리하여 상대적으로 저환율을 무기로 수출전략을 전개하여 실천하여 왔다.

그리고 일본기업은 집단주의의 경영관행이 있기 때문에 문화가 다른 외국인이 이해하기 힘든 문화가 있기 때문에 일본인들끼리의 중요결정을 행하고 외국인 종업원들은 의사결정을 따르는 중앙집권적인 경영이 이루어지고 있다. 따라서 일본기업에서는 경영자원과 조직능력을 본사에 집중시키는 글로벌 조직이 발전되어 왔다.

유럽기업에서는 멀티내셔널 조직이 발전되어 왔다. 1900년대 전반에 국제화된 유럽기업은 본사와 해외자회사를 분산시키는 노력에 경주하였다. 각 시장을 연결하는 수송과 통신의 미발달과 미국의 보호주의에 대응하기 위해서이다. 이러한 원인으로 유럽기업의 해외자회사는 제조, 판매 등의 활동의 자기충족성과 자율성을 획득하고 있다.

미국기업은 인터내셔널조직을 형성하여 왔다. 제2차세계대전 이후 미국의 기술우위가 압도적이던 시대에 미구 기업은 본국의 기술과 지식을 해외에 이전하였다. 이렇기 때문에 어느 정도의 현지지향적으로 제품을 개량하는 능력은 있지만 연구개발은 본사에 의존하여 왔다. 미국기업은 전통적으로 전문경영자와 스태프가 권한이양과 경영 시스템에 의한 조정을 사용해 왔다.

2. 트랜스내셔널 조직

전통적 조직 모델에서는 글로벌 효율성, 현지환경에의 적응, 이노베이션과 학습이라는 오늘날 다국적기업으로서 중요한 전략과제를 동시에 추구할 수는 없었었다. 그러나 트랜스내셔널조직에서는 이러한 것을 극복할 수 있다.

그렇다면 전통적 조직 모델과 트랜스내셔널 조직의 차이는 무엇일까?

전통적 조직 모델과 인터내셔널 조직 모델에서는 경영자원과 조직능력을 본사에 집중하는 경향이 강했다. 그렇지만 트랜스내셔널 조직에서는 멀티내셔널 조직처럼 경영자원과 조직능력을 세계에 분산하여 해외자회사에 활동의 자율성을 주어 현지환경에의 적응을 달성시키려고 한다. 그러나 분산의 방법은 멀티내셔널 조직처럼 단순하지는 않다.

트랜스내셔널 조직을 구축하려고 하는 마츠시타와 필립스를 보면 마츠시타에서는 대만자회사가 컬러텔레비전의 부품과 재료 중 많은 부분을 대만에서 생산하지만 얼마간의 중요부품은 본사의 공급을 받는 것처럼 해외자회사에 어느 정도의 개발과 생산을 허가하지만 중요한 부분은 본사에서 개발이나 생산을 행한다. 또한 필립스에서는 영국 자회사가 텔레텍스트 텔레비전의 주도권을 잡고 벨기에의 자회사가 스테레오 세트의 개발, 제조의 책임을 지는 해외자회사별로 특정의 활동을 전문화하고 있다. 트랜스내셔널 조직에서는 이처럼 활동의 전문화를 실현할 수 있도록 경영자원과 조직능력을 분산시킬 필요가 있다.

또한 트랜스내셔널 조직에서는 본사와 자회사, 해외자회사간의 상호의존을 전제로 하여 쌍방향적인 글로벌 조정을 행하기도 한다. 예를 들면 NEC에서는 디지털교환기 NEAC61E의 개발에 대해 본사가 하드웨어의 개발에 미국자회사가 소프트웨어의 개발에 집중하고 있다. 미국 자회사가 하드웨어에서는 일본 본사에 의존하고 소프트웨어에서는 일본 본사가 미국 자회사에 의존하는 가운데에 일본 본사와 미국 자회사가 서로 조정함으로서 글로벌적인 효율성을 꾀할 수 가 있다.

전통적 조직 모델에서는 이노베이션과 학습의 프로세스는 본사의 이노베이션의 성과를 자회사에 이전하든지 현지에서 나타난 이노베이션을 현지에서만 활용하는 방법밖에는 없었다. 트랜스내셔널 조직에서는 자회사의 이노베이션을 세계에 이전하거나 본사와 자회사가 공동으로 연구개발을 행하는 프로세스를 고려하고 있다. 자회사의 이노베이션을 세계에 이전하는 경우는 유니리버의 독일 자회사의 경우를 들을 수 있고 본사와 공동으로 연구개발을 행하는 경우는 P&G의 유로브랜드팀의 액체세제 비즈아가 성공한 경우이다.

3. 트랜스내셔널 조직의 관리

전통적인 조직 모델을 채용하는 기업이 유엔형 모델과 본사권력증후군을 전제로 해외자회사를 관리하는 것으로 버트렛과 고샬이 주장한다.

유엔형 모델은 큰 나라이든 작은 나라이든 똑같이 한 표의 권리를 주는 것처럼 모든 해외자회사가 동등하게 취급된다. 모든 해외자회사가 현지시장에 한정된 역할을 주어 본사의 전략과 계획에 같은 정도의 관련과 현지의 관리자의 평가도 표준적으로 행해진다.

본사권력증후군은 본사가 글로벌 전략을 책정하여 해외자회사는 역할을 현지시장에 한정함으로써 본사가 책정한 글로벌 전략을 실행하는 것에 지나지 않는다. 그러나 글로벌 전략을 성공적으로 수행하기 위해서는 현지시장의 전략적 중요도와 해외자회사의 경영자원, 조직능력이라는 두 가지 변수로 해외자회사의 역할을 네 가지로 분류하고 있다.

① 전력리더(strategic leader)
② 공헌자(contributor)

③ 블랙홀(black hall)
④ 실행자(implementer)

해외자회사의 역할차별화 모델은 다양한 환경에 대해 필요한 유연성을 갖추기 위해 조직을 분산화하는 방법을 제시하였다. 전통적인 조직 모델에서는 일률적인 관리로 모든 자회사를 동등하게 취급하여 그 역할을 현지에만 국한시키고 있다. 트랜스내셔널 조직에서는 자회사를 분화한 단위로서 취급하여 글로벌적인 역할을 담당하는 전략적 리더의 역할을 강조하고 있다.

트랜스내셔널조직에서 자회사의 이노베이션을 세계에 이전하거나 본사와 자회사가 공동으로 연구개발을 하는 프로세스를 충분하게 활용시킬 수 있는 것은 조직을 분산화하여 특정의 자회사에 전략적 리더의 역할을 주기 때문이다.

제2절 다양한 환경하에서의 조직 대응

1. 환경, 전략과 조직구조 : 다국적기업조직의 발전단계 모델

1) 챈들러의 명제

미국의 경영사가 챈들러는, 미국기업의 역사적 발전과정에 관한 실태조사를 하여, 저서 『전략과 구조』에서 다음과 같은 유명한 명제를 제시했다.[2)]

- 조직은 전략에 따른다(조직구조는 기업의 성장전략에 따른다).
- 미국 기업의 전략과 조직간의 관계에는, 단계적인 발전 순서가 존재한다. 즉, 단일직능제에서 직능부문제 더 나아가 사업부제 조직으로라는 발전 단계이다.

2) Chandler, Strategy and Structure : Chapeers in the History of Industrial Enterprise, MIT press.

• 비효율적이며 바꿀 수밖에 없게 되기까지, 조직은 그 구조를 변화시키지 않는다. 즉, 다음 단계로 이동하는 것은, 경제적 위기를 느낀 후이다. 왜냐하면 전략 책정자와 조직의 변혁자는 다른 타입의 인격이기 때문이다.

이들 명제를 기초로, 전략론, 조직론 분야에서 많은 실증연구가 행해졌다. 그리고 이들에 대한 명제는 정교하고 치밀하게 확장되어 갔다. 다국적기업론에서도 그 예외는 없었다.

2. 전략과 조직구조 : 챈들러의 전략과 조직

1) 이론의 전제

챈들러는『전략과 구조(Strategy and Structure)』이후에도『The visible hand』와『Scale and Scpoe』등의 저서를 발표 초기의 경영관리사에서 기업가사, 국제비교경영사로 이동하였다. 그러나 그중에서도 경영전략론의 영역에 가장 큰 영향을 미친 저서가『전략과 구조』라 할 수 있다.

특히『전략과 구조』에서는 미국 기업의 다각화전략 추진과 사업부제 도입의 인과관계를 역사적으로 명백히 했다. 그 결과 도출한 사실은 사업부제(divisional structure, 事業部制)라는 조직구조와 다각화라는 성장전략에 같이 도입된 현상이며 여기에서 그의 유명한 명제 "조직구조는 전략에 따른다"는 가설이 도출된다. 다각화된 기업내부의 비효율성을 줄이고 효과적인 통제를 가능케 하며 관리기능의 전문화가 등장한다. 다시 말하면 조직운영과 관련된 잡무에서 해방됨으로써 최고경영자는 장기계획과 평가를 수립할 수 있게 된다.

전략과 구조는 간략하게 <그림8-1>처럼 표현된다.

우선 챈들러는 경영학에서의 전략개념을 명확하게 정의하였다. 그에 의하면 전략은 "기업의 기본적인 장기목적이나 목표의 결정과 이러한 목적을 실행하기 위해 필요한 행동의 과정(코스)과 자원의 배분"이라고 하였다.

그림 8-1 인과적 프레임워크

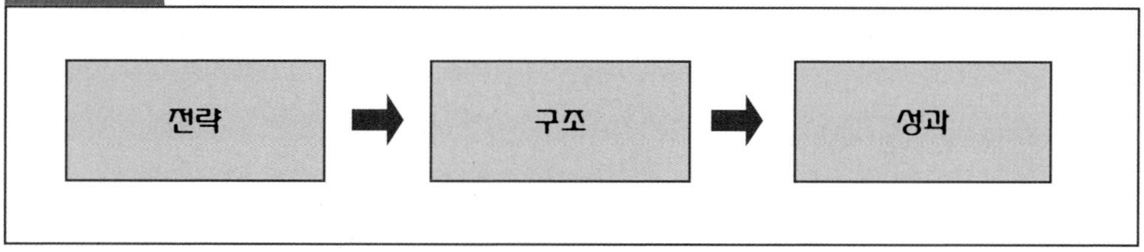

자료 : Alfred D. Chandler Jr., 1962.

2) 사례

듀폰, GM. 스탠더드오일, 시어스 로벅 등 4개 회사를 예로 들었는데, 그 이유는 미국 기업 중에서도 선구적으로 전통적인 직능별의 집권적인 조직구조에서 분권적인 사업부문별의 조직구조로 전환하여 미국 기업의 모범이 되었다는 것이다. 사업부제는 하나의 제품계열을 담당하는 부서 내에 생산, 판매, 기술개발, 관리 등을 포함시켜 최고경영층의 의사결정권한을 단위 부서장에게 대폭 위양하는 동시에 각 부서가 마치 하나의 독립회사처럼 자주적이고 독립채산제적인 경영을 하는 시스템이다. 사업부제 조직의 변형으로 주요 사업부문별로 전략사업단위(SBU : Strategic Business Unit)를 설정하고 전사적인 방향성을 추구하는 SBU 조직의 필요성이 강조되기도 하였다

듀폰과 GM은 제1차세계대전 후에 조직개편이 시작되었으며 스탠더드오일은 1935년에, 시어스 로벅은 1929년에 개편이 시작되었다. 그리고 챈들러는 이들 기업이 서로 다른 목적과 과정을 거치면서 자생적으로 비슷한 조직구조에 도달한 것과 타 회사를 모방한 것이 아니었다는 것을 강조한다. 듀폰에서는 신제품개발에 의한 신시장 진출이라는 다각화전략이 조직재편의 실마리가 되었다. 1918년까지 듀폰사의 성장은 화약사업이라는 단일제품계열의 생산량의 확대에 의한 것이었지만 1919년까지의 전후 1년 동안에 본격적으로 다각화가 이루어져 다종의 신제품계열을 취급하는 대규모화로의 질적인 전환이 이루어졌다.

이 전략은 전시 중의군 수요에 의해 확대한 인적, 물적, 자금적인 잉여자원을 낭비하지 않기 위해 전용과 신활용이 기대되는 유망한 시장후보를 탐색한 결과였다. 그러나 이 진출은 서로 다른 사업의 운영을 동시에 취급하는 관리의 복잡함이 나타나 집권적인 기능별조직으로만 대응할 수 없어 1921년에 새로운

조직체제를 도입 확립시켰다. 이 제도가 각 제품별로 분리되어 독립된 각각의 부문을 관리하는 사업부제 조직이었다(<그림 8-2>, <그림 8-3> 참조).

그림 8-2 직능별 부문 조직

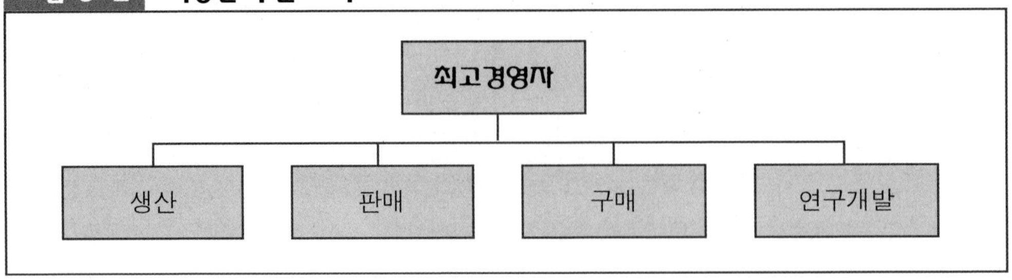

그림 8-3 사업부제조직

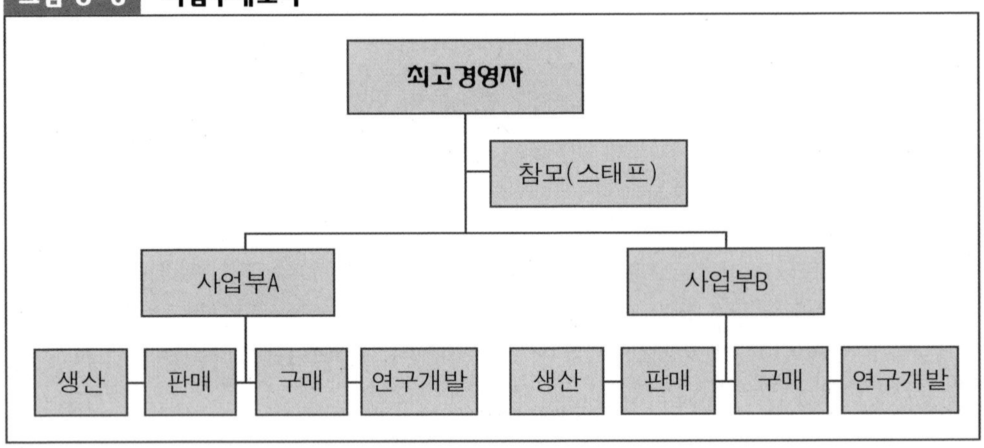

GM에서는 수직통합전략이 새로운 관리조직을 필요로 하였다. 제1차세계대전 후 자동차의 제품계열을 늘리면서 각종의 제품회사와 판매금융회사를 산하에 설립, 통합하는 등 적극적인 전략이 추진되었지만 조직에 대해서는 이렇다 할 만한 관심이 없었다. 1920년대가 되면서 생산계획의 삭감이 책정되어도 각사업의 책임자가 자재, 설비발주부터 자금의 차입 등 자금운용의 전권을 갖고 있어 자금수요가 점점 증가하였다. 1921년대에 새로운 조직안이 제시되었는데 집권적인 조직체제가 아니고 분권체제의 사업부의 자립성을 유지하는 것이 전제가 되었다. GM의 사업부제 조직운영 방식은 1920년대 GM을 이끌던 알프레드 슬론(Alfred Sloan)에 의해 체계화됐다. 사업부별 성과가 명확히 드러나기 때문에 성과 제고를 위해 사업부들이 필사적인 노력을 하게 된다. 사업부제가 GM 성장의 견인차가 되고 있다는 얘기가 알려지면서 많은 기업의 벤치마킹 대상이 됐다. GM도 듀폰과 거의 같게 사업의 확대가 관리의 복잡함을 초래해 신조직이 필요하게 되었다.

다각화에 의한 신규사업진출이나 수직통합이 진행되면서 기존의 직능별조직으로는 효율운영이 되지 않자 그 결과 제너럴 스태프가 필요한 통합본사의 설립과 사업부제가 성립되어 전략에 구조가 따라가게 된다. 그러나 이 명제는 전략과 구조의 직선적인 인과 관계와 지체 없는 연동관계를 상기시키지만 챈들러는 전략변경의 용이함과 구조변경의 곤란함 그리고 전략변경에서 구조재편에 이르기까지 시차와 다양한 매개요인도 계속 지적하고 있다.

외부환경이 변하면 다각화와 수직통합, 지리적 확대 등이 진행되면서 환경변화에 따른 기존자산의 낭비를 피하려고 경영자원의 효율활용도 전략변경의 동기가 되었다. 그러나 전략에 적절한 조직구조가 금방 설계되는 경우는 거의 없었고 전략확대는 복잡한 관리문제를 초래해 경영자는 위험한 성과가 눈에 보이기까지 착수하기 어렵다.

따라서 <그림 8-3>의 확장된 인과구조가 나타난다.

그림 8-4 확장된 인과구조

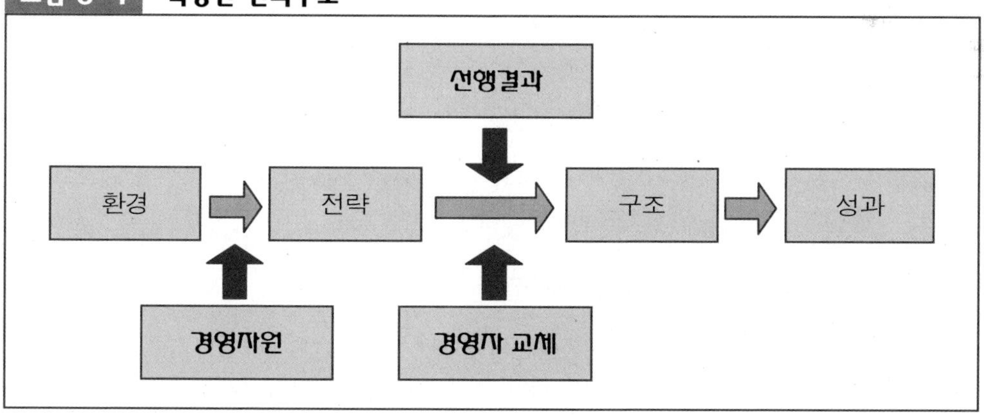

사례 듀폰

프랑스혁명 때 미국에 망명한 E. I. 뒤퐁 드 느무르(E. I. du Pont de Nemours, 1771~1834)가 1802년 델라웨어 주 윌밍턴에 창립한 화학공장이 기원이다. 대영전쟁(對英戰爭)과 남북전쟁을 거쳐 19세기 말에는 미국의 대화약회사가 되었다.

1912년 셔먼법에 의하여 뒤퐁과 허큘리스(Hercules Inc.) 및 아틀라스(Atlas Chemical Industries Inc.)로 나뉘었다. 현재의 회사는 이때 분할된 뒤퐁을 1915년에 계승하여 설립한 것이다. 제1차세계대전 때는 연합국이 사용한 탄약의 40%를 공급하였다. 1930년대에는 영국의 ICI와 독일의 이게파르벤과 함께 세계 3대 화학기업의 하나가 되었다. 제2차세계대전 중에는 원자폭탄을, 대전 후 1950년부터는 수소폭탄을 제조하였다. 화학섬유 · 염료 · 합성고무 · 필름 · 플라스틱 등도 제조하고 있는데, 나일론 · 올론 등의 개발은 유명하다. 그 밖에 의류 · 생활용품 · 건축 · 전자 · 수송 · 농업 · 식품 · 영양 및 보건 등 1,800여 종에 이르는 다양한 산업용 소재를 생산 · 판매하고 있다.

1921년 미국 대기업으로서는 처음으로 사업부제 조직을 채택하였으며, 2000년 현재 70여 개국(화학공장 135개)에서 8만 5,000여 명의 직원이 일하고 있으며, 본사는 델라웨어 주 윌밍턴에 있다. 2000년 현재 재무상태는 총매출 283억 달러, 당기순이익 23억 달러이다.

3) 포레커와 스톱포드에 의한 챈들러의 대응과 실증

Fouraker and Stopford(1968)는, 챈들러의 전략과 조직에 관한 유형론을 적용하여, 다국적기업에서의 전략 · 조직의 실증연구를 행했다. 챈들러는 기업의 성장 발전 단계를 3단계로 나누었다.[3)]

타입 I 은 경영자 개인의 관심, 능력의 연장선상에 있으며, 통상 단일제품 라인 혹은 단일 직능에 그 초점이 놓여진, 소위 기업가형 조직이었다.

타입II는 수직 통합되어, 직능을 축으로 조정된 조직이다. 아직 소수의 제품 라인에 한정되어, 경영자원이나 직능활동이 집약적으로 조정된 조직이었다. 여기에서는 소수의 경영자에 대한 해정상의 부담이 과도하게 걸린 점이 문제이었다. 그것을 극복해야 할 타입III가 등장한다.

그들에 대한 실증연구 결과, 타입II인가 타입III인가는 경영적 선택에 의하여 논해졌다. 즉, 어떤 경영자는, 타입II를 선택하여 보다 초점을 좁힌 사업전

3) L. E. Fouraker and J. Stopford, Organizational Structure and multinational strategy, Administrative Science Quarterly 13, 1968, pp.47-64.

개를 행하여 주된 활동을 국내에서 찾았다. 그 반대로, 어떤 경영자들은 타입 Ⅲ를 지향하여 유능한 경영자를 육성하며 다각화를 꾀했다.

포렉커와 스톱포드에 의하면, 국제화의 맥락에서도 같은 발전단계를 볼 수 있었다. 즉, 기업이 아직 해외개척에 관심이 별로 없는 단계에서는 해외활동 담당자를 한 사람 두는 정도였으나, 해외시장이 성장하고 해외에서의 비즈니스 기회를 활성화시키기 위해서는 국제사업부의 확충, 폐지와 세계적 제품별사업부의 창설, 그릿드조직(매트릭스 조직)으로의 변환, 그리고 무엇보다도 국제적 시야를 갖춘 제너럴 매니저가 필요해졌다. 그리고 이와 같은 조건을 갖춘 조직은 유능한 제너럴 매니저의 능력개발에 성공한(챈들러의) 타입Ⅲ 조직이라고 논했다.

구미 기업의 국제화에서의 전략과 조직구조와의 관련에 관한 실증연구로서 하버드대학 다국적기업연구 프로젝트가 있다.

4) 스톱포드 팀의 조사

스톱포드는 미국의 다국적기업을 포춘 500사에서 선택하여 전략이 같다면 동일 조직구조를 취할 것을 명백히 했다.

우선, 국제사업부의 창설이 있다. 국제화의 진전에 따라 기업은 제품별사업부제 조직에 국제사업부를 추가했던 것이다. 즉, 국내사업과 해외사업의 관리가 완전히 분리되었다.

이에 따라, 국내사업 우선으로 자칫하면 우선순위가 낮아진 해외사업에도 충분히 배려할 수 있게 되었다. 또한, 개별사업부 내에서는 소액에 지나지 않는 사업을 국제사업부에 통괄함에 따라 상당한 액수로 뭉쳐지는 것도 이점이었다. 더 나아가 국제사업부에 해외사업의 통제를 맡김으로써 경영자는 통제범위를 줄일 수 있었다. 또한 국제 사업부에서 국제적 경험을 지닌 경영관리직을 경제적으로 양성할 수 있었던 점도 이점(利点)이었다.[4)]

더욱이 스톱포드의 조사결과 직능부문제 조직 혹은 국제사업부제를 채택한 기업에서는 모두 국외의 제품다각화가 10% 이내, 그리고 국외매상 비율이 50% 이내였다. 그리고 그중 어느 한쪽 혹은 쌍방이 그 선을 넘으면 새로운 조직형

4) Galbraith and Nathanson, Strategy Implementation : The Role of structure and process, St Paul, West, 1978.

태를 택했다. 국외 매상증가에 의한 기업 성장전략을 택할 것인가 세계적 제품 다각화에 의한 성장전략을 택할 것인가에 따라 조직의 존재형태도 달리한다.

두 번째로, 국제사업부의 폐지와 새로운 조직구조의 선택(즉, 세계적 제품별사업부제 혹은 지역별사업부제)이다. 어느 쪽의 조직구조를 택하는가는 국제 성장전략에 따라 다르다고 한다. 즉 다각화한 국내제품 라인을 해외로 넓혀 간 기업은 세계적 제품별사업부제를 택하며, 한편 주력 사업만을 해외전개로 한 경우는 지역별사업부제를 택했다.

그 어느 경우도 국제사업부의 폐지로 나아갔다. 먼저 해외에서의 다각화 비율이 높아지면, 국제사업부라는 단일조직구조에서는 다양성을 관리할 수 없다는 이유로, 국제사업부가 폐지되어 세계적 제품별사업부제가 채용된다고 한다. 이것은 해외에서의 사업전개가 확대됨에 따라 국제사업부에서는 다수 제품이 많은 지역에서의 사업활동을 대처할 수 없게 된다. 그래서 각 제품단위에서 볼 수 있는 조직으로 분화할 필요성이 생긴다. 소위 환경의 다양성에 대응할 만큼의 다양성을 조직이 지닐 필요가 있다는 최소 다양성의 법칙(소위 아슈비의 법칙)과 일관하고 있다.

또한 해외에서 다각화하지 않고 주력사업에서 해외매상을 올리는 기업의 경우, 이미 국제사업부가 지역별로 편성되어 있는 경우가 많다는 점에서 국제사업부를 폐지하고 지역별사업부로 전환하는 것은 자연스러운 흐름이라고 할 수 있다. 특히 국내 각 사업부는 국제사업부가 국내 최대사업부와 같은 규모에 달했을 때 연합하여 국제사업부의 분할에 박차를 가하여 지역별사업부제를 택한다는 사실도 명백해졌다. 이 상황을 나타내면 <그림 8-5>와 같다.

해외에서 다각화 비율이 높은 경우, 국제사업부라는 단일한 조직구조에서는 다양성을 모두 관리할 수 없는 점이 국제사업부의 폐지와 세계적 제품별사업부제의 채택의 주된 이유이다. 또한 주력사업 중심에서 국제 성장하는 경우, 더욱이 지리적 확대에 의한 경영관리자에 대한 부담 증가가 지역별 담당으로 이행시켰다고 생각할 수 있겠다(Stopford 1968 ; Stopford and Wells 1972 ; Galbraith and Nathanson 1978).

스톱포드 팀의 조사에 의해 몇 개의 흥미 깊은 경향이 명백해졌다. 예를 들면, 해외에서의 매출액이 차지하는 비율은 각 조직구조 안에서 지역별사업부제

그림 8-5 스토포드와 웰스의 모델

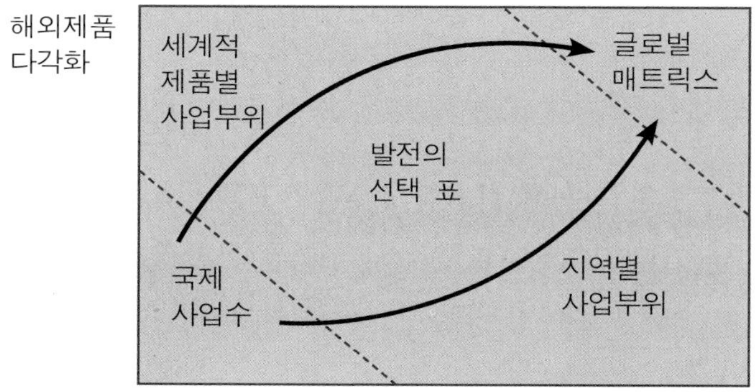

조직을 택하는 기업이 가장 높다. 또한 지역사업부에 대해서는 국제사업부가 미국 내 최대 사업부와 같은 규모로까지 성장했을 때 채택된다고 한다. 그리고 해외에서의 제품다각화률이 10%, 국외에서의 매출비율이 50%라는 범위를 넘은 경우, 기업은 세계적 제품별사업부제 혹은 지역별사업부제를 택한다고 논했다.

스톱포드 팀은 다음 단계에 대해서도 언급하고 있다. 즉, 세계적 제품별사업부제를 택한 기업이 국외에서의 매상비율을 늘리거나 지역별사업부제를 택한 기업이 다각화를 더욱 추진해 갔을 경우, 다음에 올 조직구조는 무엇인가라는 문제이다. 그것은 글로벌 매트릭스제 혹은 그리드라는 구조이다.

5) 프랭코의 조사

같은 시기에 Franko(1974, 1976)는 유럽 기업에 관해 포춘 200사로부터 전략과 조직구조 관계에 대한 실증연구를 하고 있었다.[5)]

프랭코는 종래로부터의 전통적 유럽형 조직을 모계조직(mother-daughter)이라고 부르며, 이하의 특징에 주목했다. 즉, 직능책임자나 자회사 사장은 직접 모회사 톱에게 보고하고 있다는 점이다. 즉, 인적접촉 · 인간관계를 기초로 하는 컨트롤이다. 명문화된 룰, 절차를 기초로 수치화된 업적관리를 시행하는 미

5) Franko l, The move toward a multidivisional structure in European organizations, Administrative Science Quarterly 19, 1974, pp.493-506.

국의 다국적기업과는 대조적으로, 유럽계의 다국적기업에서는 신뢰할 수 있는 인물을 해외 현지국에 파견하여 가치관 등을 사장과 공유한 그들에게 현지 매니지먼트를 맡기는 방식이었다. Edstrom and Galbraith(1977)는 그러한 방식을 문화적 컨트롤 메커니즘으로서의 주재원 역할을 예로 들었다.[6] 그러나 유럽에서 특히 1970년대 이후 이와 같은 모계형 조직이 급속히 감소했다. 그 배후에는 유럽 내외에서 기업간 경쟁이 격화하고, 이제까지와 같은 관계성을 주체로 하는 모델로서는 통용할 수 없게 되어 사업부제 조직으로 이행한 예를 많이 볼 수 있었다고 한다. 여기에서도 경쟁변화에 따라 조직구조도 변화하고 있음을 보이고 있다.

스톱포드 팀에 의한 미국의 다국적기업 연구, 프랑코에 의한 유럽 다국적기업 연구를 살펴보면, 미국과 유럽 기업간에 국제화전략에 따른 조직구조변화 패턴에 큰 차이가 있음을 알 수 있다. 양자의 차이는 국제발전과정에서 미국계 기업이 국제사업부의 설치를 거치고 나서, 세계적 제품별사업부제, 지역사업부제 혹은 글로벌 메트릭스제로 이행하는 데 반해, 유럽계 기업은 그 과정을 거치지 않고 세계적 조직구조로 이행하는 경우가 많다고 한다.

6) 글로벌 전략과 조직 디자인 : 로스 팀의 실증연구

다국적기업에서의 전략과 조직구조 관계에 대해서는 이제까지 몇 가지의 선행연구가 있었다(예를 들면 Daniels, Pitts and Tretter 1984, 1985 ; Egelhoff 1982, 1988a ; Fouraker and Stopford 1968 ; Stopford and Wells 1972 ; Franko 1976).

그러나 보다 최근의 연구흐름은 단순히 이러한 마크로적인 시점으로 전략과 조직구조를 생각하는 것뿐만이 아닌 보다 상세하게 변수간의 인과관계를 살펴 연구하는 경향이 많아졌다. 또한 전략과 조직구조의 적합관계와 업적의 상관관계를 실증적으로 분석한 연구도 출현했다. 예를 들면 Roth, Schweiger and Morrison(1991)은 국제화전략과 조직 디자인간의 적합관계(fit)에 따라 사업부문(business unit)의 업적이 규정됨을 실증했다.

---

6) A. Edstrom and J. Galbraith, Transfer of managers as a coordination and control strategy in multinational organizations, Administrative Science Quarterly 22, 1977, pp.248-267.

7) 부르크와 레머스에 의한 다국적기업유형

Brooke and Remmers(1978)는, 다국적기업을 A에서 D까지의 네 타입으로 유형화했다.[7]

타입A : 이 타입의 기업은 통상 소규모로, 단일제품을 취급한다. 해외자회사는 본사에 대해 자회사 '전반'에 걸친 사항에 대하여 보고한다. 그러나 이 타입은 일반적으로 불안정하고, 다음 단계로 이행하기 쉽다.

타입B : 이 타입은 국내에서는 제품사업부별로 조직되는 한편 해외운영관리는 지리적 단위로 구성된다. 해외와의 접점은 소위 국제사업부라는 부문으로 통괄된다. 이 지리적 단위를 확대한 지역사업부, 지역통괄본부라는 부서도 있다. 이 타입의 문제점은 국내의 제품사업부팀은 해외시장에 관심을 갖지 않고, 본사 내에서 제품사업부와 국제사업부간의 커뮤니케이션이 불충분해진다는 점이다.

타입C : 이 타입은 제품사업부문이 세계 규모로 조직화되어, 해외운영은 모두 국제사업부를 통하지 않게 되었다. 따라서 제품사업부문은 해외에서의 사업전개까지도 스스로의 컨트롤 하에 두게 되었다. 그러나 그 한편에서, 특히 국내시장에 주로 주목할 경우, 국제사업부문 폐지에 의해 바야흐로 국내와 해외사업을 묶는 파이프 역할에 대한 존재가 결여되어 타입B 때보다 한층 국내와 해외의 커뮤니케이션이 나빠지는 경우도 있다.

타입D : 이러한 커뮤니케이션 문제를 해소하기 위해서는 제품 축과 지리 축을 조합한 조직화가 합리적이라 하여, 이것을 타입D라 불렀다. 이 타입은 훗날 글로벌 매트릭스 구조로 통하는 선구적 개념이다.

타입A는 주로 단일제품 기업으로, 개별적인 지리적·제품그룹조직을 갖지 않는다. 타입B에서는 지리적 조직이 해외운영과의 주요한 링크가 되어 있다. 타입C는 세계적으로 구성된 제품군을 축으로 하는 조직이다. 그리고 타입D는 다른 타입의 복합체라고 했다. 그리고 국제사업부를 폐지함에 따라, 타입B에서 타입C로 재빨리 이행이 가능해지고 있으나 통상은 그 이행은 보다 유연하며,

---

7) M. Brooke and H. L. Remmers, The strategy of Multinational Enterprise, Pitman, 1978.

현재 어떤 타입에 속하는가에 대한 판명이 어려운 경우가 많다고 한다.

일반적으로는, 타입A 기업은 소규모이나 급속히 성장하고, 타입B · C로 됨에 따라 성장은 완만해진다. 타입D 기업에서는 다양한 타입의 복합체이기 때문에 그 성장속도도 제각각이다.

8) 갈브레이스의 발전단계 모델

갈브레이스는 조직발전 모델을 제시하여, 단순조직에서 세계적 다국적기업에 이르는 경로를 정리했다(Galbraith and Nathanson, 1978).

단순조직이 단일 직능조직으로 성장하고 듀폰처럼 수직통합에 의한 집권적 직능부문제 조직으로 이행하는 경우와 제너럴모터스처럼 아무런 관련 없는 사업으로의 다각화를 통하여 지주회사로 이행하는 경우가 있다. 미국 기업에서는 전자의 패턴이 보다 지배적이라고 했다. 그리고 집권적 직능부문제 조직이 관련사업으로의 다각화를 거쳐 사업부제 조직으로 이행하고 더 나아가서는 세계적 다국적기업으로 진화하는 패턴이 미국 기업의 지배적인 경로라고 했다.

3. 진화한 다국적기업조직 모델

이제까지 환경 · 전략에 대응한 조직의 진화과정을, 다국적기업의 발전단계 모델을 중심으로 보아 왔다. 이제부터는 그 진화과정에서 오늘날 도달점의 양상을 살펴보기로 하자. 오늘날 다국적기업의 존재도 진화과정에 있음은 말할 것도 없다. 그러나 일찍이 스톱포드 팀이 그린 미래형 다국적기업조직의 많은 요소가 오늘날도 다국적기업에는 존재하고 있다. 그래서 오늘날 다국적기업이 다양한 환경 속에서 어떤 특징을 갖고 있는가에 대하여 알아보기로 하자.

1) 글로벌 매트릭스 조직

위에서 본 지역별사업부제 혹은 세계적 제품별사업부제는 다국적기업조직이 그 조직형태의 진화과정에서 국제사업부제에서 탈각한 하나의 발전단계로서 규정된다. 그러나 어떤 경우도 글로벌 경영의 복잡함에서 보면 매우 단순한 형태이며, 이윽고 상황에 맞지 않는 경우가 생겼다.

한편은 지리 축만을 강조한 결과, 각 지역에서의 제품다각화가 진전됨에 따라 그 복잡·다양한 제품시장에 대응할 수 없게 된다. 또한 동일 지역 내에서 복수의 제품간의 이해대립에 대한 조정문제도 생긴다. 다른 한편, 세계적 제품별사업부제 쪽은 담당제품에 관련된 전 세계적 관리를 장악하기 위해 전 세계 시장에 대한 대응이 곤란해진다. 각국에 대한 아주 세세한 현지적응이 필요한 경우도 현지국에 관한 특수지식·노하우가 결여되어 있으며, 더욱이 단독 제품사업부에서 필요한 원조를 모두 감당할 여유도 없다.

소위, 한편은 자칫하면 현지적응에 과도로 기울어진 조직대응이며, 다른 한편은 과도로 글로벌 통합, 표준화에 맞춘 조직대응이라고 말할 수 있을지도 모르겠다. 이러한 편중을 교정하기 위해 고안한 것이 글로벌 매트릭스 구조였다. 지역 축과 제품 축을 50%씩 맞춘 조직구조이다.

각 사업부 모두 단독으로는 의사결정을 할 수 없고, 항상 지역부문과의 절충하에서 결정된다. 각 레벨에는 두 명의 보스가 존재하고, 항상 쌍방에 보고한다. 빈번히 양자의 의견 차이가 생긴다는 내부모순을 항상 안고 있다. 그때마다 대립을 뛰어넘어 우리 회사에 바람직한 것은 어느 쪽인가, 하는 시점에서 의사결정을 한다. 중간층이나 프로트라인의 매니저들은 강한 의지와 자기 자신을 갖는 것이 필요하다.

장점은 쌍방 축의 밸런스가 맞는 매니지먼트가 가능, 편중된 국소 이익이 아닌 전 회사에 걸쳐 이익 최적화를 실현할 가능성을 갖고 있다는 것이다. 이에 반해 단점은 매니지먼트의 비용이 팽대하며, 갈등을 조직 내에 내포하여 항상 불안정하다는 것이다. 또 내부에서 일하는 자에게 많은 스트레스를 주며, 의사결정도 매듭지어지지 않는 경우가 발생한다.

2) 차별화된 통합 네트워크로서 다국적기업

글로벌 매트릭스 조직으로 대표되는 오늘날의 다국적기업 조직구조의 특징을 한마디로 나타낸다면 '차별화된 통합 네트워크로서의 다국적기업'이라 표현할 수 있겠다.

다국적기업은 한편에서는 차별화를 추진하면서, 다른 한편에서 그것을 내포한 형태로 글로벌 통합을 촉진한다. 그 쌍방 압력의 상대적 강함은 기업에 따라 다르다. 뒷장에서 상세히 설명하겠지만, 본국으로부터의 내적 일관성을 우선시하는 어프로치는 일반적으로 일본 기업(혹은 미국 기업)에서 많이 볼 수 있다. 여기에 반해, 해외각국 사정에 맞추어 현지적응을 위한 지향이 보다 강하게 작용하는 어프로치는 일반적으로 유럽 기업에서 많이 볼 수 있다고 말해진다(Bartlett and Ghoshal, 1989).

그 양방향의 역학이 균형을 이룬 시스템을 노리아와 고샬은 차별화된 통합 네트워크(differentiated network)로 표현했다.[8)]

이러한 논점의 배경에는 다국적기업이 서로 모순된 복수의 다른 커뮤니티에 속해 있는 경우가 있다. 첫 번째의 커뮤니티는, 다국적기업의 본거지인 홈컨트리(본국)이다. 다국적기업은 세계 규모로 활동을 전개하고 있어도, 그 홈베이스인 본국의 경영환경(정치, 경제, 법률, 기술, 문화, 관습 등)에 많은 영향을 받고 있다.

두 번째의 커뮤니티는, 다국적기업의 해외활동이 전개되고 있는 해외현지국이다. 다국적기업은 본국 커뮤니티의 경영환경으로부터 상당한 영향을 받으면서도 그 한편에서 해외진출국(호스트컨트리)의 경영환경으로부터도 영향을 받는다는 것은 말할 필요도 없다.

세 번째의 커뮤니티는, 기업 전체로서의 내부 커뮤니티이다. 네슬러나 ABB사로 대표되듯이 다국적기업 자체가 독자적인 강력한 기업문화를 창출하고, 세계 규모로 분산하는 오퍼레이션의 구심력으로 되어 있다.

3) 글로벌 경영과 동형화

동형화(isomorphism)란 조직사회학에서 신제도화 이론(Neo-institutional Theory)의 중심적 개념이다. 조직은 외부환경의 불확실성에 대처하기 위해 같은 패턴을 취하는 경향이 있다. 인과관계가 애매하고 어떻게 하면 좋을지 모르는 경우, 다른 것과 같은 패턴을 취함으로써 불확실성을 삭감하려고 노력한다. 이것을 모방적 동형화(mimeticisomorphism)라 한다. 그 밖에도 정부를 비롯한

8) N. Noria and S. Ghoshal, The Differential Network : Organizing Multinational Corporations for Value Creation, San Francisco : Joeesy-Bass.

법적 규제하에서 조직에 제약을 가하여 규정을 준수하게 함으로써 정당화를 제공하는 강제적 동형화(coercive isomorphism)가 있다.[9)]

글로벌 경영에서는 해외진출국에서 다양한 불확실성에 직면하며, 그 대처로서 종종 '로마에 가면 로마법을 따르라'와 같은 적응이 행해진다(이것은 불확실성하에서의 모방적 동형화의 예이다). 또한 현지국 정부에 의한 수많은 규제를 준수함에 따라 현지에서의 사업전개에 대한 정당성을 얻을 수 있다(이것은 법적 제약하에서 강제적 동형화에 관한 예이다). 더 나아가 업계에 따라서는 그 높은 전문성으로 인해 업계 특유의 다양한 규범이 존재하며, 그것에 적합하지 않으면 집단 내에서 인지되지 않는다(이것은 전문적 직업에서의 규범적 동형화의 예이다).

또한 다국적기업은 회사 밖에서뿐만이 아니라 사내에서 다양한 환경조건(사풍, 기업문화 등)에 노출되어 있으며 사내적인 동형화의 압력도 받고 있다. 다국적기업의 도전과제로서 이들 대부분의, 더구나 상호모순적인 동형화의 압력에 어떻게 대처할 수 있는가를 들 수 있다.

다국적기업이 본국의 요청에만 응하고 있다면 그것은 국내기업의 행동과 하등 변화가 없는 것이며, 그러한 자국 중심주의적 행동은 본국의 논리를 해외에 강요하는 나쁜 결과를 초래할 것이다. 또한 다국적기업이 만약 해외현지환경에만 적응하고 있다면, 각 진출국에서의 국내기업의 행동과 하등 차이가 없게 된다. 각국 자회사가 현지국 외부환경의 니즈에 응하고 있다면, 다국적기업 전체로서의 통일성은 상실될 뿐만이 아닌, 본국 환경에 대한 대응은 전혀 행하지 않은 상태가 된다. 이러한 환경은 매니지먼트에 다대한 노력을 하게 되나, 그 반면에 큰 창의적인 노하우를 만들어 내는 환경으로도 될 수 있다.

이와 같은 상호모순된 환경에 대한 대응압력에 합리적인 최적의 해결책을 만들어 내기 위해 다국적기업은 자국에서도 해외현지국 대응만이 아닌, 제3의 환경대응의 길을 찾아낼 필요성에 처하게 된다. 그래서 다국적기업은 조직혁신, 제품개발 등, 각 레벨에서의 이노베이션을 글로벌 규모로 만들어 낼 가능성을 갖는다.

---

9) P. DiMaggio and W. Powell, The Iron cage revisited : Institutional isomorphism and collective rationality in organizational fields, Administrative Sociological review 48, 1983, pp.147-160.

Rosenzweig and Singh(1991)는 다국적기업의 조직형태를 마치 현지로의 동형화와 내부 일관성간의 긴장관계에 대한 관점에서 논했다. 국경을 낀 다른 사회·문화·정치경제 환경에서 활동하는 다국적기업은 높은 불확실성에 직면해 있으며, 외부환경으로의 동형화의 압력도 높아지나, 다국적기업은 본국, 현지국의 양국에 걸쳐 서로 모순된 압력에 대처해야만 한다. 이와 같이 다국적기업이란 본국·현지국의 각기 다른 환경 속에서 분열된 존재라고 말할 수 있다.

4) 외적·내적 '동형화'와 다국적기업

특히 다국적기업의 해외자회사는 이들의 다른 압박에 항상 직면해 있다고 해도 좋다. 해외자회사는 통상 본국, 현지국의 사회적 환경, 그리고 기업 내 환경이라는 세 가지 다른 압박을 만나고 있다고도 말할 수 있다. 그것은 세 가지 다른 커뮤니티로의 동형화(isomor phism)에 관한 과제라 할 수 있다. 동형화(그 커뮤니티에 있어서, 어울리는 방식으로의 동일화 프로세스)에 대한 압박은 일반적으로 그 환경에서의 불확실성이 증대할 경우에 현저해진다고 한다. 따라서 불확실성이 높은 환경에 존재하는 다국적기업은 항상 동형화에 대한 압박에 직면해 있다고 하겠다.

제3절 다국적기업에서의 컨트롤

1. 다국적기업과 컨트롤

다국적기업에서 왜 컨트롤이 중요한가. 그 외부환경의 다양성 때문에 다국적기업은 외부로부터의 다른 요구에 분열이 생기는 일이 자주 있다. 그런 만큼 조직으로서의 일관성을 유지하기 위해 다국적기업의 통합 메커니즘으로서의 컨트롤이 필요해진다.

공식 메커니즘과 비공식 메커니즘이 있다. 양쪽 모두 그 나름대로 중요하나,

경향의 흐름은 공식적인 것에서 비공식적인 것으로의 중요성을 알아 가는 데 있었다.

- 공식 메커니즘
  룰화, 매뉴얼화 등에 따라 사안의 진행방식, 결정방식을 룰틴화하는 방식. 표준화(standardization), 형식화(formalization)라고도 말한다.
- 비공식 메커니즘
  인적 네트워크나 문화적 메커니즘을 통한 수법. 인휘멀한 인적 모임, 교류는 사회화나 이념 공유를 촉진하고, 멤버 전원이 이념이나 가치관을 공유하게 됨에 따라, 사람들의 행동에도 영향을 미친다. 행동을 컨트롤하지 않아도 기업으로서 바람직한 결과를 낳는다.[10)]

글로벌 매트릭스와 같은 복잡한 조직의 경우, 이들 쌍방의 메커니즘이 함께 필요하다. 한편에서 자신의 역할이 무엇인가 명확한 규정이 필요하지만, 다른 한편에서 서로 모순된 지역 축과 사업 축과의 사이에 서서 개개인은 자신의 판단으로 행동하는 국면이 많기 때문이다.

그래서 기업이념이나 가치관이 사원에게 침투해 있으면 그들의 판단으로 회사에 올바른 방향으로의 판단이 내려질 가능성이 높아진다. 문화에 의한 컨트롤이 중요해지는 이유가 여기에 있다. 뒤에서 말하겠지만, 다국적기업의 해외거점에 대한 컨트롤에서도 주재원 자신이 문화적 컨트롤의 메커니즘으로서 기능했다(Edstrom and Galbraith, 1977).

2. 다국적기업에서의 컨트롤에 관한 연구

여기에서 다국적기업의 컨트롤 메커니즘에 관하여 논한 과거의 대표적 연구를 약간 소개하자.

---

10) P. Rosenzweig and J. Singh, Organizational enviornments and enterprise, Academy of Management Review 16, 1991, pp.340-361.

Baliga and Jaeger(1984)는, 컨트롤 시스템과 권한위양(委讓)문제는 지리적으로 분산되고 복합적 지식인 다국적기업에 있어서 특히 큰 문제라고 논했다. Fayerweather(1978)도 다국적기업은 그 복잡성, 이질성, 안정성, 혹은 때로는 적대적인 관계로 컨트롤의 문제가 중요하다고 지적하고 있다. 다국적기업에서 컨트롤 및 의사결정 시스템은 어떻게 결정되는가.

조직에서의 컨트롤 메커니즘은 다양한 각도에서 분류되어 왔다. 컨트롤이란 조직이 그 궁극의 목적을 달성할 수 있도록 활동을 규정하는 것을 의미한다(Child, 1973 ; Tannenbaum, 1968). 그러나 그 수법에 대해서는 여러 가지 분류가 행해져 왔다.

Ouchi(1977)에 의하면 행동(behavior)과 성과(output) 타입의 모니터링이 있다. 전자는 인프트 컨트롤이라고도 하며, 개개인의 행동을 직접 규제하는 것이다. 이것에 대해 후자는 행동에 대해서는 간섭하지 않고 그 결과, 실적을 갖고 평가하는 방식이다.

이와 동일하게 Mintzberg(1973, 1972)는 '개인적 조정시스템(personal control system)'과 '관료적 조정시스템(bureaucratic comtrol system)'을 구별했다.[11] Edstrom and Galbraith(1977)는 여기에 덧붙여 제3의 컨트롤 시스템으로서 '사회화에 의한 조정(control by socialization)'을 제시했다. 사람들이 서로 교류함으로써 가치관·이념에 영향을 주고, 결과로서 다른 행동에도 영향을 주는 비공식 메커니즘이다. 다국적기업의 문맥에서는 주재원을 해외에 파견하여 문화적 컨트롤의 수단으로서 활용하는 것을 들 수 있다.

Baliga and Jaeger(1984)도 대다수의 구분에 따라 '문화적 조정(cultural control)', '관료적 조정(bureaucratic control)'로 구분했다.[12] 관료적 조정이란 공식화·명문화된 규칙을 따라 엄격히 행동 혹은 성과를 관리하는 방식이다(Etzioni, 1980). 여기에 대해 cultural control이란 보다 비공식적인 수단이며, 조직구성원에 조직공통의 가치관·이념·심정을 침투시킴으로써 그 행동을 유도하는 방식이다. 때로는 Type Z(Theory Z) 등이라고도 말해졌던 것이다(Ouchi, 1981 ;

11) Mintzberg h, The Nature of managerial work, Harper&Row, 1973.

12) Balgia r and A Jaeger, Multinational Corporation: Control system and delegation issuees, Journal of International Business studies,15,1984, pp25-40.

Peters and Waterman, 1982).

Baliga and Jaeger(1984)의 분류에 의하면 이들 컨트롤의 특징은 <표 8-1>과 같이 정리된다.

표 8-1 콘트롤의 종류

콘트롤의 목적	유형	
	순수의 bureaucratic / formalized control	순수한 cultural control
성과(output)	공식의 파퍼먼스 레포트	파퍼먼스에 과한 공유된 가치관
행동(behavior)	기업 메뉴얼	관리의 고유된 철학

도즈와 프라할라드는 1980년대에 일련의 다국적기업 매니지먼트에 관한 저작에서 다국적기업에 의한 전략적 컨트롤이라는 개념을 내놓아 그 유형을 제시했다.[13] 그들은 항상 톱매니지먼트의 시점에서 다각화 다국적기업의 경영자가 해야 할 역할 · 능력으로 세 가지를 들었다. 그것은 컨트롤, 변화, 유연성이다.

컨트롤이란 제공된 전략을 확실히 실시하기 위해 본사와 해외자회사의 역할을 적확하게 인식하고 실천해 가는 것을 가리킨다. 변화란 현재의 전략을 수정하거나 새로운 전략을 입안하기 위해 현재의 본사와 해외자회사의 역할을 변경해 가는 것을 의미한다. 유연성이란 자사의 전체적 전략의 틀 내에서 유연한 대응을 하기 위해 본사나 해외자회사의 역할을 항시 능란하게 조정하는 일이다.

이들의 경영관리상의 직무를 밸런스 좋게 해 나가는 것이 전략적 컨트롤이다. 이것은 단순히 조직구조나 조직과정에 관한 것이 아닌, 톱 매니지먼트가 해 나가야 할 전략적 역할에 관련된 사항이다. 그런 의미로 이것은 조직론이라기보다 전략 프로세스론의 영역이라고 말할 수 있겠다.

13) Doz.Y and C. K. Prahalad, Patterns of strategic control in multinational corporations, Journal of International Business Studies 15, 1981, pp.55-72.

참고 HOYA의 글로벌화 프로세스

1941년에 일본 최초의 광학유리 전문 메이커로 생겨난 HOYA는 그 후 광 · 전자분야로의 다각화를 적극적으로 전개해 나갔다. 국제화의 흐름도 사업부마다 해외전개, 지역마다 3지역총괄 본사제, 더 나아가서는 지역 축과 컴퍼니 축과의 밸런스를 취한 글로벌 본사체제로 변화해 갔다. 1973년에 미국 현지법인을 설립한 것이 동사의 본격적 국제화의 시작인데 당시의 해외거점은 각 사업부의 진출처로서의 기능밖에 없었다.

이윽고 1989년에는 일본 · 미국 · 유럽 3지역 총괄본사제가 도입되어 사내에서는 이해를 국제화 원년으로 규정지었다. 이제까지처럼 각 사업부마다의 해외전개가 아닌 회사 전체로서의 글로벌화를 추진해 가는 방식으로 바꾸었다. 유럽지역 총괄본사는 네덜란드의 아르트혼, 북미지역 총괄본사는 미국 캘리포니아 주 프리몬트에 설립했다. 또한 일본 본사는 아시아, 오세아니아 8사를 총괄하는 지역본사가 되었다. 이 시기에 1990년부터 국제사원제도라는 국제간부육성 프로그램을 발전시켜, 입사 때부터 정년까지 해외에 근무하는 인물을 육성함으로써 기업의 진정한 글로벌화 추진을 꾀했다.

이윽고 1998년에는 소회사 제도를 도입하여 사업마다 경영의 독립성이 높아졌다. 각각의 회사에 대한 경영책임도 보다 명확해지고, 시장밀착 · 고객 중시형 경영이 강화되었다. 현재는 지역 매니지먼트와 컴퍼니 매니지먼트의 2중 구조를 취하고 있다. 일본을 중심으로 한 글로벌 본사체제하에서 3지역 총괄본사가 지역별 사업을 정리하여, 그 사업이 지역 내에서 확고한 지위를 구축하는 것을 지원한다. 한편, 각 컴퍼니는 해외 비즈니스를 적극적으로 지원함과 동시에 각 지역 내뿐만이 아닌 글로벌적 시야로 사업전략을 수행하는 역할을 담당하고 있다. 이와 같이 사업 축, 지역 축의 추사이를 흔들리면서 동사(同社)의 글로벌화가 진행 중이다.

3. 국제조직의 통합

성공적인 조정은 집중화를 통해 이루어야 한다.

1) 국제조직의 전략과 조정

핵심역량을 이전함으로써 이익을 창출하려는 조정(제품과 기술 등)에 대한 필요성은 다국적기업(지역반응 기반)에서는 낮고 국제기업(수출기반)에서는 높으며, 글로벌 기업에서는 좀 더 높고 초국적 기업에게는 상당히 높다.

일례로 글로벌 기업의 조정은 세계적 가치사슬을 통해 제품의 유연한 흐름을 보장하여야 한다. 국제기업에서의 조정은 하부단위로의 핵심역량 이전을 필요로 한다. 핵심역량의 다양한 이전을 달성하려는 초국적기업의 목적은 제품과 마케팅 전략이 지역 조건에 맞게 분산된 기업의 가치창출활동을 조정할 필요성을 주고 있다.

표 8-2 국제조직의 전략, 구조, 통제 시스템

구조	전략			
	다국적	국제	글로벌	초국적
수직적 차별화	분권화	분산된 핵심역량	약간의 분권화	집중과 분권의 통합
수평적 차별화	세계지역구조	세계제품사업부	세계제품사업부	비공식적 매트릭스
조정에 대한 요구	낮음	중간	높음	매우 높음
통합체계	없음	적음	많음	매우 많음
성과 모호성	낮음	중간	높음	매우 높음
문화적 통제에 대한 요구	낮음	중간	높음	매우 높음

자료 : Hill, Charles W. L. *International Business*, Irwin/McGraw Hill, 1998, p.398.

위 표에서 보듯이 전략과 구조를 일치시키는 것이 기업의 성과에 긍정적으로 작용한다. 기업은 환경과 산업에 따라 글로벌, 국제 또는 초국적 전략이 또 다른 산업에서는 다국적 전략이 중요하게 된다.

참고 ABB 회사

1887년에 C. E. L. 브라운이 스위스 바덴에 전기기기 공장을 설립하였는데, 1890년 W. 보베리가 경영에 참가하여 브라운보베리(Brown Boveri)로 정식 설립되었다. 1900년 회사조직을 개편하고 동시에 증기 터빈의 제조를 개시하였으며, 만하임에 같은 이름의 자회사(子會社)를 설립하였다. 1988년 전통 깊은 스웨덴 기업인 아세아(Asea)그룹(1883년 설립)과 합병하여 지금의 회사명으로 바꾸었다. 미국의 제너럴일렉트릭, 독일의 지멘스와 함께 발전설비 부문의 세계 3대업체이다.

대형 발전장치 · 터빈 · 차단기 · 기관차 · 고주파 기기 및 각종 제어장치(制御裝置)를 주로 생산하며 발전, 송전, 배전, 일반산업(야금학, 공정자동화 등), 운수, 환경보호, 금융

서비스 및 기타 활동(로봇공학, 과급기 등) 등의 8개 부문에서 사업을 벌이고 있다.

독일 · 프랑스 · 이탈리아 · 오스트리아 · 에스파냐 · 노르웨이 등 유럽 각국과 인도 · 브라질에 자회사가 있으며, 세계적 규모로 생산활동을 하고 있다. 한국법인은 ABB코리아(주)이다. 재무상태는 2001년 총자산 323억 4400만 달러, 매출액 237억 2600만 달러이다.

PART 09 글로벌 경영전략 모델

제1절 글로벌 경영전략의 모델

1. 국제 경영전략의 핵심

글로벌 경영전략을 수립한다는 것은 국가간의 비교우위(comparative advantage)와 기업의 경쟁우위(competitive advantage)를 최적으로 결합하는 것이다.

1) 국가들간의 비교우위(comparative advantage)

장소특유의 우위라고도 할 수 있는 비교우위는 국제기업의 자원조달의 장소 및 시장의 선정에 영향을 미치게 된다. 즉, 기업의 부가가치 사슬(value-added chain)상의 특정한 활동을 어느 국가에서 수행할 것인가에 대한 의사결정시에 비교우위의 측면은 중요한 지침으로서 작용하게 된다.

2) 기업의 경쟁우위(competitive advantage)

기업특유의 우위 또는 경쟁우위는 부가가치 사슬의 여러 활동 중에서 어떠한 활동에 자원과 노력을 집중하여 경쟁력을 가질 수 있는가에 대한 의사결정에 영향을 미친다.

또 한편으로는 저원가와 차별화라는 경쟁우위를 달성하기 위해서는 경쟁우위의 원천이 되는 부가가치의 각 기능을 범세계적으로 어떻게 배치(configuration)하고 조정(coordination)하여 각 기능들의 효율성을 재고할 것인가가 중요하다. 이 경우 배치의 차원은 가치사슬 내의 각 활동이 수행되는 국가의 결정에 관한 문제이며, 조정의 차원은 각 국가에서 수행되는 각 활동의 상호연결에 관한 문제이다. 따라서 국가의 요소부존도를 나타내는 비교우위는 기업의 제반활동을 어느 나라에 위치시킬 것인가를 결정하는 배치의 측면에 많은 영향을 미치고 기업이 갖고 있는 경쟁우위는 여러 국가에서 수행되는 가치활동의 조정 측면에서 영향을 미친다.

다음으로는 이상에 대하여 좀 더 구체적으로 연구된 글로벌 경영전략의 모델을 소개하고자 한다.

2. 경영전략의 환경

1) 지구화(globalization)의 진행

마케팅 분야에 많은 영향을 끼친 학자 중의 한 명인 레비트(T. Levitt)는 지난 20여 년간의 기술적, 사회적, 경제적 발전이 단일화된 전 세계 시장을 창조하였으며, 이런 환경에서 경쟁력을 유지하기 위해서는 지구적인 규모의 경제(global scale economies)를 갖고 있어야 한다고 하였다. 교통-통신기술의 발달, 경제수준의 상승과 전 세계적으로 동일해지는 소비자의 기호, 관세인하 등 무역장벽과 외환규제의 완화 및 컴퓨터네트워크의 발전으로 개개의 국민경제가 서로 밀접하게 관련을 갖게 되었다.

2) 지역별 대응(local responsiveness)의 중요성

지구화의 큰 물결에도 전통적인 장애가 존재하고 있다. 국가마다 상이한 시장구조와 소비자 선호가 그것이다. 물론 이러한 국가별 차이도 국제적인 교통, 통신의 발달로 점차 완화되기는 할 것이나 아직까지도 이러한 국가별 기호, 습관, 선호 등은 상당한 차이를 보이고 있다.

이와 함께 시장의 하부구조 및 경쟁상태의 국가별 차이는 지역별 대응의 필요성과 비관세장벽 등과 정부의 간섭 및 규제 등도 지역별 대응을 여전히 중요한 요인으로 만들고 있다.

3) 경제의 블록화 현상

지구화가 세계경제를 재편하고 있는 중요한 추세인 반면, 다른 한편에서는 EC통합(EU)이나 북미자유무역지역(NAFTA)과 같은 경제적 블록화 현상이 발생하고 있다. 이러한 경제블록은 보다 넓은 단일시장을 제공한다는 긍정적인 측면과 이들이 보호주의적인 경제정책을 실시할 경우에는 역외 기업에게는 배타적인 성향을 동시에 갖게 될 것이다.

3. Integration-Responsiveness(IR) 모델

통합대응 모델(Integration-Responsiveness Model)은 1975년의 Prahalad[1]와 1976년에 발표된 Doz[2]의 하버드 박사 학위논문에서 처음 소개된 모형이다. 이들은 글로벌 기업은 글로벌 통합의 압력과 지역별 대응의 압력이라는 두 가지의 상반된 압력에 동시에 직면하고 있다는 것이다(<그림 9-1> 참조).

그림 9-1 통합대응 모델

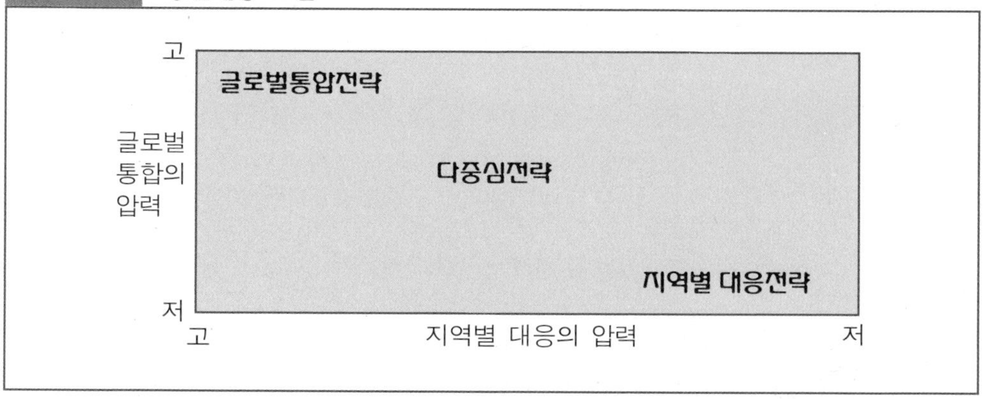

자료 : K. Roth & A. J. Morrison, "An Empirical Analysis of Integration Responsiveness Framework in Global Industries", Journal of Internatinal Business Studies, 1991, p.544.

1) C. K. Prahalad, The strategic process in Multinational Corporation, Doctoral dissertation, Harvard Business school, 1975.

2) Doz Y. National polices and Multinational management Doctoral dissertation, Harvard Business school, 1976.

먼저 글로벌 통합의 압력(pressures for global integration)으로 작용하는 요인들을 구체적으로 살펴보면 다음과 같다.

① 범세계적 소비자들의 존재이다(이와 같은 소비자들은 전 세계에 걸쳐 있는 공급자들의 가격 및 서비스 등을 비교하여 제품의 구입을 결정하게 된다).

② 범세계적 경쟁자들의 출현이다(특정 지역에서 벌어지는 기업간 경쟁을 통해 여타 지역에서의 경쟁에 영향을 끼침으로써 범세계적 경쟁을 촉발시키는 경쟁자들이 출현하게 된다).

③ 첨단산업을 중심으로 한 R&D 집약적인 산업의 등장이다(이 경우 대규모의 투자를 회수하기 위해 보다 넓은 세계시장을 상대로 한 마케팅 활동을 전개하게 된다. 이는 특히 초기에 대규모 투자가 소요되는 투자집약적인 사업의 경우에 해당된다).

④ 비용절감에 대한 압력이다(요소비용이 낮은 지역에서 생산을 추구하고 대규모 공장을 건설하여 규모의 경제와 경험효과를 추구한다).

⑤ 소비자욕구의 동질화경향이다(이는 국가들간에 존재하는 벽을 허물어, 전 세계를 하나의 단일시장으로 파악하고 전략을 수립하는 글로벌 경영을 요구하고 있다).

이에 반해 지역별 대응의 압력(pressures for local responsiveness)으로 작용하는 요인들을 보면 다음과 같다.

① 소비성향의 이질성(국가 혹은 지역별로 다양한 소비자 요구를 충족시키기 위해 지역적 대응전략이 필요하다)

② 시장구조의 상이성(즉, 각국간에는 유통경로, 가격결정, 제품 포지셔닝, 판매촉진과 광고 등의 상이성이 존재한다)

③ 대체품의 존재(진입시장에서 상이한 가격체계를 가진 현지대체품과 만날 경우 경쟁력을 유지하기 위해 현지적응전략이 요구된다)

④ 현지국정부의 압력(국가발전 및 국가안보 등 다양한 이유로 현지국정부

의 요구가 있을 때 각국별 적응전략이 요구된다)

이상에서 보았듯이 글로벌 기업이 글로벌 통합과 지역적 대응의 요구하에서 어떠한 전략을 택할 것인가는 각 기업에 작용하는 개별요인들의 크기에 따라 달라질 것이다. 이 모델은 글로벌적으로 경영활동을 통합할 것인가 아니면 개별, 지역별로 적응하여 대응할 것인가에 따라 세 가지 전략을 제시하고 있다. 즉, ① 글로벌 통합전략(global integration strategy), ②지역별 대응전략(local responsiveness strategy), ③ 절충형태의 다중초점전략(multi-focal strategy)을 들 수 있다.

글로벌 통합전략은 다국적기업의 여러 자회사가 본사에 의해서 직접적으로 지휘, 통제를 받으며 특히 생산이나 판매 면에서 자회사들간에 긴밀한 상호의존성을 갖는 경우의 전략을 말한다. 통합의 필요성은 비용절감과 투자의 효용극대화이며 이를 위해 임금이 싼 국가에 공장을 설립하여 타국시장으로 선적하고 규모의 경제를 실현하기 위해 대규모의 전문화된 공장을 건설한다. 이 전략은 보통 중앙집권적 조직구조를 가진다.

다중초점전략은 자회사들간의 독자적인 자율 경영원칙하에서 각 지역의 자회사간 조정과 상호협력을 갖는 것을 의미한다. 즉, 연구개발의 우선순위를 조정하고 범세계적 소비자에 대한 가격결정을 조정하며 본사에서 자회사로 혹은 자회사간에 기술이전을 촉진하는 데 그 특징이 있다. 이 전략은 자회사들에게 차별화 된 목표를 할당하는데 이는 경쟁능력을 개발하기 위한 것이다.

지역별 대응전략은 개별국가의 환경에 맞추어 마치 그 나라의 기업처럼 현지국에서 자율적으로 활동하도록 하는 것을 말한다. 따라서 자회사는 현지의 경쟁사나 소비자의 요구에 대응하여 독자적으로 자원의 실행결정을 내리게 된다. 따라서 지역별 대응전략은 주로 분권적 조직구조를 요구하게 된다.

4. 부가가치활동의 배치와 조정 모델

배치-조정(configuration-coordination model)은 가치사슬을 기초로 포터(M. E.

Porter)에 의해 제시되었다. 이 모델은 기업의 경쟁력의 원천은 R&D, 생산, 마케팅, A/S 등의 주요 경영기능들의 효율성을 제고하는 데 있음을 강조하고, 저원가와 차별화라는 경쟁우위를 달성하기 위해 각 기능들의 활동을 범세계적으로 배치하고 조정하는 모델이다. 가치활동의 배치(configuration)라는 개념은 전세계를 대상으로 수행되는 가치사슬 내의 각 활동들이 얼마만큼 특정국에 집중되어 있는가 또는 분산되어 있는가를 의미하고, 가치활동의 조정(coordination)이란 개념은 각 국가에서 수행되는 가치사슬간의 상호조정 정도를 의미한다.

따라서 가치사슬의 집중은 본국을 중심으로 소수지역에 각 가치활동을 집중배치하는 것을 의미하며, 분산을 각기의 가치활동을 분산시켜 극단적으로는 모든 진출지역에 본사와 동일한 가치사슬(value chain)을 갖는 자회사를 두는 것을 의미한다. 그리고 높은 조정수준이라는 것은 높은 통제(가치활동의 통합)를 추구하는 중앙집권식 경영을 말하며, 낮은 조정수준은 높은 자율성을 추구하는 분권화 된 경영방식을 시사한다. 예를 들면 한국, 미국, 영국에 세 개의 생산공장을 가지고 있는 기업의 경우 세 개의 공장을 각각 완전히 자율적으로 운영할 수도 있고, 아니면 똑같은 생산방식과 부품 등을 사용하게 함으로써 본사에서 철저하게 통제할 수도 있다. 가치활동의 범세계적인 배치와 조정을 구체적으로 살펴보면 다음과 같다(<그림 9-2> 참조).

그림 9-2 가치활동의 배치조정 모델

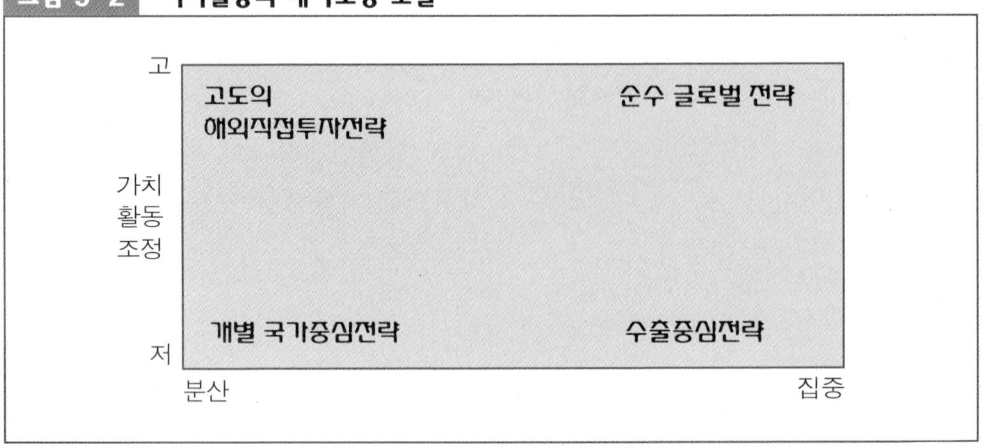

자료 : M. Porter, Competition in Global Industries, Harvard Business school Press, 1986, p.28.

① 순수 글로벌 전략(pure global strategy)

기업의 가치사슬중 규모의 경제에 민감 한 부분들은 기업의 가치사슬 중 규모의 경제에 민감한 부분들은 가급적 하나의 국가에 집중하여 행하고, 현지화에 충실해야 할 기능들만 최소한으로 분산시킨다. 그것도 개별국가 간의 차이를 좁히도록 높은 조정수준을 유지한다. 이는 저원가를 달성하는 데 유용한 전략이다.

② 개별국가중심전략(country-centered strategy)

기업활동의 대부분이 개별국가에 분산되어 행해지지만 자회사간 가치활동의 조정이 이루어지지 않는 전략의 형태이다. 미국의 GM사는 세계 여러 곳에 제조공장을 두었으며 심지어 지역에 따라 서로 다른 상표명을 사용하기도 한다.

③ 고도의 해외직접투자전략(high FDI strategy)

대부분의 가치활동을 각국에 분산배치 하는 면에서는 개별국가중심전략과 유사하나 분산된 가치활동에 대해서는 철저한 중앙통제 및 조정을 행하는 점에서 다른 측면을 가지고 있으며, 반면 자회사간의 조정수준이 높은 전략이다.

④ 수출중심전략(export strategy)

가치활동을 지역적으로 집중시키되 가치활동간 조정은 별로 하지 않는 전략이다. 즉, 순수글로벌 전략처럼 기업의 가치사슬 중 규모의 경제에 민감한 기능들은 가급적 한곳으로 집중시켜 관리하고 최소한으로 현지화에 필요한 기능만 분산시켜 각 지역별 적응의 요구에 대응하는 수출위주의 전략이다.

배치와 조정의 매트릭스 내에 있는 전략 중 어떤 것을 선택하여 실행하는가 하는 것은 어떤 전략이 자사의 국제적인 경쟁우위를 확보하는 데 효과적인가에 따라서 결정되기 때문에 자사에 가장 유리한 전략을 선택하기 위해서는 가치활동의 지역적 집중에 따른 장단점과 분산된 가치활동의 조정 및 통제에 따른 장단점을 이해해야 한다.

5. 경쟁범위에 따른 전략 모델

경쟁범위는 기업이 경쟁하는 데 있어서 활동의 폭을 의미한다. 기업이 글로벌 경영을 수행하는 데 있어 경쟁의 범위를 어떻게 선택하는가에 따라 글로벌 경영전략의 추구가 달라진다.

글로벌 기업은 어떻게 가치활동을 전 세계적으로 배치하고 조정함으로써 경쟁우위를 향상시킬 수 있는가 여부와 시장세분의 범위를 어느 정도로 할 것인가의 여부에 따라 전략이 구분된다. 가치활동의 지역적 배치 및 조정에 따라 범세계적 전략과 개별국가중심전략으로 분류하고 세분한 시장을 다수와 소수로 구분한다. 각 전략들을 살펴보면 다음과 같다.

① 차별화전략(global cost leadership or differentiation)

광범위한 제품라인에 걸쳐 경쟁하기 위해 기업의 가치활동을 지역적으로 집중하며 또한 가치활동을 강력하게 통제하는 전략이다. 즉, 각 개별시장을 독립된 개개의 시장으로 보지 않고 하나의 범세계적 시장으로 보고 전략을 수립한다.

② 범세계적 세분화전략(global segmentation)

자동차산업의 메르세데스 벤츠와 같이 특정 세분시장을 대상으로 하여 범세계적 경쟁전략을 추구하는 것이다. 즉, 기업의 자원이 한정되어 있을 경우 범세계적 시장의 특정 시장을 목표시장으로 하는 전략이다.

③ 보호된 시장침투전략(protected markets)

관세, 쿼터, 수출 자율규제, 보조금 등을 통하여 정책적으로 보호를 받는 산업 내에서 광범위한 세분시장을 대상으로 하는 전략이다. 각 나라 안에서의 경쟁이 서로 독립적인 산업, 즉 한 국가 안에서의 경쟁이 여타 국가에서의 경쟁에 무관한 식품산업과 같은 산업에서 수행되는 전략이다.

④ 현지시장적응전략(national responsiveness)

현지국의 독특한 시장상황으로 인하여 생겨나는 세분시장에 선별적으로 진출하는 전략이다. 즉, 각국의 현지시장의 불규칙한 수요에 부응하여 한정된 자원을 특정 시장에 집중하는 전략이다.

제2절 글로벌 경영전략의 수립절차

전략의 수립은 광의의 전략개념에서 설명된 것처럼 먼저 기본적인 장기목표, 즉 기업의 장기비전을 설정하고 이의 달성을 위해 제한된 자원을 어디에 투입하는 것이 좋은가를 결정하는 과정이다. 이때 전략대안은 기업의 사명을 바탕으로 외부환경 분석과 내부능력 분석의 결과로부터 도출된다. 이와 같이 전략을 수립하고 집행하는 전 과정을 순환적으로 관리하는 것을 '전략경영(strategic management)'이라고 한다. 특히 오늘날과 같은 환경의 불확실성과 불연속성하에서 등장한 전략경영은 전략의 주기적인 수립뿐 아니라 계속적인 관리를 강조하고 있다.

1. 글로벌 팀의 구성

글로벌 전략의 성공에 절대적으로 필요한 것은 각기 다른 부서와 다른 국가의 경영자들을 함께 참여시키는 것이다. 그렇기 때문에 글로벌 전략의 분석에 참여하는 사람들을 선택하는 것은 매우 중요한 결정이 되는 것이다.

2. 장기 비전의 설정

신규사업을 시작하거나 기존사업의 방향을 재정립하고자 할 때 가장 먼저 해야 할 일이 기업의 비전을 정립하는 일이다. 기업의 비전은 기업철학을 구체화한 것으로 기업의 존재의의와 기업이 나아가고자 하는 통일된 방향을 표현한다. 기업의 비전은 크게 다음 세 가지 요소들을 담고 있다.

첫째는 기업이 원하는 미래상이다. 즉, '현재 우리가 하고 있는 사업은 무엇이며 향후 어떠한 사업을 전개 할 것인가' 등을 결정하는 것이다.

둘째는 조직구성원들에 대한 대내적인 동기유발이다. 즉, 기업의 사명은 조직구성원들의 일치된 공유가치가 추구될 수 있도록 수립되어야 한다. 특히 조직구성원의 인종이 다양한 글로벌 기업에 있어서는 이 문제가 특히 중요하다.

셋째는 기업의 사회적 책임 등을 포함한 기업을 둘러싼 이해관계자들에 대한 대외적 관계이다. 한 국가에 한정되지 않고 여러 국가에 걸쳐 활동하는 글로벌 기업의 입장에서는 각국에 대한 일관된 관계 설정이 매우 중요하다.

3. 글로벌 경영환경의 분석

글로벌 경영환경 분석은 기업이 국내, 해외, 국제환경에서 직면할 수 있는 현재와 미래의 환경요인들을 평가/분석하는 과정이다. 급변하고 있는 글로벌 환경하에서 이러한 분석은 매우 어려운 과제가 되고 있다. 현재는 경영정보 시스템의 발달로 인하여 이러한 정보를 좀 더 용이하게 획득할 수 있다. 예를 들어 글로벌 경영활동을 전개하는 기업은 경쟁환경의 분석시 국내의 주요 경쟁자들뿐만 아니라 타국의 주요 경쟁자들을 포함한 경쟁상황도 분석하여야 한다. 이러한 때 경영정보 시스템의 역할은 매우 커다란 비중을 차지할 수 있다.

4. 내부능력 분석

내부능력 분석은 외부환경 분석에서 도출한 환경이 주는 기회와 위협에 대해 '우리 기업이 이를 얼마나 이용하고 대처해 나갈 수 있는 내부능력이 있는가'를 알아보기 위한 것이다. 즉 이 작업은 각 시장과 국가에서 기업이 가지고 있는 경쟁역량을 확인하는 것이다. 기업은 상대적으로 전략적 우위가 있는 분야를 우선적으로 선택하여 전략을 실행해 나가는 것이 좋다. 기업이 취할 수 있는 행동으로는 열위에 있는 분야에서 이를 극복하는 것도 포함할 수 있으나 이보다는 기업이 상대적으로 경쟁자보다 우위를 가지고 있는 분야에서 경쟁자를 앞서는 것이 보다 공격적인 전략이 될 수 있다.

5. 기업목표의 설정

기업목표의 설정은 환경 분석과 내부능력 분석을 끝낸 후에 시작된다. 이상의 분석을 통해 기업은 현재와 미래의 환경을 충분히 이해하게 되었다. 전략적 목표는 기업의 강약점을 반영한다. 즉 기업의 목표는 진공상태에서 갑자기 생성되는 것이 아니라 철저한 전략수립과정을 통하여 이루어질 수 있는 것이다(전략적 목표란 기업의 아주 기본적이고, 장기적으로 추구해야 하는 목표를 말한다).

6. 전략대안의 개발과 선택

기업의 외부환경 분석과 내부능력 분석이 끝난 후에 이루어지는 절차는 바로 전략대안의 개발과 선택이다. 글로벌 전략은 기업에 대한 환경의 압력과 기업의 자원능력, 목표의 성취를 전제로 한 기본적인 수단이다. 이때 전제사항으로서 가장 먼저 고려해야 할 것이 기업이 나아가고자 하는 통일된 방향을 보여주는 기업의 비전에 비추어 그 타당성 여부를 평가하여야 한다. 한편 전략대안들의 평가 및 선택의 도구로써 대표적인 방법은 국제포트폴리오(international portfolio)이다.

7. 실행 프로그램의 작성

전략의 선택이 이루어지면 전략의 집행을 위한 실행계획이 수립되어야 한다. 만약 선택된 전략이 새로운 제품시장에 진입하려는 것이라면 진입을 위한 수단으로서 신제품개발을 위한 체계적 계획이 수립되어야 할 것이고 새로운 설비와 인원을 확보하기 위한 계획이 뒤이어 작성되어야 한다.

글로벌 경영전략이 대개 중장기적으로 글로벌 경영활동의 전반에 대해서 수립되는 데 비해서 실행계획은 이를 구체화하는 만큼 기간도 짧고 범위 역시 전략계획에 비해서 좁은 것이 보통이다. 실행계획은 글로벌 경영전략에서 기능전략 중의 하나 또는 그보다 더 좁은 경영관리기능에 대한 구체적인 계획이다.

1) 전략의 내용

전략내용을 결정하는 데 있어서 가장 중요한 결정 대안은 제품과 시장의 결정과 경쟁적 우위의 확보라는 두 가지 측면으로 나누어 볼 수 있다.

① 경쟁적 우위확보전략

원가우위전략과 차별화전략으로 나눈다. 이들은 제한된 시장과 많은 시장에서의 전략으로 나뉜다.

② 시장선택전략

시장선택전략은 시장집중과 시장확산전략으로 나뉜다. 시장집중은 제한된 시장에서 원가우위 및 차별화와 관련되어 있으며 시장확산은 많은 시장에서의 원가우위 및 차별화와 관련되어 있다.

8. 전략의 실행

전략적 선택의 거의 마지막 단계로서 이루어지는 것이 바로 전략의 실행이다. "실행되지 않는 전략은 전략이 아니다"라는 말이 있을 정도로 전략의 실행은 글로벌 경영전략에서 매우 중요한 위치를 차지하고 있다. 이와 같은 전략의 첫 번째 단계는 바로 단기적 목표들을 수립하는 것으로 시작한다. 두 번째는 기업의 자원의 할당을 포함하는데 여기에는 자본 · 인적자원, 고정자산 등을 들 수 있다. 세 번째는 기업이 선택한 글로벌 전략을 실행하는 데 적합한 조직형태를 완성해 나가는 것이다.

제3절 주요 전략 개념

글로벌 경영활동을 수행하는 기업들은 경쟁력의 원천인 다음 네 가지의 요인을 통해 경쟁우위를 확보하려 한다. 이하에서는 다음의 네 가지 주요 전략개념, 즉 ① 규모의 경제, ② 범위의 경제, ③ 경험곡선, ④ 부가가치사슬을 설명하고자 한다.

1. 규모의 경제

규모의 경제(Economies of scale)란 일정기간 내에 생산해 낼 수 있는 절대물량(즉 공장규모)이 클수록 생산원가가 낮아진다는 개념이다. 학습효과가 시간이 경과함에 따른 누적생산량을 대상으로 한 개념인 데 비해 규모의 경제는 일정기간 내의 절대생산 규모를 대상으로 한다. 이러한 규모의 경제는 다음 세 가지 요인에 의해 발생한다.

첫째, 단일재화의 생산량을 아주 적은 양에서 점차 증대시키면 일정한 생산량수준까지는 평균비용을 절감시킬 수 있다. 이러한 유형의 규모의 경제를 제품생산의 증대에 따른 경제성(product specific economies)이라 한다.

둘째, 공장의 활용도 증대에 따른 경제성(plant specific economies)으로 일정한 규모에서 소량의 생산을 점차 대형화시킴에 따라 발생되는 단위당 비용절감 효과를 말한다.

셋째, 기업차원의 경제성 증대효과로서 한 기업이 확장 또는 여러 공장을 운용하여 생산량을 증대시킴으로써 생산 단위당 비용을 절감시킬 수 있다. 이러한 유형의 규모의 경제를 기업규모에 관련된 경제성(firm specific economies)이라 한다.

2. 범위의 경제

일부 재화는 개별기업에서 독립적으로 생산되는 것보다 다재화를 생산하는 어느 한 기업에서 결합 생산될 때 평균생산비가 더욱 절감될 수 있다. 이것은 제품의 가짓수를 증대시킴으로써 생산, 판매 및 구매기능을 제품간에 공동으로 사용함으로써 나타나며 이러한 현상을 단일재화 생산시 나타나는 규모의 경제에 대응된 개념으로 범위의 경제(economies of scope)라고 한다.

3. 경험곡선

경험곡선(Experience curve)은 누적생산량이 두 배로 증가할 때마다 경험의 누적과 생산과정의 효율화를 통해 단위생산 원가가 일정비율(%)로 떨어진다는 개념이다. 이는 작업자가 반복되는 작업을 계속함에 따라 제품단위당에 필요한 노동시간이 감소되는 현상을 뜻하는 학습곡선(learning curve)과는 그 의미가 다르다. 학습곡선은 직접비 중에서도 인건비에만 적용되며 따라서 그 적용에 한계가 있다. 이에 반해서 경험곡선은 직접비와 간접비를 망라한 총생산 원가가 감소하는 패턴을 설명하므로 그 적용범위가 훨씬 크다.

경험곡선의 효과는 보통 작업능률의 향상, 전문화와 작업방법의 개선, 제품 표준화, 설비능력의 성과 향상, 자원믹스의 개선, 생산공정의 혁신과 개선 등에 의해 발생한다. 경험곡선에서는 시장점유율이 매우 중요한 개념이다. 시장점유율이 높으면 당연히 그 기업의 생산량이 많고 당연히 그 기업의 누적 생산량이 많고 이는 다시 학습효과에 따라 생산원가가 낮아지며 그 결과 높은 수익률을 실현하게 되는 것이다. 이 개념이 경영자에게 주는 전략적 시사점을 보면 다음과 같다. 첫째는 생산비는 시장 점유율과 반비례의 관계를 갖는다. 따라서 시장점유율을 유지하는 회사는 생산비도 상대적으로 낮아진다. 셋째는 생산비의 하락에 대한 예측이 가능해짐에 따라 이에 대한 통제도 가능해진다.

그림 9-3 경험곡선

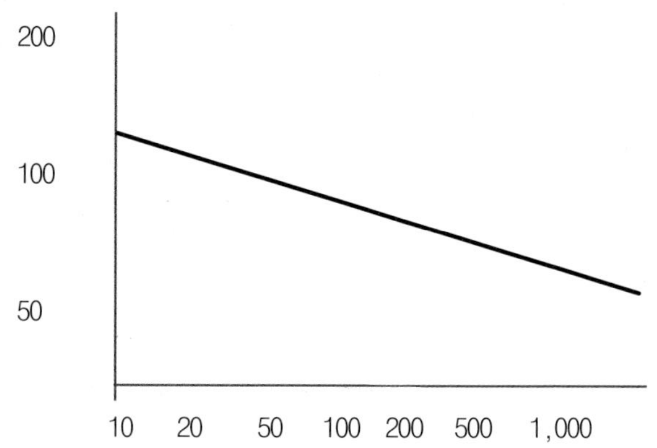

자료 : 윤창호 · 이규억, 산업조직론, 1987, p.214.

경험곡선의 효과는 시장이 급속히 성장하고 있는 반도체산업이나 컴퓨터산업에 있어서 잘 적용될 수 있다. 그러나 꼭 시장점유율이 전략적으로 우선 성취되어야 할 것만은 아닐 수도 있다. 포드와 GM의 경쟁에 있어서 시장점유율을 우선적으로 고려했던 포드의 T카가 GM의 소비자의 적절한 요구를 파악하여 다양한 차종을 제공했던 전략에 참패했던 예에서 볼 수 있다.

4. PPM 분석

1970년대 초반에 BCG(보스턴컨설팅그룹)는 경험곡선의 개념을 근본적으로 새로운 강력한 개념으로서 포트폴리오분석(PPM : Protfolio Product Management)을 이용한 성장률, 시장점유율 매트릭스(growth-share matrix)를 개발하여 하였다. 이것은 다국적기업의 사업단위별로 경험곡선을 그린 후에 개개의 사업단위를 매트릭스 위에 포지셔닝하는 것으로 투자대상으로서의 적합도를 상대비교하는 것이다.

BCG는 현금젖소(cash cow : 성숙시장에 있는 사업)와 스타(star) 사업에 투자나 경영자원을 균형 있게 배분함과 동시에 문제아(question marks : 스타로 변할 수 있는 사업)에도 자금 일부를 돌리는 것이 최적의 전략으로, 개(dog)에 분류되는 사업은 매각하거나 철수하여야 한다. 다시 말하면 최대의 시장점유율을 갖는 기업은 최저비용으로 최대의 이익을 얻기 위해 될 수 있으면 많은 제품시장에서 지배적인 점유율을 확립하는 것이 중요하다. 저성장시장에서는 경합회사의 시장점유율을 뺏는 것 이외에 자사의 점유율을 확대하는 방법은 없지만 고성장시장에서는 다액의 투자를 행함으로써 시장점유율의 확대를 꾀할 수 있다. 따라서 당해기업은 경합회사보다도 높은 성장률을 달성할 수 있어 성장률이 둔화될 때에는 지배적인 시장점유율을 갖는 기업이 될 수 있다.

그림 9-4 BCG 매트릭스

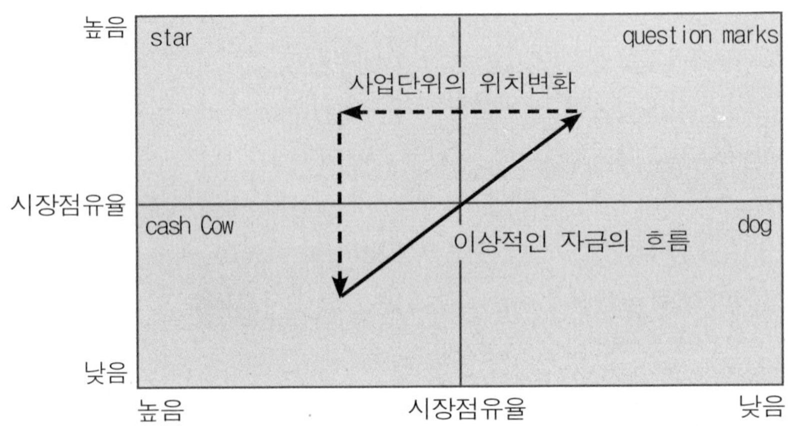

GE는 1971년 맥킨지(Mckinsey)에 개개의 전략적 사업단위가 책정한 전략계획의 평가를 의뢰했다. GE에서도 BCG의 성장률과 시장점유율 매트릭스를 사용하였지만 단 두 개의 기준으로 개개의 사업단위의 투자전략을 결정할 수 없다고 생각하였다. GE와 맥킨지는 아홉 개의 매트릭스(GE/Mckinsey nine-block Matrix)에 의한 사업스크린을 개발하였다.

이 매트릭스는 업계의 매력도 및 사업강도를 각각 12로 나누어 각 요소에 가중치를 두어 그 평균치로 나타낸 것이다.

5. PIMS 프로그램

PIMS 프로그램은 각 사업단위가 제출한 전략이 수익성에 미치는 영향을 평가하기 위한 수단으로 GE가 구축한 내부 데이터베이스에서 출발하였다. 1972년에 전략과 성과간의 관계를 보다 잘 이해하기 위해 하버드 경영대학으로 이전되어 이 프로그램에 참여하기를 원하는 다른 기업의 자료를 포함하여 데이터베이스를 확대하였다.

그 뒤 PIMS 프로그램의 독립적 운영을 위해 전략계획연구소(Strategic Planning Institute)가 별도로 설립되었는데, 이 연구소는 연구를 통해 나타난 결과를 참여기업들에게 조언해 주고 있다.[3] PIMS 프로그램에 전략적 행동의 결과를 측정하기 위해 100여 개의 변수들에 대해 수천 개 사업단위의 계량적 측정치를 사용하는 수학적 모형이라고 할 수 있다.[4]

PIMS 데이터베이스에 포함되는 변수들을 다음과 같은 세 가지 유형의 변수들이다.

① 산업변수(사업의 경쟁지위와 산업구조의 매력도)
시장성장률, 수명주기단계, 노조 결성여부, 고객, 집중도 등

② 전략변수
시장점유율, 제품품질, 신제품도입, 마케팅, 연구개발비용 등

③ 수익성변수
매출액 대비 세전영업이익(ROS), 투자자본 대비 세전영업 이익(ROI) 등

성장성-점유율 매트릭스와 산업매력도-사업강점 매트릭스는 산업의 매력도와 사업의 경제 지위를 평가함으로써 투자전략과 경쟁전략에 대해 이론적 제언을 제시해 주는 데 그 목적이 있다.

---

3) 1986년에 PIMS 프로그램에 참여한 기업(사업단위)은 2,600여 개에 이르는데, 이들 중 대부분이 북미지역의 기업이지만, 유럽 기업이 400여 개이고 여타 지역의 기업들도 100여 개에 이른다.

4) PIMS 프로그램에 대한 보다 자세한 설명은 김인호(1988), pp. 156-191을 참조할 것.

그림 9-5 PIMS 데이터베이스의 자료

시장구조의 매력도
성장률, 차별화 정도 · 자본집약도, 구매량 · 노조결정, 진입 순서

사업의 경쟁지위
상대적 품질, 시장점유율, 자본집약도, 원가지위

↓

전략의 특징
시장 및 R&D 지출, 가격책정, 신제품수, 제품라인의 길이, 유통채널의 선택, 수직통합의 정도

↓

성과 측정
ROI, ROS, 현금흐름, 성장률 주주가치

표 9-1 PIMS의 다중회귀 분석의 예[5)]

영향변수	투자수익률(ROI)	매출액순이익율(ROS)
실질시장성장률	0.18	0.04
가격인상율	0.22	0.08
노조결성율	-0.07	-0.03
시장점유율	0.34	0.14
상대적품질	0.11	0.05
신제품도입율	-0.12	-0.05
매출액 대비 마케팅 비용	-0.52	-0.32
매출액 대비 연구 개발비	-0.36	-0.22
매출액 대비 재고	-0.49	-0.09
고정자본 집중도	-0.55	-0.10
조업도	0.31	0.10
노동생산성	0.13	0.06
수직적통합	0.26	0.18
R^2 (F값)	0.39(58.3)	0.31(45.1)
표본수	2,314	2,314

자료 : R. D. Buzzel and B. T. Gale, the PIMS Principles, Free, New York, 1987, p.274.

이에 비해 PIMS 프로그램은 각각 다른 시장환경과 경쟁환경에 속한 다양한 사업단위들의 경험자료를 분석함으로써 전략의 일반적 원칙을 발견하는 데 그 목적이 있다. 이를 위해 PIMS 프로그램은 <그림 9-5>에서 알 수 있듯이 시장구조, 경쟁지위, 사업전략에 관한 실제 자료를 사용하여 이들이 재무적 성과에 미치는 영향을 실증적으로 분석한다.

PIMS 프로그램은 다중회귀분석을 통해 이들 산업변수와 전략변수가 기업의 성과에 미치는 영향을 분석한다. 수익성에 영향을 주는 다양한 산업변수와 전략변수를 사용하여 다중회귀분석을 한 결과에서 주요 변수를 선택하여 예시한 것이다. 이러한 PIMS 프로그램의 전략적 응용에는 ① 사업단위의 성과목표설정 ② 사업단위의 전략의 수립 ③ 사업단위들간의 투자자금 배분 등이 있다.

---

5) 결과를 해석하는 데 있어서 실질시장성장률을 예를 들면, 실제 시장성장률이 1% 증가하면 투자수익율(ROI)은 0.18% 증가한다는 것을 말해 준다.

PART 10 글로벌 경쟁시대의 국제 비즈니스 전략

제1절 글로벌화와 글로벌 경쟁

오늘날 '글로벌 비즈니스', '글로벌 경쟁', '글로벌 기업', 그리고 '글로벌 전략'이라는 용어를 자주 듣게 되었다. 이제는 '글로벌라이제션(globaligation)'은 현대 기업경영을 생각하는 데 불가결한 키워드가 되었다고 해도 과언이 아니다.

그러나 일단 그 구체적인 내용은 어떤가를 생각하면 실로 애매모할 뿐만이 아니라 오해, 곡해조차 하고 있는 경우도 종종 있다. 사람들이 '글로벌 비즈니스' 활동을 운운할 때, 그 말은 단순히 이하에 보인 다양한 활동 중의 어느 하나를 표방하고 있는 것에 지나지 않는 경우가 적지 않다.

① 해외의 라이벌 회사가 지닌 저노동 저임금이라는 경쟁우위에 대항하기 위해 해외에 생산기지를 설치한다.
② 세계적 규모를 지닌 브랜드에 대한 투자의 상환, 대형 연구개발기금의 염출 등을 주목적으로 해외에 진출한다.
③ 외국용 제품계열의 합리화를 꾀하고 디자인, 구매 및 생산 면에서 규모의 경제라는 우위를 향유한다.
④ 특정 사업에 관한 전략적 책무를 본사에 통합하기 위해 조직 재편성을 한다.

그리고 이제까지 학자들이 국제화나 글로벌화과정을 설명할 때 자칫하면 경제성에만 역점을 두었던 점도 부정할 수 없다. 이때 지적된 여러 요인이란 자금 집약성이나 기술 집약성, 저노동 코스트나 그 외의 요소상의 우위성, 국민경제를 넘은 규모의 경제성, 다국적에 이르는 고객이나 그 욕구의 보편성 등이었다. 따라서 '글로벌 비즈니스'라고 하면 세계적으로 표준화된 제품을 가리킨다고 생각해 온 경향이 있다. 예를 들면, 레비트(T. Levitt, 1983)에 의하면 다음과 같은 시나리오가 전개된다.[1] 기업은 일단 글로벌한 규모경제가 달성되면 제품특성, 외관, 용도 면에서 해외고객의 문화적 편견을 씻어 버릴 정도의 가치를 지닌 제품 제공이 가능해진다. 이렇게 하여 국제시장의 균질화가 진보됨과 함께, 이 코스트 우위를 기초로 한 글로벌 경쟁이 격화되기에 이른다.

그러나 오늘날의 글로벌 경쟁은 단순히 '규모경제의 패러다임'만으로 설명가능할 만큼 단순하지 않다. 예를 들면 타이어 생산을 보자. 바야흐로 이 산업은 굿이어, 미쉐린, 브리지스톤 3사가 세계를 석권하고 있다. 이들은 문자 그대로 글로벌 기업이다. 그런데 각각의 생산 · 판매전략을 볼 때 아직도 나라별로 세분화된 상태라고 말할 수 있겠다. 이 산업에서는 아직 소위 멀티도메스틱한 태세를 견지하고 있으며, 글로벌한 규모에서의 제품 단순화, 따라서 규모경제를 완전하게 활용하고 있다고는 결코 말하기 어렵다. 그러면서도 이들 3사는 글로벌 지향의 기업임을 만인이 인정하는 바이며, 거기에서 전개되고 있는 경쟁은 분명히 글로벌이다. 왜 그럴까?

덧붙여 가전산업을 보기로 하자. 미국 시장이 이 산업계 최대의 시장임은 누구나 인정하는 바이다. 규모의 경제를 살펴보면 RCA, GE, 제니스와 같은 미국의 가전업체가 미국에서 거액의 연구개발 · 생산설비에 대한 투자가 쉽게 정당화될 것이다. 그런데 현실은 비디오 녹화기, 8미리 비디오 · 카메라 등의 인기상품 중 이 나라에서 개발된 적은 매우 적다. 아울러 다른 텔레비전, 라디오 카세트 등의 전통상품에 대해서도 대부분은 일본, 아시아NIEs의 라이벌 회사로부터의 OEM 방식에 의한 제품제공에 의존하고 있다. 왜 이와 같은 사태를 맞이하기에 이르렀을까? 이와 같은 라이벌 기업간의 전략적 제휴 · 동맹(Strategic Allianace/ollaboration)은 어떻게 해석하면 좋을 것인가? 코스트나 품질, 규모의 장점만으로는 이와 같은 기업행동을 충분히 설명할 수 없다.

글로벌 경쟁시대의 국제 비즈니스 전략을 고찰하는 데는 상기의 코스트, 품

1) T. Levitt, "The Globaligation of Markets", Harvard Business Review, May-June 1983.

질, 규모의 경제를 주요 변수로 하는 정태적(情態的) 분석만으로는 그 전모를 파악할 수 없다. 거기에는 좀 더 다이내믹한 고찰이 불가결하다.

제2절 비즈니스와 비교우위 : 전통적 어프로치로부터의 재출발

1. 부가가치활동의 사슬과 국제 비즈니스

글로벌 경쟁에 관한 다이내믹한 고찰에 앞서서, 우리는 먼저 보다 전통적인 시야에서 본 국제 비즈니스 전략론을 개관함으로써 논리적 기초가 필요하다고 생각한다. 원래 기업경영활동이란, 단순화해 말하면, 다양한 경영자원을 투입하여 그것들에 부가가치를 부여하여 산출한다는 제반활동(부가가치활동)의 사슬(chains)을 의미한다고 정의할 수 있겠다. 따라서 경영의사결정자 즉 경영자는 의식적 혹은 무의식적이든 항상 어떤 종류의 모델 내지 프로세스를 뇌리에 그리면서 가능한 한 조직적으로 고려하여 행동한다고 생각한다.

그런데 그들의 모델 프로세스는 로빈슨(R. D. Robinson, 1987)에 의하면 다음의 다섯 가지의 지속적이고 상호작용적인 스텝을 밟아간다고 한다.[2)]

① 기업이 부가가치를 만들어 내는 사슬작용 속에서 개개의 링크(개별 역할)를 의식한다.

② 규모의 경제성과 범위의 경제성, 이들 양자를 감안하면서 상기 링크의 맥락에 따라 그 기업의 경쟁우위가 어디에 있는가를 결정한다.

③ 기업의 내외에 존재하는 부가가치 사슬 링크간의 거래 코스트에 대한 차를 확인하여, 거래 코스트의 최소화를 기획하여, 코스트가 최소가 될 방식을 채택한다.

④ 부가가치 사슬을 구성하는 각 링크의 창설 및 그것에 따른 거래 코스트와

2) Richard D. Robinson. ed, Direct Foreign Investment-Cost and Benefits, praeger, 1987.

의 사슬에서 본 각국의(기업의 모국까지도 포함) 비교우위를 결정한다.

⑤ 경영 의사결정과 조직설계의 양면에서 적당한 유연성을 키운다. 이렇게 하여 매우 동태적인 기업의 경쟁우위와 각국의 비교우위의 변화에 대하여 기업이 교묘히 대응할 수 있도록 노력한다.

이상의 다섯 가지 스텝에는 약간의 설명과 확장이 더 필요하다.

기업의 최종제품은 그것들이 '하드' (즉 상품)이든 '소프트' (즉 서비스)이든 상관없이 앞서 말한 바처럼 일련의 활동(부가가치의 사슬)에 의해 구성되고 있다. 그들의 링크(활동)의 일부 내지 대부분은 그 기업 내(intra-firm)에서 수행되고 있다(즉 내부화 되어 있다). 그러나 일부는 외부관계자로부터 구매하거나 계약에 근거한 제공을 받는다(즉 외부화되어 있다). 따라서 기업에서 법적으로 혹은 지리적으로 자사와는 거리가 있는 외부기업으로부터 어떤 링크가 입수 가능한가는 이론적으로 보아 검토할 가치가 있다. 그와 같은 작업을 통하여 기업은 자사의 경쟁력에 대한 실상을 파악할 수 있다. 즉 어느 링크가 우리 회사에서 이익의 원천이 될 수 있는가가 판명된다.

<그림 10-1>은 기업 부가가치의 사슬을 묘사한 것이다. 한눈으로 알 수 있듯이 도표는 매우 엉성하다. 지나치게 단순화되어 있다는 비난을 면할 수 없다. 다수의 인풋(예를 들면 매니지먼트 기능)이 결여되어 있거나 혹은 너무 관련성이 없는 링크끼리 결부되어 있거나 불충분한 것끼리 연결되어 있듯이 생각할 수 있을 지도 모르겠다. 그 일을 충분히 인지한 후에, 여기에서는 기업활동이, 다양한 부가가치 창조활동의 집합체(사슬)라는 사실이 명시적이라면 그 임무는 해냈다고 생각한다.

<그림 10-1>에서 사슬로 연결되어 있는 중요한 부가가치활동에 먼저 주목하여 보면 여섯 가지 아이템으로 된다.

① 정보의 수집과 처리 · 분석

아이디어 · 프로젝트의 발견

기술적 · 직무적 · 마케팅상의적합가능성 분석, 평가

② 연구 · 개발

그림 10-1 부가가치활동의 사슬

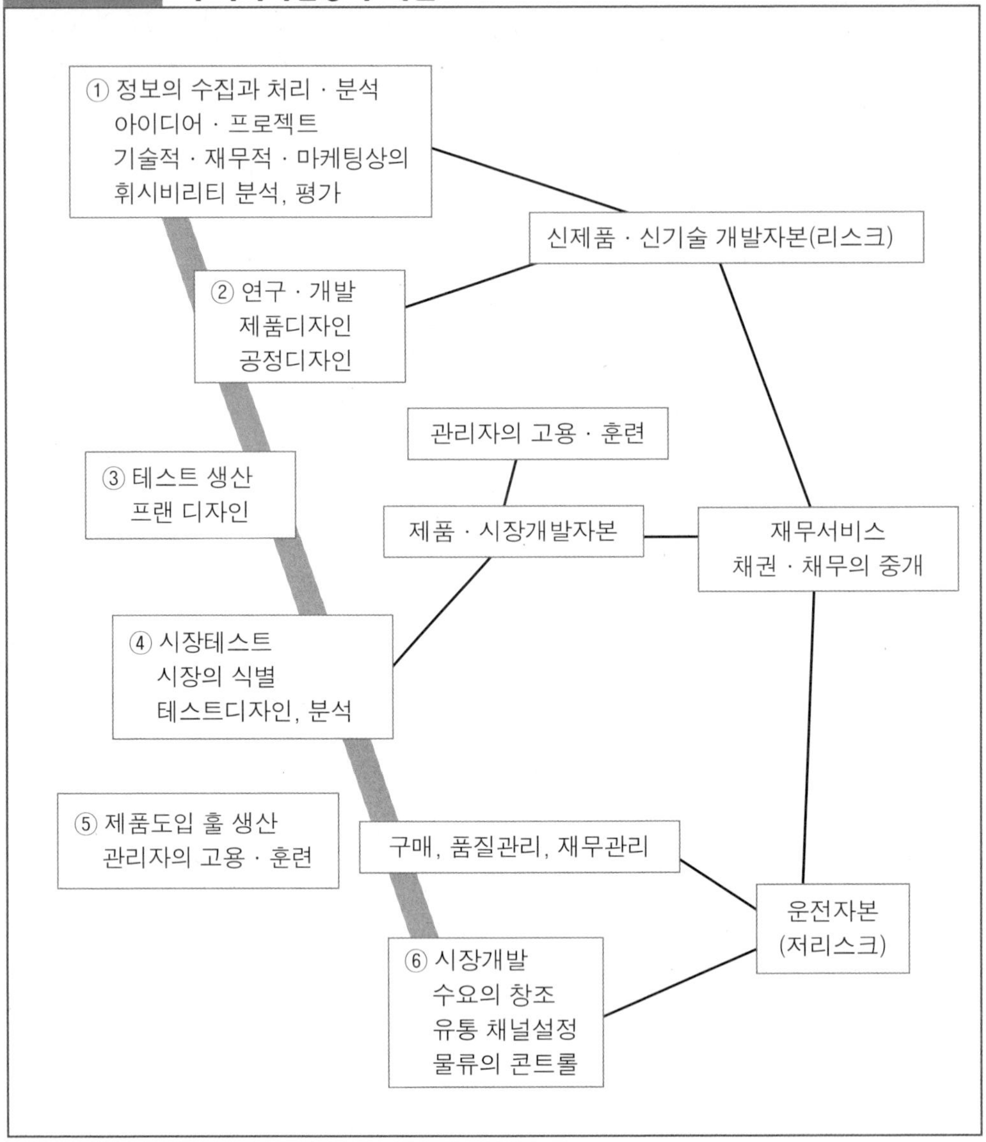

자료 : Richard D. Robinson ed., Direct Foreign Inverstment, Costs and Benefits, Praeger, 1987, p. X.

제품 디자인, 공정 디자인

③ 테스트 생산

브랜드 디자인, 건설, 감독, 구매, 관리자의 고용 · 훈련

④ 시장 테스트

시장에 대한 식별, 테스트 디자인, 분석

⑤ 제품 도입－풀 생산

관리자의 고용 · 훈련, 구매, 품질관리, 재무관리

⑥ 시장개발

수요의 창조, 유통 채널 설정, 물류 컨트롤

국제경영의 시점에서 보면, 여기에서의 주요과제는 이들 여섯 가지의 주요한 부가가치활동을 언제, 어디에서, 누구에게 시키는 것이 가장 경제적으로 보아 합리적인가 하는 사실이다.

글로벌 경쟁시대에 있다고 말해지고 있는 오늘날에는 상기의 여러 활동에 대한 입지와 담당자의 선택, 개시할 타이밍 결정 때, A) 본국인가 해외인가, B) 자사 그룹 내인가 밖으로부터인가, C) 지금 인가, 혹은 반년 후, 1년 후… 5년 후인가, 라는 다양한 포트폴리오를 생각할 수 있다.

2. 기업 특수적 우위와 국가 특수적 우위

그런데 여기에서 주목해야 할 상기의 링크(부가가치활동)는 ①에서 ⑥으로 그 사슬을 내려감에 따라 상대적으로 자본집약적인 활동에서 보다 노동집약적인 것으로 질적으로 변화해 가는 것이다. <그림 10-1>은 그 상황을 명시하고 있다.

기업 경영자에게 중요한 것은 이들 링크 중에서 자사가 어느 아이템에서 뛰어난가, 또한 어느 면에서 타사에 뒤떨어져 있는가를 정확히 판별하는 일이다. 즉 자사의 '기업 특수적 우위(Firm Specific Advantage)'와 '열위(Disadvantage)'를 식별하고, 그 결과 '우위'를 풀로 활용하고, '열위'가 최소로 되도록 커버할 전략체제를 구축하는 일이다.

'우위'를 완전하게 활용하는 데는 소위 '내부화'가 가장 좋은 선택일지도 모른다. 또한 '열위'에 대한 커버에는 그들의 링크를 '외부'에서 구하는 것이 최고 좋은 방도일지도 모른다. 그 결과로서 일관생산－판매부터 부분적인 외주나 위탁(수출) 판매까지 다양한 포트폴리오 전략을 생각할 수 있다.

기업이 지닌 경쟁우위는 라이벌 회사와의 상대적 관계에서 시류와 더불어 변화한다. 그 변화에 신축성 있게 대응할 수 있는 기업문화 · 본질을 배양해 놓는 일의 중요함은 말할 필요도 없다.

다음에 주목해야 할 것은 글로벌 시대를 맞이했다고는 하나, 세계 전체가 경제적으로 보아 동일 수준으로 발전한 것은 아니다. 혹은 세계 고객이 질적으로 완전히 균질화한 것도 아니다. 세계에는 아직 다양한 격차와 상위가 존재하고 있다. 그것들의 격차와 상위는, 기업 사이드에서 보면, 각국의 '국가 특수적 우위(Country Specific Advantage)'나 '열위'를 의미한다. 혹은 보다 고전적인 표현을 사용하자면 '비교 우위(Comparative Advantage)' 내지 '비교 열위'가 존재한

그림 10-2 나라의 비교우위와 부가가치활동 사슬의 변화

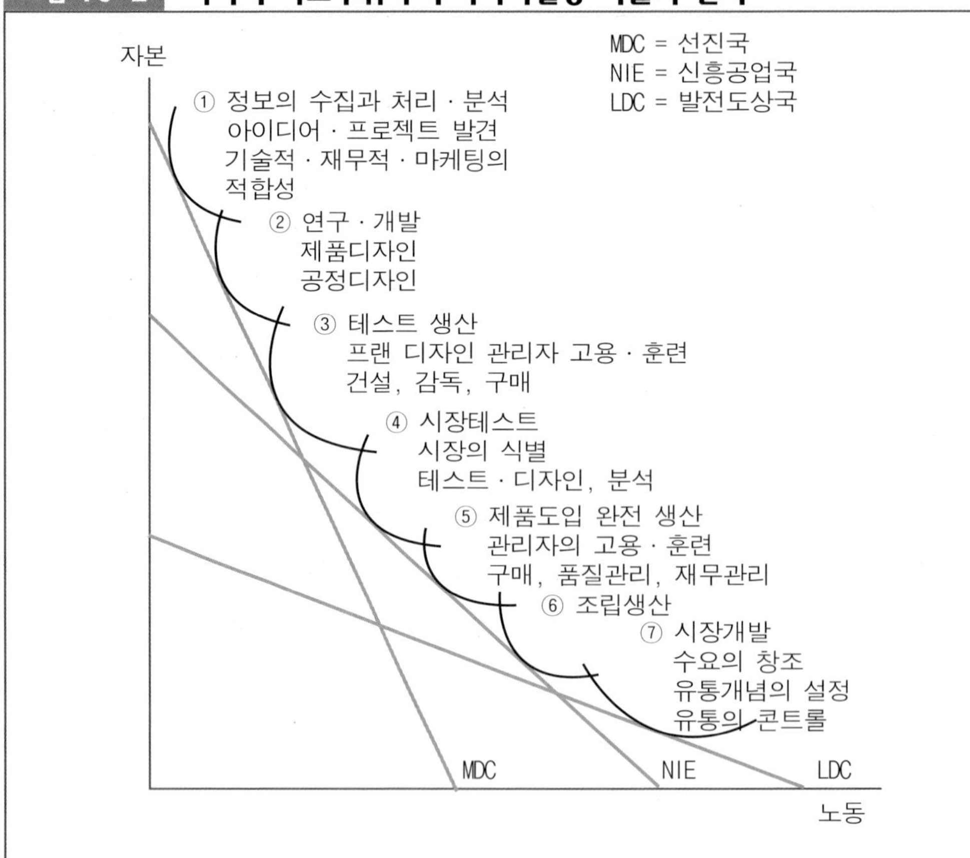

자료 : Richad & Robison, 1987, p.11.

다. 그리고 코스트라는 관점에서 보면 일반적으로는 선진공업국은 자본, 기술에 보다 비교우위이며 신흥공업국, 발전도상국은 보다 생산과 노동 면에서 비교우위라고 한다.

경제 · 경영의 국제화 글로벌화가 진전된 현재, 기업은 사업범위를 확장하고 자사가 지닌 '기업 특수적 우위', '열위'의 활용 내지 커버의 '장'을, 문자 그대로 글로벌로 전략을 모색하여야 한다. 즉 격변하는 경제 · 경영환경(국가 특수적 우위)에 신축성 있게 대응하여 비용이 최소가 되도록 부가가치사슬의 글로벌 믹스를 계속하여 추구하여야 한다.

<그림 10-2>는 선진공업국, 신흥공업국, 발전도상국 각각에서의 자본과 노동의 상대적 코스트 차가 세 갈래 직선으로 표시되어 있다. 또한 ①~⑥의 부가가치 사슬의 비용이 이론적으로 최소가 되는 위치가 어디인가가 나타나 있다. 이 표는 글로벌 지향의 경영자에게 자사의 어느 링크를 어디에, 언제부터, 어떤 방식으로 입지 전환해야 하는가, 그 전략전환(Transilience) 계획을 입안할 때의 기본 스케일로서 유용하다.

물론 그때의 포인트는, 각각의 링크는 자사에서 수행될 경우도 있으며, 타사에 일부 의뢰하는 일도 있고, 그 입지가 국내뿐만이 아닌 해외로 될 경우도 간혹 있다는 사실이다. 요는 경영의사 결정자가 어느 링크를 언제, 어떤 방식으로, 어떤 나라에 입지 전환하는 것이 자사에 최소 코스트 믹스가 되는가 하는 자각이다.

제3절 국제 비즈니스의 뉴 패러다임

1. '규모의 경제성'에서 '범위의 경제성'으로

글로벌 경쟁시대에서 경영전략전환을 생각할 때에 유효한 두 가지 개념이 있다. '규모의 경제성'과 '범위의 경제성'이 그것이다.

전자 즉 '규모의 경제성(Economies of Scale)'은 주지의 개념이다. 기능적으로 특정한 혹은 제품 특수적인 여러 요소를 고용하여 단위당 생산코스트를 최소화하는 것이 그 의도이다(최적 이용집약도의 달성). 전문화된 대량생산 · 소비 등은 바로 '규모의 경제'에 대한 산물이라 할 수 있겠다. 후자인 '범위의 경제성(Economies of Scope)'은 특정 기능이나 제품 안에서는 식별할 수 없는(비 특수적) 여러 요소의 이용에 관련된 것이다. 생산단위의 총 코스트의 최소화가 그 목적이다. 따라서 이 경우의 의도는 최적 이용의 폭(Spread) 또는 범위(Scope)의 달성에 있다. 여기에서 말하는 비특수적 여러 요소란 광범위한 상대적 고정비를 의미하나, 전자의 경우와 달리 특정한 혹은 기능이나 제품으로 식별되지 않는다. 따라서 생산함수의 일부로 간주할 수 없다.

그렇다고는 하나 실제로 어떤 활동의 경제가 규모에 의한 것인가, 범위에 의한 것인가 그 경계는 매우 애매하다. 단, 여기에서 유의해야 할 것은 '조직학습' (학습 · 경험곡선이 아래쪽으로 이동)에 따른 코스트의 저감은 '규모의 경제'와 '범위의 경제' 양자에 영향을 준다는 사실이다. 무엇보다 학습을 촉진하기 위해 기업이 개발한 특수한 관행(예를 들면 TQC 사이클 등)은 그것이 다양한 기능, 제품에 유효하게 적용 가능할 경우에는 분명히 그것은 '범위의 경제성'으로 간주된다. 따라서 만약 어떤 기업이 본국에서 개발한 어떤 학습성과를 글로벌하게 이전 가능한 능력이 있어 그것에 성공했다고 하자. 그렇다면 그것은 그 기업에게 매우 중요한 하나의 '범위의 경제성'이며, 주요한 경쟁우위를 구성하는 것은 말할 필요도 없다. 예를 들면 '범위의 경제성'을 키우는 능력에는 이하의 것이 포함된다고 한다.

- 생산 계획과 믹스에서의 보다 큰 유연성
- 시장 변화로의 민첩한 응답
- 낭비의 감소
- 보다 신속한 처리 능력
- 용이하게 재생 가능한 소프트웨어에 의한 분산적 처리 능력

글로벌 경쟁은 이미 가격에만 기인하는 것은 아니다. 그런 까닭에 '범위의

이와 같은 흐름은 나라별로(Country-base) 전개되는 공격 반격에 대한 반복이 결과적으로는 경쟁의 글로벌화를 촉진한다. 하멜과 프라할라드(G. Hamel & C. K. Prahalad, 1988)에 의하면,[4] 경쟁이 글로벌화하는가 혹은 나라별 전개로 끝나는가는 이제까지의 통념이었던 국제제품의 유동성이나 초국가적인 규모의 경제, 시장의 동질성에 의존하기보다는 오히려 기업이 지닌 국제 현금흐름의 능력에 의존하여 결정되는 케이스가 많다고 한다.

이렇게 생산과 기술 면에서 보아 글로벌 기업이라 주목받고 있던 기업이 서서히 지역기업화하는 케이스에 대해서도 그 전략적 의향을 살펴보면, 그들 기업이 글로벌 경쟁을 전개하고 있다는 사실에는 변화가 없음을 정확히 판단할 수 있다. 예를 들면 마쓰시타, 혼다, 닛산, 소니와 같은 일본을 대표하는 기업은 바야흐로 보호주의의 태두에 호응하여 통합을 느슨하게 하여 주요 시장에 생산 · 조립 기지를 분산시키기 시작했다. 생산은 로컬 베이스가 되었다고 해도, 이들 기업의 경쟁에 대한 전망은 글로벌함에는 변화가 없다. 따라서 기업을 '멀티도메스틱'인가 '글로벌'인가로 분류하는 일 자체가 이미 무의미해졌다고 할 수 있다.

여기에서는 오히려 라이벌 기업끼리 서로, 그 국내 · 해외에서의 강한 시장지배 지위에서 얻은 현금흐름을 국제적인(제3국) 시장점유쟁탈에 이용할 때, 글로벌 경쟁이 발생하는 일, 그리고 이와 같은 기업 그룹 내에서의 상호지원활동이 서로의 공격 · 반격의 범위(전망)를 국제화시킴과 동시에 각국의 시장 점유 · 포지션간의 상호의존성(글로벌리제이션)을 더해 감에 주목하고 싶다. 그 의미에서 상호지원활동의 유무와 강약이, 기업의 경쟁전략의 글로벌성을 규정하는 요소라고 말할 수 있겠다.

4) G. Hamel and C. K. Prahalad, Creating Global strategic Capability in Neil Hood & Jan-Erik Vahlne. ed Strategic in Global Competition, croom Helm, 1988, pp.9-10.

경제성'에 의한 공정기술은 양적인 면도 물론이거니와 오히려 다양성에서 생 나는 효율에 중점이 놓여진다. 그들의 기술에는 네 가지 속성을 찾아볼 수 다. 즉, ① 제품설계의 독립성 ② 프로그램 가능성 ③ 유연성 ④ 특수목적 법이다. 이와 같은 능력을 기업 내와 기업간, 국내와 해외에서 발휘할 수 있 일이 바야흐로 기업에서 이 글로벌 경쟁시대를 살아가기 위한 최대 과제의 나라고 해도 과언은 아니다.

2. 글로벌 경쟁과 상호지원활동

이제까지 우리들은 자칫하면 기업을 각국 단위로 사업전개를 생각하는 티도메스틱'인가, 혹은 '글로벌'인가로 명확히 분류하는 데 지나치게 경향이 있다. 그 때문에 현재 진행하고 있는 글로벌 경쟁의 진상이 정확 명되지 않은 채로 있다.[3)]

실은 글로벌 기업인가, 멀티도메스틱인가라는 것과 경쟁이 글로벌인가 가 하는 사실는 전혀 별개 차원의 문제임에 유의하고 싶다. 결론부터 면, 나라별 경쟁전략을 전개하고 있는(멀티도메스틱) 기업이라도 그 전 향 여하에 따라서는 그것은 틀림없이 글로벌 경쟁이라 간주되는 케이 다. 그와 같은 경우의 글로벌화의 과정이란 다음과 같은 경쟁 행동과 대한 대항적 행동의 반복에서 시작된다.

① 먼저 어떤 공격적인 기업이 본국장에서 얻은 현금흐름을 이용하 의 라이벌 회사에 대해 그 외국 기업의 모국 시장에서 자사의 (자회사 등)이 공격을 가하는 활동을 상호지원(Cross- subsidisatic
② 지원하면 방어하려는 그 상대 기업은 공격을 받은 자국장이 아 름의 입장에서 보아 그 공격 기업의 커버가 가장 약한 듯한 저 보복(Retaliation)활동에 들어간다.

3) M, Potter, Competition in Global Industries, Harvard university press, pp.17-19.

제4절 글로벌 경쟁우위전략의 구축 : 그 기본적 견해

1. 경쟁우위를 구성하는 제 요소

이제까지의 고찰에서 글로벌 경쟁시대에서의 국제 비즈니스 전략의 구축을 생각하는 데 기업의 장기적인 '전략적 의도'와 '상호지원능력'이 얼마나 중요한가가 명확해졌다. 자사와 라이벌 회사의 '전략적 의도', '상호지원능력'을 정확히 분석 · 판단하는 일 없이는, 즉 먼저 무엇보다도 우선하여 자타의 '기업 특수적 우위'의 정확한 식별 없이는 뛰어난 경쟁우위전략에 대한 구축은 바랄 수도 없다.

그래서 이하에서 우리는 하멜 · 프라할라드의 설에 의해 글로벌 경쟁우위전략 구축에 관한 기본적 개념을 제시하겠다.[5] 이 개념 두 가지 요인으로 구성되어 있다. 즉, ① 세 타입의 국제경쟁우위 원천과 ② 세 가지 전략지향이 그것이다.

1) 세 타입의 국제경쟁우위 원천

기업이 지닐 수 있는 국제경쟁우위로서는 적어도 다음과 같은 세 타입의 것을 생각할 수 있다. 그것들이 개념의 한 차원을 구성한다.

- 요소 코스트의 국제간의 상위에 기인한 입지 특수적 우위(Location Specific Advantages) …… 코스트 우위의 추구
- 국제적 스케일의 대량생산 · 마케팅에 의한 초국가적 규모의 경제와 그 경험효과 …… 규모의 경제성 추구
- 코스트 우위에 간섭하여, 새로운 참여 장벽을 만들어 내는 글로벌 유통 시스템 …… 범위의 경제성 추구

이미 서술해 왔듯이 이들 중 코스트와 규모는 '규모의 경제성'에 관련되고,

5) G. Hamel and C. K. Prahalad, 1988, pp.12-18.

범위는 '범위의 경제성'에 관련된다. 또한 이제까지 자칫하면 코스트와 범위의 장점이 지나치게 강조된 경향이 있어 글로벌 시대인 오늘날 범위의 장점에 대한 주목이 요청되어 온 것도 보아 온 그대로였다.

2) 라이벌 기업의 전략적 의향

개념 요소의 다른 한 차원을 구성하는 것이 상대 기업의 '전략적 의도'이다. 그것도 세 타입으로 대별할 수 있다.

- A타입 기업

  일본 기업에서 많이 볼 수 있는 이 타입의 기업 의도는, 현재 갖고 있는 경쟁우위를 지렛대로 한 장기적인 글로벌 브랜드의 지배 · 유지에 있다. 적극적 선행 투자, 신속한 제품도입에 의한 시장확대, 제품 세그먼트의 확장(제품 차별화), 지역시장간의 상호지원활동(기업 내 거래와 외환 가격 조작) 전개 등을 통하여 이 타입의 기업은 글로벌에 그 유통채널의 지배 · 확대(상권의 유지 · 확장)를 꾀하려 한다. 더 나아가 투자 타이밍을 잡는 데도 매우 적극적이며, 상업 리스크에 대하여 도전적 동기 · 태도를 취하는 것을 특징으로 하고 있다. 따라서 라이벌 기업의 출현방식에 따라서, 이 타입의 기업은 상기 세 타입의 경쟁우위를 자유롭게 구사하여 대응한다. 그 전략적 지향성에서 보아 하멜 · 프라할라드는 글로벌 프레센스 구축(Building Global Presence)형이라 부르고 있다.
- B타입 기업

  국내지배방어(Defending Domestic Dominance)형이라 불리는 기업이다. 외국의 라이벌 기업의 코스트 공격에 대응하기 위해 스스로도 저코스트를 지향하여 해외생산을 시작한다. 더 나아가 라이벌 기업의 대량투자나 공정기술 개발에도 대응하려고 노력한다. 그것에 실패하면, 정치적 해결 또는 협조 상대를 찾아 제휴한다(최근 미국 기업에서 많이 볼 수 있다).
- C타입 기업

  소위 다국적기업이다. 국제적으로 유통(상권)개발을 하고 있으나 그 활동은 각국 · 시장마다 그 재외 자회사에 분담시키고 있기 때문에 자회사에 상당한 자율성이 주어져 있다. 따라서 이들 자회사는 각각의 시장에서 성공을 이루는 일은 적지 않다. 따라서 한때 라이벌 기업(특히 A타입 기업)으로부터의 공격을 만나면 조직 전체가 조정 면에서 곤란에 직면하는 일도 적지 않다. 전통적으로 나라별의 자율성을 중시해 온 유럽의 다국적기업이 여기에 해당하며, 나라별 분산화의 극복(Overcoming National Fragmentation)형이라 부를 수 있다.

이렇게 하여 우리는 상기의 '세 가지 경쟁우위의 원천'과 '세 타입의 전략적 의향'에 의해 <표 10-1>과 같은 2차원 매트릭스를 제공할 수 있다. 이하에서는 이 표를 참조하면서 새로운 글로벌 경쟁시대의 각 타입의 기업이 채택할 수 있는 대체적 대응전략을 개관하겠다.

표 10-1 글로벌 경쟁전략의 차원

	전략적 의향		
경쟁우위의 제 요소	글로벌·프레젠스의 구축	국내지배 방위	나라별 분산화의 극복
요소 코스트의 상위	규모에 역점	코스트에 매치	각국 자회사에서 코스트 삭감
글로벌 스케일	코스트/볼륨 관계의 재점검	국내에서의 합리화	생산의 합리화
글로벌 유통	세계제패를 지향하는 상호지원활동	보복 능력을 가짐	전 회사적 규모에서의 전략적 직책 배분의 재점검

자료 : G. Hamel and C. K. Prahalad, 1988, p.14.

2. 대체적 글로벌 경쟁우위의 대응전략 : 세 가지 시나리오

1) A타입 기업 : 글로벌 프레젠스의 개척

- 먼저 입지 특수적 우위를 활용하여 거대시장(전형적으로는 미국)에서 규모에 역점을 둔다. 해당 시장에서 경험상 라이벌 기업에 보복할 수 없는 경

우, 그 라이벌 기업의 '전략적 전망'에서 벗어난 제3국 시장에서 볼륨을 달성한다. 경쟁 리스크를 삭감하기 위해, 초기 참여는 프라이빗 브랜드, 기술 공유, 그 외의 협조방식을 택한다.

- 이윽고 국제적으로 볼륨이 확대됨에 따라 코스트/볼륨 관계의 재평가를 시도하여 한층 더 확대 기회를 포착한다.
- 현지의 고객 · 소비자에 밀착한 마케팅 노력을 계속하여 그 기호에 정통하고, 라이벌 기업의 전략이나 약점에도 숙지하여 광범위한 소비자에 어필할 수 있는 제품을 적정한 가격으로 제공한다.
- 입지나 규모를 기반으로 한 포지션에 상대적인 변화가 있어도 그 시장지위를 유지 · 확보하기 위해서 독자적인 유통채널을 개발한다.
- 제품의 라이프사이클을 의도적으로 단축시켜 라이벌이 따라오는 것을 봉쇄함과 동시에 제품차별화 등에 의해 라이벌을 착란시킨다.
- 유통관점에서 보면 관련성이 있는 제품 훼밀리군의 창조를 통하여 유통투자에 한층 더 지원을 한다.
- 마침내는 세계의 주요 시장에 유통네트워크를 장악하여 세계제패를 지향하여 그룹 내에서의 활발한 상호지원활동을 지원한다.

2) B타입 기업 : 국내 지배방위

- 거의 예외 없이 B타입 기업이 A타입 기업의 동정에서 맨 먼저 문제시하는 것은 코스트 면에서의 상대적 경쟁우위이다. A타입 기업의 의도는 더 폭넓고 장기적인 세계 유통지배에 있음을 깨닫지 못하고 오로지 라이벌의 코스트에 매치시키려고 노력한다.
- 그 일환으로써 해외에 저코스트의 입지를 찾아 그곳에서 오프쇼아 조립 생산을 시작한다.
- 이윽고 라이벌 기업의 규모를 기초로 하는 코스트 우위를 깨달아 기존시설의 통폐합이나 신규로 대형 플랜트를 건설하는 형태로 본국에서 합리화를 추진한다. 스케일 메리트의 실현을 위해 이 단계가 되면 보완적으로 해외 판매를 시작한다.

- 마침내는 미미하기는 하나 해외에 유통투자를 하여 라이벌 기업에 대해 보복능력을 갖기에 이른다. 즉 라이벌 기업의 손이 미치지 않는 틈새(니치)를 확보하여, 그것을 교두보로 라이벌 공격에 대한 반격 · 견제책을 전개한다. 단 그 기본자세가 방위적임에는 변화가 없다.

3) C타입 기업 : 나라별 분산에 대한 극복

- 먼저 자회사 단위로 각국별로 코스트 삭감 노력이 행해진다. 그러나 각 시장은 글로벌한 스케일 메리트를 실현 가능할 정도로 크지 않다.
- 라이벌 기업의 공격에 대하여 처음에는 각국 시장에서 정치적 보호를 받기 위해 현지정부에 협조하고, 입지 특수적 우위를 얻으려고 한다. 자회사의 자율성이 확대된다. 이렇게 하여 현지화가 진전되나 그 때문에 다국적기업 그룹 전체의 전략수행과 갈등을 일으킬 케이스가 발생한다.
- 현지의 요청이나 규제가 엄하기 때문에 생산입지를 신속히 다른 저코스트인 곳으로 이전하는 일이 곤란하다. 최소한 기존시장에서 생산의 합리화를 추진하는 이외에 선택의 여지가 없다.
- 본국 모회사와 진출한 나라의 정부 사이에 끼여 다국적기업의 자회사에 고유의 경직성으로 인하여 못 견디게 된다.
- 글로벌 제품의 개발, 신제품의 도입, 국제상호지원활동 등의 조정시 곤란을 극복하기 위해, 모회사와 자회사간, 자회사와 자회사간을 포함한 전 회사적 규모에서의 전략적 직책배분의 재평가가 불가결하게 된다. 그것은 용이한 작업이 아니나, 그 가부에 따라 C타입 기업은 A타입 기업으로 변화할 가능성을 갖는다.

3. 글로벌 경쟁우위와 국제 비즈니스의 관계

본 장에서 우리는 경쟁우위를 구성하는 요인으로서 이제까지 너무 상대적 코스트 구조나 이노베이션, 제품차별화 등의 하드 면에 지나치게 눈을 돌려온 것에 대한 반성을 촉구해 왔다. 다른 한편 소프트를 중시하고 '범위의 경제성'을 주요 개념으로 하는 글로벌 브랜드 지배가 얼마나 중요한가를 강조해 왔다.

그렇다고는 하나 글로벌 경쟁우위를 유지 · 확대하기 위해서는 상기의 하드와 소프트의 어느 한쪽에 편중한 전략채택이어서는 안 된다는 사실도 자명하다. 여기에서는 양자의 밸런스를 잘 배려하여, 변화무쌍한 경영 환경에 대응하여, 양자를 보완적으로 활용할 수 있는, 신축성 있는 전략구조구축에 대한 필요성을 설명하고 있다. 낮은 비용이 경쟁우위의 요건임에는 변화가 없다. 문제는 그것을 어떻게 실현하는가에 있다.

하드와 소프트를 하이브리드화하여 경쟁우위전략을 구축하는 데는 어떻게 하면 좋은가. 그것에 답하는 것이 본서의 이하 각 장에서의 과제이다. 여기에서는 다음과 같은 세 가지의 어프로치가 그 방도에 관련됨을 간결하게 나타내는 것으로, 본 장의 결론을 대신하기로 하겠다.

① FMS(플렉시블 생산체제), 컴퓨터 지원의 디자인과 생산, 로보틱스 등에 투자를 집중하여, 제품 속성의 다양화를 꾀한다.

② 스케일 메리트를 유지하면서, 스케일에 의존하는 제품의 '핵심' 부분과 의존도가 비교적 적은 '주변' 부분으로 확실하게 나눈 '모듈 어프로치(Modular Approach)'를 제품 디자인으로 도입한다.

③ 양적으로 시장에 관한 지식의 획득이나 로컬 마케팅 활동에 인풋하여 마케팅 · 믹스의 '하드'를 형성하는 제품 면뿐만이 아닌 '소프트'에 속하는 포지셔닝에도 그것을 응용한다.

PART 11 글로벌 마케팅 전략

제1절 국제 마케팅 계획과 전략의 수립

국내에서 마케팅에 덧붙여서 국제 마케팅이라는 새로운 차원이 추가되려는 이유에 대해 살펴보기로 하자. 역사적으로 보면 제2차세계대전 후의 대외투자 활동은 미국기업을 중심으로 개시 되었다. 1960년대 후반에는 일본 기업과 유럽 기업의 해외투자활동이 전개되었고 1980년대가 되면서 아시아NICs의 해외투자도 주목을 받았다. 기업의 다국적 전개와 국제시장에의 진출과 함께 국제 마케팅의 연구도 발달하였다.

카테오라와 헷스(Cateora and Hese)[1]는 국제 마케팅의 실천에서 기업이 우선 고려하여야 할 만한 요소를 통제 가능한 요소와 통제 불가능한 요소로 나누어 설명하였다. 카테오라와 키벤시(Cateora and Keavency)[2]도 기업이 국경을 넘어서 제품을 판매할 때 나타나는 특유의 문제를 정리하고 국제 마케팅에서는 시장을 평가할 때 SRC(self-reference criterion)의 배제가 중요하다고 지적하였다.

국내시장과는 다른 이질적인 시장환경에 대응하기 위한 환경어프로치가 국제 마케팅과 국내시장을 대상으로 하는 마케팅과는 큰 차이가 있다고 하는 주장이 일반적이다. 예를 들면 해외시장에 진출하려는 브랜드는 체계적인 국제 마케팅 계획의 수립을 필요로 한다 해외시장에 브랜드를 성공적으로 진출시키기 위해 필요한 국제 마케팅 계획의 수립과정은 <그림 11-1>과 같다.

1) Cateora Philip and John Hese, International Marketing, Irwin, 1975.
2) Cateora Philip and Susan Keavency, Marketing, Irwin, 1987.

그림 11-1 글로벌 마케팅 계획의 수립과정

국제 마케팅 환경의 평가

↓

대상국의 결정

↓

해외시장의 결정

↓

해외시장 진출방법 결정

↓

국제 마케팅 프로그램 결정

↓

조직 결정

첫 번째 단계는 국제 마케팅 환경의 변화가 우리 기업에게 제공하는 시장기회와 위협 정도를 평가하는 것이다. 이는 마케팅 계획의 다음 단계인 특정 해외시장에의 진출여부와 진입방법 등의 결정에 직접적인 영향을 준다는 점에서 중요하다. 세계에서 가장 규모가 큰 생활용품 기업인 Procter & Gamble은 동유럽 시장 진출 · 확대의 교두보를 확보하기 위해 1991년 체코 내에서 가장 큰 세제업체인 Rokona를 4,500만 불에 인수하였다. 이러한 결정을 내리기 앞서 P&G는 동유럽 국가들의 세제에 대한 수요량, 미래의 소비자 구매력, 광고 및 유통기관, 매출에 장애가 될 수 있는 무역규제, 정치적 분위기 등을 평가하였다.

국제환경에 대한 분석이 이루어지면, 마케터는 해외시장에서의 시장점유율, 매출, 이익 등의 전반적 마케팅 목표를 결정하는 두 번째 단계로 들어간다.

환경분석과 마케팅 목표를 토대로 마케터는 특정 해외시장에의 진입여부를 결정하는 세 번째 단계로 넘어간다. P&G는 다양한 환경적 제약요인들이 존재함에도 불구하고 미래의 성장가능성(기회)을 보고 동유럽 시장에 진출하기로 결정하였다. 단기적으로 제품을 판매하는 데 어려움이 예상되지만 헝가리, 폴란드, 체코 등의 여러 동유럽 국가들의 자유시장경제체제로의 전환은 소비자구매력의 증가, 주요내구재 시장의 성장, 세제수요의 증대를 유발할 것으로 판단하였다.

네 번째 단계는 시장진입전략을 결정하는 것이다. 시장진입전략은 해외공장의 설립, 현지기업의 인수, 현지기업과의 합작투자, 기술제휴, 혹은 현지유통경로를 이용한 제품수출 등을 포함한다.

다섯 번째 단계는 제품 마케팅 전략을 수립하는 것이다. 이는 진출하려는 시장에서 표준화전략과 현지적응화전략 중 어느 것을 선택할 것인지를 결정하는 것이다. P&G 생활용품에 대한 욕구와 선호도에서 국가별 차이가 존재함을 고려하여 적응화전략을 채택하였다. 인수시점에는 Pokona가 생산하는 세제가 체코 내에서만 판매되었으므로 P&G[3]는 폴란드와 헝가리 시장에 대해 제품의 수정이 필요한지를 결정하기 위해 소비자 욕구와 제품용도에서 국가간의 차이가 있는지를 조사하였다. 만약 폴란드와 헝가리 시장에 대해 별개의 세제상표를 도입하기로 결정한다면, 제품관리자는 각 상표에 대한 가격 · 광고 · 유통전략도 함께 결정해야 한다. 국제 마케팅 계획수립과정의 마지막 단계는 제품의 성과를 평가 · 통제함으로써 차기의 마케팅 전략 수립에 반영한 것이다.

3) P&G : 1837년 미국의 오하이오 주 신시내티에서 동서지간인 William Procter와 James Gamble에 의해 양초와 비누 제품을 생산하는 기업으로 설립된 P&G는 170년이 지난 지금 전 세계 80여 개국에 진출하여 13만여 명의 직원을 거느린 세계 최대의 생활용품 업체 중 하나이다. 현재 세계 140개 국가에서 소비자들의 사랑을 받는 팬틴, 비달사순 샴푸를 비롯하여 고급 화장지 샤민, 팸퍼스 기저귀 등 300여 브랜드를 공급하고 있는 P&G는 매년 Fortune지가 선정하는 '세계에서 가장 존경 받는 기업'에서 2006년에 이어 2007년에도 3위로 선정될 만큼 역사와 전통을 지닌 우수기업이다.

제2절 국제 마케팅 환경

1. 국제 마케팅 환경

글로벌화 시대에서 살고 있으며 정보화시대에 살고 있는 우리는 국제시장에 진출하려면 국제 마케팅 환경을 철저하게 이해해야 한다. 앞에서 언급하였던 바와 같이 지난 20년간 그러한 환경에 커다란 변화가 있었고, 이에 따라 새로운 기회와 문제점들이 발생하였다. 세계경제가 글로벌화되고 세계무역과 투자가 급격히 증가함에 따라 서구와 동구, 중국, 태평양 연안국가 및 러시아 등 세계 도처에서 새로운 시장이 개방되어 다국적기업들에게 매력적으로 다가왔다.

다른 한편, 선진국들을 중심으로 자국의 산업보호를 위하여 보호무역주의정책을 강화하고 있는 추세에 있고, 우리나라는 미국을 비롯한 선진국으로부터 수입시장 개방 압력을 받아 대부분의 상품시장과 금융 및 서비스 시장을 개방하지 않을 수 없게 되었다. 따라서 국내기업의 입장에서 보면 기업간의 경쟁이 국내에서 그치는 것이 아니라 국제적으로 무한대의 경쟁을 하지 않으면 안 되게 되었다. 이러한 상황변화는 우리나라가 해외의존적인 경제체질을 지니고 있는 특징과 함께 단순상품 수출의 형태로 경제를 유지해 오던 방식을 탈피하여 근본적으로 새로운 접근 방법이 필요하게 되었음을 시사하고 있다.

국제 마케팅 환경은 <그림 11-2>의 해외시장의 환경분석에서 나타나듯이 복잡하고 다양한 환경요소들로 구성되어 있다. 키간(Keegan)은 시장환경특성을 시장특성과 마케팅 하부구조의 마이크로적 요소와 법률적 환경, 산업특성, 정부의 정책 및 태도, 자원보유현황, 재무적 환경 등의 마크로적 요소로 구별하고 있다. 해외시장환경을 마이크로적 접근과 마크로적 접근이 있는데 어느 한 쪽에만 치우치게 되면 일방적인 요인만 보게 되므로 효율적인 국제 마케팅 전략의 전개를 이룰 수 없다. 중국에 진출한 외국기업이 시장특성과 마케팅 하부구조만 보고 진출했다가 중국 내의 법률적환경과 정부의 정책의 변화로 어려움을 겪고 있는 것도 환경 특성 분석의 미비로 볼 수 있다.

그림 11-2 해외시장의 환경분석

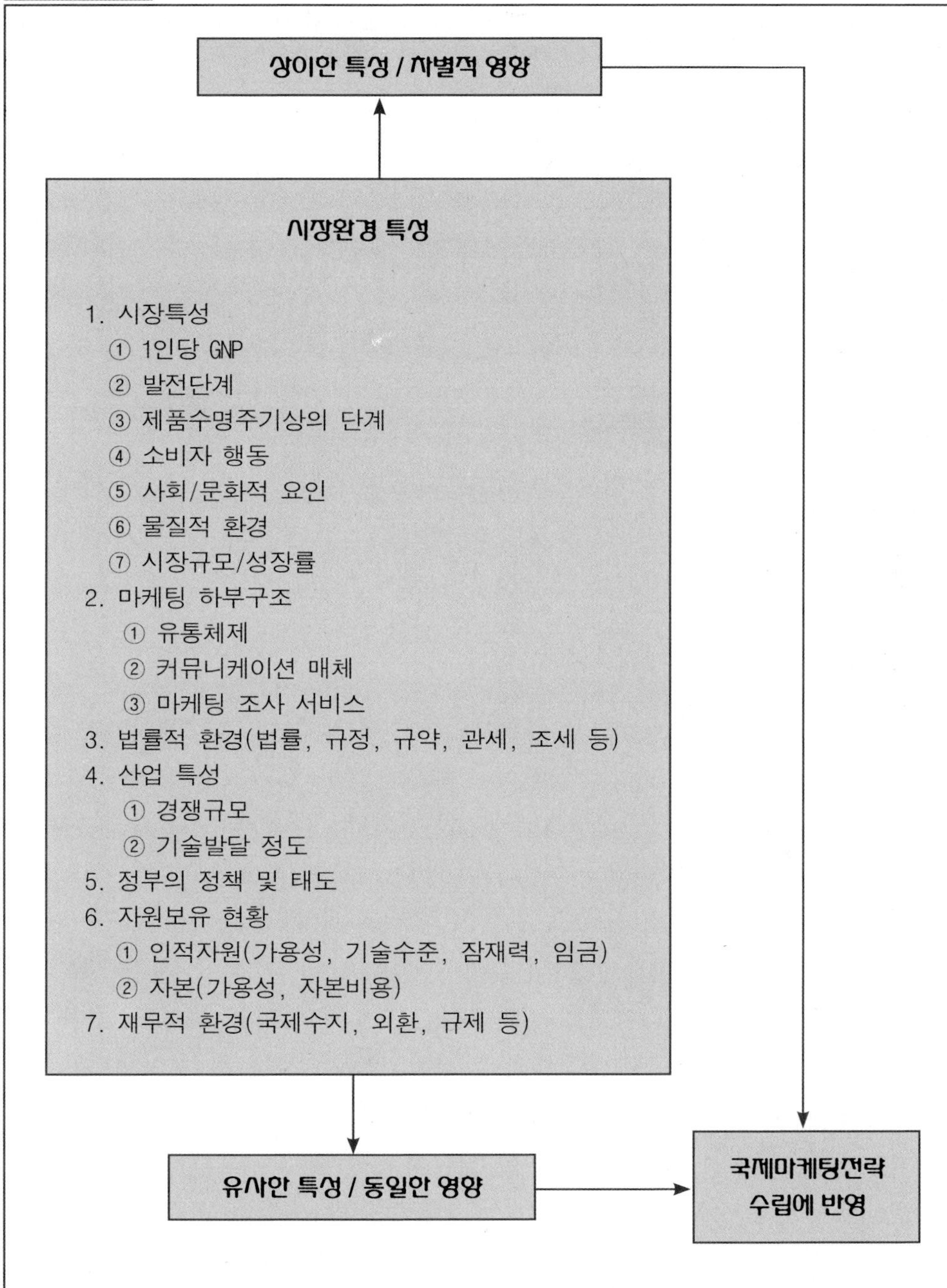

자료 : W. J. Keegan, Global Marketing Management, 4th ed. Englewoods, N.J. : Prentice Hall, 1989, p.47.

해외시장의 환경 분석에는 시장특성, 마케팅 하부구조, 법률적 환경, 산업특성, 정부의 정책 및 태도, 자원보유 현황, 재무적 환경 등이 포함된다.

2. 글로벌 마케팅 환경과 전략

1) 표준화와 세분화 현지적응

글로벌 마케팅에서는 글로벌 표준화와 현지적응과의 밸런스와 논의의 요점이 된다.

버젤(Buzzel)[4]은 세계적으로 표준화하고 통합화하면서 나타나는 잠재적 이익에 대해 지적하였다. 또한 다국적 마케팅의 표준화에 대해 많은 국가환경적인 장해요소의 존재에 대해 주장하였다. 그리고 레비트는 소비자 기호는 수렴한다고 하여 글로벌 시장의 도래를 예측했다.[5] 그러나 아직도 나라 사이의 기회의 차이는 존재하고 앞으로도 결코 사라질 것 같지도 않다.

그러나 이러한 소비자 기회의 나라마다의 차이는 시장의 분할에서의 하나의 측면에 지나지 않는다. 그 밖에 세대, 성별 등 나라를 넘어 성립되는 세분화(segment)가 있다. 또한 나라의 차이는 소비자 기회 외에도 유통 시스템의 차이, 광고 선전의 차이, 가격정책의 차이 등 다양한 측면에서 인정된다. 그리고 그러한 어느 것에서도 이러한 글로벌 표준화와 세분화(현지적응화)의 밸런스가 중요하다. 예를 들어 세계 표준의 선전 광고는 경제적으로는 효과적이지만 각국 고유의 문화나 규제에 대응할 수 없다.

가격정책도 때로는 나라마다 차별화하는 것으로써 이익을 주기도 하지만 시장이 국제적인 상호의존, 상호침투의 관계에 있는 오늘에는 나라마다의 시장정보의 격리는 극히 어렵다. 어느 나라에서 과격한 가격전략(가격인하정책)으로 진출하여 타국에서 경쟁 타사의 참가를 단념시키는 등 혹은 경제의 상호의존의 현실을 교묘하게 파악한 전략도 필요하다. 또한 마케팅이라는 기능 중에

4) Buzzell, D. Robert, "Can you standardize multinational marketing?", Harvard Business Review, November-December, No.49, 1968, pp.102-103.

5) Levitt. T, The Golbalization of Marketings. Harvard Business Review, 1983, 61(3), pp.92-102.

서도 제품브랜드전략처럼 글로벌 전략이 보다 적합한 것에서 판촉 활동처럼 현지적응전략이 전적으로 중요한 것까지 다양하다.

현지시장에 대한 진출의 진전과 함께 마케팅 정책이 중요해진다. 수출시에는 수출업자를 통하는 간접수출, 해외수입업자를 통하는 직접수출의 어느 경우도 기업은 현지국에 대해 직접적으로 마케팅 전략을 실시하는 경우는 없다. 그러나 현지에의 수출의 확대와 함께 현지국에 대한 직접투자를 실시하여 자회사를 설립하여 현지시장과의 접점을 갖게 된다. 처음에는 현지유통업자에 의한 판매를 실시하지만 이윽고 판매 자회사를 시작해 직접 판매에 진전한다. 이 단계에 이르러서는 현지시장에서의 마케팅 정책이 중요한 경영상의 논점이 된다. 제품은 본국으로부터 수입, 현지생산 혹은 그 외의 나라에서의 수입이라는 선택이 있다. 현지의 판매 회사를 스스로 설립할 지 혹은 업자를 매수할지의 선택도 있다. 현지기업과의 합작을 취하는 경우, 현지시장의 요구 및 현지유통시스템에 대한 보다 세밀한 배려가 가능해진다. 세계대형할인점의 선두주자인 월마트와 까르푸는 지금까지 중남미, 동유럽, 남유럽, 아시아와 같은 지역에 진출해 왔지만 북미나 서구에서는 거의 성공했지만, 한국에서는 철회할 수밖에 없었다.

또한 1995년에 일본에 진출한 미국의 스타벅스도 처음에는 엄선된 커피콩 사용, 마음을 안정시키는 공간 등 시애틀풍 스타일이 일본에서도 통용될지 불투명했다. 1996년에 긴자에 출점한 해외 1호점은 미국식 그 자체였지만 그 후 일본풍 메뉴도 매년 내놓았으면서 성공하였다. 일본 고객 기회에 대한 적응이 잘 된 예라고 할 수 있다. 전 세계 공통의 브랜드 이미지와 현지특유의 상황에 대한 적응 밸런스를 잡기 위해서 얼라이언스 전략을 잘 활용한 예이다.[6]

2) 글로벌 브랜드의 구축

기업이 자사 제품 브랜드를 전 세계 규모로 구축하려고 시도할 경우 글로벌 브랜드 팀을 활용하는 경우가 있다. 그 팀은 통상 각국에서 다양한 그랜드 개발 단계에 종사하고 있는 브랜드 립(brand representatives)으로 구성된다. 또한 광고 선전, 시장 소비, 판촉 등의 담당자도 더해지는 경우가 있다.

6) 日本經濟新聞. 2002년7월4일 朝刊.

이 글로벌 브랜트 팀이 갖는 문제점으로서는 전 세계적인 규모로의 브랜드에 관한 의사결정의 책임자가 갖는 애매한 점으로 여겨진다.[7] 아카 등은 듀폰의 Lycra 브랜드를 문제 삼아 다음과 같이 설명하고 있다. 이 합성섬유는 오랜 세월 전 세계에서 사용되어 왔지만 그 응용범위의 넓이 때문에 브랜드전략에서 고생해 왔다. 수영복 디자인을 리드하고 있는 브라질, 패션 관련에서는 프랑스와 같이 듀폰은 각 응용제품에서 가장 강한 나라의 매니저에 그 권한과 책임을 위양해 왔다. 그리고 Lycra의 글로벌 브랜드 매니저의 역할은 이러한 다양한 응용 제품의 브랜드전략이 전체적으로 정합성을 유지하도록 지켜보는 것이다.

제3절 시장세분화와 제품 포지셔닝

1. 시장세분화

1) 시장세분화의 개념

시장세분화(market segmentation)란 글로벌 표준화 개념과 달리 각 시장에 따라서 소비자들의 기호와 욕구가 다르고 그 결과 특정 제품에 대한 수요도 시장에 따라 다를 것이라는 가정하에서 출발한다. 따라서 여러 가지 환경변수를 이용하여 시장을 마케팅 활동에 반응을 보일 것으로 예상되는 세분시장(market segment)으로 구분하는 것을 말한다. 결국 여러 시장을 동질적인 특성을 갖는 여러 세분시장으로 나누는 일이라 할 수 있다.

시장세분화는 표준화와 달리 특정 제품에 대한 특정 시장 소비자들의 기호가 전혀 이질적이고 나아가 이러한 이질적인 소비자들을 어떤 동질적인 세분시장(homogeneous segment)으로 모아서 분류할 수 있으며 동시에 이렇게 세분화된 시장이 특정 제품이나 특정 마케팅 믹스에 대해 전혀 다른 반응을 보이게 될 때 그 의미를 갖게 된다.

7) Aaker, D. & E. Joachinhales, The lure of Grobal branding, Harrvard Business Review, 1999, Nov.

2) 글로벌 시장세분화전략

글로벌 시장세분화는 소비자들이 전 세계 여러 지역에서 산재해 있음에도 불구하고 유사한 소비자 반응(구매특성)을 가지고 있으면 그들에 대한 동일한 마케팅 전략을 적용할 수 있다는 사고를 기초로 한 것이다. 사실, 글로벌 기업이 서로 다른 기호와 욕구를 가지고 있는 상한 환경하의 모든 소비자를 다 만족시킨다는 것은 불가능한 일이다. 이런 경우 시장을 각 변수들에 따라서 세분화하고, 동질성을 가지고 있는 이들 세분시장의 소비자 욕구를 만족시키는 방안을 강구하는 것이 훨씬 더 바람직하다.

예를 들면 기후, 지역, 도시규모 등의 지리적 세분화에 의해 의류나 음료수의 욕구의 동질성이 있을 수 있으며 연령, 성별, 소득수준에 의해 소비자 욕구가 유사할 수 있다는 것이다.

글로벌 시장세분화는 가전업체 및 소비재 시장 모두에 있어서 대단히 중요한 마케팅 전략이다. 가전업의 경우 냉장고를 생산하는 기업은 전 세계 시장을 냉장고를 사용하여 생산하는 여러 가지 제품의 생산업자 별로 세분화할 수 있다. 또 스카치위스키나 뉴스위크와 같은 소비재의 경우 시장을 동일 한 기호를 가진 소비자를 기준으로 세분화할 수 있다. 결국 글로벌 시장세분화는 전 세계 시장을 유사한 제품이나 가격, 촉진 그리고 유통에 대해 동일한 반응을 보일 것으로 생각되는 세분시장으로 나누는 것이다.

글로벌 기업은 시장세분화를 통해 특정 시장에 대한 침투를 극대화하고 전략적 우위를 확보함으로써 마케팅 효율을 증대시킬 수 있다. 또 특정 소비자 그룹의 기호와 욕구에 부응할 수 있도록 마케팅 계획을 수립할 수 있을 뿐 아니라 특정(세분) 시장에서 선도기업으로 발돋움 할 수 있는 기회를 포착할 수도 있다. 시장세분화는 보다 더 높은 수준의 소비자 욕구를 충족시키고 동시에 기업의 자원을 보다 더 효율적으로 극대화 할 때 가장 효과적인 전략이 된다.

2. 제품 포지셔닝

1) 제품 포지셔닝의 개념

제품 포지셔닝(product positioning)이란 자사의 제품이 타 경쟁회사의 제품과 비교하여 아주 특별한 어떤 고유한 특성을 가지고 있다는 점을 고객의 마음에 확고하게 심어 주는 것을 뜻한다. 이것은 자사의 제품을 경쟁회사의 제품과 차별화하기 위하여 제품의 특성, 즉 상표, 포장, 가격, 유통, 광고 등을 변화시키는 것을 뜻한다.

특정 제품의 포지셔닝은 고객들이 그 제품의 속성, 즉 가격, 기능, 품질, 스타일, 디자인, 등에 대해 어떻게 평가되고 있는가를 조사하여 그 결과를 이차 평면이나 그 이상의 공간에 표시함으로써 파악이 가능하다. 이렇게 표시된 제품의 포지셔닝은 고객이 생각하는 그 제품의 특성을 나타내게 되는데, 그것은 또한 그 기업의 차별적 우위를 나타내는 것이기도 하다. 자사제품의 포지셔닝이 경쟁회사 제품의 포지셔닝과 근접하게 위치할수록 비슷한 특성을 가진 경쟁회사가 되고, 반대로 멀리 떨어져 위치할수록 직접적인 경쟁대상에서 제외됨을

그림 11-3 소형 승용차의 포지셔닝(미국)

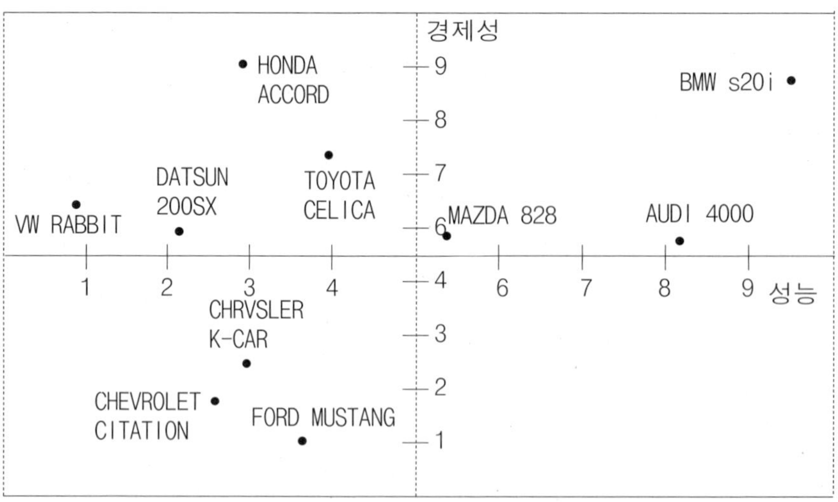

자료 : J. K. Johansson and H. B. Thorelli, "Internationnal Product Positioning," *Journal of in ternationnal Business Studies*, Vol.16 No.3, Fall 1985, p.59.

의미한다. <그림11-3>은 죤스라 트로렐리의 소형 승용차의 미국 소비자들이 경제성과 성능을 기준으로 평가한 포지셔닝을 나타내고 있다. 혼다 어토드와 포드무스탕, BMW320i와 VW Rabbit의 포지셔닝을 의미해 볼 만하다.

2) 제품포지셔닝 관리

기업이 제품을 성공적으로 수출하기 위해서는 제품의 포지셔닝전략을 분석 개발하는 것이 대단히 중요하다. 이를 위해서 먼저 자사제품을 포지셔닝하는 것이 필요한데 제품의 포지셔닝은 다음의 절차를 통해 이루어지게 된다.

첫째, 자사 제품의 특징을 분석한다. 이때 제품의 특성은 가격, 기능, 품질, 스타일, 디자인 등으로 나타낼 수 있는데 그 특징은 제품마다 그리고 시장마다 다르게 된다. 예컨대 자동차의 경우 안전성, 경제성, 내구성, 스타일, 운전의 안락성, 색상, 마력 등의 특성이 특히 중시된다.

둘째, 제품의 여러 가지 특성 중 현지의 잠재적 소비자가 가장 중요하게 고려하는 특징을 파악해야 한다. 예를 들면 자동차의 경우 현지소비자들이 자동차를 구입할 때 안전성, 경제성, 스타일, 색상 중 어떤 특성을 가장 중요하게 고려하는가를 파악한다.

제4절 글로벌 경쟁구조

글로벌 전략의 다른 측면은 경쟁적 산업구조의 성격이다. CAD/CAM(컴퓨터지원설계/제조) 의 결과로서 고객수요에 적응 할 수 있는 유연한 제조기술이 상당히 진보되고 있다. 그러나 실천적으로는 종래 생각 되었던 것 이상으로 어려운 것으로 알려져 시장경쟁의 중요한 특징으로서 지금 또한 규모의 경제성에 중요성이 남아있다.

이론적으로는 규모의 경제성이 크면 클수록, 큰 시장 점유율을 갖은 기업의 이점이 더욱 커진다. 그 결과 많은 기업은 경쟁상대보다도 더욱 큰 시장점유율을 획득하려고 경합한다. 규모의 경제성은 더욱 큰 공장은 보다 효율적으로 운영되고, 그 큰 공장의 제품 1단위당의 비용은 간접비가 더욱 대량의 생산물에 배분되기 때문에 더욱 낮기 때문에 발생한다.

또 하나의 규모의 경제성은 학습효과에서 발생한다. 즉 시간의 경과와 함께 기업의 누적생산량이 증가한다면 점점 증가하는 누계적 경험에 의해 기업은 보다 효율적인 생산방식을 학습한다. 이러한 효과의 전부가 점유율 확대 경쟁을 격화시킨다. 일단 높은 레벨의 규모의 경제성이 달성되면, 그것이 이 시장의 신규 진입자에 대한 강력한 장벽이 된다.

규모의 경제성을 기초로 해서 자기의 경쟁 우기를 확립하는 기업은 코스트 리더십 전략을 채용하는 기업으로 불려진다. 그러나 코스트 리더십이 계속되는 보증은 없다. 프렉스 제조와 고객의 요구와 같이 생산이 충분이 실제적으로 되기까지는 고객의 엄밀한 욕구에 보다 좋게 적응하기 위해서는 제품차별화전략을 취하는 기업에 대해 코스트리더는 약점이 될지 모른다. 보다 낮은 비용은 타 시장분리에서 고객을 유인한다고 말해지고 있지만 어느 종류의 고객은 자기들이 원하는 독특한 제품 특성의 제품에는 플레미엄 가격을 기꺼이 지불할 것이다. 제품의 독특함은 사용의 쾌적성, 고급성능, 미적감각, 신분상징, 자기 이외는 소유하지 못하는 우월감도 등장한다.

자동차산업의 BMW와 볼보는 자동차시장의 고급세분화로서 그들의 경쟁력이 유지되었다. 니치(Niche) 전략을 취하는 기업은 시장의 고도에 전문화한 세분화만으로 초점을 맞춰 이 세분화에서는 우월한 지위는 확립하려고 한다. 자동차산업의 폴세(porsche)와 사브(saab)는 도전하려고 한다. 자동차산업의 폴세(poorsche)와 사브(saab)는 高마력의 스포츠카의 애호자 세분화에서는 경쟁력을 유지했다. 그러나 글로벌 경쟁의 시대에는 특별히 니치기업은 글로벌 스케일로 경쟁하는데 필요한 규모의 경제성이 없다는 점으로 대규모기업에 대해 약점은 가질지 모른다.

제5절 하이퍼 경쟁

어떠한 산업에서도 일정의 고객과 구매자, 대체를 출현의 위협 및 이 산업에의 장벽을 주었다고 한다면, 이 산업내의 여러 기업은 보다 좋은 경쟁지위를 요구하여 경합한다. 팩스와 복사기 업체인 리코(Ricoh)는 새로운 디지털 제품으로 등장했지만 이러한 제품기능은 종래와는 다른 기술을 사용하며 캠코더와 무비카메라의 역할을 하였다. 리코는 캠코더와 무비카메라 업체와 직접적으로 경쟁 이런 일은 10년 전에는 생각할 수도 없던 일이었다. 경쟁에 관한 이러한 관점은 끝없는 변화를 가정하고 있고 이 가정은 하이퍼 경쟁전략의 배후에 있는 기본적인 것으로 기업활동의 최대의 초점을 시장을 교란하는 데 있다는 견해이다.

하이퍼 경쟁의 기본전체는 모든 기업이 침략적 경쟁의 한 형태로 직면하고 있다는 점이다. 그 경쟁형태는 과점적 또는 독점적 경쟁보다도 격화되어 있지만 개별기업이 원자적으로 시장 수요에 어떤 영향력을 갖지 않는 완전 경쟁 일수록 엄격하지 않다.

하이퍼 경쟁은 많은 기업이 네 가지의 무대에서 경행할 것을 규정하고 있다.

1) 비용과 품질

일본의 기업은 미국의 경쟁기업과 유럽의 경쟁기업에 저비용과 고품질이 동시에 달성가능하다는 점을 확인시켰다. 첫 번째 무대는 가격과 품질의 양면에서 경쟁한다. 이 경쟁은 코스트 리더십, 차별화, 니치 전략의 형태를 취한다. 시간 경과와 함께 경쟁에 승리하기 위해 시장에 있는 기업은 가격과 품질의 양면에 서로 유사하다.

<그림 11-4>에서 나타내는 것처럼 모든 기업의 최종의 가치점보다 좋은 품질과 보다 낮은 가격이라는 점에 이동하려고 한다. 제조기술의 진보에 의해 이전보다도 여러 기업이 고품질, 저가격전략에 접근하는 것이 가능하게 되었다.

그림 11-4 가격/품질트레이드오프 및 최종 가치점

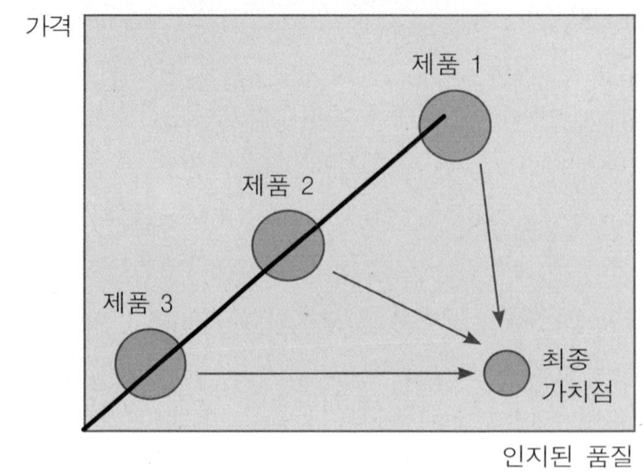

출처 : *Triad Power: Hypercompetition: Managing the Dynamics of Strategic Maneuvering*, p.62 Copyright ⓒ1994 by Richard A. D'Aveni.

2) 타이밍과 노하우

이 전략은 시장에 제일처음 진입한 기술리더가 되는 여러 요인에 관계한다. 우선 경쟁이 타이밍과 노하우분야에 이전하면 기술, 마케팅 기법 및 기업이 소유하는 타 자산이 시간 면에서의 우위를 획득하기 위해 경쟁자에 대한 무기가 된다. 지금은 기업이 자사가 공급하는 제품분야의 시장에서 개척자가 되려고 한다.[8] 이 신제품의 전부가 시장에 성공한 것은 아니지만 워크맨, 8미리 비디오, DVD 등을 판매하여 개척자적우위를 추구한 회사는 소니이다. 그러나 현실적으로는 개척자적열위도 존재한다.

3) 강력한 시장거점

자사가 강한 지리적 시장세분화나 타시장세분화를 의미하는 강력한 시장거점을 지칭한다. 기업이 어느 시장세분화에서 강력한 경쟁우위를 갖기 위해서는 그 기업이 경쟁상대를 별도의 세분화로 공격하는 능력을 주는 것이 된다.

8) Gerard J. Tellis and Peter N. Golder, first to market, First to Fail? Real Causes of Enduring Market Leadership, Sloan Management Review, 37, Winter 1996, pp.65-75.

4) 재무재산

재무재산은 최신의 기술을 달성하였거나 타 기업의 기술을 샀거나, 또는 자사의 경쟁상대가 어디에 있건 간에 선 돌파하거나 회피하기 위해서는 재무재산이 필요하다. 예를 들면 스웨덴의 에이시아(Asea)와 스위스의 브라운 보베리(Brown-Boveri)의 합작은 그 경영자원과 글로벌 진출능력이라는 점에서 미국의 GE와 세계적으로 경쟁할 만큼의 초글로벌 기업을 탄생시켰다.

제6절 글로벌 마케팅 전략

다국적기업은 점점 글로벌 마케팅을 실행하여 성공하고 있다. 예를 들면 네슬레는 모든 국가에서 많은 제품에 공통브랜드를 사용하여 코가콜라와 광고 테마를 제록스와는 글로벌 라이센싱 정책을 그리고 델 컴퓨터와는 직매전략을 채용하고 있다.[9] 그러나 글로벌 마케팅은 무엇이든 글로벌 베이스로 마케팅 프로세스를 표준화하는 것은 아니다. 마케팅 프로세스의 가각의 요소, 즉 제품디자인, 제품브랜드 포지셔닝, 브랜드명, 포장, 가격설정, 광고전략과 광고실시, 판매촉진과 마케팅 경로는 표준화 후보에는 들어가지만 표준화는 글로벌 마케팅 전략의 일부분이면서 표준화는 제품, 시장의 여러 조건, 시장발전의 여러 단계 및 다국적기업경영자의 성격 등의 조합기업이 채용하거나 한다. 예를 들면 마케팅의 한 요소는 그 내용과 시장커버 범위에서 100% 통일되지 않더라도 글로벌화 되어 있다고 하겠다.

<그림 11-5>의 글로벌 마케팅의 내용과 범위의 다양성에서 시장의 커버 범위와 통일 내용의 양면에서 50% 이하의 크기를 갖은 유통경로에 대해 살펴보기로 하자.

이 도표에 대표되는 기업이 그 제품을 판매하는 각국시장별로 제품설비를 갖고 있지 않다고 가정한다면 그 기업이 여러 시장에서 공통된 마케팅 내용을 갖으며 아마도 유사의 활동을 하고 있는 한 그 기업은 자사의 글로벌 네트워크

9) Silvia Ascarelli, Dell finds U.S. Strategy Works in Europe, Wall Street Journal Feb. 3, 1997.

그림 11-5 글로벌 마케팅의 내용과 범위의 다양성

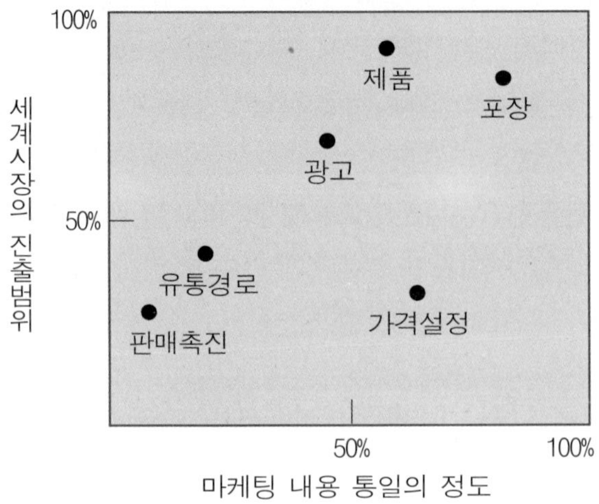

출소 : George S. Yip, *Total Global Strategy : Managing for Worldwide Competitive Advantage*, Englewood Cliffs, N.J. : Prentice Hall, 1992, p.136. N.

내의 한곳을 제품설비간의 조정을 할 필요가 있다. 그리고 마케팅 내용이 공통되지 않는 곳에서는 유통경로가 공통으로 되어 있어 필요한 무엇인가의 변경은 그것이 상응하는 제품 및 또는 포장 면에서 변경을 할 필요가 있다. 따라서 글로벌 마케팅 전략은 그 기업 내의 직능부문, 예를 들면 연구개발, 제조 및 재무부문과의 더욱 긴밀한 연계를 필요로 한다.

바꾸어 말하면 글로벌 마케팅 전략은 글로벌 전략의 한 구성요소에 지나지 않는다는 점이다. 비유로 생산을 최적화하기위한 단일의 제조공장에서 이용되고 있는 JUST IN TIME 재고와 제조 시스템을 생각해도 좋다. 이 JIT라는 사고를 재무와 마케팅에 확장하여 세계 중에 산재하는 모든 자회사를 포함하기로 한다. 이 경우 글로벌 전략을 책정하고 실행하려는 경영자가 하여야 할 과제의 크기와 복잡함을 상상할 수 있다. 이것이 의미하는 것의 하나는 이 회사의 글로벌 마케팅 전략의 요구하는 여러 가지 요소와 맞물리는 연구개발부문, 제조부문 및 제조부문의 글로벌 전략 없이는 이 기업은 마케팅 전략을 최선의 방법으로 실행할 수는 없다.

1. 글로벌 마케팅의 이점

글로벌 마케팅 전략은 네 개의 주요 글로벌화의 잠재적 이점, 즉 비용삭감, 제품과 판매 프로그램의 질적 개선, 고객선호의 향상 및 경쟁우위의 하나 또는 그 이상을 실현할 수 있다.[10] GM과 Ford는 글로벌 마케팅에 대해 서로 다른 접근 방법을 취하고 있다. 이러한 전략상의 차이는 미국자동차 업체인 두 회사가 글로벌 마케팅에서 서로 다른 이점을 획득하려고 하기 때문이다.

1) 비용삭감

비용삭감은 노동력과 원재료의 상방의 절약에서 나타난다. 多數國에 걸친 마케팅 직능이 통합되면 마케팅 제 활동의 중복회피에 대해 인건비가 삭감된다. 비용은 글로벌 광고나 광고제작, 판매촉진자료의 작성, 그리고 포장 면에서 삭감된다. 표준화된 포장에 의해 경비절약과 재고비용의 삭감을 포함한다. 매출액 20%라는 전형적인 재고보유비용의 경우는 재고량이 어느 정도 삭감되더라도 판매에 큰 영향을 준다. Exxon의 '당신의 차에 타이거표 가솔린' 운동은 다수국의 같은 광고 테마를 사용하기 때문에 타이거의 위력과 우아함을 연상시키고 있다.

2) 제품과 프로그램유효성의 개선

이것은 글로벌 마케팅 전략의 최대의 이점이라고 할 수 있다. 사업활동의 무대에서 좋은 아이디어는 비교적 많지 않다. 따라서 좋은 마케팅을 보급시키기 위해 현지의 반대를 극복하는 글로벌화 프로그램은 그 유효성을 세계기준으로 하여 사용했을 경우 증대한다. 전통적인 연구개발은 글로벌 회사의 본사 소재국에 집중하고 있다. 이것이 세계에서 좋은 아이디어의 융합이라는 시너지 효과를 저해하고 있다.

10) George S. Yip, total Global Strategy, Managing for Worldwide Competitive Advantage, Prentice Hall, 1992, pp.21-23.

3) 고객선호의 향상

세계에서 어느 제품이 인지되어 판매되면 그 제품의 가치를 높인다. 글로벌 마케팅 전략은 강화작용을 통해 고객선호의 높이는 인지를 확립하는 일조를 한다. 글로벌시대의 통일된 마케팅 메시지는 브랜드건 포장이건 간에 제품의 서비스에 대한 지각, 인식, 태도를 보강하고 있다. 펩시는 세계의 마케팅 커뮤니케이션에서 일관된 테마를 추진하고 있다. 그것은 젊음과 세계의 어느 곳에서도 펩시를 마실 수 있는 즐거움이기 때문이다.

4) 경쟁우위의 증대

소수의 마케팅 프로그램에 경영자원을 집중함으로써 글로벌 전략은 이 프로그램의 경쟁력을 증대시킨다. 기업규모가 큰 경쟁자는 국별로 고품질 프로그램을 전개할 수 있는 경영자원을 갖고 있지만, 소규모기업은 이러한 자원을 갖고 있지 못하다. 집중적 글로벌 마케팅 전략을 이용하면, 소기업도 대기업에 대해 효과적 방법으로 경쟁할 수 있다. 그러나 글로벌 전략의 가장 중요한 이점은 기업조직전체가 하나의 아이디어하에 집결하여 이 아이디어의 성고의 찬스를 증가시킬 수 있다는 것이다. Avis는 '우리 회사는 업계 넘버투이다. 그렇기 때문에 우리 회사는 더욱더 노력한다'는 아이디어를 고객만이 아니고 종업원에게 전달하는 글로벌캠페인을 처음으로 만들었다.

제7절 글로벌 마케팅의 한계

국제 비즈니스의 심리적, 물리적 장벽을 양면에서 보면 국경의 중요성이 없어졌지만 현지환경의 중요성, 특히 문화적, 정치적, 법제적 환경은 지금 더욱 글로벌 마케팅 전략 책정의 촉진요인이 아니고 오히려 저해요인으로 역할을 하고 있다. 사실 우리는 30년 전에 환기되었던 문제를 지금도 논하고 있을 정도이다. 그 문제는 가치사슬에 의해 전략을 책정할 때 일극집중 대 다극분산이라는 상반되는 견해에 부딪히고 있다는 점이다. 물론, 지금도 표준화 대 적응화,

글로벌화 대 현지화로 이어지고 있지만 다국적기업이 직면하는 전략딜레마의 본질은 변하고 있지 않다.

따라서 여기에서의 문제는 성공하는 다국적기업이 현지환경의 다양성의 충격을 어느 정도까지 회피할 수 있느냐 하는 데 있다. 제품표준화와 현지적응화의 문제가 여기에 있다.

PART 12 글로벌화와 한류의 등장

다국적기업은 국제 비즈니스에서 자원의 이동과 결합과정을 거치게 된다. 이때에 다국적기업은 특정 국가의 문화에 적응해야 하는 수동적 위치를 지닐 뿐만 아니라, 그 국가의 문화를 일부 변화시킬 수 있는 능동적 입장에서 비즈니스를 전개할 수 있다. 때문에 다국적기업은 문화적 변화의 중개인(change agent)으로서의 역할을 한다.

제1절 글로벌화와 민족정체성, 다국적기업의 문화 마케팅

1. 글로벌화와 민족정체성

지금은 말 그대로 글로벌화의 시대이다. 국경의 벽과 이념의 벽이 허물어진 지 이미 오래다. 엄청난 양의 자본, 정보, 상품이 민족, 문화, 종교의 경계를 자유롭게 넘나들며 이동하고 있다. 냉전에서 승리한 서구식 자유-자본주의 체제의 확산이 가져온 결과이다. 이러한 현상은 과거에는 이념과 종교, 문화의 장벽에 의해서 고립되어 있던 민족, 국가, 인종, 문화권 사이의 교류를 급속히 확산시키고 있다. 그리고 그 결과 과거의 이념대립 대신에 '문명'간의 대립과 갈등을 야기한다.

혹자는 이러한 현상을 놓고 '문명간의 충돌'을 예견하고 있다. 서로 다른 종교, 문화, 민족 그리고 인종을 하나로 묶어 주던 이데올로기가 더 이상 기능할 수 없는 상황에서 종교, 문화, 민족, 인종에 따른 각각의 정체성(政體性)을 내세우게 되는 것은 당연한 일이다. 그런 의미에서 르완다와 보스니아 사태는 문명간의 거대한 충돌을 알리는 전조에 불과하다. 그리고 9·11사태는 이러한 예측이 정확하였음을 보여 준다.

문명충돌을 예견하던 사람들은 9·11사태야말로 기독교 문명과 이슬람문명 간에 새로운 전선(戰線)이 구축되고 있음을 가장 드라마틱하게 보여준 예라고 말한다. 미국과 그 동맹국들은 이슬람과의 전쟁을 문명과 테러리즘 사이의 전쟁으로 규정하려 애쓰지만 많은 사람들은 그 전쟁을 문명간의 전쟁으로 파악하고 있다. 이스라엘과 팔레스타인간의 끊임없는 유혈사태 역시 이러한 견해를 뒷받침해 주고 있다.

반면 우리는 글로벌화로 인하여 문화들이 충돌되기보다는 수렴되어 가는 현상을 볼 수 있다. 특히 아이들과 젊은이들은 디즈니의 동화를 보고 맥도날드 햄버거와 도미노 피자를 먹으면서 자라난다. 그들은 닌텐도와 소니가 만든 전자게임을 즐기고, 메이저리그 야구, NBA 농구를 시청하고, 터미네이터 와 타이타닉을 감상한다. 또한 버버리를 입고 벤츠를 타는 욕구의 공통화도 나타난다.

전 세계의 모든 공항에는 샤넬과 구찌가 있다. 이러한 현상은 문명의 충돌을 걱정케 하기보다는 오히려 문명의 동질화, 심하게 말해서는 '획일화' 내지는 '흡수'에 대한 우려를 갖게끔 한다. 그렇다면 글로벌화의 급속한 추세 속에서 한국인들의 문화적 정체성(identity)이라고 말할 수 있는 것은 무엇일까? 한국문화는 글로벌화에 단순히 압도돼 버리는 것은 아닐까? 또, 문화 민족주의자들은 글로벌화는 곧 총체적인 미국화를 의미하며 이를 무비판적으로 수용할 경우 한국의 고유한 문화적 정체성이 파괴될 것이라고 말한다. 이러한 우려 속에 나타난 한류는 일시적 현상인가, 아니면 우리의 특징으로 나타날 수 있는가?

이러한 맥락에서 문화변화의 수많은 중개인들 중에서 문화를 이용한 다국적기업의 전략적 실제를 논의하는 것은 필요하다.

2. 문화변화의 중개인으로서 다국적기업

다국적기업은 비즈니스 활동을 통해서 신상품, 새로운 인사관리제도, 마케팅 기법, 종업원의 훈련과 기타 정보와 지식의 확산을 하는 긍정적인 측면이 있는 반면, 불필요한 소비의 조장, 전통적인 가치관의 파괴를 가져올 수도 있는 부정적인 측면이 공존한다.

그렇다고 특정 국가의 문화적 변화가 다국적기업에 의해서만 영향을 받는다고 할 수는 없다. 문화의 변화는 수많은 주체들에 의해서 발생하며, 현재와 같이 글로벌화가 급속하게 진행되는 가운데, 외국문화를 인터넷, 대중미디어 등을 통해서 간접적으로 체험하거나 외국에서의 직접적인 경험은 그 사회의 가치관과 행동양식에 영향을 주게 된다. 물론 특정 국가의 문화적 흡수역량(absorptive capacity)에 따라서 다르겠지만, 특정 국가의 문화적 변화가 다국적기업의 의도적 접근에 의해서 발생하는 것은 아니다. 다국적기업은 문화를 그냥 이용하는 것이며, 중개인일 뿐이지, 문화변화에 대한 긍정적인 측면과 부정적인 측면에 주체로서 판단되는 것은 옳지 않은 것이다.

따라서 다국적기업이 문화변화에 대한 영향력이 존재한다고 하더라도 절대적인 것으로 판단해서는 안 되며, 긍정론과 부정론에 대한 규범적 논의가 글로벌 시대의 논쟁이 될 수는 없다. 이미 세계의 문화변화 그 자체는 자연스러운 현상이며, 우리는 보편적인 변화의 시대에 살고 있기 때문이다. 다국적기업은 문화변화의 중개인일 뿐이다. 즉 다국적기업은 문화를 적극적으로 이용할 뿐 강요하지는 않는다고 하겠다.

3. 다국적기업의 비즈니스 전략으로서 문화 마케팅

다국적기업은 문화를 변화시키는 주체라는 설명보다는 문화를 제품 및 서비스화하는 비즈니스 전략을 활용한다. 이러한 비즈니스의 적극적인 양상은 문화 마케팅으로 나타나고 있다.

기업의 문화 마케팅은 문화를 마케팅에 활용하는 방식에 따라서 다섯 가지 유형으로 구분된다(<표 12-1> 참조).[1)]

1) 삼성경제연구소(2002), 문화 마케팅의 부상과 성공전략, CEO Information(제372호).

① 문화판촉(sales): 문화를 광고, 판촉수단으로 활용
② 문화지원(sponsorship) : 자사를 홍보하거나 이미지를 개선하는 방법으로 문화활동・단체를 지원
③ 문화연출(synthesis) : 제품(서비스)에 문화이미지를 체화해 차별화
④ 문화기업(style) : 새롭고 독특한 문화를 상징하는 기업으로 포지셔닝
⑤ 문화후광(spirit) : 국가의 문화적 매력을 후광효과로 향유 등이다.

표 12-1 5S의 개념과 대표사례

문화 마케팅의 유형(5S)	유형별 개념	사례
문화판촉	문화의 광고, 판촉	태평양 (코카콜라, BMW, 도요타, 벤츠)
문화지원	문화를 지원하는 기업	삼성전자 (마이크로소프트, 삼성전자)
문화연출	문화의 제품, 서비스화	맥도널드, 스타벅스 (할리 데이빗, 몽블랑 만년필, 포르셰, 롤렉스)
문화기업	문화의 상징자	디즈니
문화후광	특정 국가의 문화적 후광	미국, 프랑스(한류, 韓流)

자료 : 삼성경제연구소, 문화 마케팅의 부상과 성공전략, CEO Information(제372호), 2002.

대표적인 사례를 말하면 다음과 같다.

첫째, 문화판촉이다. 태평양은 화장품을 판매하는 것이 아니라 문화에 초점을 둔 광고를 통해 성장하였다. 일례로 프랑스에 진출할 때 프랑스 현지에서 광고를 제작하고, 여성다움(femininity)을 강조하여 고급향수 '로리타 렘피카'가 현지시장에서 브랜드가치를 향상하였다.

둘째, 문화지원이다. 삼성전자는 러시아의 문화적 자존심인 볼쇼이 발레단을 지원함으로써 러시아문화를 존중하는 기업으로 인식되었다. 삼성전자의 제품은 러시아에서 신뢰할 만한 제품으로서 그 위치를 차지하고 있다.

셋째, 문화연출이다. 한 잔의 커피가 아니라 한 잔의 이미지를 판다는 것에 초점을 두었다. 커피 이상의 분위기, 멋, 문화를 상징하는 대명사로 통하게 만들었다.

넷째, 문화기업이다. 디즈니는 아이들만의 흥미를 유발하는 기업에서 남녀

노소 모두 즐길 수 있는 복합적인 엔터테인먼트를 지향하였다. 즐거움에는 남녀노소가 없다는 인식하에 고객층을 넓혔다.

다섯째, 문화후광이다. 프랑스는 문화품위를 유지하고 있다. 프랑스 vs. 비프랑스 명품으로 구분될 정도로 국가 및 국민 전체가 문화적 품위를 유지하고 있다.

상술한 가운데에서 문화를 문화판촉과 같은 수단(instrumental)으로 활용하기보다는 문화지원, 문화연출, 문화기업, 문화후광과 같은 가치(value)로서 접근하고 있는 경우로 나뉜다. 또한 가치적 접근에 있어서는 문화지원이나 문화기업과 같은 '보편적인 문화'로서 접근하기보다는 문화연출과 문화후광과 같은 '특정 문화(국가문화)'를 가치적으로 활용하여서 비즈니스 전략을 전개하는 특징을 보인다.

따라서 국가 또는 민족정체성과 다국적기업이 활용하는 문화적 속성의 결합 현상은 단연 '문화연출(synthesis)'과 '문화후광(spirit)'의 범위에서 나타나고 있다. 이것은 다국적기업이 문화자체를 상품/서비스에 종합적으로 체계화시키는 예술적 수준에까지 이르렀다는 특징을 보여 주고 있다. 즉 햄버거라도 다 같은 햄버거가 아니라 특정의 햄버거가 존재하며, 커피라도 다 같은 커피가 아니라 특정의 커피가 존재한다. 영화도 마찬가지로 다 같은 영화가 아니다.

제2절 다국적기업과 문화연출

1. 미국적 자본주의의 문화적 침투와 패스트푸드

미국을 상징하는 음식으로 우리는 맥도날드의 햄버거와 KFC의 치킨을 꼽는데 주저하지 않는다. 맥도날드는 오늘날 전 세계 100여 개국의 2만 4,500여 매장을 통해 하루에 1,000억 개가 넘는 햄버거를 판매하고 있다. 이미 1982년에 진출하여 반미 감정으로 무장되어 있던 공산권 국가들을 무참하게 무너뜨린 맥도날드는 오늘날 러시아의 모스크바와 중화인민공화국의 광저우매장에서 각각 하루에 1만 6,000명의 고객을 맞이하여 세계 최고를 자랑하고 있다. KFC 역시 맥도날드와 앞서거니 뒤서거니 하면서 전 세계로 퍼져나간 미국의 대표적인 패스트푸드점이다. 세계적으로 70여 개국에 9,700개 이상의 매장이 있으며 650만 명 이상이 켄터키프라이드치킨을 먹는다고 한다. 이들 미국의 패스트푸드점에서 판매하는 음료 중 콜라는 모두 미국 회사 제품이기 때문이다.

패스트푸드는 말 그대로 빠른 음식이다. 20세기의 인류가 살아온 역사는 전화와 컴퓨터로 상징되는 속도의 시대라 할 수 있다. 특히 미국을 중심으로 이루어진 대중자본주의는 모든 사람을 속도 속에 빨려 들어가게 한다. 해가 뜨면 일하고 해가 지면 일을 멈추었던 시대는 이미 구시대로 치부된다. 패스트푸드는 이러한 속도의 시대에 걸맞은 음식으로 순식간에 전 세계를 점령해 버렸다. 시간이 돈이라는 논리는 패스트푸드에 의지할 수밖에 없도록 사람들의 입맛을 조장하고 있기도 하다. 그러나 단맛을 주로 한 이들 패스트푸드는 '외제' 혹은 '미국제'라는 의미까지 담고 있기 때문에 더욱 강력하게 제3세계를 점령한다. 여전히 사회주의 노선을 견지하고 있는 중화인민공화국에서도 맥도날드와 KFC는 고색 창연한 고대 중국의 건축물을 밀어내고 버젓이 제자리를 잡고 있다.

몇 년 전 중국의 한 방송국에서 조사한 바에 따르면, 중국의 어린이날인 6월 1일에 어린이들이 가장 가고 싶어 하는 곳 중 맥도날드가 80%라는 응답이 나왔다. 중국의 맥도날드마다 설치되어 있는 깨끗하고 안락한 놀이기구는 중국 정부도 미처 생각하지 못한 것이었다. 주택 개량에 한창 열을 올리는 중이기 때문에 아직까지 일반 주택가에는 어린이 놀이시설이 태부족이었는데, 이를 간파한 맥도날드가 매장 중 3~5평에 미국산 놀이기구를 설치함으로써 '위생+청결+놀이기구+외제=문명'이라는 도식을 아이들에게 심어 주었다. 한마디로 맥도널드는 새로운 문명, 그것도 미국화로서 자리 잡기 시작한 것이다.

2. 할리우드 영화와 해외진출

전 세계 영화가 할리우드 폭풍 속에서 헤어나지 못하고 있지만 그나마 자국

영화시장을 20% 이상 갖고 있는 나라는 우리와 프랑스, 일본뿐이다. 영화인들은 프랑스 역시 스크린쿼터의 힘이라고 말한다. 그러면 아무 장치도 없는 일본은 어떻게 설명해야 할까. 일본 영화는 20년이 걸렸지만 스스로의 힘으로 독창성을 살린 경쟁력으로 다시 일어섰다. 문화는 무너질 때는 하루아침이지만 되살리려면 엄청난 고통과 시간이 필요하다.

레오나르도 디카프리오의 <타이타닉>이 개봉될 때 분분했던 논쟁을 기억해 보고 그 논쟁의 결과를 상기해 보자. 하나의 영화에 대해 무역역조, 이데올로기, 민족적 자존심까지 거론되어 논쟁한 결과가 아무런 변화도 낳지 못한 채 흥행성공으로 마무리되었음을 기억해야 한다. 다만, 상품영화의 유형으로 전형화된 할리우드영화가 각 나라의 문화정체성을 띤 영화산업에 심각하게 영향을 주는 현상을 우려하는 것이다.

할리우드영화는 문화나 예술이기보다는 산업에 속하며 최대 목표는 이윤창출이다. 따라서 산업의 관점에서 영화를 보면 제작/배급/상영으로 나뉘며 이것은 경제 구조상 생산/도매/소매와 같다고 할 수 있다. 이미 미국의 영화산업은 군수산업에 이어 두 번째로 미국 경제를 유지해 주는 산업이 되었고 국가의 절대적인 개입을 볼 수 있다. 한때 <람보>와 <록키>를 보면서 할리우드 영화가 미국의 이미지를 세계에 심어 준다고 우려했던 적이 있다. 하지만 그것은 벌써 옛날이야기가 되어 버렸다. 독립영화들과 다큐멘터리영화들이 철저히 미국을 고발하였고 더 중요한 이유는 이제 할리우드의 영화사는 미국 것이 아니라 다국적기업이 외었기 때문이다. MGM은 대부분 프랑스 주식이고 COLUMBIA는 RCA와 SONY의 합작회사이며 UMIVERSAL은 마쓰시다의 것이다. 이미 할리우드는 더 이상 미국의 시상과 꿈이라는 허황된 생각을 심어 주지 못한다. 오로지 그들의 목표는 최대의 이윤창출이다. 따라서 그들은 영화 제작 이외에 마케팅 분야에서도 투자를 아끼지 않는다. 우리나라 대기업 총자산과 맞먹는 경비를 투자하는 영화도 많다.

결론적으로, 할리우드는 영화를 만드는 곳이 아니라 영화를 파는 곳이다. 영화의 생산은 이제군소 프로덕션(다수의 생산자)으로 넘어가 있고 할리우드는 이곳들에서 만든 영화를 그들의 인지도와 자본을 바탕으로 국내와 세계에 배급하는 유통배급망의 역할을 맡고 있는 것이다. 또한, 할리우드는 이제 더 이상

이데올로기의 배급처나 미국정부의 대변인이 아닌 다양한 국적의 자본(미국, 일본, 유럽 등등)을 바탕으로 첨단미디어 테크놀로지를 기반으로 이윤의 극대화를 추구하는 자본주의의 거대 집단이라 규정할 수 있다.

할리우드영화시장에서 해외시장의 중요성은 갈수록 커져가고 있다. 첫째, 제작비의 천문학적 상승 때문에 이제 미국 국내시장만으로 투자액 회수를 기대하는 것은 위험한 일이다. <람보 3>는 6,300만 불의 제작비를 들여 국내시장에서 고작 5,400만 불의 수입을 올렸으나, 해외시장에서 거뜬히 2억 불을 챙겼다. 둘째, 미국 내에서의 '보조시장'의 개척은 1980년대 비디오는 의외로 '황금알을 낳는 거위'로 판명되었고, 여기에 네트워크 TV, 케이블 TV, 위성 TV 등의 보조시장이 추가의 수익을 보장해 주었다. 그리고 1990년대 미국 국내 시장에서 더 이상 개척할 여지가 보이지 않자 할리우드는 지금까지 '보너스' 정도로 간주해 왔던 해외시장으로 시선을 돌리기 시작하였다.

3. 스타벅스의 문화연출

스타벅스의 성공이 돋보이는 이유는 무엇보다도 주변에서 흔히 볼 수 있는 커피라는 아이템을 가지고 세계적인 성공을 거두었기 때문이다. 그리고 이러한 성공은 슐츠 자신이 쓴 책에서 언급한 것처럼, 고객들의 커피 잔에 커피가 아닌 '진심'을 따라 주었기 때문에 가능했던 것이다.[2)]

1) 새로운 기회의 발견

1982년 지분참여로 스타벅스에 합류한 슐츠는 마케팅 부서를 책임지게 되었다. 그는 처음부터 단순한 원두 소매업이 아닌 커피를 만들어 판매함으로써 스타벅스를 키워낼 야심을 가지고 있었다. 슐츠는 이를 위해 세계를 돌아다니며 아이디어를 모으기 시작했다. 1983년 이탈리아의 밀라노를 방문한 그는 유럽식 커피판매에 흥미를 느끼게 되었다. 그는 스타벅스가 차별성을 확보하기 위해서는 이탈리아의 커피바와 같이 커피만이 아닌 커피 고유의 분위기와 느낌을 함

2) 삼성경제연구소, WORLD CEO 편.

께 팔 수 있어야 한다고 생각했다. 슐츠는 이를 위해서 이탈리아 특유의 배리스타 시스템[3)]을 스타벅스에 도입했다.

2) 시장세분화를 통한 문화연출의 실행

스타벅스가 커피시장에 진출했을 때 커피 제조업자들은 쇠퇴해 가는 시장에서 경쟁하기 위한 방법으로 원두의 재배 방식에 의한 뛰어난 맛과 같은 합리적인 편익(rational benefit)에 초점을 맞추고 있었다. 이와 반대로 스타벅스는 다양한 커피 종류와 매장 분위기를 통해 고객들이 커피를 마시는 행위를 즐기도록 하는 체험을 창조해 내었다. 커피를 물처럼 마시며 어디든지 공짜 커피가 당연시되는 미국적 상황에서 소비자에게 커피라는 제품보다 체험을 재정의함으로써 엄청난 성공을 거둔 것이다.

3) 새로운 비즈니스 개념의 창출 및 전개

1980년대 중반까지만 해도 미국에서 커피란 그저 레스토랑에서 후식으로 판매되는 것이라고 생각했었다. 그러나 슐츠는 스타벅스 매장을 단순히 커피를 마시러 오는 것이 아니라 재충전과 사교를 위한 장소로 탈바꿈시키기 위해서 매장 분위기에 무엇보다 공을 들였다. 다양한 고객 취향을 만족시키기 위해 수많은 메뉴를 개발해 냈고, 제품의 진열 및 내부 인테리어 하나하나에 스타벅스만의 고유한 분위기를 낼 수 있도록 했다. 커피 자체의 품질을 위해서도 노력을 아끼지 않았다. 언제나 최고급의 원두만을 수입해 왔으며, 당일 볶은 커피만을 판매했다. 공기와 습도로 인해 원두가 상하지 않도록 진공상태로 보관하는 방법을 개발했으며, 최고의 커피 맛을 낼 수 있도록 수질관리도 철저히 했다. 이러한 모든 노력이 모아져 스타벅스의 커피는 독특한 차별성을 가질 수 있었던 것이다.

---

3) 배리스타(baristar)란 바 안에서 음식을 만드는 사람이라는 의미를 가지고 있는 이탈리아어이다. 슐츠는 밀라노에서 커피를 마시러 온 이탈리아인들이 커피바에서 배리스타들과 매일 이런저런 이야기를 나누며 친밀한 관계를 유지하고 있는 것에 영감을 얻었던 것이다. 그는 배리스타 시스템을 스타벅스에 도입함으로써 고객과 스타벅스 사이에 강한 유대감이 형성되도록 하는 것이 성공의 열쇠라고 확신했다. 단순한 커피숍이 아닌 독특한 문화공간으로서의 차별성을 가짐으로써, 고객들이 계속해서 스타벅스를 찾게 할 수 있을 것이라는 생각에서였다.

스타벅스 고객 마케팅의 핵심전략은 고객들이 스타벅스의 커피를 마시면서 어떤 느낌을 갖느냐에 초점이 맞추어져 있다. 다시 말해 그저 2달러짜리 음료를 마시는 것이 아니라, 고급스런 취향의 커피를 소비한다는 느낌을 가질 수 있도록 하는 것이다. 이를 위해 감각을 이용한 마케팅에 주력했는데, 최상의 커피를 제공함으로써 미각과 후각을 만족시키고, 스타벅스 특유의 따뜻한 매장 인테리어로 시각을 만족시키도록 했다. 더불어 매장 분위기와 어울리는 음악을 선정하여 들려줌으로써 고객들의 청각을 만족시킬 수 있도록 했는데, 이러한 음악 마케팅은 엄청난 효과를 거두었다. 고객들의 스타벅스 매장에서 선곡한 음악 리스트에 대한 문의가 빗발치면서 따로 CD를 제작해서 판매할 정도로 인기를 끌게 된 것이다. 이처럼 미각, 후각, 시각, 그리고 청각을 조화롭게 자극함으로써 고객들로 하여금 스타벅스를 다시 찾게 한 것이 성공의 비결이었다.

4) 종업원(조직)을 통한 문화연출

슐츠의 독특한 경영방식은 단순히 새로운 아이디어를 내는 것에 그치지 않는다. 그는 사업을 함에 있어서 무엇보다 종업원을 우선시하는 것으로 유명하다. 특히 파트타임 아르바이트 사원들에게까지 의료보험을 제공하고, 모든 사원들을 대상으로 스톡옵션제를 시행하고 있다. 종업원들을 기업 최고의 재산으로 치는 그의 경영방식은 사원들로 하여금 '스타벅스의 성공과 자신들의 성공을 동일시'하는 효과를 가져왔다.

5) 다각화를 통한 문화연출의 재정의

스타벅스의 성공은 문화 마케팅에서 경쟁의 경계는 무의미하다는 사실을 잘 보여 주고 있다. 스타벅스가 판매하는 커피는 커피산업에서는 여타 커피숍이 경쟁 브랜드이겠지만 스타벅스가 제공하는 공간은 사람들이 만나서 이야기를 나누고 데이트를 한다는 점에서 영화관, 서점 혹은 기타 만남의 장소와 경쟁관계에 있는 것이다. 얼마 전 스타벅스는 고객의 라이프스타일을 분석하여 출판업까지 진출하였다. 고객이 스타벅스 커피를 마시는 공간에서 책을 읽는 라이프스타일을 적절하게 활용한 것이다. 또한 최근에는 HP와 합작하여 음원사업에까지 진출하였다. 스타벅스 고객에게 있어서 커피를 마시면서 음악을 듣는 것이 아주 자연스러운 생활이었기 때문이다. 지금 스타벅스는 고객이 원하는 음악을 듣고 책을 보면서 커피를 마실 수 있는 문화 공간으로 정착되고 있다.[4)]

사례 스타벅스 효과

하나의 브랜드가 여러 가지 측면에서 혁신을 이루고, 그를 통해 크게 성공하여 그 브랜드가 속해 있는 시장 전체가 같이 성장하는 현상을 '스타벅스 효과'라고 한다. 죽어 가던 커피시장을 살리면서 동시에 커피라는 음료에 문화적인 의미를 결합시켜서 제품의 카테고리를 한 단계 끌어올리는 역할을 한 스타벅스, 커피 관련업 종사자들에게는 기특한 존재라고 해야겠다. 스타벅스 효과는 선두자리에서 전체 시장의 크기를 키워서 이익을 높인다는 측면에서 시장의 파이를 키우는 것과 유사한 측면이 있다고 할 수 있겠다. 다시 말해서 제품 하나가 혁신을 이뤄 성공하면서 해당 제품 카테고리 전체를 프리미엄급으로 격상시키는 효과를 말한다.

최근 전 세계적으로 각광을 받고 있는 커피인데 우리나라에도 9개의 체인점이 이미 문을 열었으며 2001년 2월 현재 미국에서는 3,300개, 일본에서는 200개 체인점이 성황리에 운영 중이다. 기존의 커피에 비해 가격이 비싼데도 불구하고 맛과 향이 뛰어나며 매장의 분위기가 이탈리아의 전통적 에스프레소 바(espresso bar)를 연상시킬 정도로 아늑한 느낌을 준다. 미각, 후각, 시각, 청각, 촉각 등 다섯 개 감각을 적절히 자극시키는 오감(五感) 마케팅의 대표적 성공사례로도 소개되고 있다. 여하튼 미국의 커피 시장은 스타벅스라는 프리미엄커피의 성공으로 인해 침체해 있던 커피시장 전체가 부흥을 맞게 되는 후광효과(Halo Effect)의 덕을 톡톡히 보게 되었다. 이처럼 제품 하나가 제품 자체 또는 제품 외적 측면에서 혁신을 이루어 히트함으로써 그 제품이 속해 있는 시장 전체가 같이 떠오르게 되는 현상을 스타벅스 효과라고 한다. 이러한 프리미엄급 제품의 성공은 시장 전체의 평균 가격을 상승시켜 수익 증대라는 긍정적 효과를 가져오기도 한다.

우리나라의 경우 소주시장에서도 스타벅스 효과의 예를 찾을 수 있다. 몇 해 전에 '김삿갓', '참나무통 맑은 소주' 등의 프리미엄급 소주가 출시되어 크게 히트한 것을 기억할 것이다. 사실 그때까지만 해도 진로, 경월 등 일반 소주가 대부분이었다. 김삿갓이 출시되어 성공하면서 모든 소주 회사들은 앞 다투어 프리미엄 소주를 내놓기

4) 박정현, 상품이 아닌 문화를 팔아라, LG주간경제, 2004.10.27.

시작하였으며 소주시장은 일대의 변혁을 맞게 되었다. 즉 시장 전체가 프리미엄급으로 자연 격상을 하는 효과를 보게 된 것이다. 소주회사 입장에서는 가격인상에 따른 수익증대 효과를 얻게 되었으며 지금도 소주시장은 참이슬, 미소주 등 프리미엄급 소주가 주류를 이루고 있으며 신제품도 프리미엄급에 초점을 맞춰 출시되고 있다. 스타벅스 효과, 아니 김삿갓 또는 참나무통 맑은 소주 효과가 소주시장 전체를 업그레이드시켰으며 그 효과는 지금도 지속되고 있는 것이다.베인 앤 컴퍼니(Bain & Company)가 미국 내 39개 제품군을 대상으로 프리미엄급 제품의 시장점유율 변동을 조사한 결과, 스타벅스 효과를 여러 제품에서 발견할 수 있었다. 요구르트의 경우 1980년대까지만 해도 평범한 제품 일색이었으나 1991년에 다농(Dannon)이 떠먹는 요구르트를 내놓으면서 시장은 급변하였다. 요플레, 요거트 등 프리미엄급 제품들이 앞 다투어 출시되었으며 요구르트 시장은 다농의 혁신 덕에 프리미엄 제품의 비율이 1997년에 무려 60%가 넘게 되었다. 커피시장의 경우도 스타벅스가 히트하기 전인 1988년도만 하더라도 전체 시장의 5%만이 프리미엄 가격으로 팔리고 있었으나 1997년도엔 프리미엄급 커피가 무려 40%나 되었다. 하지만 스타벅스 효과를 긍정적으로만 생각할 수는 없다. 앞서의 조사 결과를 살펴보면 스타벅스 효과에 정반대가 되는 부정적 결과들도 나타나고 있다. 티슈(화장지)시장이 그 예인데, 1988년에 60%가 프리미엄 가격에 팔렸는데 지금은 불과 25%에 지나지 않는다. 이탈리안소스시장도 10년 전 80%나 되던 프리미엄 제품이 지금은 50%로 줄어들었다. 시장이 너무 프리미엄 일변도로 갈 경우 위험할 수도 있다는 대목이기도 하다. 경쟁이 심화되어 가격경쟁으로 이어질 경우 가격인하는 불가피할 것이며 그렇게 되면 한때 프리미엄급이었던 제품들이 일반 제품으로 추락하면서 시장 전체가 침체가 되고 개별 기업의 수익에도 부담을 주는 결과를 낳을 수 있다는 것이다.

제3절 다국적기업과 문화후광

1. 특정 국가(민족) 문화의 월경과 파급

특정 국가(민족) 문화의 월경 및 국제화가 진행되고 있다. 이제까지 우리는 정치경제적으로 우월한 위치에 있는 국가들의 문화들이 주로 파급되는 현상을 보아 왔다. 미국, 일본, 프랑스 등의 국가문화만이 세계적인 보편성을 지니고 있는 것처럼 생각해 왔다.

그러나 최근에 들어와서는 일명 선진국의 문화뿐만 아니라 특정 국가의 문화가 월경을 하거나 파급되고 있다. 우리나라의 경우도 미국, 일본, 프랑스 문화의 일부가 자리 잡은 것은 오래되었으며, 이슬람, 인도, 베트남 등의 문화도 주변에 존재한다. 한때 다국적기업의 국제화가 경제산업적으로 성공한 국가의 다국적기업만이 가능하다는 이론을 동아시아 국가, 특히 중진국이었던 한국의 기업들이 선진국으로 진출하여서 이론의 보완 및 수정을 이끌어 내었던 만큼, 최근의 문화적 월경현상과 파급은 보편적 이론을 수정하고 있다. 하지만 사회경제적으로 취약하였던 특정 국가의 문화가 국경을 넘나들어서 다른 사회의 문화 형성에 일부를 형성하였던 것은 오늘의 사실만은 아니다. 일례로, 한국의 태권도는 이미 많은 국가에서 생활문화로 자리 잡고 있으며, 브라질과 멕시코가 텔레노벨라라는 드라마 장르를 중심으로 유럽과 남미의 프로그램 수출국으로 부상하고, 그 외에도 인도나 대만, 홍콩 등의 새로운 수출중심지들이 등장한 적도 있다.[5] 문화란 국가간에 서로 주고받으며, 인간의 요구와 욕구(needs & wants)에 충분한 가치가 있다면 점점 수렴되는 현상을 보인다.

그러면 이러한 문화를 중개하는 이들은 누구인가? 이미 언급했던 바와 같이 다국적기업이 일부분을 담당할 것이다. 하지만 정보통신기술 및 수송수단의 발달을 통해서 자연스럽게 월경하는 경우도 존재한다. 특히 인터넷, 미디어 등

5) 송병우, 양은경, "한국 대중문화의 현주소와 글로벌화 방안 : 한류현상을 중심으로", 사회과학연구 제14권(충남대학교), 2003, pp.147-171.

의 정보통신기술의 발전은 특정 국가의 대중문화를 효과적이고도 빠르게 파급시키는 힘을 지니고 있다. 동아시아에서 불고 있는 한류(韓流)도 미디어의 힘에서 출발하였다. 즉 문화가 월경 및 파급되는 유통단계가 다국적기업 및 해외체험을 하였던 국민들에게서 뿐만 아니라, 개방적인 대중매체가 주도권을 잡기 시작하였다는 의미이다. 예전처럼 다국적기업이 진출 해당국가에 문화를 전파하는 단일통로서 생각되어 왔지만, 이제는 미디어와 같은 물리적 경계가 희미한 공간(space)적 또는 사이버스페이스(cyber space)상에서 문화가 형성되고, 생활문화로 침투되는 현상을 보인다.

이러한 문화유통의 지배자로서 미디어의 유통역량에 대한 이론적 설명이 시도되어 왔다. 비록 텔레비전 프로그램을 중심으로 이루어져 왔지만, 현재까지는 '문화적 할인과 문화적 근접성'에 의해서 유통되는 특성을 일부 설명한 것이기도 하다.

Hoskins and Mirus(1988)[6]은 '문화적 할인(cultural discount)'이라는 특성을 설명한다. "한 문화에 뿌리를 두고 있고, 그 환경 속에서 흥미를 끄는 특정 프로그램은 그 밖의 다른 곳에서 시청자들이 그 프로그램 속의 스타일, 가치, 신념, 제도, 행위패턴과 동일시하기 힘들다고 발견함에 따라 소구력이 감소하게 된다"고 주장하였다. 따라서 문화의 국제적 유통이 오락, 특히 드라마 중심으로 이루어지는 이유는 이 장르가 국가간 경계를 넘어서면서 나타나는 문화적 할인율이 다른 장르들에 비해 낮기 때문이며, 반면에 정보 프로그램은 훨씬 더 문화적 특수성을 갖고 있고, 따라서 할인율이 커서 국제적 유통이 잘 일어나지 않는 다는 것이다.

한편 Straubharr(1991)[7]는 '문화적 근접성(cultural proximate)'을 중심으로 설명하였다. 텔레비전의 수용자들은 일차적으로 국내 프로그램에 대한 선호도를 갖고 있고, 국내 프로그램들이 어떤 장르들에 대한 대중들의 수요를 충족시키지 못할 때, 남미 지역 내 인접국가의 프로그램 즉 미국 프로그램들에 비해 상대

---

6) Hoskins, C. and Mirus, R. (1988), "Reasons for the US dominance of the international, trade in television programmes", *Media, Culture and Society*, 10, pp. 499-515.

7) Straubhaaar. J(1991), "Beyond Media Imperialism: Asymmetrical Inter-Dependence and Culture Proximity", *Critical Studies in Mass Communication*, 8, pp. 39-59.

적으로 훨씬 더 문화적으로 근접하거나 유사한 것들을 찾는 경향이 있다는 것이다. 여기서 문화적 근접성은 언어, 종교, 의상, 비언어적 코드, 유머 등 다양한 요소들이 언급되었다.[8)]

그러나 이러한 설명은 폭넓은 지지를 받지는 못하고 있다. 문화는 분명히 논리적 체계를 지니고 있지만, 그 문화를 향유하고 사용하고자 하는 사람들은 논리와 감성의 벽을 뛰어넘어서 생활문화로서 수렴되는 것이지, 한 나라의 소비자들은 자국의 문화에 익숙해져 있어 자국문화에 대한 선호가 강하기 때문에 외국으로부터 유입되는 문화에 대해 익숙해지기까지는 외국문화에 대한 소비자 잘 이루어지지 않는다는 문화적 할인과 같은 미래가치를 따진다거나, 문화적 유사성이나 근접성에 의해서 설명하는 것은 한계가 존재한다. 세계는 점점 글로벌화되어 가고 있으며, 특정 국가의 문화는 더 이상의 특정 국가의 문화 또는 외래문화라는 경계가 사라지고 있는 점이 없지 않다. 물론 특정 국가의 독특한 문화가 존재하는 것은 사실이지만, 그것은 어디까지나 인간이 지니고 있는 보편적 가치, 즉 흥미와 지식(정보) 추구성향과 모방심리, 동경, 그리고 생활가치에의 적용에 의한 기능성 및 가치가 필요충분하기 때문에 특정 문화와 글로벌 문화가 혼합되어서 확산되는 것이다. 한류 또한 동아시아 국가에서 수단적(instrumental)으로 필요하거나(미디어회사에서의 필요성, 한류에 대한 것을 알아야 한다는 무의식), 가치적으로 충분(가족애, 한국이란 무엇인가)한 혼합문화가 전개되고 있기 때문이라고 할 수 있다.

따라서 문화의 월경과 파급은 시대적인 가치를 함유하고자 하는 인간들이 생활의 보편적 수단과 가치에 글로벌 문화가 혼합되어서 적합한 특정 국가의 문화가 결합된 新文化를 받아들이는 현상이다. 한류의 예를 들자면, 우리나라는 동아시아의 한류만큼이나 미국 및 일본의 보편적 가치를 수용하고 있으며, 그 보편적 가치와 우리문화가 혼합되어서 형성된 새로운 문화적 수단과 가치들이 파급되는 현상이라고 말할 수 있다. 이미 미국 문화와 일본 문화가 우리의 대중문화로 자리 잡고 있다는 현실에 비추어볼 때, 미국 문화든 일본 문화든 프랑스 문화든 아니면 한류든 간에 18세기의 문화로서 가치가 형성되어서 서로 근접하는 것이 아니며, 21세기, 22세기의 문화적 가치로 발전해 가고 있는 와

8) 송병우, 양은경(2003), 전게논문.

중에서 수렴과 발산을 하고 있는 것이다.[9)]

2. 글로벌화와 한류의 등장

'한류(韓流)'는 1990년 후반 중국 언론매체에서 처음 쓰기 시작한 신조어이다. 다른 문화가 매섭게 파고든다는 뜻의 '한류(寒流)'의 동음이의어인 '한류(韓流)'가 통용되기 시작하면서 본격적으로 자리 잡았다. '한류(韓流)'는 중국, 홍콩, 대만, 일본, 베트남 등지에서 젊은 청소년들을 중심으로 한국의 음악, 드라마, 영화, 패션, 게임, 음식, 헤어스타일 등 대중문화와 한국 인기 연예인을 동경하고 배우려는 문화현상을 말한다.

1) 우리나라 문화산업의 수출실적

우리나라 문화산업 수출실적을 보면 1998년 4억1,285.8만 달러에서 2003년(추정) 7억 298.5만 달러로 약 1.6배 증가했으며, 전년 대비 성장률은 1999년 31.2%, 2000년 5.1%, 2001년 15.8%, 2002년 -10.4%, 2003년 29.5%이다. 2003년(추정) 문화산업 수출실적은 게임 2억 1,1000만 달러, 캐릭터 1억 700만 달러, 출판 7,800만 달러의 순으로 나타났다. 영화는 1998년 307.4만 달러에서 2003(추정)년 3,400만 달러로 9배 이상, 방송영상은 1,001.7만 달러에서 3,7450만 달러로 3.7배 이상 증가하였다.

문화산업 부문별 1위 수출국은 음악, 인터넷모바일, 영화, 애니메이션은 일본, 온라인게임과 캐릭터는 중국, 방송영상은 대만, 만화는 미국이다. 우리나라의 국별 문화산업 수출구조는 한류와 관계가 깊은 부문인 음악, 영화, 방송영상은 일본, 중국, 대만을 중심으로 이루어져 있다. 음악은 일본이 241.5백만 달러로 중국 5천 달러에 비해 압도적이며 이는 '보아'의 활약이 크게 작용한 것으로 볼 수 있으며, 영화는 일본이 392.5만 달러로 2위 미국 72.2만 달러의 5.4배 규모이다. 방송영상은 대만이 146.8만 달러로 중국 58.2만 달러, 일본 9.9만 달러에 비해 압도적으로 높다(<표 12-2> 참조).

9) 설사 <대장금>과 같은 우리나라의 전통적 드라마가 홍콩과 대만에서 인기가 있다고 하지만, 사실상 드라마 기법이나 기술 등은 전통 그 자체는 아니다.

표 12-2 국가별 문화산업 수출실적

분야	1위 수출국(금액)	2위수출국(금액)	3위수출국(금액)
음악	일본(2,415)	중국(5)	-
인터넷모바일	일본(451)	미국(149)	영국(140)
온라인게임	중국(40,886)	일본(3,073)	대만(1,406)
영화	일본(3,925)	미국(722)	홍콩(178)
애니메이션	일본(207)	홍콩(48)	말레이시아(36)
캐릭터	중국(427)	미국(159)	일본(87)
방송 영상	대만(1,468)	중국(582)	일본(99)
만화	미국(70)	프랑스(27)	일본(5)

주 : 2002년 7월부터 2003년 10월까지 외화입금액 기준임. 애니메이션부문은 OEM 제외.
자료 : 문화관광부, 문화정책백서, 2003.
출처 : 현대경제연구원, 경제주평, 2004/12/24.

그림 12-1 한류 관련 주요 지표

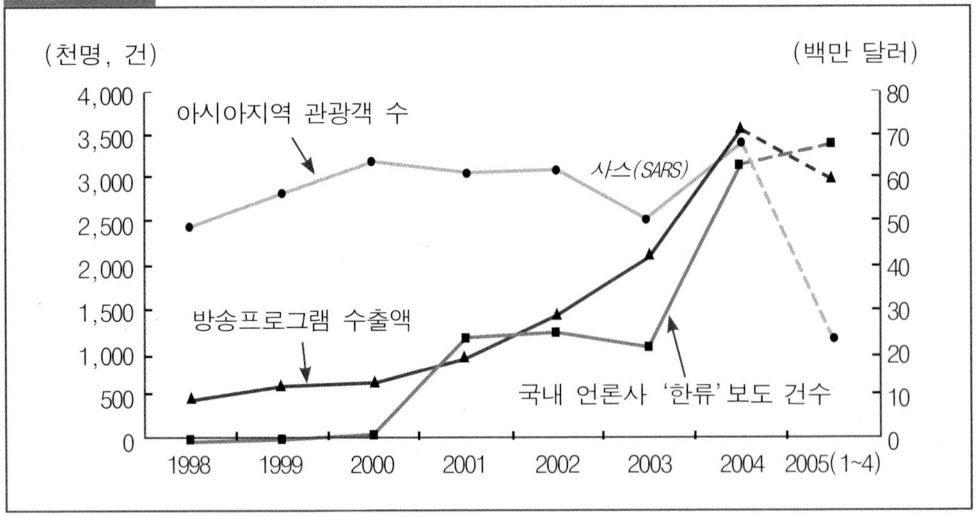

주 : 1) 관광객 수는 일본, 중국, 대만, 홍콩, 태국 등 아세아주 관광객을 집계한 것임.
2) 2005년 1-4월 방송 프로그램 수출액은 추정치.
자료 : 한국관광통계 DB(2005.5.30) ; KINDS(한국언론재단)DB(2005.5.30) ; 문화관광부(2005), 2004년도 방송 프로그램 수출입 현황분석.
출처 : 삼성경제연구소, 한류지속과 기업의 활용방안, 2005/6/1.

한류의 현황은 아시아 지역에서 한국 대중문화의 인기가 치솟으면서 촉발된 한류 붐이 계속 이어지는 가운데 최근 대만과 홍콩에서는 TV 드라마 <대장금>의 인기가 상승하였으며, 일본에서는 보아, 세븐 등의 국내가수 들이 좋은 반응을 얻었다. 온라인 게임의 경우는 IDC가 발표한 '2004년 중국 온라인게임 인기순위'에 따르면 한국 게임이 1위와 2위를 포함하여 5개가 상위 10위 내에 포진하고 있다.

이러한 한류에 대한 현재의 명제는 '아시아지역의 제반 상황과 맞아떨어져서 발생한 일시적 유행이다' 또는 '대중문화 유행의 단계를 지나 하나의 사회문화 트랜드로 자리 잡고 있다'라는 명제가 대두되고 있다.

2) 국가별 한류와 기업들의 한류 활용

① 중국

중국에서의 한류 주역은 대중가요와 방송드라마이다.[10] 한국음악방송은 1996년부터 시작되었으며, 음반발매는 1998년의 H.O.T가 최초로 시판 한 달 만에 5만 장 판매를 기록, 이후 클론, 안재욱, 유승준 등이 음반발매와 동시에 현지대형콘서트를 통해 한류를 확대시켰다. 드라마는 1997년 6월에 중국 중앙 TV를 통해 <사랑이 뭐길래>가 큰 히트, 이후 1999년 <별은 내 가슴에>의 히트로 안재욱이 중국 최고 인기스타로 부상하였다. 한국 기업뿐 아니라 중국 기업들도 한규스타를 마케팅에 활용하고 있다. 중국의 무명 휴대폰 업체였던 TCL은 김희선을 광고모델로 채용한 이후 점유율이 비약적으로 높아졌고, 지금은 최대 업체로 성장하였다.

② 대만

대만에서의 한류 주역은 클론을 필두로 한 대중가요로, 클론의 경우 한국어 앨범임에도 불구하고 45만장이 팔렸으며, 2000년 당시 민진당 천수이벤 후보가 총통 선거전 캠페인송으로 사용하기도 하였다. 드라마의 경우, 1999년 이후에

10) 이하의 국가별 내용은 현대경제연구원, 경제주평, 2004/12/24; 삼성경제연구소, 한규지속과 기업의 활용방안, 2005/6/1을 종합.

본격 진출하여 <불꽃>과 <가을동화>가 시청률 1위를 기록하면서 송승헌 등이 인기스타로 부상한 바 있다. 드라마의 인기가 한국관광으로 이어져 2005년 1~4월에는 대만인 관광객의 수가 전년 동기 대비 43.4%의 높은 증가율을 보였다.

③ 베트남

베트남의 한류 주역은 <의가형제>, <모델> 등 TV 드라마. <의가형제>는 1999년 베트남 전국으로 방영되어 공전의 히트를 기록, 주인공 장동건은 베트남 국민배우라고 불릴 정도로 폭발적인 인기를 끌었다. <모델>의 김남주는 김남주식 화장법, 패션 등을 유행시키면서 김남주 신드롬을 낳았으며 LG생활건강은 김남주를 드봉 브랜드 모델로 채용하여 드봉 브랜드를 베트남 국민브랜드로 만드는 데 성공하였다. 드라마에 등장했던 한국 제품들에 대해 관심이 높아졌고 현재 동남아 국가들 중 유일하게 한국 전자제품을 일본제품보다 선호하고 있다.

④ 홍콩

홍콩에서는 1997년 <별은 내 가슴에>를 필두로 한 드라마뿐만 아니라, ATV의 Pops In Seoul을 통한 한국 대중가요, <쉬리>, <반칙왕> 등의 영화에까지 다방면에 걸친 한류 현상이 발생하였다. 최근에는 TV드라마 <대장금>이 선풍적 인기를 끌었다. 드라마에 힘입어 한국 음식, 관광, 한복 등 관련상품이 유행하였고, 한국 촬영지 관광, 궁중생활 체험관관 등 관광상품이 등장하였다. 인천-홍콩간 기내식 중 비빔밥이 인기가 많다고 한다.

⑤ 일본

일본의 경우는 영화 쉬리가 일본 내 관객 130만 명 동원에 성공함으로써 일본 내 한국 영화 붐을 주도하였고, 보아의 성공과 같은 한류현상이 있었으나 본격적인 한류 붐은 드라마 <겨울연가>로부터 시작되었다. 2003년4월 일본 NHK 위성방송의 <후유노 소나타(冬のソナタ, 겨울연가)>가 방영, 드라마의 대성공과 함께 주인공 준상 역 배용준의 인기가 급상승하였고, '욘사마 열풍'[11]과 함께 한류열풍

11) 욘사마란 배용준의 이름자 '용'에 일본어 극존칭 '사마(樣)'를 붙인 신조어로 2004년 일본 최고의 유행어이자 트랜드이다. 일본인 이외에서 축구스타 베컴 이후에 두 번째라고 한다.

이 시작되었다. 한국 드라마 시청 및 영화관람, 음반구입 등 컨텐트 소비가 늘어났고 일부는 한국의 드라마 촬영지를 직접 방문하고 있다. 최근, 소녀시대, 동방신기, 카라 등의 한국 가수들의 성공은 신한류붐을 창조하고 있다.

3) 한류의 배경과 평가

① 배경

한류열풍이 일어나게 된 궁극적인 원인은 내적으로는 1990년대 이후 국내 엔터테인먼트사의 성장에 의한 한국 대중문화의 경쟁력 향상과 정부의 지원정책에 힘입었다. 일례로 댄스음악을 중심으로 한 한국 대중음악의 경우 '보아'와 같이 일본 음반시장 1위를 차지할 정도로 서구적 스타일과 동양적 감성이 잘 어우러진 사람의 마음을 사로잡는 매력적인 문화상품을 제공할 만큼 성장하였던 것이 그 예이며, 정부 차원에서는 우리 음반산업의 해외시장 진출 및 중국 방송시장 진출을 위한 문화관광부의 지원이 있었다.[12)]

② 평가

한류에 대한 평가는 긍정적인 평가와 부정적인 평가가 공존하고 있다.

긍적적인 평가로는 관련 국내 제조업의 동반 성장 유도 효과, 문화콘텐츠 수출 첨병, 국내산업구조 개편을 위한 자극제로서의 작용을 들 수 있으며, 한류로 인해 국내 제조업은 의류, 화장품, 가전제품, 휴대폰 등 소비재를 중심으로 긍정적인 영향을 받은 것으로 나타났다. 그리고 한류에 대한 긍정적 평가로는 동아시아에서의 한국과 한국인에 대한 이미지 제고 등이 이루어졌다.

부정적인 평가로는 경제적 논리의 팽배, 미국문화의 퓨전, 획일적인 콘텐츠 내용, 한류의 지속가능성에 대한 회의 등이 존재한다. 동아시아 지역의 문화교류기반이 취약한 반면, 한류를 중심으로 한 일방적인 우리 문화콘텐츠의 수출증가 현상은 상대국의 문화상품 무역불균형 확대를 불러올 뿐 아니라 상대국 내의 반한 감정을 고조시킬 수 있지 않겠는가 하는 점이 대두되고 있다.

---

12) 중국어 음반 '한류'의 제작, 국제음반 박람회 참가지원, 영어, 일본어, 중국어로 된 한국 대중음악 및 음반산업계 최신 동향 소개 책자 발간 등.

표 12-3 한류, 비한류권 국가에 대한 소비재 수출 증가율

구분 (전체수출 순위)		연도별소비재수출현황/단위:백만$<증감율>				4년 평균 성장률(%)
		2001년	2002년	2003년	2004년(11월)	
한류	중국(1)	1,903(6%)	3,501(84%)	4,127(17.9%)	3,753(-0.3%)	26.9
	일본(3)	4,502(-17%)	4,504(-10%)	4,035(-0.5%)	4,1359(13.8%)	-3.4
	홍콩(4)	1,537(3.8%)	2,0409(32.7%)	2,808(37.7%)	2,213(-11.6%)	15.7
	대만(5)	605(-10.4)	659(8.9%)	905(37.3%)	890(10.7%)	11.6
비한류	미국(2)	15,381(8.4%)	16,706(8.6%)	19,204(15%)	21,165(23.1%)	13.8
	독일(6)	999(-15.4%)	1,242(24.3%)	1,929(55.3%)	2,743(60.7%)	31.2
	영국(8)	1,161(-3.2%)	1,409(21.3%)	1,797(27.5%)	2,605(61.1%)	26.7
	이태리(12)	898(-5.3%)	949(5.7%)	1,339(41.1%)	1,988(64.8%)	26.7

자료 : 대한상공회의소, 한류 열풍의 실체와 기업의 전략적 활용방안, 2005.

<표 12-3>은 한류와 비한류권 국가에 대한 소비재 수출 증가율의 변화를 나타낸 것인데,

실제로 한류, 비한류 상위 8개 교역국에 대한 4년 평균 소비재 수출증가세를 살펴보면 비한류권 국가인 독일(31%), 영국(26.7%), 이탈리아(26.7%) 등이 한류권 국가들보다 전반적으로 높고, 4년간 대(對)일본 소비재 수출은 오히려 마이너스 성장(-3.4%)을 기록했다는 점을 통해 한류가 제품 수출로 이어지는 효과는 아직까지는 미비 하다는 것을 알 수 있다. 즉, 「한류 열풍의 실체와 기업의 전략적 활용방안」(대한상공회의소, 2005)의 보고서에 의하면 한류현상으로 문화상품의 주변국 진출과 관광객 유입효과는 크지만, 유행에 민감한 소비재 수출 증가와의 관련성은 별 관계가 없는 것으로 나타났다.

③ 한류의 새로운 발전적 가치 : 3D(Digital, DNA, Design)[13)]

- 한류와 Digital

  한국이 디지털 부문에서 경쟁력을 가질 수 있는 것은 IT라는 한류와 여기서 파생된 '자발적 참여'라는 새로운 한류에 의해서 나타난 것이라는 측면

13) 김화섭, 한류의 확대와 新3D, 산업경제분석, 산업연구원, 2005(이어령은 2005년 1월 언론과의 인터뷰에서 新3D라는 용어를 사용하였다), 한류는 발전적 확대를 신3D로 표현하여 사용하기로 하였다.

도 존재한다. '한국시장에서 Digital 제품이 먹히면 세계시장에서도 성공한다'라든가 인터넷 카페 및 블로그 등에 의해서 이루어지는 네티즌 상호간 유대감 생성 등의 효과가 기업들에게 새로운 마케팅(프로모션) 수단으로 활용되고 있다.

- 한류와 DNA

실제 한류에 긍정적인 수용태도를 보이고 있는 중국 20대들은 메이크업 기술을 한국의 대표적인 연상 이미지로 꼽고 있다. 이러한 메이크업 기술은 손재주에서 나온다고 하는데 우리 민족성은 간섭하고 참견하기를 좋아하는 만큼, 간섭하고 참견하기를 좋아하는 손재주를 발전시키는 것, 또는 한류와 Digital에서 보는 바와 같이 우리의 민족성이 간섭하고 참견하기를 좋아하는 특성의 DNA를 가지고 있으며, '인터넷을 통한 자발적인 의견 교환' 이라는 측면에서 판단해 볼 수 있을 것이다.

- 한류와 Design

한류와 디자인은 불가분의 관계에 있다. 실제로도 대중문화(특히 TV드라마)에 의해 디자인 분야가 발전하였다. 즉 디자인이라는 것이 문화의 속성으로서 산업의 자본재역할 또는 소비행태에 중요한 변수로 작용하고 있다는 점이다.

참고 자포니즘(Japonism)

모네 등 많은 인상파 화가들이 작품에 일본풍의 우키요에(浮世繪)를 모방, 응용하면서 유럽 미술계에 일본풍의 유행이 나타났는데 이를 자포니즘이라고 한다. 일본은 19세기 말 유럽문화에서 큰 궤적을 남겼다. 1867년 파리, 만국박람회장에서 일본 도자기 등의 특산품을 포장하는 데 사용되었던 일본의 풍속화 우키요에의 판화그림을 모네(Monet)가 발견하고 이 포장지 그림을 자신의 작품에 응용한 데서 시작되었다. 이후 고호와 르네의 그림, 루이비통 가방 등 유럽문화에 큰 영향을 주었고, 작품뿐만 아니라 정원, 부엌과 식당, 독서실 등 많은 생활공간이 우키요에의 색상으로 장식되기도 하였다.

이것은 20세기 '일본풍', '니폰필(Nippon Feel)', 화류(和流)' 등으로 불리면서 일본 문화의 세계화를 견인하였다.[14)]

14) 삼성경제연구소, 한류 지속과 기업의 활용방안, 2005/6/1.

사례 1 일본의 <겨울연가> 열풍

한국에서 <겨울연가>는 2002년 1월부터 3월까지 일주일에 두 번씩 KBS에서 방송되었으며, 평균시청률은 23.1퍼센트였다. 최근의 일본에서의 큰 인기 때문에 요즘 <겨울연가>는 한국에서도 재방송되었으며, 각종 미디어에서도 연일 보도되고 있다. 지금 일본에서 불고 있는 한류의 가장 큰 원인이 된 텔레비전 드라마는 널리 알려졌듯이 이 <겨울연가>이다. 배용준과 최지우가 주연을 맡은 이 드라마는 앞에서도 언급했듯이 일본뿐만 아니라 대만이나 싱가포르 같은 다른 아시아 지역에서도 인기를 끌었다.

<겨울연가>는 일본에서 2003년 4월부터 일주일에 한 번씩 밤 10시에 위성방송인 NHKBC에서 방송되었다. 위성방송에서 방송된 프로그램의 시청률로는 꽤 높은 편이었고, 그해 말에 개최된 배용준과 만나는 한국 관광에는 900여 명의 팬들이 참가해 화제가 되었다. 그리고 2003년 12월에 <겨울연가>는 재방영이 되었다. 2004년 4월에 배용준이 일본을 방문했다. 그때 공항으로 배용준을 만나러 간 일본 팬들은 5,000여 명에 달했으며, 주요 신문에서도 이 사건을 대대적으로 보도했다. NHK는 이러한 인기를 근거로 <겨울연가>를 지상파로 재방영할 것을 결정하였고 서양 드라마가 아닌 연속 드라마를 지상파에서 정기적으로 방송한 것은 매우 이례적인 일이었다.

2004년 8월에 아사히신문의 설문조사에 따르면 "한국드라마 <겨울연가>를 본 적이 있습니까?"라는 질문에 응답자 중 40%가 '있다'고 대답했다. 이 조사는 남녀 모두를 대상으로 한 것인데, 만약 '여성'으로 한정했다면 그 비율은 더 높았을 것이다. 그리고 <겨울연가>를 본 적이 있다고 답한 응답자들은 <겨울연가>를 본 이후에 한국 드라마나 영화를 보고 싶어졌으며 한국문화에 전반적으로 관심을 가지게 되었다고 대답했다. 이러한 인기를 반영하듯 2003년 말부터 <겨울연가> 촬영지를 찾는 일본인이 급증하고 있다. 초국가적인 드라마 소비가 그 촬영지를 방문하기 위해 '초국가적'으로 이동하는 여성들을 출현시켰다고 말할 수 있다.

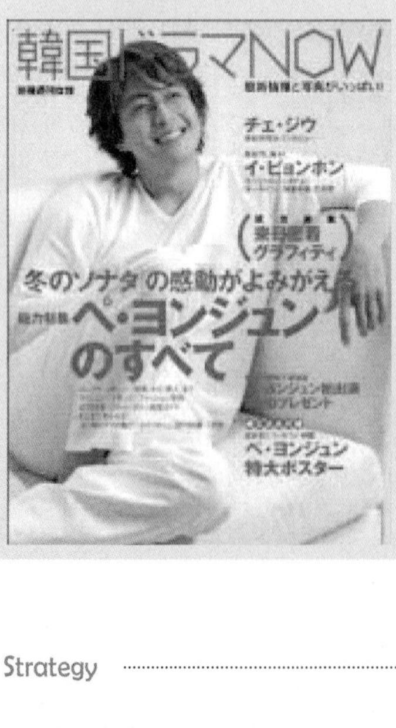

그렇다면 드라마 <겨울연가>가 어떤 이유로 이토록 아시아 여성들 특히 일본의 지지를 한 몸에 받고 있는 것일까?

일본의 한 잡지사에서 시행한 '<겨울연가>를 시청하게 된 계기'에 대한 인터뷰에 의하면, 먼저 비교적 빠른 시기에 <겨울연가>를 시청한 여성들은

'우연히' 보게 되었음을 강조했다고 한다. 그리고 대부분이 비교적 높은 연령대의 여성들이 대부분을 차지하였으며, 우연히 '아름다운 영상과 음악에 매료되었다'는 대답이 가장 많은 비중을 차지했다고 한다. 2003년에 접한 시청자들의 계기는 직접 <겨울연가>를 본 친구들에게 추천을 받아 아니면 이야기를 듣고 비디오나 DVD를 보게 된 경우가 많았던 데 비해 2004년에 들어서 <겨울연가>를 보게 된 여성들의 시청계기와 연령은 다양해졌다고 한다.

일본의 한 전문가는 일본의 높은 연령대의 여성 시청자들이 <겨울연가>에 열광하는 것은 비교적 젊은 일본 여성들은 이전에도 다양한 문화를 접해 왔던 것에 비해 연령이 높은 여성들은 <겨울연가> 이전에는 한국문화를 자주 접하지 못했기 때문에 한국에 대한 새로운 이미지가 신선하게 다가가 어필했다고 말한다. 또 주연배우인 배용준에 대해서는 드라마 속 캐릭터는 물론이고 배용준 자신에 대한 언급도 자주 있었다. 인터뷰에서 한 일본 여성은 배용준의 매력을 '현실에서는 없을 것 같으면서도 있을 법한'이라도 표현했다.

잡지 속의 인터뷰 내용에 따르면 일본 여성들이 <겨울연가>에 열광하는 이유는 '가족주의'로 대표되는 '일본이 잃어버린 것'에 대한 향수, 그리고 배용준이 재현하는 특정한 계급에 대한 동경 등으로 볼 수 있다. 여기에는 할리우드 영화나 서양 드라마에서는 느낄 수 없는, 일본에 없을 것 같지만 있을 듯한 친근감과 미묘한 감각이 한국이라는 드라마 너머에 보이는 것 혹은 곳으로 시청자를 이끈 것이다.

또한 일본인들이 예전에 '조센진'이라고 무시했던 한국 사람인 배용준이 일본에 가면 국빈대접을 받는다. 이러한 배용준을 보기 위한 일본인들의 관심 속에 드라마 <겨울연가>는 일본에서 크게 성공을 했고 재방송되어지는 <겨울연가>는 아직도 일본에서 시청률 15%라는 초대박 시청률을 기록하고 있다. <겨울연가>에서 배용준이 등장한 '남이섬, 추암해수욕장, 용평 리조트 스키장' 등이 관광명소로 떠오르며 많은 일본인들이 한국을 방문하고 있다. 특히 <겨울연가> 관광객의 지출액은 지금까지 총 4,000억 원의 수익을 안겨 주었다고 한다. 앞으로 우리나라의 드라마산업은 우리나라에 미치는 경제적 효과를 들어 우리나라만의 문화와 아름다운 강산들을 이용하여 충실히 드라마에 반영하여 수출을 하면 '제2의 겨울연가' 등이 나오는 것이라고 믿어 의심치 않는다.

사례 2 아시아의 <대장금> 열풍

<대장금>의 촬영지인 경기도 양주의 대장금 테마파크는 외국인들의 방문이 끊이지 않는다고 한다. 그들은 대부분 홍콩, 대만, 말레이시아인들로 <대장금>을 시청한 후 한국과 드라마 촬영지에 관심이 생겨 그곳을 직접 보기 위해 한국을 찾는다고 한다. 드라마가 단순한 오락 수준을 넘어서 외국인 관광객들을 끌어 모으면서 경제적으로도 큰 몫을 하고 있는 것이다. 이를 통해 한류열풍이 외국인들에게 한국에 대한 관심

을 갖게 하고, 한국을 직접 방문하도록 만드는 영향을 미친다는 사실을 알 수 있다. 이뿐만 아니라 대만과 홍콩 등지에서 <대장금>을 DVD로 소장하고, <대장금>에 나오는 한국 음식을 맛보기 위해 한인 타운을 찾는 일이 점점 많아지고 있다고 한다고 한다. 이를 통해 아시아인들의 열광적인 <대장금> 사랑을 알 수 있다. 더 나아가 한류열풍이 다국적기업 본사와의 관계 개선에도 도움이 된다고 하니 한류열풍의 영향을 다시 한 번 실감할 수 있다. 이와 같은 예들로 우리는 한류열풍이 단순한 흥밋거리에 지나는 것이 아니라 경제적, 사회적으로 큰 영향을 미친다는 사실을 알 수 있다.

또한 소재가 고전극이고 사극이 갖고 있는 고전적인 점을 넘어서 현대적인 볼거리를 가미했고, 여성이 어려운 현실을 이겨냈고 한국의 음식을 다뤘다. 일본보다는 대만, 홍콩에 큰 영향을 미쳤다. 중화문명에 가깝기 때문에 자연스럽고 친밀하게 다가갈 수 있었다. 심지어는 대만 야당 후보들이 <대장금> 복장을 하고 선거유세를 나서기도 했으며, 홍콩에서는 시청률이 40%를 넘어섰다. 이는 홍콩의 방송 역사상 유래 없던 일이다. 거의 신드롬에 가깝다. 이는 미디어의 파워를 보여 주는 사례가 된다. 이와 더불어 이영애와 지진희라는 한국의 배우들이 홍콩에서 스타로 자리 잡을 수 있는 계기가 됐다.

사례 3 K-POP in Europ

세계문화의 중심지라 불리는 프랑스인의 문화에 대한 긍지와 자부심은 매우 대단하다. 그러나 이례적으로 프랑스와 유럽, 그리고 전 세계의 언론은 세계 문화의 랜드마크라 불리는 프랑스 루브르 박물관 앞에서 일어난 한 가지 큰 사건에 놀라움을 금치 못하는 일이 발생하였다. 그것은 유럽을 놀라게 한 K-pop열풍으로 단 하루로 정해져 있는 공연표를 구하지 못한 프랑스 팬들이 추가공연을 위한 시위를 벌인 것이다. 이미 대만, 태국, 일본, 중국 등 아시아 전역에서는 k-pop 한류 바람이 불고 있지만 자국의 문화에 대한 긍지와 자부심으로 다른 문화를 쉽게 받아드리지 않으려는 프랑스에서의 k-pop열풍은 매우 이례적인 일이 아닐 수 없다.

사례 4 <쥬라기 공원>

"흥행의 귀재로 불리는 스티븐 스필버그 감독이 6,500만 달러를 들여 만든 <쥬라기 공원>은 1년 만에 8억 5,000만 달러의 흥행 수입을 올렸다. 이는 자동차 150만대를 수출해서 얻은 수익과 같다"는 것이다. 공룡만큼 많은 사람들의 관심을 잡아끄는 생물도 없을 것이다. 전 세계에서 다양한 공룡의 화석이 꽤 많이 발견되었지만 그 생태에 대해서는 정확히 밝혀진 것이 거의 없다. 어쩌면 아직 미스터리한 부분들이 많아서 사람들이 더욱 공룡에 매료되는 것일지도 모르겠다. <쥬라기 공원> 1편이 개봉된 1993년 당시 이 영화는 많은 센세이션을 불러일으켰다. 다양한 공룡들의 스펙터클한 모습과 호박 속 공룡의 유전자를 복제해 공룡을 되살려낸다는 설정은 많은 논란과 함께 사람들의 관심을 끌기에 충분했다.

<쥬라기 공원> 한 편이 현대그룹이 자동차 150만대를 판 것보다 많은 이익을 남긴다는 말을 들으면 문화산업의 중요성을 바로 실감할 수 있다. 현대사회에서 문화산업이 발전하고 중요성을 더해 가게 되는 이유를 몇 가지 들어 보겠다.

미디어(Media)가 끊임없이 발달하고 있다. 미디어의 발달은 이제 어떤 형태로든 문화와 기업과 기술이 서로 연계되어야 할 환경을 만들어 놓고 있다. 미디어는 문화를 담는 용기라 할 수 있다. 이문화를 전달하는 매체는 구전의 통신수단(Oral Communication)에서 활자매체로, 그것은 다시 영상매체로 발달해 왔을 뿐 아니라 오늘날에는 전자기술 · 컴퓨터 · 인공위성 · 광섬유의 발달 등에 힘입어 이른바 뉴미디어의 눈부신 발전이 거듭되고 있는 것이다. 그 결과 이제 문화콘텐츠는 전 세계의 수용자를 대상으로 순간적으로 전파될 수 있는 엄청난 위력을 가질 수 있게 된 것이다.

지식정보사회로 사회 구조적 변동의 과정에 있다. 문화산업은 지식기반산업이다. 지식정보사회로 바뀌면서 그 지식의 활용이 가장 절실히 필요한 곳이 문화산업이다. 산업혁명이 공업사회를, 컴퓨터와 전자기술은 정보사회를 가져왔다. 그리고 오늘날에는 사회는 지식사회로 변해가고 있다.

참고 <타이타닉>

<타이타닉>이 〈벤허〉(1959)와 마찬가지로 아카데미상 최다 부문 수상(14개 부문 후보 가운데 11개 부문 수상)이라는 기록을 세우며 아카데미상을 석권할 무렵, 이 블록버스터 영화는 이미 미국과 세계시장에서 흥행 신기록을 세우며 영화사상 가장 많은 돈을 벌어들이고 있었다. 또한 이 역사 드라마는 제작비에 2억 달러 이상이 투입되어 가장 비싸게 만든 영화라는 기록도 세우게 되었다. 이 영화의 시각적인 힘은 거대하면서도 세밀한 세트와 정교한 특수효과를 통해 얻은 것이다. 그러나 이 영화가 대중적인 성공을 거둔 것은 호화여객선 타이태닉호의 불운한 운명에 잘생긴 방랑자(레오나르도 디카프리오)와 상류층의 미인(케이트 윈슬렛) 사이의 상투적이기는 하지만 감동적인 사랑 이야기를 잘 버무려 넣었기 때문이다. 작품상 외에 여우주연상 케이트 윈슬렛(후보), 여우조연상 글로리아 스튜어트(후보), 감독상 제임스 캐머런(수상), 촬영상 러셀 카펜터(수상), 음향상 톰 존슨, 게리 리드스트롬, 게리 서머스, 마크 울라노(수상), 편집상 콘래드 버프 4세, 제임스 캐머런, 리처드 A. 해리스(수상), 음향 효과 편집상 톰 벨포트, 크리스토퍼 보이스(수상), 시각효과상 토머스 L. 피셔, 마이클 캔퍼, 마크 A. 라소프, 로버트 레가토(수상), 미술감독상 · 무대장치상 피터 레이먼트, 마이클 포드(수상), 의상상 데보라 린 스콧(수상), 분장상 그레그 캐놈, 티나 언쇼, 사이먼 톰슨(후보), 작곡상(드라마) 제임스 호너(수상), 주제가상 〈My Heart Will Go On〉(작곡 제임스 호너, 작사 윌 제닝스 : 수상) 등의 성과를 거두었다.

역대 재난영화 중 가장 많은 흥행수입을 올린 영화는 <타이타닉>인 것으로 집계됐다. 31일 미국 박스오피스모조닷컴에 따르면 1979년 이후 개봉한 재난영화 중 가장 많은 흥행수입을 올린 영화는 리어나도 디캐프리오, 케이트 윈슬렛 주연의 <타이타닉>으로 집계됐다. 역사상 가장 호화로운 여객선이었다는 타이타닉의 침몰을 그린 이 영화는 지난 1997년 12월19일 개봉해 지금까지 총 6억 78만 8,188달러를 벌어들였다. 2위는 1996년 7월3일 개봉한 <인디펜던스데이>로 3억 616만 9,268달러 수입을 올렸고, 3위는 1996년 5월10일 개봉한 <트위스터>로 2억 4,172만 1,524달러를 기록했다. 이어 <아마게돈>, <투모로우>, <퍼펙트 스톰>, <아폴로 13>, <딥 임팩트>, <버티칼 리미트>, <단테스 피크> 등이 10위권 안에 들었다.

PART 13 글로벌 기업과 협상전략

협상(negotiation)은 정치, 경제, 사회의 모든 영역에서 기본적으로 갈등을 최소화하고, 개인과 개인, 개인과 기업, 기업과 기업, 기업과 국가, 그리고 국가와 국가간에 각 주체가 목적으로 하는 자기이익을 기회비용적 관점에서 극대화하는 수단으로 사용하는 기술이라고 바라보는 것이 일반적이다.

인간은 기본적으로 모든 일에 기회를 추구하며 협상자체의 형태가 아닌 협상과정의 행동을 영위한다고 할 수 있으며, 점차 사회가 복잡 · 다양해지면서 이해관계가 얽혀 개인과 사회간의 문제로 발전하게 되었다. 북한의 핵문제와 미국의 협상전략 등이 등장하였고, 론스타의 외환 은행의 매입전략 등이 우리 주변에서 등장하는 협상전략이다.

특히 세계가 글로벌화해 가면서 이러한 관계는 국제적인 수준으로까지 확대되어, 기업을 매개로 개인과 국가간의 제 관계가 이루어지고 있으며, 협상시 그 타결점을 찾는 것은 매우 어렵다고 할 것이다.

따라서 본장에서는 우선 협상의 정의와 그 이론은 국제기업에 어떠한 의미를 던져 주고 있는가를 살펴보고, 국제기업의 협상문제와 국제기업간 구체적인 협상을 이루어 내는 당사자들에게 대두되는(물론 기업수준에서 문제가 되는 것이 이문화이지만 협상행위 당사자는 기업의 구성원이다) 이문화적인 문제로 협상을 다루고자 한다.

론스타 외환은행 인수 공청회

제1절 협상의 정의와 이론

1. 협상의 개념

일반적으로 협상이란 서로 갈등이 있는 둘 이상의 주체가 그들의 갈등을 해결하기 위해 상호작용하는 행위와 그 과정을 말하며, 이해당사자들을 서로 만족시키기 위해서 수세기 전부터 여러 가지 방법의 협상(negotiation)과 교섭(bargaining)이 사용되어져 왔다. 이러한 협상에 대한 범위는 가정적인 일상생활에서부터 국제거래 관계 속에서 그 가능성은 언제나 존재하며, 특히 이 점에서 아담 스미스는『국부론』에서 인간의 교환본능을 강조하고, 이러한 인간의 본능이 바로 협상욕구로 이어질 수 있다고 했다.

협상의 몇 가지 개념은 협상과정의 특별한 양상에 초점을 맞춘 사회학자들에 의해 제공되고 있는데, McGrath(1966)[1]는 타협의 특별한 형태를 만들어 내는 대표적인 행위 즉 그룹의 위치, 협정 도달, 독창성 획득, 건설적인 해결 등을 강조하며, 또한 '상상력'(representation : 개념작용)을 강조한다. David와 Triandis(1965)[2]는 협상과 교섭사이의 차이를 강조하며, 협상은 '태도와 가치'에 있어 단체들의 차이를 해결하기 위한 것을 말한다. Ikle(1964)[3]은 협상을 교섭을 통한 '이익의 갈등'을 해결하는 것이라고 한 반면, Hammond와 Brehmer(1973)[4]은 '정책결정과정'의 불확실하고 확률적인 속성을 말하고 있다.

다음으로 연구방법론적인 논쟁에서 사회심리학적 접근을 들 수 있는데, 이

1) McGrath, J. E., "A social psychological approach to the study of negotiation." in R. V. Bower(ed.), Studies on Behavior in Organization : A Reserach Symposium athens : Univ. of Georgia Press, 1966.

2) Davis, E. E. and H. C. Triandis, "An exploratory study of inter-cultural negotiations." Urbana : University of Illinois Group Effectiveness Research Laboratory Technical Report 26, ARPA Contract NR 177-472, Nonr-1834(36), 1965.

3) Ille. F. C., How Nations Negotiation, New York : Harper, 1964.

4) Hammon, K. R. and Brehmer, "Quasi-rationality and distrust: implications for international conflict", in L. Rappoport and D. A. Summers(eds), Human Judgment and Social Interaction, New York : Holt, Rinehart & Winston, 1973.

는 주로 노사관계에 초점이 맞춰지는 것으로 Walton과 McKersie(1965)[5]는 시스템, 상황 그리고 태도적 변수 사이의 노사관계에서 집단교섭(collective bargaining)의 모델로 나타내고 있다. 그러나 이러한 집단교섭적 노사관계는 국제협상에서 쉽게 이전되지 않는 부분이라고 할 수 있는데 이는 법적인 면과 부수적인 목표의 상이성에서 오는 것이기 때문이다.

그렇다면 이러한 배경 속에서 협상은 어떠한 정의를 가지고 있는가?

Kapoor(1975)[6]는 "협상(negotiation)이란 주어진 상황에 최선의 접근법을 결정하기 위하여 기능(마케팅 관리, 재무, 제조), 갈등의 문제(기분, 관리, 통제, 소유권의 보호), 커뮤니케이션과 통제 시스템, 절차, 일반적인 환경, 다국적기업과 상대정부관계들을 결합시키는 일종의 예술적 성격을 갖는 활동"으로 정의했으며, Harsanyi(1977)[7]은 "협상(bargaining)은 둘 이상의 행위자가 가능한 협조행위를 통하여 서로의 입장 차이를 양보함으로써 타협(negotiation)하는 것을 말한다"라고 했다. 그러나 Harsanyi의 입장에서 타협이라는 협상(negotiation)은 그 자체가 상태가 아니고 행위이라는 점에서 Negoatition의 타협(settlement)과 구분되어야 할 것이다.

또한 Cohen(1980)[8]은 "협상(negotiation)이란 공동의 이익 교환이나 실천에서 이해 충돌이 있을 경우 의견을 일치시킬 목적으로 자신의 의견을 분명하게 개진하는 과정"이라고 정의하며, "긴장이 가득한 상황 속에서 정보와 힘의 사사용하여 어떤 바람직한 결과를 가져오는 것"이라고 하고, Raiffa(1982)[9]는 "행위자들의 공통이해를 증진시키고 상반된 입장을 절충하는 것이 협상이다"라고 하고 있다.

따라서 협상이란 주체적인 둘 이상이 서호 상호작용을 가지며 주체들의 목적 즉 이해관계에서 이익을 위해 서로 다른 의견이 서로의 불이익이 최소한 상

5) Walton, R. E., "Variables in Experimental games : toward a field theory," Psych. Bull. 71:293-318. 1971.

6) Ashok Kopoor, Planning for International Business Negotiations, Cambridge, Mass : Ballinger Publisher Co., 1975, ch.6.

7) Harsanyi, John, Rational Behavior and Bargaining Equilibrium in Games and Social Situations, Cambridge, UK : Cambridge Press, 1977.

8) H. Cohen, You Can Negotiate Anying, Toroto, A Bantam Books, 1980.

9) Raiffa, Howars, The Art and Science of Negotiation, Cambridge : Harvard University Press, 1982.

태로 타협되도록 하는 일련의 행위와 과정이라고 정의할 수 있다.

제2절 국제기업과 협상

국제협상이란 기본적으로 서로 다른 국적 혹은 문화적 배경을 지닌 당사자 사이의 이해관계를 조정하고 갈들을 관리하는 수단이다. 국제기업은 사업에 앞서 국제현상의 성격을 이해하고 현지기업 또는 정부와의 협상을 준비하고 협상의제를 이해하는 것이 중요하다.[10)]

1. 국제협상의 성격

1) 협상환경

국제협상이란 기본적으로 서로 다른 국적 혹은 문화적 배경을 지닌 당사자 간의 이해관계를 조정하고 갈등을 관리하는 수단으로써 다국적기업에게 있어서 절실히 요구되는 분야이다. 세계경제 및 경영환경의 변화는 협상의 성격을 복잡하고 이해하기 어렵게 하고 국제협상을 기업경영에 있어서나 일국의 경제운용을 위한 중요한 과업으로 만들었다. 이에 따라 효과적인 국제협상을 위하여 고도의 협상기술과 그 분석능력이 요구되고 있는 실정이다.

2) 협상 당사자

협상은 당사자의 수에 따라 양자간 협상과 다자간 협상이 있다. 다국적기업의 협상 당사자는 주로 기업과 정부가 되지만 경우에 따라서는 현지소비단체와 같이 협상 당사자가 확실치 않은 경우, 현지협상당사자들을 확실히 파악하는 것이 중요하다.

---

10) 이장로, 신만수, 국제경영 홍문사 2003 p364

3) 협상의제

다국적기업의 협상은 당사자들의 이해관계를 조정하거나 갈등을 해소하려는 뚜렷한 목적을 갖고 있어야 하며, 당사자들이 행위 규범을 따르면서 상호작용을 통하여 합의를 유도하기 위한 체계를 갖추어야 한다. 이러한 과정에서 이해관계를 담고 있는 것이 협상의제인데 협상의 최종 대상이 되는 갈등 그 자체라고 말할 수 있다.

4) 협상 준비의 중요성

파트너와 협상을 시작하기 전에 중요한 것은 사전 준비가 유리한 협상결과를 가져오는 데 도움이 된다는 점을 인식하는 일이다. 협상은 실제 대인접촉을 통해서 이루어지며, 그 협상결과는 외부환경적 변수 및 기업 내부적 여건이 항상 작용하게 된다. 협상을 성공적으로 이끌기 위해서는 이러한 환경 및 조직에 대한 충분한 이해가 있어야 한다. 본격적인 파트너와의 협상에 참여하기 전에 정부 또는 기업을 상대로 한 홍보 또는 사전 작업이 협상에서 중요한 결과를 가져오기도 한다. 따라서 협상에 임하는 당사자는 협상의 목표를 정확히 파악하고, 협상을 위한 사전 포석을 미리 준비하여 협상을 성공적으로 수행할 수 있도록 한다.

2. 국제협상의 기초요건 : 5P3S 이론

앞에서 협상의 기초적인 이론에 대해 논의를 하였다. 그러면 실제로 협상을 추진하는 데 필요한 요건은 무엇인지 살펴보기로 한다. 이를 5P3S 이론이라고 부르는데 이를 표로 정리하면 <표 13-1>과 같다.

<표 13-1>과 같이 국제협상은 수많은 기술의 통합적 표현이라고 볼 수 있다. 국제협상에 대해서는 5P3S 이론의 조화와 관계된 기능이 요구된다고 하겠다. 협상이 대상으로 참여하는 사람이 많으면 많을수록 5P3S의 조화된 기능이 더욱 필요해진다.

표 13-1 협상에 필요한 최저한의 요건

협상 전의 요건	strategy(전략) planning(협상계획) preparation(사전준비)	사업에 관한 장기 종합계획 타협 추진상의 구체적 작전계획 정보 사전의 입수와 조직화
협상 중의 요건	presentation(설득력) speed(빠른 의사결정) strength(협상력) patience(인내력) personality(협상자의 자질)	모순없는 논리적 설득력 빠른 결단 문제해결의 타협을 추진하는 의사력 적극적으로 협상을 추진하려고 하는 힘 유모아를 이해하여, 시련에 도전하는 적극적인 인간상

자료 : 山崎清, 竹田志郎편, 텍스트북 國際經營, 有斐閒 選書, 1990, p.192.

1) 2P1S : 협상전의 필요조건[11)]

① 전략(strategy)

당해사업에 관한 장기적 종합계획이다. 즉, 시장분석(수요, 기술, 경쟁)을 실시한 위에 사업을 평가하고 경영자원배분을 결정한다.

- 전략목표
  어느 전략목표가 가장 중요하며 어떻게 하면 가장 효과적으로 달성할 수 있는가를 결정한다.
- 결정사항
  당해제품, 시장의 평가, 경쟁관계, 마케팅, 기술 등에 관한 자사의 힘(경쟁력)을 평가한다. 이러한 시장전략이 명확하면 할수록 협상의 의사결정의 기초를 더욱 정확하게 결정할 수 있다.

② 협상계획(Planning)

협상력을 발휘하기 위하여 사람, 기술, 정보를 조직적으로 운용하는 계획이다. 구체적 내용으로는 다음과 같다.

11) 山崎清,竹田志郎編,テキストブック國際經營,有裴閣ブックス、1990,pp191-194

- 먼저 협상팀/지원 팀의 조직화와 체제의 결정이다. 구체적 협상계획은 이 팀에 의해 추진된다.
- 협상의 테이블을 상정하여 몇 개의 가설을 세운다. 각 가설에 대응한 협상 준비를 하고 신축성 있는 계획을 준비한다.
- 가설/협상전술의 수정이 필요한 경우, 유연하게 대응한다. 협상상대도 인간인 이상 예상외로 행동형태를 취할 경우가 있다. 결국 충분한 대책을 준비함으로써 상대의 공격을 방지하고 협상을 유리하게 할 수 있다.

③ 사전준비(Preparation)

교섭에 필요한 정보, 자료의 사전준비를 말한다. 가장 중요한 것은 조직화이다. 즉, 서류나 파일의 시스템화에 의해 필요한 정보를 정확하게 빠르게 사용 가능하게 하는 것이다.

2) 3P2S : 협상 중의 조건

④ 설득력(Presentation)

협상에는 상대에 나의 주장을 이해시키는 것이 전제이다. 그렇기 위해서는 상대의 사고에 맞춘 설득력이 필요하다. 협상 테이블에서는 유창하게 말할 필요는 없다. 모순 없는 논리적인 설득력이 중요하다.

⑤ 빠른결정(Speed)

협상에서 우유부단한 태도는 상대에게 신뢰를 잃는다. 우물쭈물한 태도는 의사결정의 약함을 의미한다. 반대로 빠른 태도와 반응은 신뢰감을 높이고 협상의 주도권을 잡을 수 있다. 이것이 협상의 성공을 가능케 한다.

⑥ 교섭력(strength)

협상의 힘관계의 요인으로 위협이 등장한다. 위협은 협상의 무기 중의 하나이다. 그러나 사업상의 협상에서의 위협은 양날의 칼처럼 위험한 기술이다. 잘못 사용하면 상대방에게 결정적인 불신감을 주기 때문이다. 위협은 감정적이지

않고 이성적으로 움직이는 경우 유효하다. 위협의 기술을 어떻게 응용하는가를 결정하는 것은 장기적인 전략이다

⑦ 인내력(Patience)

인내력은 협상자에게 필요한 요건이다. 상대의 공격과 도발에 참을 수 있는 힘도 중요하다.

⑧ 협상자의 자질(Personality)

협상자의 인간성의 문제는 협상을 성공시키는 열쇠가 된다. 협상은 인간 대 인간의 만남의 테이블에서 일어나기 때문에 협상자의 인간성이 협상의 진전에 끼치는 영향은 절대적이다.

국제협상에서는 이상의 여덟 가지(5P3S)의 조화가 갖추어진 관계가 기대된다. 하나라도 결여되면 전체의 기능이 약해져서 협상의 진전에 악영향을 끼친다.

3. 국제기업협상의 구성요소

1) 국제기업협상의 참여자

국제기업협상의 참여자는 매우 다양하다. 주요 참여자로는 다른 다국적기업, 현지기업, 본국 혹은 현지국 정부, 국제기구, 소비자 집단, 노동조합, 시민조직 등을 들 수 있다. 그런데 이러한 주요 참여자는 국제기업협상의 주체인 다국적기업과는 그 목적이 다르며, 이러한 목적의 차이 때문에 협상은 다국적기업의 국제경영활동에 반드시 필요한 활동이다. 그리고 이러한 주요 참가자들 사이에는 상반되는 이익만이 존재하는 것이 아니라 공통되는 이익이 존재하기도 한다.

이상과 같이 공통이익과 상반되는 이익을 동시에 갖는 주요 참여자들은 그들의 목표와 그들 집단의 기능적 측면, 구조적 측면, 지위에 있어서 독특한 특성을 갖고 있다. 더구나 그들은 다양한 정치적 · 경제적 · 문화적 · 사회적 환경

속에서 존재한다. 이러한 환경은 국제기업협상에 있어서는 더욱 광범위하고 다양한 것으로 이러한 환경의 영향은 협상의 전 과정을 통틀어 협상 기술사용에 큰 영향을 미치게 된다.

2) 협상력의 원천

협상상황에 있어서 주요 참가자와 쟁점이 결정되면 협상과정과 결과는 주로 각 참여자의 협상력에 의해서 결정된다. 이러한 협상력의 원천을 기본적인 협상력의 원천과 인식된 협상력의 두 가지로 나누어 살펴보자.

첫째, 기본적인 협상력의 원천은 주로 힘과 시간, 정보이다. 힘이란 다른 사람 혹은 집단으로 하여금 힘의 행사자가 원하는 어떤 것을 하도록 시키거나 원하는 방향으로 행동이 일어나게 만들 수 있는 능력을 가리키는 것으로 보상의 힘, 강압적인 힘, 합법적인 힘, 준거적 힘, 전문적인 힘 등의 다섯 가지가 있다. 시간은 자신의 한계선뿐만 아니라 상대방의 한계선을 파악하는 것이 중요하고, 정보는 자신과 상대방의 정보를 연계하여 파악하는 것이 중요하다. 다국적기업과 현 자국간의 협상력의 원천을 간단히 살펴보면 <표 13-2>와 같다.

표 13-2 다국적기업과 현지국가간의 협상력 원천

	다국적기업	현지국
기술	기술개발능력 보유	개발능력 이전단계의 기술수준
재무	내 · 외부 자금조달	외환거래 승인 노력 현지자금 지원능력 조세유인책 제공능력
마케팅	현지시장 개척능력 현지생산제품 수출능력	자국시장 통제능력 다국적기업에 의한 수출지원능력
정치적 관계	지원능력 본국 · 현지국간 경제 정치관계 조성능력	우호적인 투자분위기 조성능력

자료 : 장대환, 국제기업 협상, 김영사, 1992, p.153.

둘째, 인식된 협상력의 원천에는 기본적인 협상력의 원천 이외에 보다 실제적이고, 실제 협상상황에서 단기적으로 변할 수 있는 인식된 협상력의 원천이 있다. 어떤 점에서는 협상에서 중요한 협상력의 원천은 이러한 인식된 협상력이라고 볼 수 있다. 인식된 협상력의 원천은 주로 협상결과의 가치, 협상결과의 희소성, 각 당사자들이 협상에서 사용하는 협상기술 등 세 가지로 구성된다. 먼저, 협상결과의 가치란 협상결과의 중요성에 대한 협상 당사자들의 주관적인 평가를 의미하는 것으로 가치를 적게 두는 쪽이 가치를 크게 두는 쪽에 대하여 상대적으로 협상력의 우위를 가진다고 본다. 다음으로, 협상결과의 희소성이란 협상에서 얻고자 하는 목적을 그 협상 이외의 다른 곳으로부터 획득할 가능성을 의미하는 것이다. 마지막으로, 협상의 기술이란 협상과정에서 자신의 이익을 극대화시킬 수 있는 능력을 의미한다.

제3절 다국적기업과 피투자국의 협상력

다국적기업과 피투자국은 동일한 해외직접투자 프로젝트에 대해 <표 13-3>에서 볼 수 있는 바와 같이 전혀 다른 목적과 협상력 그리고 전술을 가지고 있다. 먼저 해외직접투자의 목적과 관련하여 다국적기업은 제품판매, 현지투입요소의 활용, 이익확보 그리고 선량한 기업시민 등과 같은 목적을 위해서 해외직접투자를 하고자 한다.

이에 비해 피투자국은 다국적기업을 통해 적정기술을 습득하고 보다 더 많은 이익을 확보하며 국민의 후생을 증진시키기 위해 외국인투자기업을 받아들이게 된다. 이와 같이 동일한 해외직접투자 프로젝트에 대해 양 당사자가 서로 다른 목적을 가지고 있기 때문에 해외직접투자가 이루어지기 위해서는 해외직접투자와 관련된 여러 가지 조건에 대해 양 당사자간의 합의가 절대적으로 필요하게 된다.

표 13-3 다국적기업과 피투자국 정부의 협상력

구분	다국적기업	피투자국
목적	제품판매 및 현지투입요소 활용 이익 확보 선량한 기업시민	적정기술 이익 확보 자주권 행사 국민후생 증진(고용 등)
협상력	기술 마케팅 자본 시장접근 규모상의 기업특유의 우위	시장접근 천연자원 인적자원 대안적인 공급원 인접국과의 지역연대
전술	현지소유권 현지기업자극 고용 수출 및 기업내무역 사업활동의 입지와 조직의 복잡성 법률적 방어 본국 정부의 지원	개입 및 규제

자료 : A. H. Rugman, D. J. Lecraw and L. D. Booth, International Business : Firm and Environment, New York : McGraw-Hill, 1986, p.299.

이때 양 당사자간의 합의는 통상 협상을 통해 이루어지게 되는데, 협상의 결과는 양 당사자가 보유하고 있는 협상력에 의해서 좌우된다. 여기에서 다국적기업과 피투자국이 각기 상대방에 대해 가지고 있는 협상력을 살펴보면 먼저 다국적기업은 피투자국이 다른 방법을 통할 경우 훨씬 더 많은 비용을 지불해야만 획득할 수 있는 기술상의 우위, 마케팅상의 우위, 자본상의 우위, 시장접근상의 우위 그리고 규모상의 우위를 소유하고 있다. 그리고 피투자국은 자국시장에 대한 접근 통제 및 자국과의 천연자원 및 인적자원 등에 대한 접근 통제 그리고 대안적인 여타 공급원의 활용 및 인접국가와의 지역 연대 등과 같은 협상력을 가지고 있다.

다국적기업과 피투자국은 자신들이 가지고 있는 이와 같은 협상력을 배경으로 해외직접투자와 관련된 여러 가지 조건에 대해 서로 협상을 하게 된다. 그리고 각 당사자는 협상과정에서 자기의 협상력을 증대시키기 위해 여러 가지 전술을 활용하게 되는데, 다국적기업은 현지의 소유권과 고용, 수출촉진 등과 같은 전술을 이용하고 피투자국은 개입 및 규제와 같은 전술을 활용한다.

이와 같은 과정을 거쳐 양 당사자간에 최종적인 합의에 이르게 되면 그 결과로서 다국적기업은 피 투자국에 해외직접투자를 하게 되고 피투자국은 외국인 투자를 받아들이게 된다.

제4절 국제협상과 문화충돌

1. 협상과 문화[12)]

국제적 비즈니스 협상에서 성공을 거두기 위해서는 협상자의 상호문화적 기술이 필요하다. 오늘날 세계는 빠르게 변하고 있으므로 기술과 자금력이 협상절차의 한 요소가 될 수 있지만, 현상자의 문화적인 역량도 타 기업과의 경쟁에서 경쟁 우세 요소가 된다. 그리고 협상하면서 다음과 같은 문제가 등장한다.

- 지금이 협상할 시기인가?
- 의사결정자는 기술 담당자인가, 연장자인가, 아니면 집단인가?
- 나는 글들이 원하는 만큼 가격을 양보했다. 그런데 왜 계약서를 받지 못했는가?

상술한 협상문제를 해결하기 위해 본 장에서는 미국, 일본, 아랍 문화에 초점을 맞추어 이들을 비교하면서 협상절차를 설명할 것이다. 물론 여기에 제시되는 상황은 각자의 상황에서의 문화에도 적용할 수 있다. 협상 요소에는 집단의 구성과 인원수, 시간 설정과 공간 설정의 중요성, 유대감 확립, 각 문화에서 사용하는 설득 수단 등이 포함된다. 그러한 요소들을 설명하기 위해 여기에

12) 파리드 엘라시 머위 필립 해리스, 삼성국재경영연구소 옮김, 해외 비즈니스 문화를 알아야 성공한다, 21세기 북스, 1997, pp.267-273.

서는 비즈니스 사례에서 직접 추출한, 경영자가 흔히 마주치게 되는 장면들을 살펴보기로 한다.

2. 국제협상과 문화충돌 사례

비즈니스 협상시에 등장하는 문제는 거시적인 것부터 미시적인 것까지 등장한다.

- 무엇을 협상하려는 것인가? 가격인가, 관계인가, 납품인가?
- 내가 지난주에 제시한 가격 조건에 대해 그들은 왜 아무런 응답도 없는가?
- 왜 그는 내게 자기 옆에 앉으라고 하는가?
- 우리는 두 명뿐인데 왜 저쪽은 일곱 명인가?

다음은 협상시에 일어나는 문화충돌의 사례들이다. 이에 대한 적절한 대응이 협상의 성공여부에 영향을 준다.

상황 1. 당신의 회사는 현지배급업자와의 합작투자를 통해 일본에 생산라인을 판매하려고 결정했다. 알맞은 배급업자를 찾기 위해서는 먼저 무엇을 해야 하는가?

(가) 도쿄에서 열리는 전시회에 참가한다.

(나) 일본의 업종별 전화번호부를 보고 배급업자를 찾는다.

(다) 『도쿄 비즈니스 투데이』지에 낮은 가격으로 상품을 공급하겠다는 광고를 싣는다.

(라) 일본인 친구에게 현지배급업자 몇 명을 소개해 달라고 요청한다.

서구의 기업들은 (1)과 같이 직접 대규모 전시회에 참가할 것이다. 왜냐하면 전시회를 통해 자기 상품의 하이테크 측면이나 낮은 가격을 폭넓게 과시할 수 있다고 생각하기 때문이다. 또한 전시회 현장에서 몇 가지 주문을 얻어 내는 것을 기대하기도 한다. 일본인은 정보를 얻기 위해 즐거이 전시회장을 찾을 것이다. 하지만 전시회에 참가한다고 해서 일본 회사들이 자신과 함께 할 파트너 회사를 찾을 만한 관계가 생겨나는 것은 아니다. 가장 적절한 답은 (라)이다. 사람 소개는 관계를 시작하기 위해서 대단히 중요하다. 일본인은 먼저 사업 관계를 맺고 나서 상품이나 서비스를 고려하기 때문이다.

상황 2. 지난 6개월 동안 당신은 아랍인 정부 대행업자와 합작투자를 논의해 왔다. 지난번 당신의 아랍 출장 중에 그는 당신에게 역사 유적지를 관광시켜 주었다. 당신이 관광하는 동안 아랍인은 가격문제에 관해 이야기를 시작했다. 그 이유는 무엇인가?

(가) 당신과의 사적인 유대감을 튼튼히 하기 위해
(나) 자기 나라의 역사적 전통에 대한 자부심을 보여 주려고
(다) 가격을 내려 달라고 설득하기 위해
(라) 다음에는 자기를 당신 나라에 초청해 달라는 뜻으로

6개월의 기간이라면 이미 그 아랍인은 당신과 충분히 사적인 유대감을 확립했고 당신의 상품에 관해 정보도 충분히 얻었다. 따라서 이제는 당신을 설득한 단계이다. 그는 당신에게 가격 양보를 설득할 기회를 포착하기 위해 관광을 계획한 것이다. 가장 적절한 답은 (다)이다.

상황 3. 남아메리카인과의 협상에서 성공하려면 당신은 어느 것부터 시작해야 하는가?

(가) 상대방에게 믿음을 주기 위해 거래 조건을 양보한다.
(나) 당신의 비즈니스에 관한 정보를 준다.
(다) 다신의 첫 번째 제의를 받아들이도록 설득한다.
(라) 사적 유대감을 형성한다.

남아메리카 문화에서 가장 적절한 답은 (라)처럼 시간을 들여 사적 유대감을 형성하는 것이다. 곧바로 비즈니스를 시작하면 만족스런 결과를 가져오지 못할 수 있다. 사적 유대감은 양보 단계에서 큰 힘을 발휘한다.

3. 이문화간 국제협상

이문화간 협상은 다음과 같은 과정을 거친다.

- 유대감 형성
- 정보 교환
- 설득

문화적 가치는 비즈니스에 관련된 모든 행위에 영향을 준다. 여기서는 이러한 문화간 협상(반드시 국가간 협상인 것은 아니다)의 과정에 초점을 맞추기로 한다. 직원이나 회사가 상대방과의 사업 관계를 형성하고 상품/서비스 문제를 협상하는 전반적인 과정을 살펴보기로 한다.

상대방과 협상하는 동안에는 자기 문화의 가치들과 지금까지 이 책에서 논의된 타 문화의 가치들을 늘 염두에 두고 있어야 한다. 그러한 문화적 가치들이 모든 사람의 행동에 어떠한 영향을 주는가를 알고 있어야 상대방의 요구를 이해하면서 좀 더 민감하게 대처할 수 있다.

다음의 표는 협상과정에서 중요한 요소들을 보여 주고 있다. 이 표에서는 미국, 일본, 아랍 문화간의 문화적 대비를 보여 준다. 중요한 요소로 포함되어 있는 것은 집단의 구성, 참가 인원의 숫자, 공간설정 및 기타 요소들이다(<표 13-4> 참조).

대부분은 어떠한 방식으로든 이문화간 협상을 하게 된다. 이 과정에서는 다음과 같은 점에 주의해야 한다.

우선, 무엇을 협상하고 있는가? 가격인가, 관계인가, 상품/서비스인가, 물건 배달 시간인가? 각 문화는 나름대로의 문화적 시간표를 가지고 있다. 일본이나 아랍 같은 문화권은 비즈니스 논의를 시작하기 전에 먼저 인간관계를 확립하려 한다. 반면에 미국이나 서구에서는 상품/서비스 협상으로 직접 들어가며, 인간관계 확립은 나중으로 미루거나 신경을 쓰지 않는다.

이문화간 협상에서 논의 주제들이 등장하는 순서도 문화적으로 타당한 순서에 따른다. 예를 들어 서구인은 대개 아시아인이나 아랍인들보다 시간의 틀을

표 13-4 이문화간 협상의 대비점

	미국인	일본인	아랍인
집단의 구성	시장 지향	기능 지향	전문가 위원회
참가 인원	2-3	4-7	4-5
공간 설정 연계 확립	정면 배치, 경쟁적 단기적, 과제에 직접 연관	조화 관계를 과시 약간 장기적, 조화가 확립될 때까지	지위 장기적, 믿음이 생길 때까지
정보 교환	서류화, 조금씩, 멀티미디어	광범위, 주는 측에 집중	테크놀로지보다는 인간관계를 더 강조
설득 수단	시간의 압력, 기회 상실, 돈을 벌 수 있다는 유혹	관계의 틀 유지, 집단간 연결성	중개자, 우호감
언어 사용	개방적/직접적, 급박한 느낌	간접적, 평가적, 협동적	과장, 정서적, 종교적
최초 제의	적정선 +/-5에서 10%	+/-10에서 20%	+/-20에서 50%
둘째 제의	패키지 추가, 거래 조건을 부드럽게 한다.	-5%	-10%
최종 제의	토털 패키지	더 이상의 양보는 없다	-25%
의사결정과정	상층 경영진	집단적	담당 부서에서 권장
의사 결정자	상층 경영진	중간 관리진에서 부서 합의를 거침	상급 경영자
위험 감수	계산, 개인적, 권한	집단적 권한이 크지 않음	종교를 토대로 함

짧게 가져간다. 그래서 서구인의 협상과정은 빠르게 진행된다. 하지만 비서구 문화권의 협상자들은 이렇게 빠른 협상방식을 고압전술의 하나로 여기고 협상에서 물러날 수도 있다.

비언어적 메시지도 협상과정의 결과에 분명히 영향을 미친다. 이를테면 회의 장소, 설명회를 진행하는 방식, 좌석 배치, 대인 관계 등이 그것이다. 또한 옷차림도 협상의 환경과 비중에 영향을 미친다. 정장은 딱딱한 분위기를 자아내는 반면, 미국인들과 같이 실용적이고 행동지향적이며 가벼운 차림은 기꺼이 양보를 할 듯한 의미를 띤다.

참석 인원, 지위, 연령, 팀 구성원의 기술 등과 같은 요소들도 형상의 각 단계와 밀접하게 관련되어 있으며 협상과정에 중요한 영향을 미친다. 서구인들은 혹시 있을지 모르는 내부의 갈등을 최소화하기 위해 협상에도 최소 인원을 배치한다. 일본의 경우는 상대방 측 인원수의 절반 이상이 더 참석한다. 일본의 협상 인원들은 맡은 임무에 따라 교체되기도 한다. 반면에 아랍인 협상 팀은 상급자가 먼저 모습을 나타내고, 세부 사항들은 직급이 더 낮은 직원들이나 기술부서 직원들에게 맡긴다. 마지막 단계에서 상급자는 팀에서 자신이 차지하고 있는 강력한 위치를 과시하기 위해 다시 돌아와서 거래를 마무리 짓기도 한다.

1) 국제협상과 감정표현의 정도 : 눈에 보이는 감정 표현과 문화적 차이

세계적으로 볼 때 미국인은 대체로 자기의 감정을 표현하는 쪽에 가깝다. 미국인은 부부끼리 거의 매일 사랑한다는 말을 하지만 동양사회에서는 당연히 사랑하지만 표현하지는 않는다. 사랑하지만 표현하지 않는 동양사회와 무엇이든지 자기의 감정을 표현하는 것 자체를 존중하는 서양사회와는 협상도 다르다. 특히 미국 사회는 친한 사람 사이에 애칭을 사용하는 버릇(찰스 대신 '처크', 로버트 대신 '밥' 등), 가벼운 우스갯소리들, 그리고 신속히 형성되는 비공식적이며 편안한 관계 등 이 모든 것이 평생 동안 여러 차례 새로운 이웃과 교제해야 하는 필요에 따른 것이다.[13] 이는 아마 많은 이민자와 거대한 땅덩어리 속에서 계속해 새로운 사람과의 네트워크를 위해서 사회적 장벽을 깨뜨려 왔기 때문일 것이다.

그러나 어릴 때부터 분노나 기쁨, 격렬함의 표현을 부도덕하게 치부하는 유교문화권(한국과 일본)에서 자란 필자는 미국의 보스톤 근처에 있는 뱁슨칼리지(Babson college)의 기업가센터로 교환교수로 간 적이 있다. 기업가정신으로 유명한 윌리엄 바이그레이브(William D. Bygrave) 교수를 만나서 아버지뻘 되는 분이기에 'professor William'이라 했더니 그는 필자에게 편하게 'Bill'이라 불러 달라고 했는데 연공서열 문화에서 자란 필자는 상당히 익숙하지 않아 겨우 귀국 전에 빌이라고 부른 경험이 있다. 존경하는 원로 교수님한테 빌이라고 하는 것 자체가 익숙하지 않아 힘들었다.

그리고 일본에서 유학한 필자는 석사과정과 박사과정시 많은 일본인 교수한테 서양 대학원생보다 믿음직하다는 평을 들었다. 곰곰이 생각해 보니 함부로

---

13) Fons, Tronpemars, Riding the waves of culture, Nicholas, Brealey publing, 1995 pp. 110-120

웃지 말고, 나서지 말고, 침묵은 금이라는 유교적 사고로 임했기 때문이며 이는 유교문화권인 일본사회에서도 통했음을 나중에 알았다.

표 13-5 차이의 인식

중립주의자	표현주의자
1. 생각하거나 느낀 바를 드러내지 않는다.	1. 생각이나 느낌을, 언어 또는 언어적으로 드러낸다.
2. (우연히) 긴장을 표정이나 자세에서 드러낼지도 모른다.	2. 마음을 여는 것과 풍부한 표정이 긴장을 해소시킨다.
3. 억눌렸던 감정이 일시에 폭발할 수 있다.	3. 감정을 주저하지 않고 쉽고 풍부하게, 그리고 격렬히 방출한다.
4. 냉정하고 침착한 행동이 존중받는다.	4. 열정적이고 생동감 넘치는 표현이 잘 받아들여진다.
5. 신체 접촉, 제스처 또는 강렬한 얼굴 표정은 종종 터부시된다.	5. 신체 접촉, 제스처, 그리고 강렬한 얼굴 표정이 일반적이다.
6. 이야기는 종종 단조롭게 진행된다.	6. 이야기할 때는 거침없이 드라마틱하게 진행한다.

자료 : Fons Trompenars, 이현우 역, 문화와 세계경영, 21세기북스.

<표 13-5> 차이의 인식에서 나타나듯이 한국과 일본의 중립주의자는 생각하거나 느낀 바를 드러내지 않고 냉정하고 침착하듯이 말한다. 제스처 표정을 금하는 반면 서구의 표현주의자는 풍부한 표정과 제스처를 표현한다. 이는 국제협상에서 무척 중요한 요인의 하나로 인식되고 있으며 서양문화권에서는 동양의 문화를 동양권에서는 서양의 문화를 감지하여 절충하는 습관을 길러야 한다.

PART 14 이문화간의 협상전략

제1절 국제 비즈니스와 이문화간 협상

협상행위(negotiating/bargaining)는 기본적 · 포괄적 인간행위 중 하나이며, 사람들의 일상활동 · 노사관계 · 국제정치관계 · 국내기업간 거래 · 글로벌 비즈니스 활동 등에 흔히 사용되고 있는 하나의 과정(a process)으로 글로벌 협상전략(global negotiation strategy)이 중요시되고 있다.

이문화간 비즈니스 협상을 현저하게 다르게 만드는 요소들은 국내협상과 비교하여, 국경초월, 이문화간 비즈니스 협상을 현저하게 다르게 그리고 어렵게 만드는 요소들은 아래와 같다.[1)]

1. 국제 비즈니스

1) 정치적 및 법적 다원주의

특정 국가소속 기업의 국제경영자들이 국경초월 비즈니스 거래를 모색할 때, 그들은 여러 국가들의 정치적 및 법적 다원주의(political and legal pluralism)와의 접촉을 회피할 수가 없다. 그러므로 국제 비즈니스 협상을 할 때에도 국제경영자들은 협상상대의 소속 국가별 특유 정치적 · 법적 시스템을 분석 · 파악하고서 고려해 넣어야 한다.

1) 반병길, 국제경영 4판, 박영사, 2000, pp.273-276.

2) 국제통화 변동 및 외환통제

국제경영자들이 국경초월 거래를 모색하는 국가들의 통화들 및 기타 주요 통화들의 가치는 당연히 변동하게 마련이므로, 또한 많은 국가들이 국경을 넘어 이동하는 외환을 어떤 형태로든 통제하고 있으니만큼, 국제경영자들은 그런 통화가치변동 및 외환통제도 고려하여 어떤 통화를 기준으로 협상할 것인지 등을 결정해야 한다.

3) 외국 정부와 그 관료주의

기업과 그 활동을 규제하는 정도는 국가별로 큰 차이가 있다. 정부관료의 관료주의가 기업과 그 비즈니스 활동을 간섭하고 제한하는 정도 역시 국가별로 다르다. 그러므로 국제경영자들은 국제협상을 할 때, 협상 상대의(그리고 본사국의) 정부 및 그 관료주의도 고려해야 한다.

4) 불안정성

경제적 불안정성 · 정치적 불안정성 · 사회-문화적 불안정성 등 여러 형태로 나타나는 불안정성(instability)은 국가별로 차이가 많은 가운데서도 특히 과거/현재의 공산국가들과 저개발국들에서 흔히 발견할 수 있다. 예컨대 정치적 불안정성은 쿠데타 · 갑작스러운 정부정책 변경 · 지속되는 인종적 종교적 폭동 등을 포함하는 것을 뜻한다.

그러므로 국제경영자들은 국경초월 비즈니스 협상을 하고 거래관계를 결정할 때 협상상대가 소속한 국가들의 현존하는 그리고 예견되는 불안정성/안정성 역시 정확히 분석 · 파악하여 고려해 넣어야 한다.

5) 이념

일반적으로 미국 등 선진국 소속 협상자들은 개인의 권리 · 투자와 기업의 우월성 · 비즈니스에서의 이익창출 중요성 등에 대한 강력한 신념을 포함한 공통적인 개인주의 및 자본주의 이념을 공유하고 있다. 대조적으로 일부 여타 국가들의 일부 협상자들은 개인의 권리보다는 집단의 권리 · 사적 투자보다는 公共투자 등을 더욱 강조하고, 이익을 창출하고 배분하는 방법에 대해 견해를 달리하는 경우도 있다. 그런 이념적 충돌(ideological conflict)은 국경초월 협상당사자들간의 효과적 커뮤니케이션을 어렵게 만들고 무엇을 협상할지부터 불일치(disagree)하게 만들 수도 있다. 그러므로 국제경영자들은 협상상대와의 이념적 충돌 역시 고려하면서 국경초월 협상에 임해야 한다.

6) 문화

문화는 최소한 아래와 같은 방식으로 국경초월 협상에 영향을 미칠 수 있다. 즉, 협상자들이 소속한 국가들간의 문화적 이질성은 협상자들이 ① 협상을 하는 것부터, ② 협상 언어, ③ 협상자 선정, ④ 협상의례, ⑤ 협상 커뮤니케이션, ⑥ 협상시간, ⑦ 리스크 성향, ⑧ 집단 또는 개인 강조, ⑨ 합의의 성격들에 이르기까지 상이한 영향을 미칠 수 있다는 뜻이다.

문화적 이질성 때문에 협상의 정의(definition of negotiation)에 대해 관점을 달리하는 예로서, 미국인들은 협상하는 것을 일종의 '오퍼와 카운터 오퍼의 경쟁적 과정(a competitive process of offers and counteroffers)'으로 보는 경향이 있고, 일본인들은 협상을 일종의 '정보공유기회(an opportunity for information-sharing)'로 보는 경향이 있다는 것이다.

표 14-1 나라별 독특한 문화 사례

국가	내용
필리핀	국내분쟁, 종교, 정치에 대한 농담, 상대방 눈을 오래 쳐다보는 것 실례
태국	국왕, 국기, 국가에 대한 존경심 강함, 머리를 신성하게 여김
인도네시아	• 왼손 매우 더러운 손, 왼손 사용금지 • 손을 허리에 갖다 대는 행위는 화났다는 표시
싱가포르	• 마약밀매 사형, 도박 불법간주(고스톱 행위 조심) • 금연위반 500불 벌금, 화장실에서 용변 후 물을 내리지 않는 것 2번 위반시 1,000불 벌금
브라질	• 가톨릭 신자간에는 4월의 '선한 금요일' 고기 일체 안 먹음 • 11월 2일은 '죽은 자의 날'로 조상 무덤에 가서 기도

문화적 이질성이 합의의 성격(nature agreements)에 미치는 영향의 예로 미국에서는 협상을 통해 도달한 합의는 보편적으로 논리(logic)를 바탕으로 하고,

대개 공식화하고, 상대방의 합의 불이행시는 법률적 시스템을 통해 강행시킬 수 있다.

그렇지만 다른 문화권에서는 합의가 법정을 통해 강행할 수 있는 협상의 성공적인 완성을 뜻할 수도 있고, 관계를 공식화하고 상호간 부탁하고 절충하는 핵심적인 협상을 시작한다는 신호일 수도 있고 利로우면 지키고 不利하면 안 지킬 수도 있다는 뜻 등의 여러 가지 다른 뜻을 지닐 수도 있다. 그래서 국경을 초월한 합의는 빈번히 혼란과 오해를 불러일으킬 수도 있다. 그러므로 국제경영자들은 국가들간에 존재하는 이질적인 문화는 국경초월 협상에 서로 다른 영향을 미칠 수 있음을 역시 인식하고서 국제 비즈니스 협상에 임해야 한다.

제2절 국제기업과 현지기업의 협상

1. 합작 파트너에 대한 평가

합작투자의 성공은 파트너 선정과 협상에 달려 있다고 해도 과언이 아니다. 그러므로 합작이 가능한 현지기업들을 파악하고 그 기업들에 대해서 정보를 수집하고 평가하는 것이 중요하다. 무엇보다도 합작파트너에 대한 신뢰성을 검증하는 것이 중요하고 합작파트너와 상호이득을 얻을 수 있는 사업관계를 지속할 수 있을 것인가에 대해서 신중하게 평가해야 한다. 다음은 잠재적 파트너들에 대한 중요한 평가 항목이다.

- 합작선의 합작동기 및 목적
- 합작선의 기술능력
- 합작선의 자본능력
- 합작선의 대정부 교섭력
- 합작선의 규모 및 성장가능성

- 합작선의 신뢰도 및 윤리성
- 최고경영자의 관리능력
- 현지시장에서의 빠른 진입가능성
- 파트너와의 협상력 차이
- 현지기업의 마케팅 혹은 유통망의 이용가능성
- 현지정부에의 판매가능성

2. 주요 협상의제

주요협상의제에는 ① 투자방식, ② 투자기업 명칭, ③투자기업 설립장소 또는 소재지, ④ 사업내용, ⑤ 투자규모, ⑥ 투자기간 또는 합자/합작기간, ⑦ 출자지분, ⑧ 경영방식, ⑨ 이사회 구성방식, ⑩ 생산규모 및 생산방식, ⑪ 설비 또는 기술방식, ⑫ 자금조달 방안, ⑬ 공장확보 방안, ⑭ 원자재조달 방안과 이윤분배 및 분쟁해결 방식, ⑮ 제품판매 방안 등이 있으며 다음은 대표적으로 중요한 협상의제들이다.

1) 합작비율

합작(J/V : Joint Venture)은 어떤 사업을 공동으로 수행하기 위해 참여자 사이의 공동출자 하는 것을 뜻하며, 그렇게 세워진 회사를 합작투자회사(Joint Venture Company)라고 한다. 합작비율은 현지에서 통제권을 행사하고 수익에 대한 배분 차원에서 중요한 항목이다. 따라서 합작비율을 결정하는 의사결정은 협상파트너의 중요한 의제이다. 일반적으로 합작비율의 51% 이상을 선호하는데 이는 기업경영활동의 통제권을 획득하기 위한 것이므로 파트너들은 협상에 있어 가장 예민한 의제라 할 수 있다.

2) 이사회구성

이사회구성은 현지국의 임원으로 구성할 것인가 또는 투자국의 임원으로 구성하느냐에 따라 기업활동의 문화 또는 정책방향이 좌우된다. 따라서 이사회의 임원 선정에 있어서 협상당사자들은 자국의 임원을 최대한 많이 이사회에 참여시키려고 협상한다.

3) 상표와 유틸리티

상표와 유틸리티의 사용에 있어서 현지국의 정부 또는 합작기업은 투자국의 브랜드 이미지와 유틸리티를 이용하여 현지국의 이미지 상승효과와 이에 파급되는 로열티 지급과 사용을 최대한 저렴하게 또는 무료로 사용하려고 협상에 임한다.

4) 현지주재원의 급여

현지주재원의 급여주순과 지급화폐, 현지종업원의 급여에 대한 화폐종류, 즉 현지국의 화폐로 할 것인가 아니면 투자국의 화폐로 할 것인가 등 급여결정과 방식은 주요한 협상의제이다.

5) 자재구매와 기술료

자재구매와 기술료에 있어서 협상 당사자들은 생산에 들어가는 자재를 현지에서 구매할 것인가 아니면 수입을 본국 도는 제3국 자재를 구매할 것인가를 협상하게 된다. 현지의 자재를 구매하여 사용하면 현지국의 입장에서는 수입대체효과와 외화유입의 양면적 효과를 거둘 수 있다. 기술료의 지급에 있어서는 선진투자국의 고급기술을 협의에 의하여 무료 또는 저렴하게 사용하기 위한 협상을 진행하며, 투자기업의 경우 기술의 유출문제 등 여러 가지 중요한 이슈에 대하여 협상을 한다.

6) 품질보증

품질보증 또한 중요한 협상의제로서 품질보증 즉 A/S 당사자 또는 제품하자의 경우에 있어서 책임의 소재여부를 명확히 하여야 한다. 그래야 분쟁의 소지를 미연에 방지 또는 해결할 수 있다.

제3절 외국인과 협상전략

최근, 합작사업(J/V), M&A, 라이센싱과 판매협정, 제품과 서비스 매매 등, 기관간의 상호관계의 모든 중요 국면에서 직접협상이 행해지고 있다. 국내 거래에 비해 외국 거래가 증가하면, 다양한 나라 사람들이나 다양한 문화를 지닌 사람과의 상담도 빈번해 진다. 비즈니스맨은 이러한 협상을 잘 추진하기 위해, 다른 문화와 그들과 사귀는 방법을 알고 있지 않으면 안 된다.

점점 글로벌화가 추진되면서 국제적인 협상 스타일을 연구하는 문헌이 점차 증가하고 있다. 예를 들면, 수많은 다양한 나라에 관한 연구에 덧붙여, 프랑스인, 러시아인, 캐나다인, 멕시코인, 브라질인, 중동 아랍인, 중국인 및 일본인의 협상행위에 관한 연구가 있다. 러시아인은 아랍인과 같은 기대와 어프로치를 갖고 협상의 장에 임하는가? 그렇지 않다. 아랍인의 교섭 스타일은 미국인과 같은 걸까? 같지 않다. 러시아인 아랍인, 미국인은 매우 다른 방법으로 협상을 행한다.

그림 14-1 글로벌 기업 CEO와 투자유치상담

<표 14-2>에 나타나 있듯이, 러시아인은 일반적으로 협상에 대하여 공리적 어프로치를 사용한다. 그들은 이상을 주장하고, 그것을 기본으로 삼아 논의를 전개한다. 일반적으로 러시아인은 협상 상대와 계속적인 관계 확립을 바라지

않고, 관계 확립의 필요성도 거의 인정하지 않는다. 협상의 진전과 함께, 러시아인은 예를 들면, 양보할 일이 있어도 극히 적으며 상대측의 양보를 약한 면의 표출로 간주한다. 러시아인은 종종 과격한 자세로 협상을 개시하고, 최종기한을 무시하며, 그들의 권한이 매우 한정되어 있기 때문에 빈번히 본부에 문의를 한다.

표 14-2 나라별 협상 스타일

	북미인들	아랍인	러시아인
기본적인 협상 스타일과 과정	현실적 : 논리에 근거한 어필	감정적 : 감정에 근거한 어필	공리적 : 이성에 근거한 어필
대립·협상 상대의 논의를 반박할 요인	객관적 사실	주관적 감정	확증 내지 주장되는 이상
양보	관계 확립을위하여 초기에 조금 행하는 양보	협상 프로세스에 따라 다니는 것으로, 시종일관하여 행하는 양보	양보가 거의 없는, 있다고 해도 조금
협상 상대의 양보에 관한 대응	일반적으로 협상 상대의 양보에 보답한다.	거의 항상 협상 상대의 양보에 보답한다.	협상 상대의 양보를 약점이라 간주하여, 양보에 거의 보답하지 않는다.
관계	단기	장기	관계 계속은 없다
권한	광범	광범	좁다
맨 처음 자세	온건	과격	과격
최종 기한	극히 중요	무관심(개의치 않음)	무시

출소 : International Journal of Intercultural Relation, Vol. I. E. S Glenn ; D. Witmeyer & K. A. Stevenson Cultural Styles of Persuasion, 1984, Pergamor Press.

대조적으로 아랍인은 일반적으로 협상에 대하여 감정적 어프로치를 취한다. 그들은 주관적 감정에 근거한 감정적 어프로치로 협상 상대의 논의를 반박하는 습성을 갖고 있다. 일반적으로 아랍인은 협상 상대와 장기적 관계 확립을 바라고 있다. 따라서 그들은 협상과정을 통하여 스스로 적극적으로 양보하는 일이 많고, 협상 상대의 양보에는 항상 보상하려는 경우가 많다. 대다수의 아랍인은 시간이나 권한에 따른 제약을 받고 있다고 생각하지 않는다. 따라서 그들은 최종 기한에 도달하는 일은 거의 없고, 협상에 대한 모든 쟁점의 논의나 협정에 필요한 광범위한 권한이 주어져 있지 않는 경우는 거의 없다.

미국인은 러시아인과 아랍인과는 다르다. 미국인은 협상시 일반적으로 현실적 접근을 취한다. 그들은 객관적 사실에 기인한 논리적 어필로 협상 상대의 의견에 반론한다. 미국인은 관계를 확립하려고 협상 초기 단계에서 약간의 양보를 하며, 일반적으로 협상 상대에도 그렇게 할 것을 기대한다. 미국인은 시간과 권한에 무관심하지 않으며, 매우 엄격히 최종기한을 정하여 아주 광범위한 권한을 갖고 있는 것이 보통이다.

러시아인이 아랍인이나 미국인과 협상을 개시하면 어떤 일이 일어날까? 협상스타일이 서로 다를 때 누가 누구를 설득할까? 협상과정-진정한 의미의 게임룰-이 다르게 정의될 때 누가 승리를 얻을 것인가? 우리 회사와 내가 상대에게

표 14-3 잠재투자가 상담방법

잠재투자가 상담방법
현황을 가감없이 솔직하게 설명, 과징금지
사전 자료준비, 브리핑 연습, 간단명료한 설명 - 초기에는 주로 질문하고, 들어라.
가급적 즉답(그러나 정확한 답변)을 하라 - 통계수치는 데이터를 보면서 말하라
취약점도 설명하고 개선계획 등을 설명하라
상대방의 일정 존중 (우리 사정에 따른 일정 강요 금지)
상담내용의 메모 및 상담일지 작성

표 14-4 잠재투자가 접촉시 유의사항

잠재투자가 접촉시 유의사항
충분한 사전예약 - 우리 측의 사정(고위 인사방문 등)을 이유로 급하게 방문 약속하는 것은 지양
방문목적을 명확히(누가, 왜, 무엇)
중복접촉의 금지(창구의 단일화)
비밀유지 및 과다한 언론플레이 금지 - 잠재 투자가 내부의 중요 의사결정이 이뤄지기 전에 기정사실인 것처럼 보도되는 경우
사후관리 감사편지(ex 일본) 및 E-mail, 정기적인 정보 제공

기대하고 있는 사항을 어떻게 파악하면 좋을까? 국제환경에서 성공하기 위해서는 협상자는 이와 같은 문제에 직면하며 이를 해결해 나가지 않으면 안 된다.

제4절 국제협상

협상이란 어떤 사람이 상대의 생각이나 행동을 바꾸기 위해 다른 사람을 설득하려는 과정이다. 또는 쌍방이 조금씩 양보하여 협의점을 찾는 과정이라고도 한다.[2) 협상은 어떤 사람이 다른 사람에게 특정한 계약을 조인이나 특정한 의사결정을 하려는 일과 관련된 경우가 많다. 협상이란 다른 요구와 생각을 지닌 적어도 두 명의 당사자가 서로에게 이익이 되는 문제에 관하여 합의하려는 과정이다. 협상은 그 당사자가 서로 다른 문화에 귀속하여 동일한 사고, 감정 및 행동양식을 공유하고 있지 않을 때 이문화적으로 된다. 국제협상은 모든 이문화적이다. 국내협상 중에도 두 가지 내지 그 이상의 민족 그룹에 이르면 이문화적인 협상이 되는 일도 있다. 따라서 브라질인과 원료 조달계약을 협상하는 프랑스 비즈니스맨, 다가올 군축회의에 관한 의제에 대하여 각국 대사와 협의하는 UN 직원, 합작사업의 협의에 들어 있는 멕시코인 경영간부와 스웨덴인과의 토의, 그리고 공용어 규제를 정하고 있는 프랑스어계 벨기에인과 플래미쉬어계 벨기에인 등 이들은 모두 이문화적으로 협상을 하고 있다.

협상은 가장 중요한 국제 비즈니스 기술의 하나이다.[3) 국제협상에는 문화적 다양성이라는 차원에 덧붙여 모든 국내협상의 복잡함이 포함되어 있다. 워튼비즈니스스쿨의 펄뮤터(Perlmutter) 교수에 의하면, 국제 매니저는 협상에 50% 이상의 시간을 사용하고 있다고 한다.[4)

2) Pierre Casse, Training for the cross-cultural mind and society for international education, Training & Research, 1981, p.152.

3) Feyweather, J. & Kappoor, A., 'introduction to international Business Negotiation' in strategy & Negotiation' for the international corporeion, Balliager, 1976, pp.29-50.

4) Perlmutter Howard, nore than 50 percent of international manager, statement made at Academy of management Meeting Dallas, Taxas, August 1983.

국제협상의 전문가인 데이비드 벌류(David Berlew)와 엘렌 레이더(Ellen Raider)에 의하면, 협상은 반드시 비즈니스의 최선의 어프로치는 아니다.5) 때로는 최선의 전략이란 '받아들이느냐 마느냐의 양자택일'이며, 때로는 줄다리기이며, 어떤 경우에는 문제해결을 포함한 협상이 최적이 된다. 줄다리기나 양자택일의 어프로치에 비하여, 협상은 많은 시간을 필요로 한다. 매니저는 거래나 관계 확립에 대한 가치가 중요한 경우에는 협상해야 할 것이다. 예를 들면 글로벌한 제휴가 증가하고 있는 경우에 매니저는 협상해야 할 것이다. 일반적으로 협상은 국제 면에서 유리한 해결책을 고안하기 위하여 선택되는 전략이다. 예를 들면, 비즈니스맨은 다음 조건의 어느 것이 존재할 경우에 협상에 대한 선택을 검토해야 한다.

자신의 힘 관계가 상대측보다도 약한 경우, 신뢰 레벨이 높은 경우, 양 당사자에게 많은 종류의 다양한(多種多樣)한 요구가 있는 경우, 자원 및 선택 안을 검토할 시간이 충분히 있을 경우, 혹은 서로 관련－단순한 수락이 아니다－이 협정 실행을 확실히 하는 데 중요한 경우이다.

문화적 다양성은 효율적인 커뮤니케이션을 한층 곤란하게 만든다. 외국인은 세계를 다종다양하게 인식·해석하기 때문에 그들의 말과 의미를 완벽하게 이해하는 것이 어렵듯이 외국인들이 이해할 수 있는 방법으로 이해를 전달하는 것은 무척 어렵다고 하겠다. 커뮤니케이션이 더욱 어렵게 되고 있는 한편 쌍방에 편리한 어떤 선택안을 만들어 내는 일은 보다 쉬워졌다. 협상자가 커뮤니케이션 문제를 극복할 수 있으면, 형편에 좋은 해결책－양 당사자가 다가설 상호 편익 있는 해결책－을 확인하는 일은 보다 쉬워진다.

일반적으로 다양한 문화적 상황하에서는 실질적인 상위 영역이 있으며, 따라서 상호이익의 실질적인 영역이 증대할 가능성이 있다. 협상자는 어떤 경우에는 서로에게 유익한 해결책을 넘어 시너지적인 협정을 고안한다. 서로에게 유익한 해결책은 비교우위－한편의 당사자가 다른 한편보다도 높게 가치를 두는 여러 조건 교환－에 초점을 맞추고 있는데, 시너지적인 해결책은 쌍방의 차이점을, 그러한 차이점 없이는 불가능한 새로운 해결책을 창조하는 원천으로 이용한다. 이문화 커뮤니케이션의 복잡함과 문제를 만들어 내는 원

5) Ellen Raider, David Berlew, Positive programs situation management system, 1983.

천인 상이점은 궁극적으로는 서로에게 유익한 시너지적인 합의 창출의 주요한 원천이 된다.

제5절 협상의 성공영역

협상을 성공시킬 기초가 되는 세 영역-개인의 희생, 예측할 수 없는 사태에 대한 대응, 전략과 전술 프로세스-은 문화에 따라 상당히 달리하고 있다는 사실이 어떤 연구에 나타나 있다. 세 영역 모두가 중요하게 인식되고 있으나 협상자는 교섭 프로세스-전술과 전략-를 가장 중시하고 있다. 협상자는 이 프로세스를 관리함으로써 가장 직접적으로 협상에 대한 성패를 좌우할 수 있다. 세 영역의 각각이 논의되어 문화적 다양성이 강조되고, 가장 효과적인 어프로치가 제시된다. 유능한 협상자는 상황과 사람들의 특성에 근거하여 전략과 전술을 책정한다. 최고의 유일한 교섭방법이 있으면 국제 매니저에게 편할 것이나 어떤 유효한 성공에 대한 정답은 존재하지 않는다.

1. 뛰어난 협상자의 특성

뛰어난 협상자의 특성이란 어떤 것일까? 존 그레함(John Graham)의 광범위한 연구에 의하면 그 대답은 조사 대상자에 따라 다르다. <표 14-5>에 나타나듯이, 미국인 매니저는 유능한 협상자는 고도로 합리적이라고 확신하고 있다. 많은 미국인이 놀랄 일이나, 브라질인 매니저도 거의 같은 시각을 갖고 있다. 유일하게 다른 것은 경쟁이 아닌 성실을 가장 중요한 특성의 하나로서 지적하고 있다는 점이다. 일본인은 미국인이나 브라질인과는 현저하게 다르며, 합리적이라기보다도 오히려 인간관계에 초점을 맞추고 있다. 미국인이 언어표현력만을 강조하는 데 반해, 일본인은 언어에 의한 표현과 사람 말에 귀를 기울이는 능력 쌍방을 강조한다는 점에서 미국인과 다르다. 미국인, 브라질인 및 일본인과는 대조적으로, 대만의 중국인 매니저는 협상자의 합리적 능력과, 이것에 비하면 다소 떨어지나, 인간관계를 확립하는 능력에 중점을 두고 있다. 중국인에게 협상자는 흥미를 일으키게 하는 사람이 아니면 안 되며, 인내력과 결단력, 존경과 신뢰를 획득할 능력, 준비와 계획 작성 능력, 풍부한 제품지식, 올바른 판단력 및 지성을 함께 지니고 있지 않으면 안 된다.

표 14-5 협상자의 주요한 개인 특성

미국인 매니저	일본인 매니저	중국인 매니저	브라질인 매니저
기본 준비와 계획작성 능력	일에 대한 헌신	인내력과 결단력	기본 준비와 계획작성 능력
압박하에서의 사고	권력에 대한 지각과 이용	존경과 신뢰에 대한 획득	압박하에서의 사고
결단과 지성	존경과 신뢰에 대한 획득	기본 준비와 계획작성 능력	말로 표현
제품 지식	사람의 말에 귀를 기울이는 능력	관심	제품 지식
권력에 대한 지각과 이용	넓은 시야	판단과 지성	권력에 대한 지각과 이용
성실	말로 표현	×	경쟁력

자료 : D. John Graham, Brazilian Japanese and american Business Negotiation Journal of international Business studies, 1983, pp.47-61.

개인의 특성이 해내는 역할은 문화간에 따라 다르다. 그레함의 연구에 의하면, 좋은 결과가 나오는가 아닌가는 주로 브라질에서는 협상자 자신의 성격, 미국에서는 협상상대의 성격, 일본에서는 역할(사는 쪽이 항상 좋은 결과를 얻는다), 그리고 대만에서는 협상자와 그 상대의 성격이 혼합된 것에 의해 좌우된다. 구체적으로 말하면, 브라질인 협상자는 그가 거짓말쟁이이고 이기적이며, 보다 자존심이 셀수록, 그리고 협상 상대가 성실하면 성실할수록, 보다 많은 이익을 올린다. 미국인 협상자가 잘 추진해 나가는 것은 협상상대가 성실하며, 이기적이 아닌, 내향적으로 특히 인간관계를 이러쿵저러쿵 말하지 않으며 협상자의 행위에 의해 압박감을 받는 경우이다. 대조적으로 일본에서는 매수인이 항상 매도인보다도 좋은 결과를 손에 거머쥔다. 일본의 매수인도 매도인도 모두 협상상대를 기분 좋게 함으로써 스스로의 입장을 개선할 수 있다. 대만에서는 협상자가 좋은 결과를 얻는 것은 그들이 거짓말쟁이이고 협상상대가 이기적이 아니며 특히 매력적인 성격도 갖고 있지 않은 경우이다.

제6절 국제협상전략

협상 프로세스는 협상의 성공 여부를 예측하는 데 유일하고 가장 중요한 요인이다. 효과적인 협상 프로세스에는, 협상의 전체적인 전략이나 어프로치, 그 단계 및 구체적인 전술 관리가 포함된다. 협상의 다른 국면처럼 협상 프로세스는 문화에 따라 현저하게 다르다. 효과적인 전략에는 상황 특성과 협상자의 개인적 배경이 반영된다. 그 전략에 따라, 입장, 절차, 타이밍 및 협상 중개자 역할에 대한 밸런스가 취해진다.

1. 협상전략 : 이문화 시너지 어프로치

하버드 인터내셔널 협상 프로젝트의 연구에 기반을 둔 『승낙의 획득(Getting To Yes)』이라는 훌륭한 저서에 피셔(Fisher)와 유리(Ury)는 교섭의 기본적 어프로치를 제시하고 있다.[6)]

<표 14-6>로 나타나듯이 이 어프로치에는 다음 네 단계가 있다.

제1단계 : 인물과 문제를 분리한다.
제2단계 : 입장이 아닌, 이익에 초점을 맞춘다.
제3단계 : 객관적 기준을 주장한다(결코 압력을 가하지 않는다).
제4단계 : 상호이익이 될 선택안을 고안한다.

6) Fisher Roger & Ury William, Getting To Yes, Houghtion Mifflin company, 1981.

표 14-6 국제교섭 단계에 대한 세 가지 어프로치

전통적 어프로치 (경쟁적)	기본적 어프로치 (협조적 · 개인적)	시너지적 어프로치 (협조적 · 문화적)
준비 - 경제문제의 명확화	준비 - 이익의 명확화	준비 - 이문화에 대한 훈련 - 이익의 명확화
관계 확립 교섭상대의 평가	관계 확립 인물과 문제의 분리	관계 확립 - 인간과 문제의 분리 - 스타일과 페이스에 대한 적응
정보 교환 - 일관련 정보 교환 - 입장의 명확화	정보 교환 - 일 · 교섭참가자 관련 - 정보 교환 - 이익의 명확화	정보 교환 - 일 · 교섭참가자 관련 정보 - 교환 - 이익의 명확화 - 관습적 어프로치의 명확화
설득	상호이익을 위한 선택안 고안	상호이익을 위한 선택안 고안 양쪽 문화에 대한 타당성
양보	최선의 선택안 선별 객관적 기준 채용 주장: 압력행사 금지	최선의 선택안 선별 - 양쪽 문화에 적절한 기준 채용 주장
협정	협정	협정 - 협정의 번역과 협정내용 파악을 강화하기 위한 번역: 필요한 경우에 재교섭

자료 : Fisher Roger & Ury William, Getting To Yes, Houghtion Mifflin company, 1981.

이 기본적 어프로치는 국제교섭에 간단히 이용할 수 있을까, 그렇지 않으면 어려울까.

그런데 이 기본적 어프로치를 이문화간의 시점에서 분석해 보자. 문화적 상위는 커뮤니케이션을 한층 어렵게 한다. 따라서 제1단계, 제2단계, 제3단계는 한층 어려워진다. 즉 교섭상대 및 그들의 이익이나 그들의 평가기준을 이해하는 것은 한층 복잡해지며, 이문화 커뮤니케이션의 함정에 빠질 가능성이 크다. 대조적으로 제4단계는 간단해 진다. 서로에게 이익이 될 선택안을 고안하는 데는 상위를 인식하고, 그것을 이용할 필요가 있다.

쌍방의 협상단이 요구하는 협상 항목이 동일하지 않으면 않을수록, 쌍방의 요구를 동시에 만족시킬 찬스가 늘어난다. 문화간의 차이가 인식되고, 명백히 전달되어, 이해된다면(제1단계, 제2단계, 제3단계), 그 상위는 쌍방이 만족할 해결책을 구축할 큰 기초가 될 것이다. 예를 들면, 인도네시아산 바틱 염색(염색법의 한 가지로, 천에 백랍과 수지를 섞은 방염제로 무늬를 그려 천을 염색한 다음 방염제를 제거하여 무늬만 남도록 하는 것)을 수입하는 서구제국은 그것이 노동집약 상품이기 때문에 선진국 시장을 개방하고 있다. 유럽에서는 바틱 염색을 생산할 수 없으며, 한편 인도네시아에서는 자국 내에 안정된 통화로 그것을 좋은 가격으로 팔 수 없다. 문화적 차이를 조직활동의 장애물이라기보다 오히려 자원으로 이용하기 때문에 이 이문화 시너지 어프로치는 국제협상의 모든 당사자의 편익을 최대화할 수 있게 된다. 기본적 어프로치는 협상 프로세스의 네 단계의 어느 것에도 관련하고 있으므로, 다음에 그 각 단계에 대하여 검토하겠다.

제7절 국제협상 전술

협상에는 언어 · 비언어전술 두 가지가 있다. 대부분의 미국인이 언어전술을 가장 중요하다고 생각하고 있는 것에 반해, 그 외의 다른 나라 사람들의 대부분은 그와 같이 생각하지 않는다. 어떤 연구에 의하면, 언어는 그 의도하는 바의 겨우 7%밖에 전하지 않으나 목소리 상태는 38%, 얼굴 표정은 55%나 전한다. 언어 행동도 비언어 행동도 문제를 일으킨다. 국제협상 전문가인 데이비드 벌류와 엘렌 레이더에 의하면 "언어를 모르면 벽에 쓰인 문자를 읽는 것은 어렵다"고 주장하였다.[7)] 더구나 "그 벽을 어디에서 발견하는가는 더욱 어렵다". 다음절에서는 가장 일반적인 언어 · 비언어적 협상전술의 몇 가지를 검토하기로 하겠다. 한편에서는 '더러운 수법'도 개설하고 있으나, 이것은 일반적인 방식이라고는 하나 서로에게 유익한 협정 체결에는 크게 도움이 되지 않는다.

---

7) Komorita. S & Bernner A : "Bargaining & Concession Journal of Personality and Social psycholgy. 1968 vol. 9 pp.15-20

1. 언어 전술

협상에서는 다수의 언어 전술이 사용된다. 조사에 의하면 협상자가 성공하는－이익의 증대－것은 다음과 같은 경우이다. 즉, (a) 질문수가 많다. (b) 최종 협정단계에 앞서 계속 내보내는 언질 수가 적다. (c) 당초 요구액이 많은－즉 매도인은 많은 금액을 요구하고, 매수인은 적은 금액을 제시한다. 그 결과 대부분의 문화에서 유능한 협상자는 먼저 큰 기대와 높은 제시(혹은 요구)로 협상을 시작하고, 많은 질문을 하면서 상담을 추진하며, 그리고 협상의 최종단계에 접어들면 많은 언질은 삼간다.

2. 올림픽 보도에 대한 협상

1984년에 로스엔젤레스의 올림픽 위원회는 다양한 나라와 텔레비전 방영권을 협상했다. 미국의 ABC에서 올림픽 위원회는 2억 2,500만 달러를 받았다. 일본에서 위원회는 1,850만 달러를 받았다. 왜 일본은 이렇게도 금액이 적었는가?

일본은 당초 방영권에 대하여 600만 달러를 신청했는데 올림픽 위원회는 9,000만 달러로 대응했다. 위원회의 목표는 1억 달러였다. 일본은 자국의 시장이 미국 시장보다도 적다고 주장하고, 게다가 일본은 하나의 방송국이 입찰에 참가했을 뿐이었다. 미국은 3대 네트워크(ABC, CBS, NBC)가 거기에 참가하고 있었다. 큰 기대(낮은 가격에 대한), 납득할 수 있는 주장(소규모 시장) 및 경쟁사가 없음이 미국 회사의 12분의 1이라는 일본 방송망에 대한 최종가격을 낳은 것이다.

1) 전술 범위

협상에서 이용되는 일반적인 전술에는, 약속, 협박, 권고, 경고, 보상, 처벌, 규범적 어필, 언질, 자기개시, 질문 및 명령이 있다. 이러한 많은 전술 이용이나 의미는 문화간에서 상위하다. 아시아(일본인), 북아메리카(미국인) 및 남아메리카(브라질인) 출신 협상자는 협상에서 각각 다른 언어전술을 사용하고 있다. 예를 들면, 브라질인은 미국인보다도 '노'라는 언어를 9배나 많이 말하나 이것은 일본인의 거의 14배에 상당한다. 똑같이 브라질인은 미국인에 비하여, 초기에 양보를 많이 하나, 미국인은 일본인보다도 많이 양보한다.[8)]

협상 성공자의 행동을 실증하고 있는 영국의 허스웨이트의 연구에서는 숙련된 협상자와 보통 협상자의 언어행동이 분석되었다. 가장 숙련된 영국 협상자는 자극적 언어, 반대제안 및 공격 · 방어의 악순환을 거의 이용하지 않고, 또한 논의를 희석시키지 않으며, 행동의 시그널, 적극적인 청취, 질문 및 감정설명을 많이 이용하고 있다.[9)]

3. 비언어 전술

비언어적 행동은 협상자가 무엇을 말하는가 보다도 그들이 무엇을 하는가 하는 사실과 관련된다. 그것은 언어자체가 아닌 협상자가 말을 어떻게 풀어 가는가 하는 사실도 포함된다. 비언어 행동에는 목소리 상태, 얼굴 표정, 사람과의 간격, 복장, 몸짓, 타이밍, 침묵, 상징이 있다. 비언어 행동은 복잡하고 다면적이다–그것은 다양한 메시지를 보내며, 그 대부분은 반 정도 무의식적으로 대응한다. 협상자는 언어 메시지보다도 비언어 메시지에 대하여 감정적임과 동시에 위압적으로 대응하는 일이 많다.

언어행동(말)과 똑같이 비언어적 행동도 문화간 현저하게 다르다. <표 14-7>에 나타나 있듯이 일본인, 미국인 및 브라질인이 협상 중에 침묵, 대화의 중복, 안면응시, 신체적 접촉을 이용하는 정도는 상당히 다르다.

1) 침묵

일본인은 가장 침묵을 지키며, 미국인은 중간 정도이며, 브라질인은 거의 침묵하지 않는다. 미국인은 교섭 상대가 반대하든, 제안을 거절하든 상정(想定)

8) Grahan, John, The inflwences of culture on process of Business negotiations, Journal of international business studies, 1995, spring, pp.81-96.

9) Raider ellen, International Negotiation A training program for corporate executires and diplonats, situation management system inc. 1982.

표 14-7 비 언어행동의 문화간 상위

행동(전술)	일본인	미국인	브라질인
침묵시간(30분당 10초를 넘는 회수)	5.5	3.5	0
대화의 중복(10분당 회수)	12.6	10.3	28.6
안면 응시(10분당 몇 분 응시했는가)	1.3	3.3	5.2
신체적 접촉(30분당, 악수는 제외한다)	0	0	4.7

자료 : Grahan, John, 'The inflwences of culture on process of Business negotiations, Journal of international business studies, 1995, spring, pp.81-96.

하여 침묵에 대응하는 일이 많이 있다. 더욱이 그들은 침묵에 대해서는, 논의하여 양보하는 경향이 있다. 이와 같은 대응은 브라질인과의 교섭에서는 문제를 일으키지 않으나, 일본인과의 거래인 경우에는 미국인에게 심각한 타격을 준다. 일본인은 미국인의 제안을 냉정히 고려하는 것에 반해, 미국인은 그 침묵을 거부로 해석하여 양보(예를 들면, 가격 인하)로 대응한다. 같은 역학은 영어를 모국어로 하지 않는 사람이 영어로 교섭할 때에도 일어난다. 영어를 모국어로 하지 않는 사람은 영어의 의미를 완벽하게 이해하기 위하여 조금 더듬거리기 때문에, 미국인은 그들이 자신들의 의견을 거절하고 있다고 가정해 버린다. 더욱이 그들은 침묵을 거부로 오해하여 불필요한 양보를 하는 경향이 있다.

2) 안면 응시

안면 응시란 상대의 얼굴을 직접 응시함을 말한다. 시선을 맞추는 일은 안면 응시 중에서도 가장 정도가 심한 형태의 하나이다. 시선을 맞추는 일이나 안면 응시 횟수가 인간관계의 친밀도 수준을 전하는 일이 많다-시선을 맞추는 일이 많으면 많을수록, 친밀도도 증가한다. 혼란이 생기는 것은 어느 문화에서 적절한 회수의 시선이 다른 문화권 사람들에게는 친밀도의 많고 적음으로 되는 경우이다. 그 어느 경우도 외국인 교섭상대는 불쾌함을 느낄 것이다. 브라질인은 일본인의 4배, 미국인의 1.5배나 안면 응시를 한다.[10)]

10) Grahan, John, 'The inflwences of culture on process of Business negotiations, Journal of international business studies, 1995, spring, pp.81-96.

3) 신체적 접촉

교섭자가 교섭 장에서 서로 신체를 접촉하는가 안 하는가는 문화에 따라 다르다. 악수를 제외하고, 브라질인 교섭자는 30분에 거의 5회 비율로 서로 접촉하나, 미국인과 일본인 교섭자간에는 신체적 접촉은 거의 없다. 안면 응시와 같이 신체적 접촉은 친밀도를 전한다. 멕시코에서의 포옹-2번의 포옹-은 신뢰 관계의 진전을 전하지만, 이것과 동일한 몸짓은 독일인 감정을 반대 표현한다. 이는 독일에서는 그와 같은 몸짓은 부적절하게 높은 친밀도를 전하는 것이기 때문이다.

표 14-8 신체 부위별 자세

부분	자세
표정	밝고 부드러운 미소를 띠운다
시선	신념과 사랑에 찬 눈으로 상대의 눈을 본다
고개	반듯하게 든다
턱	내밀지 말고 자연스럽게 당긴다
무릎, 등, 허리	자연스럽고 곧게 편다
입	조용히 다문다
손	팔은 자연스럽게 늘어뜨리며 오른손으로 왼손을 감싸 쥐고 인사를 할 때 배에 손을 가볍게 댄다
발	발꿈치를 서로 붙이고 양발을 20~30㎝도쯤 벌린다
마음	존경, 사랑, 감사하는 마음을 갖는다
등과 목	반듯하게 뻗어 턱이 나오지 않도록 한다
어깨	힘을 뺀다

자료 : 장수용, 명품친절서비스, 중앙경제평론사, 2011, p.120.

제8절 국제협상과 설득전략

로마에 가면 로마법을 따라야 하지만 실상은 그렇지 않다. 로마, 베이징, 혹은 동경에 있다고 해도 유능한 외국인처럼 행동해야할 것이다. 루시안 파이

(Lucian Pay)는 그의 저서 『중국인 상담 스타일(Chinese Commercial Negotiating Style)』 중에서, 중국인과 비즈니스를 하는 외국인에 대하여, 다음과 같은 충고를 하고 있다.

- 인내심 있게 할 것
- 하등 움직임이 없는 연장기간을 감수한다.
- 과대한 기대를 억제하고, 장래 전망에 관한 중국식의 허풍스러운 화법을 감안하여 듣는다.
- 중국인이 부끄러워하는 마음으로 움직인다고 예상한다.
- 자기 자신의 실수에서 곤란한 일이 발생했다고는 생각하지 않는다.
- 중국의 문화적 특징을 이해하는 데 유념하는 것은 좋으나, 외국인이 중국인보다도 그 특징을 준수할 수 있다고는 생각할 필요 없다.

루시안 파이는 상대가 다른 문화의 일원이 되도록 주의하라고 말하는 것이 아닌, 문화적 상위를 인식하여 이해할 것을 권하고 있다.[11]

일본인과 협상을 하려면 일본인의 가치의 우선순위를 알아야 하는데 파리드 엘라쉬머위(Farid Elashmawi)와 해리드(Phillip Harris)의 『Multi-cultural management(다문화 경영)』이란 책에서 일본인은 ① 인간관계 ② 집단적 조화 ③ 가족의 안정 ④ 자유 ⑤ 협동 등의 순서로 가치의 우선순위가 있다. 이러한 것을 보고 일본인과의 협상전략을 정할 수 있다.

협상 스타일은 명백히 문화간에 다르다. 본국에서 사람들은 효과적으로 설득하는 말과 행동은 해외 협상 상대에게 영향을 줄 수 없다. 협상의 문화적 컨텍스트는 누가 교섭단 멤버가 되어야 할 것인가, 협상은 어디에서 해야 하나, 협상자는 어떤 어프로치-전략과 전술-을 채용해야 하나 말아야 하나라는 점에 상당히 큰 영향을 미친다. 국제협상자는 날카로운 관찰력 및 국내 이상으로 사물에 대한 의미를 이해하기 위한 잠정적 어프로치를 취하는 일이 필요하다. 국제협상은 '한 번에 결론에 달하지 않는 것'은 것은 물론 협상자에게 협상을 정확히 매듭짓게 하는 일도 거의 없다.

11) Farid Elashmawi & Phillip Harris, Multi-cultural management, Gulf publising company, 1992.

국제협상을 준비할 때 협상단 멤버는 외국의 문화, 협상패턴 및 특히 외국인과의 협상 스타일에 대하여 가능한 한 많이 학습해야 하며, 그 후 가능한 한 폭넓은 자유재량권과 대체안-행동과 실질 면에서-을 갖고 현실의 협상장에 임하여야 한다.

맨 처음 회합에서 협상자는 교섭상대와의 인간관계 확립에 중점을 두어야 한다(그들에게 일에 대한 이야기를 끄집어내게 하는 점을 잊어서는 안 된다). 회의 중에 교섭자는 유사점이 명백해질 때까지 교섭 스타일의 차이를 당연한 것으로 하지 않으면 안 된다. 실제로는 다른데, 외국인이 당신과 같이 행동하여 발생하는 손실을 보완하기보다도 처음에 그 차이를 생각하여 나중에 유사점을 인정하도록 하는 편이 간단하다.

유능한 협상자는 큰 기대를 갖고 맨 처음의 큰 제안(혹은 요구)을 하고 많은 질문을 하면서 회의를 진행하여 협상의 최종단계에 이르기까지 수많은 언질을 하는 것을 피한다. 유능한 협상자는 협상 자리에서 미숙한 협상자에 비하여 자극적인 말 반대제안 및 공격·방어라는 악순환을 이용하지 않으며 논의가 희박해지지 않을 행동의 시그널, 적극적인 청취, 감정 설명을 많이 이용하고 있다. 가장 유능한 협상자는 시너지적인 해결책-양 당사자가 만족하는 해결책-을 찾아 회의에 임하고 있다. 협상 기술의 의의는 창조적인 선택안과 대체안을 고려하는 데 있다고 생각한다.

PART 15 이문화전략과 시너지효과

보이지도 않고 만질 수도 없는 문화가 조직에 영향을 준다고 생각하고 있는데 그렇다면 영향이 있다고 하면, 조직에 플러스인 것일까, 그렇지 않으면 마이너스인 것일까. 혹은 유익할까, 그렇지 않으면 유해할까. 비즈니스맨은 문화적 다양성을 어떻게 관리해야 할 것인가. 무시해야 할까, 최소화해야 할까. 그렇지 않으면 이용해야 할 것인가 등의 수많은 이슈가 등장한다.

우리나라와 같이 단일문화권에서는 큰 문제가 생기지 않지만 다양한문화와 다인종의 국가에서는 문화도 정책의 하나로서 중시되고 있다. 인도네시아의 국가모토는 다양성에 의한 통일 이고 미국의 모든 동전에 쓰여 있는 것은 수많은 개개의 존재로부터의 성립이라는 모토처럼 다인종, 다문화권에서의 국가모토이다.

본 장에서는 문화가 얼마나 보기 힘든 것인가, 그리고 반대로 우리들이 얼마나 문화를 볼 수 없는가를 고찰하겠다. 문화적으로 다양한 환경에서 일을 할 경우, 어떤 문제점과 이점이 숨어 있는가를 기술하여 문화적 다양성과 그것이 초래하는 결과를 관리하기 위한 몇 가지 전략을 제시해 보겠다.

제1절 이문화 분석 모델

1. 이문화 분석 모델 : 차원적 접근

기업문화의 가장 핵심적인 요소는 구성원들의 가치관이기 때문에 국제경영에 있어서는 구성원들의 가치관에 영향을 주는 타 문화를 이해할 필요가 있다.

일반적으로 자국문화에 접해 있던 민족은 타민족의 문화를 자국문화적으로 인식하여 갈등이 일어나는 경우가 많다. 특히, 현재처럼 다문화사회에 살고 있는 현대인이지만 타국의 행동이나 가치관을 자국의 가치관으로 인식하여 다국적기업 중에는 타국의 문화를 이해하는 것을 국제경영의 최초의 이해라고도 한다. 다문화사회에서의 문화적 행동, 가치관을 이해하기 위해서는 이문화의 분석 모델은 필수이며 상황에 따른 문화적변수를 분석해보려 한다.

1) 이문화의 분석모형

(1) 클러크흔의 모형

각 문화의 가치체계에 따라 문화적 차이를 비교하기 위하여 클라크혼(F. Kluckhohn) 부부는 다섯 가지의 기본적인 질문에서 사회의 주류가 어떻게 답변을 하는가에 따라서 그 사회의 문화를 구분하고 있다. 물론 한 문화권 내에서도 수많은 사람이 있고 그들이 제각기 다른 가치관과 행위 유형을 갖고 있겠지만, 그중에서도 다수의 구성원들이 갖고 있는 공통적 가치관과 사고방식을 찾아내 보자는 것이다.

클러크혼의 다섯 가지 질문은 다음과 같다.

① 인간의 본성은 기본적으로 선한가, 악한가?
② 인간과 자연의 관계는 어떤가?
③ 삶의 주관심사가 과거인가, 현재인가, 미래인가?
④ 사람의 활동양식이 정적인가, 동적인가?
⑤ 인간관계는 개인주의적인가, 그룹 중심적인가, 권위주의적인가?

경영자는 우선 자기 문화나 자기의 가치관이나 혹은 행위가 어떤 행위인가를 이 질문을 통해서 확인한 후, 비교하고자 하는 외국문화의 가치관과 행위를 사하여 두 문화의 차이를 음미해 볼 수 있다. 이 질문에 대한 답변은 <표 15-1>과 같다.

표 15-1 클러크혼의 모형

기준	행위 및 사고 유형		
인간의 본성	기본적으로 악함	선과 악의 혼합	기본적으로 선함
인간과 자연의 관계	자연에 복종	자연과의 조화	자연을 정복
시간지향성	과거 지향적 (전통적)	현재 지향적 (찰나적)	미래 지향적 (목표지향적)
활동양식	정적	내면 성장	동적
인간관계	권위주의적 (상하관계)	그룹 중심적 (공존관계)	개인주의적 (동등한 관계)

주 : a)인간의 본성은 선과 악 말고도 가변성인가 불변성인가를 기준으로 분류할 수도 있다. b)정적 : 인생에 꼭 무엇을 달성해야 되는 것은 아니고, 존재하는 것만으로도 충분하다. c) 내면성장 : 인간의 존재이유는 내면적 성장에 있다.

표 15-2 클러크혼 모형의 적용

아랍문화권	일본문화권
선악 혼합	선악 혼합
자연과 조화	자연과 조화
자연에 복종	
과거지향적	과거지향적, 미래지향적
정적	정적
권위주의적	권위주의적, 그룹중심적

클러크혼 모형은 물론 외국 문화의 여러 측면 가운데 일부만을 보여 주고 있으므로 이것만 가지고 외국문화를 완전히 비교할 수 있다는 것은 아니다. 그러나 이 모형의 매력은 그것이 아주 간단하다는 데 있으며, 그러면서도 이를 통해서 외국문화에 대한 이해를 높일 수 있다는 점이다.

(2) 홀의 모형

문화적 차이를 이해하기 위해 문화를 비교하는 또 다른 하나의 비교문화적인 분석방법을 홀(E. T. Hall)의 모형을 들 수 있다. 그는 각국의 문화를 고배경문화(HCC : High-Context Culture)와 저배경문화(LCC : Low-Context Culture)의 개념으로 이원화하였다. 여기에서 배경(Context)은 사상을 보는 방법들 중의 하나로서 각 국가의 문화를 평가하는데 중요한 역할을 한다고 보고 있다. 홀이

고배경문화(HCC)와 저배경문화(LCC)로 각 국가의 문화를 분류하는 데 있어 기준으로 삼는 몇 가지의 문화요소 또는 차원을 중심으로 양자의 차이점을 평가한 것을 개략적으로 살펴보면 다음과 같다.

먼저 HCC에서는 커뮤니케이션 또는 메시지의 정보가 대부분 신체적 배경 또는 개인에 내부화 되고 명백하게 부호로 나타나거나 메시지로 옮겨지지 않는다. 많은 정보를 포함하기 때문에 실제로 구두로 나타난 메시지에는 적은 정보가 적게 포함된다는 것이다. 반면에 LCC에서는 메시지가 명백한데 커뮤니케이션에 있어서는 실제의 대화를 통해서 대부분의 정보가 교환된다고 보고 있다. 이러한 차원에서 볼 때 중국, 일본 및 아랍문화는 HCC에 속하며 미국 또는 독일의 문화는 LCC에 분류된다. 미국의 경영자들이 일본 기업의 경영자들과 협상을 할 때 일본의 파트너들이 분명하게 그 핵심을 밝히지 않는다고 불만을 표시하는 이유의 하나가 이와 같은 문화적인 차이에서 기인한다고 할 수 있다.

표 15-3 고배경문화와 저배경문화의 비교

요소 및 차원	고배경문화	저배경문화
법 또는 법률가	덜 중요함	매우 중요함
개인의 말	그 개인이 보증함	서면으로서의 보증임
조직의 실책에	최고위층이 짐	최하위층이 짐
공간	상대방과 근접함	개인 공간을 지니며, 받는 것을 싫어함
시간	폴리크롬닉함. 즉, 생활에 있어서 매사는 그 자신의 시간에 의해 처리됨	모로크로닉함. 즉, 시간이 돈이라는 관념이 강함
협상	매우 오래 끌게 됨. 그 목적을 모든 당사자들이 서로 알게 하는데 있음	매우 신속히 진행됨
경쟁입찰	빈번하지 않음	일반적임

자료 : W. J. Keegan, Multinational Marketing Management, 2nd ed., Englewood Cliffts, New Jersey : Prentice-Hall Inc., 1980, p.87.

이상에서와 같이 홀은 각 국가의 문화를 몇 가지 요소들을 기준으로 분석하였으며, 이 모형이 지나치게 기술적이고 주관적이라는 한계점을 지니고 있다. 아울러 LCC와 LCC로 구분하는 데 있어서 경계가 불분명하다는 약점을 가지고 있다. 그러나 국제경영의 관점에서서 각 국가의 문화적 차이를 이해하는데 클러크혼 모형보다 유용성이 높다고 하겠다.

(3) 호프스테드의 모형

국가간의 문화적인 차이를 비교, 분석하는 또 하나의 모형으로 호프스테드(G.Hofstede)의 연구를 들 수 있다. 호프스테드는 네 가지의 기준, 즉 ① 개인주의 대 집단주의(individualism versus colectivism), ② 대 · 소권력간격(large or small power distance), ③ 불확실성에 대한 회피성의 강약(strong or weak uncertainty advoidance), 그리고 ④ 남성다움 대 여성다움(masculinity verse feminity)에 따라 국가간의 문화적인 차이를 비교 분석하였다. 예를 들어 권력간격과 개인주의-여성다움과 불확실성에 대한 회피성등과 같이 서로 독립적인 두 개의 차원을 결합하여 각 국가들을 다양한 문화집단으로 분류하였다. 호프스테드가 표현한 네 가지 차원들의 개념 또는 의미에 대해 간략하게 살펴보기로 한다.

① 개인주의

이는 사람들이 그들 자신과 직계가족들에게만 관심을 갖는 것으로 간주되는 느슨하게 짜인 사회구조를 의미한다. 반면에 개인주의는 사람들이 자신의 집단과 외부집단 사이를 구별하는 엄격한 사회구조로 특징되는데, 그들은 그들 내부집단(친척, 당파, 조직 등)이 자신들을 돌보아 주기를 기대하며, 내부집단에 절대적인 충성을 보인다는 것이다. 예를 들면, 미국 · 영국 · 네덜란드 등은 매우 개인주의적인 국가이고, 콜롬비아 · 파키스탄 · 대만 등은 매우 집단주의적인 국가로, 일본 · 인도 · 오스트리아 · 스페인 등은 양자의 중간에 위치하는 국가로 나타났다.

② 권력간격(권위주의)

이는 한 사회가 어떤 기관이나 조직에 있어서의 권력이 불평등하게 분산되어 있다는 사실을 받아들이는 정도를 의미한다. 모든 사회는 불평등하나, 어떤 사회는 다른 사회보다 그 정도가 상대적으로 심하다는 점에 착안한 것이다. 필리핀, 베네수엘라, 인도 등은 권위주의적 국가에 속하는 것으로 나타났으며, 반면에 덴마크, 이스라엘, 오스트리아 등은 평등주의적 문화로 나타났다. 그런데 재미있는 현상은 권력간격과 집단주의를 결합시켜 보면 집단주의의 특성이 강한 국가는 항상 큰 권력을 나타내지만 개인주의의 특성이 강한국가는 항상 작은 권력간격을 나타내지는 않았다는 점이다. 다시 말하면 개인주의적이면서 동시에 권위주의적인 문화가 존재하는 것이다.

③ 불확실성에 대한 회피

이는 불확실한 미래를 어떻게 받아들이는가를 설명한다. 불확실성에 대한 회피가 약한 사회에서는 미래에 대해 별로 위협을 느끼지 않아 일을 열심히 하지 않고 다른 사람의 의견이 자신의 것과 달라도 별로 신경을 쓰지 않는다. 반면에 불확실성에 대한 회피가 강한 사회에서는 초조 불안 등이 뚜렷하게 나타나며 이에 따라 각종 법적 규범적 제도치로써 위험을 줄이고 안전을 기하기 위해 많은 노력을 기울인다. 이 불확실성에 대한 회피성과 권력간격 차원을 결합했을 때, 불확실성에 대한 강한 회피성과 함께 큰 권력간격을 보이는 국가들에는 모든 라틴국가(라틴유럽과 라틴 아메리카), 유고, 그리스, 터키 등의 지중해 연안국가들과 일본, 한국 등이 속하는 것으로 나타났으며, 그 반대의 경향을 보이는 국가들에는 덴마크, 스웨덴, 영국, 아일랜드 등이었다.

④ 남성다움

이는 사회 안에서 지배적인 가치가 어느 정도로 남성다운가를 나타내는데, 남성과 여성의 역할을 구분하는 데 있어서 성의 사회적 역할을 최대한으로 구분하는 사회를 '남성다운' 것으로 보고, 상대적으로 그것을 작게 구분하는 사회를 '여성다운' 것으로 보았다. 가장 남성다운 국가는 일본으로 나타났고, 그 반대로 여성다운 국가는 네 개의 노르딕국가들과 네덜란드로 나타났다.

이상에서 호프스테드가 각 국가의 문화를 비교하기 위해서 제시한 네 가지

차원에 대해서 살펴보았다. 이 호프스테드 모형은 방법론에 있어서 클러크혼 모형이나 홀의 모형과는 달리 계량적인 분석방법을 도입하였기 때문에 객관성이 훨씬 높다고 볼 수 있다. 그리고 이 모형으로 얻어진 결과는 국제기업 또는 국제경영인이 본국과는 달리 분류되는 국가에서 리더십, 조직설계, 동기유발 등의 문제에 효과적으로 대응하는 방안을 모색하는 데 도움을 줄 것이다. 그러나 호프스테드의 모형을 이용할 때, 그의 연구가 어느 정도 타당하며 일반화될 수 있을 지에 대한 문제점이 제기될 수 있다. 그가 연구를 위해 추출한 표본이 과연 각 국가의 문화를 대표할 수 있는가라는 대표성 문제와 그가 표현한 차원의 문제가 제기된다.

(4) 트롬페나스의 모형

호프스테이드와 홀의 연구가 학술적이었다면 트롬페나스(Fons Trompenaars)의 연구는 실천적이었고 구체적이었다고 하겠다. 따라서 그의 연구는 1979년에 개시한 로열더치셸그룹의 다섯 개사(네덜란드, 스웨덴, 싱가포르, 그리스, 베네수엘라)와 의류업체 다섯 개사(미국, 오스트리아, 네덜란드, 스페인, 이탈리아)를 대상으로 한 조사가 발단이 되었으며 일곱 개의 차원으로 연구되었다.

15년에 걸쳐 경영에 대한 문화에 대한 연구의 성과를 집대성한 것이 『문화의 물결을 넘어서(Riding the Waves of Culture, 1993)』라는 책이다. 그는 30개사의 협력을 얻어 세계 50개국에서 이루어진 조사의 결과를 발표하였다. 트롬페나스가 중신한 것은 첫 번째로 기업의 경영과 조직에는 유일한 방법이 없다는 것과, 두 번째로 자국의 문화와 타국의 문화를 이해하여 비즈니스로 그것을 살리는 것, 세 번째로 국제적인 조직에서 글로벌과 로컬이라는 딜레마에 조직적 통찰을 줄 것 등의 세 가지 점이다

그리고 그는 보편주의와 개별주의, 개인주의와 집단주의, 중립적과 감정적, 특정적과 확산적, 업적과 속성, 시간과의 관계, 환경과의 관계 등 일곱 가지 차원을 축으로 각국의 비교분석을 행하고 있다.

① 보편주의와 개별주의(Universalism vs Particularism)

보편주의의 인간은 규칙을 중시하고 예외를 인정하지 않는 경향이고 개별

주의의 인간은 규칙을 무시하고 상황에 의하여 다른 판단을 하는 경향이 있다. 조사의 결과에 의하면 프로테스탄트계의 국가는 보편주의의 경향이 강하여 문제가 발생한 경우 법원에 가는 경향이 많다. 또한 보편주의에서는 비즈니스에서 계약이 무척 중요하게 취급된다. 개별주의의 인간은 규칙은 하나의 가이드라인 정도로 생각하고 오히려 인간관계를 중시하는 경향이 있어 보편주의의 사람들과 비즈니스를 할 경우 알력이 일어날 가능성이 있다.

② 개인주의와 집단주의(Individualism vs Collectivism)

개인주의는 개인을 주체로 생각하는 경향이며 집단주의는 공통의 목적을 중시하는 경향이다. 조사에 의하면 이스라엘, 루마니아, 나이지리아, 캐나다 등은 개인주의가 강한 국가이며 프랑스, 일본, 중국 등은 집단주의의 경향이 강하다.

③ 중립적과 감정적(Neutral vs Emotional)

감정을 어느 정도 표현하는 것인가를 나타내는 차원이다. 가장 중립적인 것은 에티오피아와 일본이다. 유럽의 경우는 나라에 따라 달라지고 있으며 오스트리아가 유럽에서는 가장 중립적이며 스페인, 이태리, 프랑스는 감정적인 정도가 강하다. 중립적인 국가의 사람이 감정적인 국가의 사람과 잘 적응하기 위해서는 상대를 따뜻하게 접대하며 정열적으로 대응하고 이야기의 중심이 사람이고 물건이 아니라는 것을 알 필요가 있다. 반대로 감정적인 사람이 중립적인 사람들과 잘 적응하기 위해서는 교섭 전에 될 수 있는 한 서류를 준비하고 구체적인 화제를 중심으로 하는 것이 중요하다.

④ 특정적과 확산적(Specific vs Diffuse)

특정적 이라는 것은 비즈니스의 상하관계와 직책이 일하는 것에 한정되어 있는 경우를 말하며 확산적이라는 것은 일이외의 사생활에도 이 입장이 침투되어 있는 경우를 말한다. 미국, 영국, 스위스 등 유럽 국가들은 특정적이며 중국, 네팔, 나이지리아 등은 확산적이다. 홀(Hall)의 이론과 부합시켜 본다면 저배경문화는 특정적 문화와 관계가 있고, 고배경문화는 확산적 문화와 관계가 있다고 하겠다.

⑤ 업적과 속성(Achievement vs Ascription)

업적문화는 그 사람의 업적에 의해 사회적평가가 정해지는 문화이며 연령이나 계급, 지위, 학력 등 소위 속성에 의해 평가되는 속성문화가 있다. 프로테스탄트 국가의 사람들이 업적을 중시하고 가톨릭, 불교, 힌두교의 국가들은 속성을 중시한다고 되어 있다. 우리나라와 일본은 유교 국가이지만 속성문화의 특성과 관계가 있다고 하겠다.

⑥ 시간과의 관계(Attitudes to time)

시간에 대한 감각도 문화에 따라 다양하며, 과거, 현재, 미래의 관계에 나라의 문화에 대한 차가 명확하게 등장한다. 러시아와 베네수엘라 등은 과거, 현재, 미래의 연결이 잘라져 있지만 프랑스, 캐나다, 노르웨이 등은 과거, 현재, 미래가 연결되어 있고 특히 일본과 말레이시아 등은 겹치는 부분이 크게 나타나 과거, 현재, 미래가 밀접한 관계가 있다고 하겠다.

⑦ 환경과의 관계(Attitudes to the Environment)

환경과의 관계는 자연을 조정할 수 있는 자세와 자신은 자연의 일부로서 존재하는가 하는 2차원의 접근방법이다. 이것은 또한 자신의 인생을 자신이 조정하려고 하는 자세와 자신 이외의 힘을 인정하는 자세와의 차이이다. 북미는 자신이 조정하려는 경향이 강하고 러시아, 중국은 약하게 나타난다.

2. 이문화 분석 모델 : 은유적 및 생활적 접근

국제기업은 다양한 문화권에서 다양한 사람들을 구성하여, 다양한 고객들을 대상으로 비즈니스 활동을 한다. 따라서 국제기업경영에서 문화적 차이를 이해한다는 것은 전략경영에서 기본이다. Gannon과 그의 동료들(1994)은 이문화의 분석방법으로서 질적인 방법을 제시하였다.[1] 이것은 은유(metaphor)를 통해서 특정 국가의 문화를 통찰하고자 하는 관점이다. 국제기업은 특정 국가 문화에서 국민의 정체성을 가장 잘 반영하는 생활방식을 통해서 경영학적 제 문제에 접근하고자 하는 방식으로 볼 수 있다. 세계적인 보편성을 가진 생활방식을 통해서 국제기업은 전략적으로 대응할 수 있는 전체를 그려낼 수 있다. 일례로 프랑스의 '포도주는 프랑스의 문화적 향기를 대변하는 것이다' , 미국의 '햄버거는 미국의 실용주의 문화를 먹는 것이다' 등이 그것이다. 국가의 이름을 말하면 그 국가에 연상되는 특징적인 생활문화가 바로 그 국가를 이해하는 기초라는 관점이다(<표 15-4> 참조).

표 15-4 국가문화를 대변하는 은유

국가	생활문화	은유
프랑스	포도주	향기
독일	교향악	하모니
일본	정원	아기자기
중국과 화교	가족제단	위계질서
미국	햄버거, 청바지	실용
브라질	축구	즐거운 축제

그러나 은유적 접근은 이면적인 문화적 속성이 다양하게 표현될 수 있기 때문에 국제기업의 이문화 경영을 위한 전략적 초점을 찾기가 쉽지 않다는 단점이 존재한다. 그렇지만 특정 국가의 문화를 이해하고 이를 경영에 적용시키고자 할 때, 뚜렷한 생활문화를 이해하고 이를 중심으로 가치관과 행동양식을 파악하는 방법은 폭넓은 국제활동을 전개하는 기업의 국제 이문화 관리의 효율성을 높일 수 있는 보완적인 방법이 될 수 있다. 특정 국가의 생활문화를 연구하고 적용하는 것은 국제기업에 당면한 과제라고 하겠다.

1) M. J. Gannon and Associates, Understanding Global Cultures, London : New Delhi, 1994.

제2절

보이지 않는 문화 : 문화를 인식하는 전략

1. 문화적 다양성과 문제

일반적으로, 문화는 만질 수도 없고 보이지도 않는다. 우리들은 통상, 문화가 표면화되면 문제를 일으킨다고 생각한다. 즉 문화적 다양성이 조직에 이익을 초래한다고는 거의 생각하지 않는다. 예를 들면, 프랑스에서 개최된 경영 세미나에 출석한 국제 매니저에 문화적 다양성이 조직에 주는 장점과 단점을 물었을 때, 마이너스 면을 들지 않은 매니저는 한 사람도 없었으나 플러스 면

표 15-5 문화적 다양성에 대한 장점과 단점

장점	단점
이문화 시너지의 장점 : multiculturalism에서 조직이 얻는 이익	문화적 다양성의 단점 : multiculturalism이 일으키는 조직적 코스트
의미 확대 다양한 시점 새로운 아이디어에 대한 보다 열린 다양한 해석 선택폭의 확대 창조성 증대 유연성 증대 문제해결 스킬 증대	다양성은 애매함 복잡함 혼란을 증대한다 의미에 대한 통일이 곤란해진다 커뮤니케이션 미스 한 가지 합의에 달하는 곤란성 행동 통일이 곤란해진다 구체적 행동에 대한 합의가 곤란
특정 문화에 관한 장점 : 특정 나라나 문화와 일할 경우의 이익	특정 문화에 관한 단점 : 특정 나라나 문화와 일할 경우의 코스트
외국인 종업원에 관한 보다 좋은 이해 특정국 고객과 보다 효과적으로 일할 능력 특정국 고객에게 보다 효과적으로 판매하게 할 능력 외국의 정치, 사회 법률, 경제, 문화 환경에 관한 이해의 증대	극단적인 일반화 조직의 정책 조직의 전략 조직의 관행 조직의 수속 본국 지향주의

출처 : Nancy Adler, international Dimensions of organizational Behavior, 1986.

을 들 수 있었던 사람은 30%에 지나지 않았다.[2)]

똑같이, 머길 대학에서 열린 이문화경영 국제심포지엄에 참가한 52명의 기업인과 학자도 문화적 다양성이 일으키는 단점도 장점을 찾는 데 고생했다. 출석한 모든 매니저와 학자가 문화적 다양성에 관련된 여러 문제를 확인할 수 있었다.[3)]

그럼 문화적 다양성은 어떤 문제를 일으킬까. <표 15-5>에 나타냈듯이 가장 문제가 일어나기 쉬운 것은 동일 목표에 대한 수렴 프로세스, 즉 조직이 종업원에게 같은 사고나 행동을 요구할 경우이다. 그러한 상황 하에서는 커뮤니케이션(동일한 의미로의 수검)과 통합(동일 행동으로의 수검)이 한층 곤란해진다. 다른 문화의 인간끼리는 다른 방법이나 페스로 일을 하기 때문에 상호이해가 곤란해진다. 조직이나 프로젝트가 명확함이나 어떤 일정한 방향을 요구할 때, 즉 수검을 필요로 할 때 애매함, 복잡함, 그리고 혼란이 증대할 가능성은 가장 커진다.

문화적 다양성은 종업원이 조직 습관과 프로세스를 과도하게 일반화할 때에도 문제를 일으킨다. 예를 들면 어느 나라에서 개발된 마케팅 캠페인을 현지시장에 적응시킬 노력을 하지 않고 수출하는 것도 그 일례이다.

2. 유럽에서의 인사담당 매니저의 기록

미국의 회사 방침에 맞추어 유럽 각지의 현지법인이 전 종업원의 건강진단 데이터를 만들기 위한 공통 시스템을 설계하려고 했다. 영국, 독일, 네덜란드, 스웨덴, 룩셈부르크, 스페인, 이탈리아의 인사담당 매니저가 모여 어떤 시스템을 어떻게 개발하는가에 대하여 합의했다. 미국의 회사의 수속은 훌륭한 것이었으나, 그것을 유럽에서 실행하는 데는 각국의 법률, 문화적 관심이라는 제한

2) Laurent Andre & Adkr Nancy J., Managerial skills for international Business, executive seminars held at instan in foutainebleau France, August 1981-83.

3) Adler Nancy J., 'cross-cultural managemant : issues to be faced, international studies of managemant & organization vol.13 no1-2, 1983 spring-summer, pp.7-45

을 고려하지 않으면 안 되었다. 더욱이 유럽에서는 무엇인가를 결정하기 전에 노사협의회나 노동조합과 상의하지 않으면 안 되기 때문에 이용 가능한 정보범위가 한정되어 버렸다. 국내에서라면 다양한 제한이 경감될 것이며, 가령 남은 제한이 있다 해도 시스템 개발에 관여한 모든 인간의 명백한 이해를 얻어내기 위해 시스템은 좀 더 빨리 개발되었을 것이다.[4)]

3. 문화적 다양성이 주는 이익

문화적 다양성은 수렴 프로세스에서 큰 문제를 일으키나, 역으로 분산 프로세스에서는 큰 이익을 가져온다. 조직이 확대하려 할 때, 즉 조직이 그 경영적 시점, 어프로치, 사고범위, 활동, 제품라인, 마케팅 계획을 확대할 때 다양성은 최대의 이점이 된다. 신규 프로젝트의 스타트, 새로운 아이디어 창조, 새로운 마케팅 계획 책정, 신규사업 계획, 새로운 시점에서의 트렌드 평가 등에 의해 조직을 재구축할 경우, 다양성은 큰 이점이 된다.

다문화적 조직은 새로운 아이디어에 대하여 보다 유연성을 갖고 오픈이라고 생각하는 매니저도 있다. 멀티컬처럴한 조직이, 예를 들면 고객의 국적을 따른 마케팅 캠페인을 행하듯이 고객의 니즈를 이해할 수 있다는 점을 강조하는 사람도 있다. 또한 그러한 조직이 지닌 다면적인 시점은 문제해결법을 가져와 '집단사고'를 회피할 능력이 증대함에 주목하는 사람도 있다. 전체로서, 다양성의 이점으로서 창조성, 유연성, 문제해결 스킬－특히 대부분의 질적 요인이 얽혀 있는 복잡한 문제에 관한 문제해결 스킬－, 문화적으로 다른 고객그룹과 일을 할 때의 유효성, 더 나아가 조직 내의 다이내믹함과 커뮤니케이션 패턴에 대한 인식 고양 등을 들 수 있다.

이익은 문화적 다양성을 조직의 짐이 아닌 자원으로 취급함으로써 얻게 된다. 프랑스에서의 경영 관리자 연수 프로그램에 출석했던 국제 매니저는 문화적 다양성에 의해 그들의 조직에 다음과 같은 이익을 가져왔다고 말하고 있다.

4) Laurent Andre & Adkr Nancy J., Managerial skills for international Business, executive seminars held at instan in foutainebleau France, August 1981-83.

1) 신제품 개발

어느 미국의 약품회사가 새로운 경쟁력을 지닌 항암제를 개발했다. 그것은 먼저 이탈리아의 자회사에서 개발되어, 세계에서 가장 앞선 임상치료 연구소(미국의 국립 암연구소)가 연구 지휘하여, 새로운 창조적인 기술이 스웨덴에서, 특수한 치료방침은 일본과 중국에서 만들어지고, 주된 자본은 독일과 미국이 책임졌다.

2) 새로운 아이디어의 수용

자국의 인간에게서 들으면, 위협 혹은 부조리하게 생각할 수 있는 새로운 아이디어도 외국인에게서 들으면 순수하게 받아들일 수 있다. 예를 들면 한창 에너지 위기일 때, 미국과 영국 노동자는 최저온도의 서몬스타트의 설정이 규제되어 있음을 깨달았다. 일찍이 브리티시 레이런드의 설계 팀이 포니를 설계하기 위해 한국에 갔을 때, 그들은 한국인이 세차 전에 얼음을 깨는 것을 보고 매우 놀라워했다. 이후 그들에게 최저온도 서몬스타트 설정은 이미 대단한 규제로는 생각할 수 없게 되었다.

4. 새로운 시점 : 중립성

미국과 프랑스의 합병회사인 알제리아에 있는 자회사가, 외부 감사를 받게 되었다. 미국 측은 미국의 회계 사무소를 제안하고, 프랑스 측은 프랑스 회계 사무소를 제안했는데, 모두 실패했다. 최종적으로 양자는 프랑스어를 말하는 2인의 영국인에게 이 감사 임무를 맡기는 데 동의한 미국의 회계 사무소의 프랑스 지소에 감사를 의뢰하기로 합의했다. 이것으로 모두가 만족했다.

표 15-6 문화적 다양성이 조직에 주는 영향에 대한 인식패턴

차원	영향 없음 무차원	단극 일차원	쌍곡 일차원	단극 이차원	
고 저 고	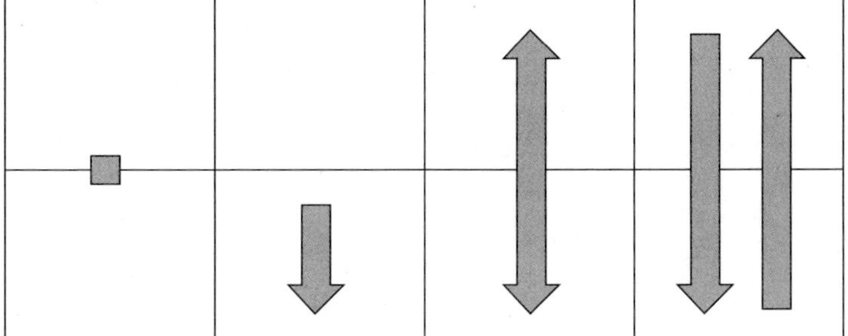				포지티브적인 영향 영향 없음 네거티브적인 영향
영향	문화적 다양성은 조직에 영향을 주지 않는다	문화적 다양성은 조직에 문제를 일으킬 뿐이다	문화적 다양성은 조직에 문제를 일으키든가, 이익을 초래하든가 둘 중의 하나이다	문화적 다양성은 조직에게 문제를 일으킴과 동시에 이익도 만들어 낸다	

출처 : Nancy J. Adler, Organizational Development in Muticultural Enviornment, Journal of Applied Behavioral Science, Vol.19 No.3. Summer 1983. pp.349-365.

제3절 이문화 시너지

시너지에 대해서는 여러 가지 의견이 있지만 풀러(Buckminster Fuller)에 의하면, 시너지란 시대에 뒤진 형식에서 자유롭게 도와주고, 더 나아가 허용되었던 무지의 껍질을 찢을 수 있는 새로운 사고방식을 의미한다.[5] 모런(Moran)과 하리스(Harris)는 저서 『이문화 시너지 관리(Managing Cultural Synergy)』에서 "세계의 사람들의 문화적 차이 그 자체가, 서로 성장과 완성으로 이어지고, 그것은 각각의 당사자가 이문화간 상호작용에 단일문화로 제공하는 공헌을 상회하는 것이다"라고 강조하고 있다. 또 그들은 다음과 같이 말하고 있다.[6]

5) Buger P & Bass , Bennard M. Assessment of manager : An international comparison, Free press, 1979

6) Moran Robere T. and Harris, phillip Managing cultural synergy, Gulf publising company 1981, chapter 15

"문화적 다양성의 영향을 관리하는 어프로치인 이문화 시너지에는 조직구성원들과 고객의 문화양식을 기초로 하여(그러나 그것에 제한 받는 것은 아니나) 경영자가 조직의 방침, 전략, 구조, 그리고 관습을 형성하는 프로세스가 포함된다. 이문화 시너지적인 조직은 그 구성원을 개개의 문화를 초월한 새로운 경영과 조직 형태를 창조한다. 이 어프로치에서는 멀티컬추럴한 조직을 형성하고 있는 각국의 사람들간의 유사점과 상위점 쌍방이 인정되어, 우리들에게 문화적 다양성을 무시하거나 최소화하지 않고, 오히려 그것을 조직 설계와 개발에서의 자원으로 볼 것을 권유한다."

이문화 시너지적 어프로치의 기초를 형성하는 가설은 직장에서 일반적으로 받아들여지고 있는 이문화의 상호작용에 관한 가설과는 다르다. 먼저 <표 15-7>에 나타나듯이, 미국에서 가장 보통으로 볼 수 있는 가설은 '인종의 도가니'의 신화에 근거한 동질성, 즉 모든 인간은 기본적으로 같다는 것에 대해, 이문화

표 15-7 멀티 컬츄럴적인 환경에서의 잘못된 가설

일반적이나, 잘못된 가설		별로 일반적이지 않으나, 보다 적절한 가설	
동질성	**인종 도가니의 신화** : 우리들은 모두 동일하다	이질성	**문화적 다원성의 이미지** : 우리들은 모두 동일하지 않다. 오히려 사회적으로는 문화적으로 다른 많은 그룹이 있다
유사성	**유사성의 신화** : '그들'은 완전하게 나를 닮아 있다	유사점과 상위점	**그들은 나와 닮지 않았다** : 많은 사람들이 문화적으로 나와는 다르다. 또한 대부분의 사람이 문화적으로 보아 나와의 유사점과 상위점을 갖고 있다
협의주의	**유일한 방법의 신화** : 자신들의 방식이 유일한 방법이다. 그 밖의 생활양식, 일 방식, 사물에 대한 처신은 인정하지 않는다	공평주의	자신들의 방식은 유일한 방법이 아니다. 같은 목적에 도달하기 위한 방식, 또한 일이나 생황방식에는 문화적으로 다른 많은 방법이 있다
본국 지향주의	**최선의 방법 신화** : 자신들의 방식이 최선의 방법이다. 그 밖의 모든 방식은 자신들의 것보다 뒤떨어진다	문화조건 적응	자신들의 방식은 하나의 가능한 방법에 지나지 않는다. 같은 목적에 도달하는 데 같은 효과적인 많은 다른 방법이 있다. 최선의 방법은 거기에 관여하는 인간 문화에 의해 결정된다

출처 : William Eddy, eds. Handbook of Organization Management Marcel Dekker, 1983. pp.481-499.

시너지는 이질성을 전제로 하고 있다. 시너지 어프로치에서는 우리가 반드시 완전히 같지 않다고 가정한다. 사회에는 많은 다른 문화그룹이 존재하고, 각 그룹이 그 특징을 유지하고 있다고 생각한다. 동질이라기보다 오히려 다원적인 사회 이미지가 시너지 어프로치의 기초를 이루고 있다. 두 번째로 일반적으로 가설은, 인간이 지닌 유사점이 가장 중요하다는 것에 대해, 이문화 시너지는 유사점과 상위점의 어느 쪽도 똑같이 중요하다고 생각한다. 세 번째로 일반적인 가설은 우리의 방식이 생활과 일의 유일한 방법임을 전제로 하고 있는 것에 반해, 이문화 시너지는 공평주의 즉 최종목표에 도달하기 위한 많은 동등한 방법이 존재하며, 따라서 어떤 문화 방법도 본질적으로 다른 것보다 뛰어나다는 것은 아니라고 가정한다. 네 번째로 대부분의 사람들은 어느 정도 본국지향적(자신들의 방법이 생활과 일에서 최선의 방법이라고 믿는 것)인 데 반해, 시너지 어프로치에서는 문화조건 적응 즉 무엇이 최고인가는 관여하는 사람들의 문화 여부로 결정된다고 생각하고 있다.

제4절 이문화 시너지와 문화적 다양성

이문화 시너지는 문화적 다양성에 대한 영향을 관리하는 하나의 어프로치이며, 그것에 의해 조직은 이문화 환경하에서 일할 때의 문제를 효과적으로 해결할 수 있다. 시너지적 해결은 종업원과 고객이 지닌 각각의 문화를 인식하고, 더 나아가 그것들을 초월함으로써 경영과 조직의 새로운 형태를 창출한다. 일반적으로 자주 볼 수 있는, 어느 문화를 강요하는 어프로치나 양자의 타협안을 모색하는 어프로치와는 달리 이문화 시너지는 다양성을 배제하는 것이 아닌 오히려 그 영향에 대한 관리를 강조하는 것이다.

문제해결에 대한 시너지 어프로치는 세 가지 기본적인 스텝, 즉 상황기술, 문화적 해석, 그리고 문화적 창조성으로 되어 있다. 조직 멤버는 첫 번째로 관여하는 모든 문화시점에서 문제를 정의한다. 두 번째로 각각의 문화적 행동의 논리적 패턴을 각각의 문화 시점에서 분석한다. 그리고 세 번째로 관계하는 어느 문화의 규범도 범하지 않고 조직의 생산성을 향상시킬 해결법을 창조한다.

서로 다른 이질의 문화를 교배함으로써 양자론적 비약(양자비약)[7]을 일으킬 가능성도 배제할 수 없다. 기존의 우리 것만으로는 세계를 알 수 없기 때문에 우리 것이 아니지만 편리한 문화, 편리한 기술을 교배함으로써 얻는 이문화 시너지는 양자비약을 가져다줄 가능성이 많다.

7) Quantum Leap : 양자도약이란 물리학자 닐스 보어가 처음 쓴 말로, 핵의 주위를 도는 전자가 궤도를 수정할 때 에너지 증가에 따라 순차적으로 변화하는 것이 아니라 100% 에너지 증가가 되었을 때 갑자기 변환되는 현상을 말한다. 99% 증가될 때까지도 아무런 변화가 없다가 끓던 물에서 수증기가 증발되어 나타나듯이 갑자기 도약하는 현상이고, 이렇게 새로운 상황으로 돌발적으로 변화되는 현상을 양자도약이라 부르고 있다.

찾아보기

저자약력

이 덕 훈(李悳薰, Lee, Duk-Hoon)

일본 게이오대학(慶應義塾大學) 경영학박사
일본 게이오대학 상학부 객원교수
미국 뱁슨칼리지(BABSON COLLEGE) Arthur M Blank 기업가센터 객원 교수
한남대학교 일본연구소장, 경영연구소장 역임
한남대학교 학술정보처장, 학생처장, 기획조정처장 역임
현 한국재래시장학회장/ 한남대 경영학과 교수

〈著書〉

- 일본의 기업사회, 학문사(1995)
- 기업과 환경, 학문사(1996)
- 국제경영학, 한남대 출판부(1996)
- 기업과 인간, 한남대 출판부(1997)
- 신 경영학원론, 학문사(1997)
- 기술혁신과 과학기술정책, 기업기술연구원, 공저(1998)
- 글로벌기업경영, 학문사(1999)
- 현대경영의 이해, 진영사(1999)
- 국제기업과 환경, 교우사, 개정판(2002)
- 현대경영학, 교우사, 공저(2002)
- 이덕훈의 경제이야기, 교우사(2004)
- 국제 기업전략, 한남대학교출판부(2005)
- 벤처와 창업경영, 글누리, 제3판(2007)
- 글로벌 기업과 전략, 교우사(2007)
- 창업과 벤처, 교우사(2008)
- 창업과 경영, 서연(2008)
- 21세기 현대경영의 이해, 서연, 공저(2008)
- 한국의 기업경영, 도서출판 글누리, 제4판(2009)
- 화교경제의 생성과 발전, 한남대출판부, 제4판(2011)
- 창업학의 이해, 비앤엠북스(2009)
- 기업과 환경, 비앤엠북스(2009).
- 일본의 경제발전과 무사도, 비앤엠북스(2009)
- 국제경영, 비앤엠북스(2010)
- 국제 비교경영, 도서출판 글누리, 제3판(2010)

〈譯書〉

유교자본주의 운명과 대안, 시공아카데미(1999)

〈論文〉

The Role of Entrepreneurs in the Development of Japanese Automotive Industry, KEIO Business Review, No 32, KEIO University
화교기업의 기업가적 특성과 문화, 한국생산성학회 외 다수

저자와의
협의하에
인지생략

글로벌 기업전략

2011년 8월 20일 초판 인쇄
2011년 8월 25일 초판 1쇄 발행

저 자 : 이 덕 훈
발행인 : 정 광 식
발행처 : **비앤엠북스**
서울시 금천구 가산동 319번지(호서대벤처타워 B1-103)
등 록 2004. 12. 29. / 제313-2004-00298호
전 화 2627-5710~13, 팩스 2627-5720
홈페이지 www.대학교재.kr
이 메 일 bmbooks@paran.com

정가 22,000원 ISBN 978-89-91879-96-6